新时代
意识形态理论与实践

姜迎春◎著

南京大学出版社

序

侯惠勤

进入21世纪以后,人类历史正在发生远超出20世纪想象力的最重大变局:一方面,和平发展、合作共赢的时代潮流浩浩荡荡;另一方面,以美国为代表极力维护"一超"霸权的国际势力不断制造着"逆全球化"危机而致使历史的天空波诡云谲、扑朔迷离。与此同时,中国特色社会主义正以不可逆转的方式,引领当代中国走向民族伟大复兴的光明前景。中华民族伟大复兴的战略全局与世界百年未有之大变局同步交织、相互激荡。大变局必然引发思想上的大困惑乃至大混乱,思想舆论的斗争也会以十分尖锐而复杂的方式展开。"世界怎么了""人类向何处去"成为今天的时代之问、世界之问,处在十字路口的人们需要拨云见日、登高望远。建设具有强大凝聚力和引领力的社会主义意识形态,是为国家立心、为民族铸魂、为时代把舵的重大战略。

一、应对复杂变局,化解重大风险

建设强大的社会主义主流意识形态,是应对当前复杂多变形势的迫切需要。意识形态的根本属性是政治性,是举什么旗、走什么路、坚持什么主义;是由谁执政、执政为谁、如何执政的根本性问题。面对不确定性日增的复杂局面，我们必须在马克思主义指导下，通过强大的思想政治工作，保持战略定力，坚持正确的政治方向。正如习近平总书记在告诫军队时指出的："国内外形势发生深刻复杂变化，面对意识形态领域尖锐复杂的斗争特别是'颜色革命'的现实危险，面对艰巨繁重的军事斗争准备任务，面对深化国防和军队改革这场考试，我军政治工作只能加强不能削弱，只能前进不能停滞，只能积极作为不能被动应对。"防控重大风险、维护国家安全已经成为与发展、主权同等重要的全局性问题。

现代意识形态包括马克思主义在内，是国家统治权的重要组成部分。它担负着社会变革的先导、社会制度构建的法理依据以及社会价值共识的道义基础三项职能。由于当代资本主义在世界范围内仍占据主导地位，因而意识形态就成为其维持世界霸权、通过"颜色革命"对别国搞政治颠覆的主要手段。而以马克思主义为指导，建设具有强大凝聚力和引领力的社会主义意识形态，则是抵制西方"颜色革命"，坚持中国特色社会主义政治方向不动摇的根本保障。

要对西方的"颜色革命"保持清醒头脑，首先要弄明白它的风险性在哪里。尽管意识形态的功用在于为夺取政权和巩固政权服务，但其明确坚定的政治目的却依靠多种方式实施：有政治意图较为明显的政治哲学方式，而更多的却是掩藏在非政治的形式中，主要以哲学、文学、艺术等看似非政治的学术思潮实行。其中，最复杂的是以似乎赞同现行国家制度的方式进行颠覆。如黑格尔哲学，其对现存制度的颠覆性竟披上了"官方哲学"的外衣。恩格斯明确指出，正像在 18 世纪的法国一样，在 19 世纪的德国，哲学革命也作了政治崩溃的前导。德国的专制主义统

序

治者实在想不到,引领德国哲学变革的"黑格尔的体系,甚至在某种程度上已经被推崇为普鲁士王国的国家哲学！在这些教授后面,在他们的迂腐晦涩的言辞后面,在他们的笨拙枯燥的语句里面竟能隐藏着革命吗？"黑格尔的辩证法的确是货真价实具有颠覆性的革命思想,一经点燃,便如火山爆发。革命的意识形态如此,当代西方推行霸权的"颜色革命"也是如此。这正是习近平总书记提出注重防控包括意识形态风险在内的重大风险,特别警惕"黑天鹅"、"灰犀牛"现象的原因所在。

"灰犀牛"现象生动体现了意识形态风险的基本特点和发生规律。大家都承认灰犀牛危险,可由于它体形庞大,行动迟缓,人们一般意识不到它的威胁,容易熟视无睹,疏于防范。殊不知,灰犀牛一旦被激怒而发起攻击,就有迅雷不及掩耳之势,让人们猝不及防。"灰犀牛"现象的可怕之处在于人们理性预判的危险和经验观察的现象存在反差,致使丧失对其蕴藏的重大风险的警惕,甚至把疏于防范视为当然,把"大概率"当作"可能不会"的侥幸心态,因而容易出事且不易从中吸取教训。"黑天鹅"现象表现了与必然性没有直接联系的偶然性,而"灰犀牛"现象则表现出遭遇遮蔽的必然性。两者都是我们需要重点关注的重大风险。"灰犀牛"现象形象地展现了意识形态风险的特点,即集"一万"和"万一"于一身,往往在人们普遍熟视的"一万"假象中凸显"万一",从人们"不觉"的心态中造成十分可怕的后果。意识形态的最大风险在于人们往往身处险境而不察,深受其害而不觉。

习近平总书记指出,意识形态关乎道路,关乎旗帜,关乎国家政治安全。必须从这一重大判断出发抓意识形态建设。

其一,严格区分政治原则、思想认识和学术观点三类不同性

质的问题，旗帜鲜明批判、抵制各种错误观点。意识形态之争表面上看似乎只是文化争艳、学术争鸣、价值偏好和习俗风俗不同等，与国家政治安全不太相关。对于不同的思想观点，人们大都习以为常，甚至以"雅量"否定思想斗争；对于社会思潮尤其是学术思潮，人们喜欢"赶时髦"，却不善于从政治上加以分析；对于世界观的改造问题，往往容易视为敏感问题而极力回避。应该说，意识形态风险因此而有很大的藏身空间。实际上，把握学术观点和政治原则的界限尽管很复杂，但是否有利于坚持党的领导和社会主义道路则是根本判断标准。只要最终落脚到否定中国共产党的领导和中国特色社会主义道路的社会思潮和错误观点，都必须坚决批判抵制。

其二，弘扬马克思主义的革命斗争精神，在思想舆论战场敢于亮剑，善于斗争。针对争当"雅士""爱惜羽毛"，鄙视"战士"，逃避"斗争"的倾向，习近平总书记提出了"两种'声誉'"问题："有人说要'爱惜羽毛'，也就是所谓'声誉'，那也要看看你爱惜的是哪家的'声誉'，究竟是个人主义的、一些别有用心的人会喝彩的'声誉'，还是站在党和人民立场上的声誉？作为共产党人只能要后一种声誉。一心想着要前一种'声誉'，那将是十分危险的！"他一针见血地指出，这绝不仅仅是个人的道德修养问题，而是政治立场的根本蜕变，是极其危险的政治变节。他不无担忧地指出："事实一再表明，理想信念动摇是最危险的动摇，理想信念滑坡是最危险的滑坡。我一直在想，如果哪天在我们眼前发生'颜色革命'那样的复杂局面，我们的干部是不是都能毅然决然站出来捍卫党的领导、捍卫社会主义制度？"在新的历史条件下诋毁、逃避思想舆论斗争，就是革命战争年代的战场逃兵，就是在决定胜败关键时刻的贪生怕死。

其三，落实意识形态工作的党委责任制，使之真正成为党的一项极端重要的工作。"要压实压紧各级党委（党组）责任，做到任务落实不马虎、阵地管理不懈怠、责任追究不含糊。"把意识形态工作党委主体责任制度化，使得这一工作任务明确、职责分明，没有可以任意模糊、相互推诿的空间。正是在这一基础上，思政课教育主阵地的建设，党委中心组学习制度的确立，中华优秀传统文化尤其是红色基因传承的工作体系，构建中国特色哲学社会科学的全面推进等制度性设计在不断形成和完善。

二、坚持主义立国，增强"四个自信"

人类解放事业，从根本上说是工人阶级及其政党领导的人民事业，而依靠先进理论始终站在历史制高点和时代潮流的前列是其克敌制胜的法宝。毛泽东指出，掌握思想领导是掌握一切领导的第一位。坚持思想建党、理论强党、主义立国是中国共产党的根基。建设强大的国家主流意识形态，就是在新的历史条件下进一步打牢根基，坚定"四个自信"。

从制度上落实意识形态工作的根本任务，是建设强大主流意识形态的着力点。巩固马克思主义在意识形态领域的指导地位，巩固全党全国人民团结奋斗的共同思想基础，坚守马克思主义执政党的信仰追求，维护国家制度和国家政权的思想理论基础是国家意识形态的根本任务。这一任务的展开，就是举旗帜、聚民心、育新人、兴文化、展形象等五大使命，需要从制度上落实。

坚持马克思主义在意识形态领域指导地位，是坚持共产党领导的制度体系的一个根本制度。举旗定向对于一个党、一个国家或一个民族来说都是头等大事。方向决定道路,道路决定命运。方向错了,必然满盘皆输。能否牢牢把握政治方向是衡量意识形态工作成效的根本标准。人民是历史的创造者,离开了人民,肯定是一事无成。民心是最大的政治,凝聚民心是最高的政治使命,因而也是全部意识形态工作的落脚点。党所领导的中国特色社会主义伟大事业是一个需要很多代人接续奋斗的长期事业,需要培养出一代又一代听党话、跟党走的接班人。培育时代新人事关我们事业的未来,因而是衡量意识形态工作生命活力的基本尺度。文化是一个民族的精神血脉,又是国家"软实力"的基础。展示当代中国的国家形象,是实现国际影响力和时代引领力的重要形式。能否充分展示当代中国作为负责任的大国形象,作为开放、发展中的社会主义大国形象,作为开拓中国式现代化道路、为人类文明作贡献的大国形象,是意识形态话语权和影响力的重要依据。

坚持马克思主义在意识形态领域指导地位的根本制度,充分体现了我们的道路、理论和文化自信。

首先,坚持马克思主义在意识形态领域指导地位,是共产党执政规律的要求,也符合现代国家执政党治国理政的通则。 从马克思主义的观点看,任何统治阶级都必须同时掌控社会的物质生产资料生产和精神生产资料生产,否则政权不保。之所以如此,就因为物质生产活动不仅是生产生活资料的生产和再生产,不仅为执政提供物质支持和硬实力基础,而且是生产关系和物质交往活动的生产和再生产,因而是现行社会经济关系和统治关系的维系过程,是执政的社会基础打造。而精神生产不仅是社会精神文化活动的生产和再生产,为执政提供文化支持和软实力基础,而且是社会价值共识和思想道德规范的生产和再生产，是构建执政的道义基础，因而是思想统治关系的维系过程。习近平总书记指出，"要把坚定'四个自信'作为建设社会主义意识形态的关键，坚持马克思主义在我国哲学社会科学领域的指导地位，建设具有中国特色、中国风格、中国气派的哲学社会科学"。

其次，坚持马克思主义在意识形态领域的指导地位，不仅是"西强我弱"的意识形态斗争实际的需要，也是当代人类文明进步发展的必要条件，两者具有内在的一致性。人类从必然走向自由，就是伴随着社会生产力巨大进步的同时，是人的精神摆脱物欲的支配，不断开拓自由发展的空间。概括地说，消除人的物化，实现人的自由全面发展是在超越资本主义制度和社会关系中完成的，是在坚持工人阶级（及其政党）领导和以人民为中心的价值导向中超越"抽象的个人"中完成的。正如人类走向劳动解放必须打破资本的任性支配一样，人类走向精神自由，也绝不是个性任性扩张的"自发自由"，而是打破雇佣劳动制下对于劳动的厌恶，使之成为人的生命第一需要的"劳动复归"。这一过程是用科学世界观武装头脑，不断超越自我，克服自发性，逐渐走向自觉自由的过程。

再次，自由个性的实现，不是个人自我的自发扩张的历史过程，而是改造资本主义社会"抽象的个人"，坚持以人民为中心的历史引领。马克思明确指出，超越资本主义物化关系的未来社会，是"建立在个人全面发展和他们共同的、社会的生产能力成为从属于他们的社会财富这一基础上的自由个性"。自由个性的本质是以生产力社会化为基础的个人全面发展，其实质就是"社会化的人"。资本主义社会的基础是原子式的孤立个人，以为个性就是这种抽象个人的自我彰显，其实这不过是一种自发的人性。自发性具有动物性本能的因素，但主要是私有制社会关系的历史积淀，通过资本主义意识形态的不断加工和再生产，以固有的人性和"个性"方式沉淀在人的内心。鼓吹和渲染自发性，是资产阶级意识形态始终倚重的力量。但是资本主义社会也孕育着逐渐成长的"社会化人类"，这就是现代无产阶级的个性要求。这种个性要求与社会化大生产相一致，把个性建立在超越狭隘自我之上，体现了世界历史、社会化交往和精神的丰富性。

三、繁荣中国学术，发展中国理论

哲学社会科学的学术体系，是意识形态影响力的支撑，也是对立意识形态之间较量的重点。在马克思主义中国化创新成果的指导下，繁荣中国学术，发展中国理论，是建设具有强大凝聚力和引领力的社会主义意识形态的重大使命。

西方传统的学术发展走的是与马克思主义完全不同的道路：知识和信仰的二元论，把科学限于实证知识，而把信仰留给神秘主义，是西方哲学社会科学的基本态势。其学术体系呈现两种相反的趋势：一是知识的实证化，不断追求自然科学般的精确，数学模型化、可重复性、可证伪成为判断科学性的绝对条件，只承认实证范围的科学抽象，因而日益脱离以客观规律为基础的社会历史实践，不可能获得真实的历史知识；二是人性的抽象化，以非批判的独断价值预设，作为各学科基本原理的前提，例如所谓"经济人"、"道德人"、"无赖假设"等。这种人性的载体是无历史、无社会关系的"抽象的个人"，因而必然把"现存"绝对化。这都表明今天的西方哲学社会科学总体上是为现存的社会制度和现有的利益格局服务的,归结起来就是资本主义永存,个人利己主义不可超越。从整体上看,当今西方哲学社会科学的确谈不上是"科学",其发展如同资本主义制度一样,已经走进死胡同。

正因为如此,发展中国特色社会主义哲学社会科学就不能照搬西方的学科体系和学术话语,而必须超越抽象人性论和实证主义的眼界,在批判吸收其合理因素的基础上,通过自主创新,建设自己的学科、学术和话语体系。而这正是以习近平同志为核心的党中央赋予我国哲学社会科学界的重任。

马克思主义所讲的哲学社会科学科学性,涵盖但不局限于实证科学的科学性。就研究对象而言,哲学社会科学不仅要研究局部的、经验的事物,即"细小叙事",更要研究事物的总体,首先是历史大势和世界整体,亦即人类社会发展的客观规律。实际上,不研究甚至不承认客观规律,哲学社会科学就不能真正作为科学。与自然界不同,社会是个有机体,其部分研究必须置于整体性认识的基础上,否则就会发生根本性的偏差。要努力肃清这些年来卡尔·波普尔反对所谓"本质主义"、"宏大叙事"、"历史决定论"所造成的危害,加强对于人类社会历史发展的重大规律性问题研究,具有紧迫性。

就研究方法而言,不是价值中立,不是非意识形态化,而是要把马克思主义的立场、观点、方法真正贯彻到学科建设中。科学世界观方法论对于哲学社会科学之所以重要,就在于它是我们整体性把握社会、把研究成果上升到历史规律认识的前提。所以,哲学社会科学的所有学科都必须加强马克思主义世界观的学习。一是必须贯彻理论联系实际的方法论原则,改变孤立、静止的所谓"纯学术"研究状况。要回到"什么是学问、什么是知识"这一最本原的问题上,真正弄懂哲学社会科学的真学问不仅不能脱离人民群众的伟大实践,而且最高的成果就是从中作出规律性的概括,形成具有前瞻性的预判。二是要把唯物辩证法和历史辩证法贯彻到学科的学术范畴和话语体系的建设中,要区分范畴因不同现实依托而形成的不同层级,更要把握范畴因现实的历史性而具有灵活性,从一个范畴向另一个范畴转化的可能性,不能将范畴固化、僵化。三是要从马克思主义的基本原理出发,建立哲学社会科学各学科的核心话语和基本问题,坚决克服马克思主义基本原理和学科核心话语脱钩的现象。就是说,哲学的基本问题和核心话语必须与辩证唯物主义和历史唯物主义相一致;法学、政治学的基本问题和核心话语必须以马克思主义的历史观、国家观为依据;经济学的基本问题和核心话语必须以马克思主义政治经济学为基础;如此等等。在这一过程中,要通过科学批判和学术争鸣澄清思想、统一认识、拨乱反正、守正创新。

必须切实改变西方哲学社会科学的抽象个人认识主体,把以人民为中心作为中国特色哲学社会科学的认识主体。没有人民主体,就没有客观规律的认识主体。毛泽东指出:"阶级就是一个认识的主体。"人民主体还是个人本位决定了不同的研究导向。

首先,决定了是否透过现象看本质,是否以客观真理和客观规律为追求。以人民为中心的研究导向,必然要研究事物的本质,探索历史发展的客观规律,推动社会的变革发展;而个人本位的研究导向,由于把个人理性视为人类理智的极限,否认认识客观规律的可能性,必然停留在现象,止步于日常生活,热衷于"细小叙事",在方法论上就是迷恋经验论和实证主义。同时个人本位的研究由于解决不了普遍法则问题,为构建其能够自洽的学科逻辑体系,必然迷恋抽象人性的假设。

其次,决定了是否以人民的需要和实践为根据提出问题和研究问题。以人民为中心的学术研究,必然关心人民的需要,深入人民的实践;提出真问题,提炼真思想,提高真学问,把社会效益和学术追求统一起来。中国特色哲学社会科学必须始终立足于我们党领导人民进行的伟大社会革命,以此为学术研究的源泉。而以个人本位的研究导向,必然把人民的需要和社会效益视为空洞的"宏大叙事",视为非学术的意识形态而鄙视以致拒斥,游离于党领导的中国特色社会主义伟大事业之外;必然只把个人的需要看作真实的需求,把自利性视为最根本的人性,个人利益的博弈是其全部学术的支点;因而必然从不变的人性假设出发,其研究必定夹杂着大量混淆是非的伪问题、无病呻吟的伪风雅和自娱自乐、自说自话的伪学问。

再次,决定了是否真正具有科学探讨的精神和学术争鸣的勇气。以人民为中心的研究导向,要推动人的自由全面发展,因而批判错误思潮、引领社会风尚、提升精神境界、促进人的自觉自由,就是其内在要求。这种出于公心的学术批评,对于净化学术环境、活跃学术思想、促进学术发展,十分必要。而以个人本位的研究导向,则崇拜自发性,标榜自由,实质自我中心甚至见利忘义;以个人好恶取舍,躲避责任,伪装清高;对西方亦步亦趋地盲目跟风,名义上反对所谓"依附性人格",实际上否定党对学术的领导和科学世界观方法论指导的闭门造车,就是这种研究的偏好。

四、展现大国形象,增强国际话语权

资本主义作为称霸世界的统治力量,不仅在政治经济上进行剥削压迫,而且进行文化上的奴役。因此,反抗资本主义统治的中华民族伟大复兴,必然要经历从站起来,富起来到强起来的历史性飞跃,解决"挨打"、"挨饿"和"挨骂"三大历史性课题。努力掌握意识形态主动权,积极应对"挨骂"的问题,是今天我国意识形态建设的紧迫任务。其中,不断扩大国际话语权是一大重点。

中国的国际话语权是在履行负责任大国的实践中不断增强的。改革开放以来,我国创造了经济快速发展和社会长期稳定两大奇迹,14亿多人口的中国和平稳定发展本身就是对世界的重大贡献;近年来我国经济增长贡献率一直占世界经济增长总量的30%以上,成为拉动世界经济发展的火车头;改革开放以来,我国7.7亿农村贫困人口摆脱贫困,占同期全球减贫人口70%以上,大大加快了全球减贫进程。事实证明,中国始终坚持做世界和平的建设者、全球发展的贡献者、国际秩序的维护者,是负责任的世界大国。

中国的国际话语权是在顺应历史潮流,回应时代挑战中不断获得的。我们正处在实现中华民族伟大复兴战略全局与世界百年未有之大变局的历史交汇点上。这一历史特点决定了,世界进入动荡变革期,不确定因素空前增加。我们必须有更坚定明确的前进方向,有更强大的防控重大风险的能力,有更广泛的国际合作。这一历史特点还意味着,中国的发展离不开世界,世界的发展也离不开中国,开放的中国和开放的世界是不可逆转的历史潮流。中国始终高举和平发展、合作共赢的旗帜,反对单边主义、保护主义、极端利己主义,始终站在历史正确的一边;中国始终不渝地秉持人类命运共同体理念,坚持共商共建共享的全球治理观,走和平发展、开放发展、合作发展、共同发展道路;

中国积极落实"一带一路"等国际经济合作构想,为新发展理念提供了事实依据。

我们的国际话语权是在向世界展现真实立体全面的中国过程中获得的。我国作为文明古国、负责任大国、社会主义强国的良好形象,不能任由西方歪曲。习近平总书记指出:"我们不仅要让世界知道'舌尖上的中国',还要让世界知道'学术中的中国'、'理论中的中国'、'哲学社会科学中的中国',让世界知道'发展中的中国'、'开放中的中国'、'为人类文明作贡献的中国'。"

我们的国际话语权是在开创人类文明新形态中获得的。中国开创的文明曙光是中华民族共同体的成功建设,这或许为构建人类命运共同体以及未来的人类大同、民族大融合提供了现实的蓝本。中华民族不是单一的民族,而是 56 个民族同构的共同体,因此,中华民族共同体的根本特点是多元一体。共同体的基础是社会主义大家庭谁也离不开谁的共同利益及平等共处。开创了文明新形态的当代中国,充分展示了今日之中国,不仅是中国之中国,而且是亚洲之中国、世界之中国。未来之中国,必将以更加开放的姿态拥抱世界、以更有活力的文明成就贡献世界。

建设具有强大凝聚力和引领力的社会主义意识形态,需要全社会的共同努力。呈现给读者的这本专著是姜迎春同志多年努力的一个结晶,体现了一位马克思主义学者的应有担当,值得鼓励,故以作序。

2023 年 12 月 1 日

目 录

导论 新时代意识形态领域的拨乱反正 ········· 001
 一、充分认识新时代我国意识形态建设取得的整体性、历史性成就 ········· 002
 二、清醒认知新时代我国意识形态建设面临的复杂性、艰巨性挑战 ········· 007
 三、准确把握事业发展对意识形态工作提出的战略性、使命性要求 ········· 010

第一编　意识形态本质论

第一章　对意识形态本质的科学揭示 ········· 017
 一、告别"过去的信仰" ········· 017
 二、从事物质生产的现实的个人是唯物主义历史观的出发点 ········· 020
 三、从社会物质资料生产出发来理解社会历史 ········· 025
 四、在社会上占统治地位的思想是统治阶级的思想 ········· 030
 五、生产力与交往形式之间的矛盾运动是社会变迁的内在根据 ········· 033

第二章 "思想"的科学定位 ········ 040
一、思想的实践定位 ········ 040
二、思想的历史定位 ········ 044
三、思想的功能定位 ········ 050

第三章 意识形态与历史认知模式 ········ 054
一、精明的小店主和糊涂的思想家:历史认知的困难在哪里 ····· 055
二、思想统治与阶级统治:意识形态的依附性如何形成 ········ 058
三、虚假代表与真实代表:意识形态的真相如何揭示 ········ 061

第四章 意识形态与马克思的社会批判理论 ········ 066
一、理论批判与实践批判相统一 ········ 067
二、客观主义批判与主观主义批判相统一 ········ 070
三、精英主义批判与大众主义批判相统一 ········ 075

第五章 意识形态与马克思主义的道德理论 ········ 079
一、走出"美学的王国":马克思的道德理想及其对现实的批判
········ 080
二、人本主义伦理方法的扬弃与马克思哲学方法的变革 ········ 084
三、从道德原则出发还是从现实出发:理解道德本质的关键 ····· 088
四、"永恒道德"的虚妄:形式主义道德观的理论实质与实践后果
········ 091

第二编 新时代意识形态实践论

第一章 "四个自信":当代中国的国家共识 ········ 097
一、"四个自信"是奋斗出来的国家共识 ········ 098
二、"四个自信"是比较出来的国家共识 ········ 102
三、"四个自信"是坚持出来的国家共识 ········ 105

目 录

第二章 掌握马克思主义理论这个看家本领 … 109
一、往深里走,深耕于科学理论 … 109
二、往心里走,忠诚于马克思主义 … 111
三、往实里走,扎根于伟大实践 … 112

第三章 克服"本领恐慌":共产党人的政治自觉与历史担当 … 114
一、"本领恐慌"问题的历史生成与应对 … 114
二、掌握"看家本领"是克服"本领恐慌"的关键 … 116
三、克服"本领恐慌"应着眼于系统提高政治能力 … 119

第四章 从实际出发与反对客观主义 … 121
一、客观主义不能正确把握社会形势 … 122
二、客观主义不能正确认识理论的重要性 … 123
三、客观主义不能正确把握社会理想 … 124

第五章 从四大"实际"出发把握发展规律 … 126
一、中国特色社会主义道路是实现中华民族伟大复兴的必由之路 … 127
二、中国特色社会主义理论体系是与时俱进、引领实践的科学理论 … 129
三、中国特色社会主义制度是实现广大人民群众根本利益的制度保障 … 131
四、中国特色社会主义文化是当代中国发展进步的精神力量 … 134

第六章 新时代意识形态建设理论的整体性 … 138
一、整体把握错误社会思潮的实质与危害 … 139
二、整体把握当代中国意识形态建设的基本内容 … 143
三、整体把握当代中国意识形态建设的实践路径 … 146

第七章　新时代意识形态建设的主要特点 ……… 150

一、定位科学:认清意识形态工作在整个事业发展中的作用和地位 ……… 150

二、路径准确:将意识形态建设工作融入"四个全面"战略布局 ……… 152

三、重点突出:通过抓住重点带动面上工作 ……… 153

四、措施严实:在意识形态领域形成守土有责、守土负责、守土尽责的良好局面 ……… 155

第八章　严以治教:加强党的理论教育队伍建设的关键 ……… 157

一、严格用是否真懂马克思主义这个标准衡量党的理论教育队伍的理论水平 ……… 158

二、严格用是否真用马克思主义这个标准衡量党的理论教育队伍的教学水平 ……… 160

三、通过从严执纪加强对党的理论教育队伍的管理 ……… 164

第九章　改革开放中社会主义意识形态发展的三个辩证统一 ……… 166

一、坚持"发展才是硬道理"与做好"极端重要"的意识形态工作相统一 ……… 166

二、坚持不断推进意识形态建设与清醒认知工作中存在的问题相统一 ……… 169

三、坚持科学真理与批判错误思潮相统一 ……… 171

第十章　"四个全面"与当代中国意识形态建设的内在关联 ……… 174

一、充分认识全面建成小康社会的意识形态意义 ……… 175

二、正确把握全面深化改革的意识形态方向 ……… 176

三、不断巩固全面依法治国的意识形态基础 ……… 180

四、深刻理解全面从严治党的意识形态内涵 ……………… 183

第十一章 科学把握当代中国哲学社会科学发展的规律性
……………………………………………………………………… 187

一、坚持以马克思主义为指导发展哲学社会科学，是近代以来我国
发展历程赋予的规定性和必然性 …………………………… 188

二、创新是社会发展、实践深化、历史前进对哲学社会科学的
必然要求 ………………………………………………………… 192

三、坚持批判精神是当代中国哲学社会科学健康发展的重要条件
…………………………………………………………………… 196

第十二章 科学把握"四史"显证的规律性 …………………… 201

一、"四史"显证了共产党执政规律 ………………………… 201

二、"四史"显证了社会主义建设规律 ……………………… 204

三、"四史"显证了人类社会发展规律 ……………………… 206

第十三章 正确把握我国社会主义历史发展的整体性 ……… 208

一、我国社会主义事业发展指导思想的整体性 …………… 208

二、我国社会主义经济制度历史发展的整体性 …………… 210

三、我国社会主义精神文明历史发展的整体性 …………… 214

第十四章 马克思主义经济制度理论中国化的基本经验
……………………………………………………………………… 218

一、依据唯物史观把握经济制度理论 ……………………… 219

二、在实践中探索和发展生产资料公有制 ………………… 225

三、在世界大变局中始终坚持社会主义基本经济制度 …… 231

第十五章 世界百年大变局的规律性 ………………………… 236

一、帝国主义列强殖民扩张的制度根源与历史趋势 ……… 237

二、第一个社会主义大国由兴到亡的深刻启示 …………… 241

三、社会主义中国不断发展壮大的政治经验 ……………… 249

第三编　错误社会思潮论

第一章　错误社会思潮的唯心主义特征 ········· 255
- 一、正确把握虚假意识的颠倒性 ········· 255
- 二、正确把握历史创造的条件性 ········· 257
- 三、正确把握历史发展的方向性 ········· 259

第二章　科学把握错误社会思潮的落后性 ········· 263
- 一、错误社会思潮落后于社会存在的发展 ········· 264
- 二、错误社会思潮落后于科学社会理论的发展 ········· 267
- 三、错误社会思潮落后于群众觉悟的发展 ········· 270

第三章　西方民主理论的现实本质 ········· 275
- 一、西方民主理论的历史演化 ········· 275
- 二、当代西方学者对西方民主理论及其实践的批判 ········· 280
- 三、西方民主理论对我国的影响 ········· 288

第四章　当代历史虚无主义的表现与危害 ········· 291
- 一、当前历史虚无主义思潮歪曲新民主主义革命史、歪曲改革开放发展史 ········· 291
- 二、历史虚无主义思潮泛滥的严重危害 ········· 293

第五章　警惕新自由主义的话语陷阱 ········· 296
- 一、"普世价值"论 ········· 296
- 二、"私有产权"论 ········· 298
- 三、"政改滞后"论 ········· 300

第六章　自由主义改革开放观的方法论检视 ········· 303
- 一、歪曲历史进程，否定改革开放的基本内涵 ········· 304

二、妄言"历史倒退",否定改革开放的伟大成就……………… 307
三、盲崇"西式民主",否定改革开放的政治基础……………… 310

第七章　自由主义的当代政治幻想………………………………… 313
一、自由主义思潮的当下愿景——"给理想一点时间"………… 313
二、自由主义理想追求的自由是一种抽象的自由……………… 316
三、自由主义思潮对马克思主义中国化的错误认知…………… 320

第八章　自由主义国家观的实质与危害………………………… 324
一、以错觉虚构历史：将国家本质空幻化的思想脉络及其当代影响
……………………………………………………………………… 325
二、以独断误判现实：将社会主义国家虚无化的基本主张及其
现实危害………………………………………………………… 332
三、以偏见臆测未来：将资本主义国家永恒化的思想特点及其
政治本质………………………………………………………… 336

第九章　清除"普世价值"思潮对社会科学研究的影响……… 341
一、直面问题："普世价值"论在一些学科领域仍有市场……… 341
二、消极影响：严重削弱和破坏哲学社会科学的育人功能…… 344
三、解决之道：不断巩固马克思主义在哲学社会科学领域的指导
地位……………………………………………………………… 345

第十章　"两个结合"视域中的文化复古主义思潮……………… 347
一、"两个结合"是正确把握文化复古主义思潮的根本原则…… 347
二、警惕文化复古主义思潮的虚无主义倾向…………………… 352
三、克服文化复古主义思潮错误倾向的方法论原则…………… 357

第十一章　"意识形态终结论"的虚妄性………………………… 360
一、"意识形态终结论"的理论氛围……………………………… 361
二、社会结构的变革与"意识形态的终结"……………………… 370
三、历史形而上学："意识形态终结论"的方法论特点………… 379

附录　习近平关于新时代意识形态工作的若干重要论述
·· 385

　一、坚持以马克思主义为指导,牢牢掌握意识形态工作领导权、
　　　管理权、话语权 ·· 387

　二、辩证唯物主义是中国共产党人的世界观和方法论 ············ 413

　三、坚持历史唯物主义,不断开辟当代中国马克思主义发展新境界
·· 420

　四、坚持马克思主义在我国哲学社会科学领域的指导地位 ······ 429

　五、中国精神是社会主义文艺的灵魂 ······························· 435

　六、坚持党的新闻舆论工作的正确政治方向 ······················ 440

　七、加强党的理论教育和党性教育 ·································· 448

　八、培养德智体美劳全面发展的社会主义建设者和接班人 ······ 453

　九、马克思主义始终是我们党和国家的指导思想 ················· 461

后记 ·· 469

导　论
新时代意识形态领域的拨乱反正

党的十九届六中全会通过的《中共中央关于党的百年奋斗重大成就和历史经验的决议》强调指出，党的十八大以来，以习近平同志为核心的党中央，以伟大的历史主动精神、巨大的政治勇气、强烈的责任担当，解决了许多长期想解决而没有解决的难题，办成了许多过去想办而没有办成的大事，推动党和国家事业取得历史性成就、发生历史性变革。这一"历史性成就"和"历史性变革"在文化建设上突出表现为："党的十八大以来，我国意识形态领域形势发生全局性、根本性转变"。对于这一重要论断，我们应从三个方面深化理解：一是要充分认识新时代我国意识形态建设的整体性、历史性成就；二是要清醒认知新时代我国意识形态建设面临的复杂性、艰巨性挑战；三是要准确把握事业发展对意识形态工作提出的战略性、高质量要求。也就是说，党的十八大以来我国社会主义意识形态建设成就巨大，积累了宝贵经验，这一成就与经验的取得来之不易，我们应当倍加珍惜。同时，不能因成就巨大而失去应有的警觉，意识形态领域形势依然复杂严峻，意识形态工作还存在许多薄弱环节，我们应对意识形态挑战的能力仍需提升，任何时候都应保持众志成城的集体自觉和战斗姿态。

一、充分认识新时代我国意识形态建设取得的整体性、历史性成就

党的十九届六中全会将党的百年奋斗史划分为四个时期，中国特色社会主义进入新时代是承前启后、继往开来的第四个历史时期。中国特色社会主义进入新时代之所以成为一个历史时期，主要是因为十八大以来我国社会发生了许多阶段性质变，即质的提升。意识形态领域发生的阶段性质变是新时代我国社会系列阶段性质变的重要组成部分，是新时代党和国家事业取得历史性成就、发生历史性变革的重要组成部分。

（一）**对意识形态工作的定位更加科学**。进入新世纪以来，我国意识形态领域形势日益复杂，社会主义意识形态建设遭遇多方面的严峻挑战。从改进和加强党的宣传思想工作和意识形态工作的迫切性角度看，"在一些单位和一些人那里，党的意识淡漠了，党性原则讲得少了。有的对党的政治纪律、宣传纪律置若罔闻，根本不当一回事；有的还专门挑那些党已经明确规定的政治原则来说事，口无遮拦，毫无顾忌，受到敌对势力追捧，不以为耻、反以为荣。党的宣传思想阵地不为党服务，党的宣传思想工作者不愿意甚至不敢坚持党性原则，岂非咄咄怪事？如果在坚持党性这个根本问题上没有明确观点和立场，那就是政治上不合格，就没有做党的宣传思想工作最起码的资格"[①]。习近平总书记还指出，"做好宣传思想工作仅靠宣传思想部门是不够的，必须全党动手。现在，是不是存在对意识形态工作不想抓、

---

① 《习近平关于社会主义文化建设论述摘编》，中央文献出版社2017年版，第24—25页。

不会抓、不敢抓的问题呢？我看是存在的。各级党委和领导干部要把宣传思想工作切实抓起来。看一个领导干部是否成熟、能否担当重任，一个重要方面就是看他重不重视、善不善于抓宣传思想工作。各级党委要负起政治责任和领导责任，加强对宣传思想领域重大问题的分析研判和重大战略性任务的统筹指导，不断提高领导宣传思想工作能力和水平"①。正是基于对意识形态复杂形势的清醒认知，习近平总书记多次强调，意识形态工作是党的一项极端重要的工作。这一重要论断是对党的意识形态理论的创新性继承和创造性发展，使意识形态工作在党的总体工作格局和整个事业发展中的定位更加准确、更加清晰，突显了意识形态关乎旗帜、关乎道路、关乎国家政治安全的实践定位。这一重要论断成为扭转意识形态领域一度存在的被动局面的指南针和冲锋号，意识形态工作格局和整体态势发生了重大转折，没有这个重大转折，就不会有"意识形态领域形势发生全局性、根本性转变"。

（二）**意识形态制度体系更加完善**。意识形态领域形势复杂多变，意识形态制度建设存在落后于形势发展的情况，制度建设的滞后会给意识形态工作带来被动局面和软弱状态。党的十八大以来，以习近平同志为核心的党中央，在科学定位意识形态工作的基础上，强化意识形态制度建设，意识形态制度体系更加完善。第一，构建"坚持马克思主义在意识形态领域指导地位的根本制度"。党的十九届四中全会创造性提出"坚持马克思主义在意识形态领域指导地位的根本制度"这一根本的制度。这一根本制度在新时代的具体任务包括：全面贯彻落实习近平新时

---

① 《习近平关于社会主义文化建设论述摘编》，中央文献出版社2017年版，第32—33页。

代中国特色社会主义思想,健全用党的创新理论武装全党、教育人民工作体系,完善党委(党组)理论学习中心组等各层级学习制度,建设和用好网络学习平台;深入实施马克思主义理论研究和建设工程,把坚持以马克思主义为指导全面落实到思想理论建设、哲学社会科学研究、教育教学各方面;加强和改进学校思想政治教育,建立全员、全程、全方位育人体制机制;落实意识形态工作责任制,注意区分政治原则问题、思想认识问题、学术观点问题,旗帜鲜明反对和抵制各种错误观点。第二,构建"坚持以社会主义核心价值观引领文化建设制度"。这一文化制度强调,推动理想信念教育常态化、制度化,弘扬民族精神和时代精神,加强党史、新中国史、改革开放史教育,加强爱国主义、集体主义、社会主义教育,实施公民道德建设工程,推进新时代文明实践中心建设。《英雄烈士保护法》《中华人民共和国香港特别行政区维护国家安全法》等法律制度的制定,填补了我国意识形态制度在相关领域的空白,对加强意识形态建设、维护意识形态安全增补了制度保障。第三,构建以总体国家安全观为核心的国家安全制度。这一制度强调,要高度防范抵御国家安全风险能力,高度警惕、坚决防范和严厉打击敌对势力渗透、破坏、颠覆、分裂活动。

(三)**意识形态工作机制更加健全**。健全工作机制是加强意识形态建设的重要方面,党的十八大以来,党的意识形态工作机制更加健全,形成了全党重视、全民参与、全面融入、全面检视的工作机制。第一,"全党重视"指的是意识形态工作成为党治国理政工作体系的重中之重,党的各级组织和每一位党员都将意识形态工作摆在突出位置。习近平总书记总是从党生死存亡和事业发展成败的高度,强调意识形态工作在党的总体工作格局中的重要地位,"我一直在思考一个问题,这就是:我们中国共产党人能不能打仗,新中国的成立已经说明了;我们中国共产党人能不能搞建设搞发展,改革开放的推进也已经说明了;但是,我们中国共产党人能不能在日益复杂的国际国内环境下坚持住党的领导、坚持和发展中国特色社会主义,这个还需要我们一代一代共产党人继续作出回答。做好意识形态工作,做好宣传思想工作,要放到这个大背景下来认识。全党同志特别是党的各级领导干部必须按照中央要求扎扎实实做好意识形态工作"①。第二,"全民参与"指的是广大人民群众自觉参与意识形态建设和意识形态斗争,意识形态建设主体不断扩大,社会主义意识形态主流声音不断扩大,包括错误思潮在内的社会负能量受到广大人民群众的普遍抵制和遏制。第三,"全面融入"指的是将党的意识形态工作融入"四个全面"战略全局,将意识形态建设与推进全面深化改革、全面依法治国、全面建成小康社会和社会主义现代化国家、全面从严治党有机结合起来,使意识形态工作的灵魂作用和方向功能在党的全部工作中都能得到发挥。第四,"全面检视"指的是建立健全对意识形态工作的进展、成效的检查评估体系,将意识形态工作情况纳入各级巡视巡察工作,不断压实压紧意识形态工作责任,使意识形态工作成为不能忽视、轻视的一项工作。

(四)对错误思潮的批判更加有力。意识形态领域的复杂性主要来自错误思潮的泛滥,对错误思潮的批判是否有力直接关系到意识形态建设的进展和成效。党的十八大以来,以习近平同志为核心的党中央明确号召全党坚决批判和抵制包括历史

---

① 《习近平关于社会主义文化建设论述摘编》,中央文献出版社2017年版,第31—32页。

虚无主义思潮、"普世价值"思潮、新自由主义思潮、宪政民主思潮在内的各种错误思潮,错误思潮的政治本质和严重危害得到深入揭示,被错误思潮严重污染的各类舆论阵地得到明显净化。经过多年持续不断地批判,错误思潮严重败坏社会精神环境、严重破坏社会主义现代化建设、严重干扰社会主义事业发展的危害性已充分暴露,错误思潮落后于社会存在、落后于科学理论、落后于群众觉悟的理论本质被充分揭示。改革开放以来,各种错误思潮将攻击的矛头集中在中国共产党的历史和中国共产党的领导上,党内外在要不要坚持党的领导和如何坚持党的领导这一根本问题上形成了许多模糊认识甚至错误思想,以习近平同志为核心的党中央坚决回击错误思潮对坚持党的领导的攻击,一些地方、一些领域曾经存在的党的领导弱化问题得到了解决,"一个时期以来,有的人在这个问题上讳莫如深、语焉不详甚至搞包装,没有前提地搞党政分开,结果弱化了党的领导,削弱了党的建设。习近平总书记对坚持和加强党的领导从来都是充满自信、决不回避退让,系列重要讲话万变不离其宗,根本是坚持党的领导;无论哪个领域、哪方面工作,无一不是从加强党的领导抓起,最终落脚在强化党的建设上;澄清了模糊认识,夺回丢失的阵地,把走弯了的路调直,树立起党中央的权威,弱化党的领导的状况得到根本性扭转"①。改革开放以来,特别是二十世纪九十年代以来,"宪政民主"思潮大肆鼓吹资本主义民主,提出中国必须实行西式民主,全盘否定中国特色社会主义民主政治制度,这一错误思潮在社会上产生了极其恶劣的影响。2003—2013年是"宪政民主"思潮扩散传播的高峰期,每年有300多篇

---

① 王岐山:《开启新时代 踏上新征程》,《人民日报》2017年11月7日第2版。

鼓吹这一思潮的研究论文发表,2013年以后呈快速下降趋势。这是新时代加强意识形态建设取得明显成效的突出体现之一。

二、清醒认知新时代我国意识形态建设面临的复杂性、艰巨性挑战

中华民族伟大复兴进程不可逆转是有前提的,做好新时代意识形态工作是重要前提之一。因为,如果我们在意识形态领域犯颠覆性错误,就必然会出现思想大混乱、政治大动荡、社会大分裂的灾难性局面,中国特色社会主义事业必然遭受挫折甚至失败,中华民族伟大复兴进程必然中断。当前,我国处于"两个一百年"的历史交汇期,我国的发展战略机遇期与以美国为首的西方国家的战略焦虑期高度叠加,中国特色社会主义事业的蓬勃发展期与世界社会主义运动的低潮期高度叠加。这些多个"两期叠加"给新时代意识形态建设带来了多方面的挑战,意识形态领域的矛盾和斗争仍然尖锐复杂,要清醒认知错误思潮仍然存在、"颜色革命"势力仍然存在、意识形态工作的薄弱环节仍然存在,是新时代我国意识形态领域客观存在的风险挑战。

(一)错误思潮仍然存在。党的十八大以来,错误思潮严重泛滥的势头虽然受到有效遏制,但是,各种错误思潮还大量存在,它们的存在仍然严重影响我国社会主义意识形态建设和发展。各种错误思潮仍然大量存在的原因主要有三个方面。一是由于错误思潮积累的长期性。改革开放40多年来,错误思潮在我国社会的影响从未中断。1979年3月,邓小平就严肃指出,"社会上有极少数人正在散布怀疑或反对这四项基本原则的思潮,而党内也有个别同志不但不承认这种思潮的危险,甚至直接

间接地加以某种程度的支持。虽然这几种人在党内外都是极少数,但是不能因为他们是极少数而忽视他们的作用。事实证明,他们不但可以而且已经对我们的事业造成很大的危害"①。二是由于错误思潮影响的广泛性,突出表现为哲学社会科学各学科几乎都受到错误思潮的破坏性影响,马克思主义在哲学社会科学领域的指导地位被严重削弱。比如,在历史研究领域,有些人完全不讲唯物史观,他们还不如一些西方学者对马克思主义历史理论的认知。英国学者巴勒克拉夫认为,"马克思主义作为哲学和总的观念,从五个主要方面对历史学家的思想产生了影响。首先,它既反映又促进了历史学研究方向的转变,从描述孤立的——主要是政治的——事件转向对社会和经济的复杂而长期的过程的研究。其次,马克思主义使历史学家认识到需要研究人们生活的物质条件,把工业关系当作整体的而不是孤立的现象,并且在这个背景下研究技术和经济发展的历史。第三,马克思促进了对人民群众历史作用的研究,尤其是他们在社会和政治动荡时期的作用。第四,马克思的社会阶级结构观念以及他对阶级斗争的研究不仅对历史研究产生了广泛影响,而且特别引起了对研究西方早期资产阶级社会中阶级形成过程的注意,也引起了对研究其他社会制度——尤其是奴隶制社会、农奴制社会和封建制社会——中出现类似过程的注意。最后,马克思主义的重要性在于它重新唤起了对历史研究的理论前提的兴趣以及对整个历史学理论的兴趣。马克思认为,历史既是服从一定规律的自然过程,又是人类自己写作和上演的全人类的戏

---

① 《邓小平文选》第 2 卷,人民出版社 1994 年版,第 166 页。

剧"①。三是由于在意识形态工作上存在对错误思潮斗争不力的问题。一些党组织和领导干部对错误思潮的政治本质和严重危害缺乏辨识能力,完全丧失抵制错误思潮的能力和自觉,听之任之者有之,躲躲闪闪者有之,暗度陈仓者有之。

(二)"颜色革命"势力仍然存在。习近平总书记曾经深刻指出,"当前,各种敌对势力一直企图在我国制造'颜色革命',妄图颠覆中国共产党领导和我国社会主义制度。这是我国政权安全面临的现实危险。他们选中的一个突破口就是意识形态领域,企图把人们思想搞乱,然后浑水摸鱼、乱中取胜。新形势下,意识形态领域斗争复杂尖锐。历史和现实都警示我们,思想舆论阵地一旦被突破,其他防线就很难守得住。在意识形态领域斗争上,我们没有任何妥协、退让的余地,必须取得全胜"②。境内外各种势力一直致力于改变中国的政治颜色,一直致力于颠覆中国社会主义制度,一直希望中国共产党重蹈苏共垮台、苏联解体的覆辙,"国内外敌对势力往往就是拿中国革命史、新中国历史来做文章,竭尽攻击、丑化、污蔑之能事,根本目的就是要搞乱人心,煽动推翻中国共产党的领导和我国社会主义制度。苏联为什么解体?苏共为什么垮台?一个重要原因就是意识形态领域的斗争十分激烈,全面否定苏联历史、苏共历史,否定列宁,否定斯大林,搞历史虚无主义,思想搞乱了,各级党组织几乎没任何作用了,军队都不在党的领导之下了。最后,苏联共产党偌大一个党就作鸟兽散了,苏联偌大一个社会主义国家就分崩离

---

① [英]巴勒克拉夫:《当代史学主要趋势》,上海译文出版社1987年版,第27页。
② 《习近平关于社会主义文化建设论述摘编》,中央文献出版社2017年版,第37页。

析了。这是前车之鉴啊!"①

（三）**意识形态工作的薄弱环节仍然存在**。意识形态领域的复杂性往往同意识形态工作存在薄弱环节直接相关,意识形态工作不力、不实、不紧往往是思想领域混乱、错误思潮泛滥、意识形态工作被动的重要原因。当前,我国意识形态工作的薄弱环节主要体现在三个"不到位",即理论武装不到位、责任落实不到位、阵地管理不到位。所谓理论武装不到位指的是一些党组织和党员干部没有认识到理论武装的重要性,理论武装工作形式主义问题严重,存在"学的声量大、用的力度小"、"被动学习多、主动学习少"等不良现象,这就容易丧失思想上的主动权、领导权和指挥权,使意识形态工作甚至整个党的工作陷入被动局面。所谓责任落实不到位指的是意识形态工作责任制被严重弱化、虚化,意识形态工作责任不落实,对违反意识形态工作责任制的现象不纠正、不追责,使意识形态建设相关制度成为纸老虎、稻草人。所谓阵地管理不到位指的是重要的意识形态阵地管不严、管不好的现象,使这些阵地成为错误思潮的集散地、污染源。比如,当前网络阵地管理还存在许多问题,有些长期传播错误思潮的网络媒体既缺乏意识形态责任意识,又缺乏有效外部意识形态管控的现象；有些学校课堂阵地丧失立德树人功能,成为传播错误思潮的场所。

三、准确把握事业发展对意识形态工作
提出的战略性、使命性要求

社会主义事业发展从来都不是一帆风顺的,它总是在不断

---

① 《十八大以来重要文献选编》(上),中央文献出版社2014年版,第113页。

战胜风险挑战中发展壮大。意识形态工作的极端重要性,也决定了意识形态风险的高度危险性和严重破坏性。因此,做好意识形态工作是事关中国特色社会主义事业健康发展的战略性、基础性工作,必须高质量做好意识形态工作。对如何做好新形势下的宣传思想工作、意识形态工作,习近平总书记提出了三个"下功夫"的工作要求,"在基础性、战略性工作上下功夫,在关键处、要害处下功夫,在工作质量和水平上下功夫,推动宣传思想工作不断强起来,促进全体人民在理想信念、价值理念、道德观念上紧紧团结在一起,为服务党和国家事业全局作出更大贡献"①。

(一)在基础性、战略性工作上下功夫。在意识形态工作体系中,有些工作是基础性、战略性工作,做好这些工作对于加强意识形态建设具有长远性、全局性、根本性意义。意识形态工作中的基础性、战略性工作主要包括相互关联的三个方面工作:马克思主义理论武装工作、用马克思主义指导哲学社会科学工作、学校意识形态工作。做好马克思主义理论武装工作是做好整个意识形态工作的前提和基础。习近平总书记指出:"中国共产党是用马克思主义武装起来的政党,马克思主义是中国共产党人理想信念的灵魂。……回顾党的奋斗历程可以发现,中国共产党之所以能够历经艰难困苦而不断发展壮大,很重要的一个原因就是我们党始终重视思想建党、理论强党,使全党始终保持统一的思想、坚定的意志、协调的行动、强大的战斗力。当前,改革发展稳定任务之重、矛盾风险挑战之多、治国理政考验之大都是前所未有的。我们要赢得优势、赢得主动、赢得未来,必须不断

---

① 习近平:《论党的宣传思想工作》,中央文献出版社2020年版,第337页。

提高运用马克思主义分析和解决实际问题的能力，不断提高运用科学理论指导我们应对重大挑战、抵御重大风险、克服重大阻力、化解重大矛盾、解决重大问题的能力，以更宽广的视野、更长远的眼光来思考把握未来发展面临的一系列重大问题，不断坚定马克思主义信仰和共产主义理想。"①从这里可以看出，只有加强马克思主义理论武装工作，才能战胜包括意识形态风险在内的一切风险挑战；只有用马克思主义理论武装起来的党，才是统一、强大的党；只有加强马克思主义理论武装，我们才能在复杂的意识形态斗争中赢得优势、赢得主动、赢得未来。做好哲学社会科学中的马克思主义指导工作，也是做好意识形态工作的一项基础性、战略性工作。整个社会主义精神文明建设的水平和质量往往同马克思主义在哲学社会科学中的指导地位是否巩固直接相关，意识形态领域的复杂性往往源于哲学社会科学领域马克思主义指导地位弱化、边缘化。习近平总书记指出："我国哲学社会科学坚持以马克思主义为指导，是近代以来我国发展历程赋予的规定性和必然性。在我国，不坚持以马克思主义为指导，哲学社会科学就会失去灵魂、迷失方向，最终也不能发挥应有作用。"②党的十八大以来，习近平总书记多次强调加强马克思主义在哲学社会科学领域指导地位的重要性，但是，当前我国哲学社会科学发展的总体状况、特别是马克思主义指导地位在哲学社会科学领域被弱化、边缘化的状况，还没有得到根本改变，这一状况必须得到根本扭转。学校意识形态工作的基础性、战略性地位主要体现在人才培养、科学研究、文化传承上，学校意识形态工作直接关系到"培养什么人、怎样培养人"的问题，

---

① 习近平：《论党的宣传思想工作》，中央文献出版社2020年版，第333页。
② 习近平：《论党的宣传思想工作》，中央文献出版社2020年版，第220页。

关系到学校、特别是高校的科学研究能否真正为中国特色社会主义事业服务的问题，关系到社会主义主流文化能否代代相传的问题。习近平总书记曾深刻指出，"我们的教育绝不能培养社会主义破坏者和掘墓人，绝不能培养出一些'长着中国脸，不是中国心，没有中国情，缺乏中国味'的人！那将是教育的失败。教育的失败是一种根本性失败。我们决不能犯这种历史性错误！这是推进教育现代化、建设教育强国必须把握的大是大非问题，没有什么可隐晦、可商榷、可含糊的"①。

（二）在关键处、要害处下功夫。意识形态工作涉及方方面面，关键处、要害处主要包括党员干部的意识形态能力建设、各类阵地建设。党的意识形态工作得失成败往往取决于"关键少数"，即广大党员干部是否具备意识形态领导力和战斗力。意识形态领导力和战斗力的核心是理论联系实际的能力，即用马克思主义立场、观点和方法解决意识形态领域实际问题的能力。习近平总书记指出，"我们党一贯重视理论工作，强调理论必须同实践相统一。理论一旦脱离了实践，就会成为僵化的教条，失去活力和生命力。实践如果没有正确理论的指导，也容易'盲人骑瞎马，夜半临深池'。理论对规律的揭示越深刻，对社会发展和变革的引领作用就越显著。我们坚持和发展中国特色社会主义，必须高度重视理论的作用，增强理论自信和战略定力，对经过反复实践和比较得出的正确理论，不能心猿意马、犹豫不决，要坚定不移坚持"②。这一重要论述具有普遍的指导意义，如果党员干部缺乏意识形态领导力，面对意识形态重大风险挑战往

---

① 《十九大以来重要文献选编》（上），中央文献出版社2019年版，第647页。
② 《习近平关于社会主义文化建设论述摘编》，中央文献出版社2017年版，第65页。

往陷入"盲人骑瞎马,夜半临深池"的危险境地。之所以说各类意识形态阵地是关键处、要害处,是因为意识形态阵地既是战场又是防线,意识形态阵地管理不好,就意味着在意识形态战场上处于被动局面、面临打败仗的危险,就意味着我们的意识形态防线可能失守、面临节节败退的危险。

(三)在工作质量和水平上下功夫。 中国特色社会主义事业发展的要求和意识形态领域面临的风险挑战,要求我们在意识形态工作上必须注重提高质量和水平,用高质量、高水平的意识形态工作为党和人民事业保驾护航。提高意识形态工作质量和水平最主要体现在三个方面。一是对意识形态工作的领导上要具体到位,"各级党委要把做好意识形态工作摆在重要位置,加强组织领导,及时掌握意识形态形势和动态,对各种政治性、原则性、导向性问题要敢抓敢管,对各种错误思想必须敢于亮剑,帮助人们明辨是非,牢牢掌握意识形态工作主动权。特别是要防止各种敌对势力借机干扰和破坏,避免一些具体问题演变成政治问题、局部问题演变成全局性事件,避免出现大的意识形态事件和舆论漩涡"[①]。二是意识形态工作责任要压实压紧,"要认真落实意识形态工作责任制,纳入巡视工作安排,加强对意识形态阵地的管理,落实谁主管谁主办和属地管理,防止给错误思想观点传播提供渠道"。三是要积极探索有利于破解意识形态工作难题的新举措、新方法,充分运用各种新技术、新应用创新意识形态工作方式,使党的意识形态工作更好体现时代性、富于创造性。

---

① 习近平:《论党的宣传思想工作》,中央文献出版社2020年版,第23页。

第一编
意识形态本质论

马克思主义发展史和社会主义运动史表明,在社会意识领域始终存在着先进思想文化和落后思想文化的矛盾与斗争。马克思主义经典作家深刻揭示了意识形态的理论本质、发展规律和社会作用,为我们科学认识意识形态的复杂性和做好意识形态工作,提供了理论方法和实践指南。习近平指出,"先进的思想文化一旦被群众掌握,就会转化为强大的物质力量;反之,落后的、错误的观念如果不破除,就会成为社会发展进步的桎梏。理论自觉、文化自信,是一个民族进步的力量;价值先进、思想解放,是一个社会活力的来源。国家之魂,文以化之,文以铸之。我们要立足中国,面向现代化、面向世界、面向未来,巩固马克思主义在意识形态领域的指导地位,发展社会主义先进文化,加强社会主义精神文明建设,把社会主义核心价值观融入社会发展各方面,推动中华优秀传统文化创造性转化、创新性发展,不断提高人民思想觉悟、道德水平、文明素养,不断铸就中华文化新辉煌"①。这一思想依据历史唯物主义基本原理,紧紧抓住意识形态的本质,为新时代社会主义意识形态建设提供了基本遵循。习近平多次强调,要真正掌握马克思主义理论,必须深入学习与研究包括《德意志意识形态》在内的经典著作,从中领会马克思主义的先进性、科学性和实践性。

---

① 《十九大以来重要文献选编》(上),中央文献出版社2019年版,第430页。

第一章
对意识形态本质的科学揭示

《德意志意识形态》(以下简称《形态》)是马克思、恩格斯在其构建和创立马克思主义哲学时期所撰写的最重要的一部著作,在马克思主义哲学发展史上有着十分重要的地位。在这部著作中,马克思、恩格斯通过批判以鲍威尔、费尔巴哈和施蒂纳为代表的青年黑格尔派哲学,全面地制定和系统地论证了他们的唯物主义历史观。该著作集马克思、恩格斯的早期思想发展之大成,是马克思主义哲学创立的标志。

一、告别"过去的信仰"

在《形态》中,马克思、恩格斯通过批判作为"德意志意识形态"的青年黑格尔派哲学,对唯物主义历史观的基本原理进行了全面、系统地论证和阐述。

1. 告别"德意志意识形态"这一"过去的信仰"

《形态》直接研究和批判的对象是以鲍威尔、费尔巴哈和施蒂纳为代表的青年黑格尔派哲学。青年黑格尔派哲学是当时德国资产阶级思想体系即所谓"德意志意识形态"的主要代表,作为德国资产阶级民主革命的理论准备和先导,曾在1835—1845年期间在德国思想界和社会上产生了重要的影响和作用。青年黑格尔派虽然对封建神学、对宗教进行了较为彻底的批判,但是仅仅局限于对宗教观念的批判,未能进一步深入德国哲学与德国现实、哲学理论与社会物质环境之间的关系。马克思、恩格斯曾经和鲍威尔、费尔巴哈、施蒂纳有过亲密接触和交往,并受到过他们哲学思想的影响。他们在1841年以前曾站到鲍威尔"自我意识"哲学的立场之上,1842年以后特别是1843年思想转变的过程中又受到费尔巴哈哲学的强烈影响,而施蒂纳哲学也对他们在1844年以后彻底摆脱费尔巴哈哲学起到了某种启示作用。

这样,《形态》一书的写作实际上就不仅具有了清算作为当时"德意志意识形态"的青年黑格尔派哲学的意义,而且也同时具有了清算马克思、恩格斯自己以前所持有的哲学唯心主义立场的意义。所以,马克思在1859年撰写的《政治经济学批判》"序言"中曾这样回顾这本书的写作:当1845年初恩格斯也住在布鲁塞尔时,"我们决定共同阐明我们的见解与德国哲学的意识形态的见解的对立,实际上是把我们从前的哲学信仰清算一下。这个心愿是以批判黑格尔以后的哲学的形式来实现的。两厚册八开本的原稿早已送到威斯特伐利亚的出版所,后来我们才接到通知说,由于情况改变,不能付印。既然我们已经达到了我们的主要目的——自己弄清问题,我们就情愿让原稿留给老鼠的牙齿去批判了"[①]。

[①] 《马克思恩格斯选集》第2卷,人民出版社1995年版,第34页。

2. 马克思主义哲学创立的标志

在撰写《形态》时，马克思、恩格斯不仅在思想上已经实现了由唯心主义和民主主义向唯物主义和共产主义的转变，而且已经通过《1844年经济学哲学手稿》（1844年4—8月）、《神圣家族》（1844年9—11月）、《英国工人阶级状况》（1844年9月—1845年3月）和《关于费尔巴哈的提纲》（1844年底或1845年初）的写作，大致完成了唯物主义历史观的发挥工作，正准备一起着手在各个极为不同的方面详细制定有关这一理论的新观点。而这一任务正是通过《形态》的写作来完成的。所以，《形态》集马克思、恩格斯早期思想发展之大成，成为马克思主义哲学创立的标志。

在《形态》中，马克思、恩格斯全面地制定和详细地阐述了唯物主义历史观基本的原理。他们阐明了从事实践活动的"现实的个人"是历史唯物主义的出发点，从而把唯物主义历史观界定为关于人的实践活动和实际发展过程的科学；他们把实践作为整个唯物主义历史观的基础，从直接生活的物质生产出发来考察现实的生产过程特别是社会结构和历史发展，对其作出了全面的描述；他们从哲学上考察了未来社会理想——共产主义及其价值目标——人的自由全面发展；他们还论述了分工、意识形态、世界历史、自主活动等一系列重要的哲学理论问题。这些新见解、新理论，标志着马克思、恩格斯哲学思想形成时期的结束和他们对旧哲学所实行的哲学革命变革的完成，为新世界观同工人运动的结合奠定了必要的思想基础。

二、从事物质生产的现实的个人是唯物主义历史观的出发点

在《形态》第一卷第一章中,马克思、恩格斯在揭示人类历史的现实前提的基础上,阐明了唯物主义历史观的出发点"是从事实际活动的人"①,即从事实践活动的"现实的个人",从而,客观地反映了人类历史过程的主体,科学地规定了马克思主义哲学的研究对象。

1. 人类历史存在和发展的现实前提是现实的个人

《形态》首先阐述了人类历史的前提,这个前提就是现实的个人,这些现实的个人的活动和他们的物质生活条件。马克思、恩格斯认为,这些条件可以用纯粹经验的方法来确认。他们指出,"全部人类历史的第一个前提无疑是有生命的个人的存在"。但是,"这里所说的个人不是他们自己或别人想象中的那种个人,而是现实中的个人,也就是说,这些个人是从事活动的,进行物质生产的,因而是在一定的物质的、不受他们任意支配的界限、前提和条件下活动着的"②。

青年黑格尔派的哲学家们虽然未明确谈到他们哲学的现实前提和出发点,但由于他们断言思想、观念支配和决定现实世界,相信思想的统治和完全局限于宗教批判,完全撇弃了哲学理论与社会现实的关系,实际上以抽象的观念、概念即所谓的"自我意识"(鲍威尔)、"类"(费尔巴哈)或者"唯一者"(施蒂纳)作为

---

① 《马克思恩格斯文集》第1卷,人民出版社2009年版,第525页。
② 《马克思恩格斯选集》第1卷,人民出版社1995年版,第67页。

自己哲学的出发点。马克思、恩格斯运用纯经验的方法,从历史发生学的角度来确认有生命的个人是历史的前提和主体,与青年黑格尔派形成了鲜明的对照。

2. 物质生活资料的生产是人区别于动物的根本标志

青年黑格尔派的哲学家们像他们的老师黑格尔一样,主要从精神性的角度来区分人和动物,把人理解为自我意识的人(鲍威尔)、自然的人(费尔巴哈)或利己的人(施蒂纳)。与此不同,马克思、恩格斯明确地把物质生产实践活动作为区别人和动物的主要标志。

马克思、恩格斯明确指出,"可以根据意识、宗教或随便别的什么来区别人和动物。一当人开始生产自己的生活资料,即迈出由他们的肉体组织所决定的这一步的时候,人本身就开始把自己和动物区别开来"[1]。在马克思、恩格斯看来,物质生活资料的生产不仅保证了个人肉体存在的再生产,是个人生命的生产方式,而且,它还是个人的活动方式、生活方式即存在方式:"人们用以生产自己的生活资料的方式,首先取决于他们已有的和需要再生产的生活资料本身的特性。这种生产方式不应当只从它是个人肉体存在的再生产这方面加以考察。更确切地说,它是这些个人的一定的活动方式,是他们表现自己生命的一定方式、他们的一定的生活方式。"这样,人的本质是由他们的物质生活资料生产方式决定的,是由生产什么和怎样生产决定的。在不同的历史条件下,人们的已有的和需要再生产的生活资料不同,生产的水平也不同,因为这些差异,人们的本质的发展程

---

[1] 《马克思恩格斯文集》第1卷,人民出版社2009年版,第519页。

度也就会有所不同。

按照马克思、恩格斯的观点,人们的物质生活资料的生产是具体的、历史的,是一个持续不断的发展过程。因此,由此决定的人的本质也是具体的、历史的,是一个持续不断的发展过程。所以,马克思、恩格斯否定有先天的、不变的、抽象的人的本质。从物质实践的观点出发来理解和解释人的本质和人性,使马克思主义哲学的人性观同形形色色的先验主义的人性观区别开来。

3. 生产力决定分工,进而决定所有制和交往形式

研究社会分工的形成与实质不仅关系到对人类历史发展规律的揭示,而且关系到对人类社会在不同历史阶段的社会性质的理解。在《形态》中,马克思、恩格斯研究了社会分工的历史起源,揭示了分工的客观历史性,进而揭示了不同所有制形式产生的原因,从根本上否定了社会分工宿命论和私有制永恒性的观点。

在马克思、恩格斯看来,生产力决定分工;分工既是生产力发展的结果,同时又是交往关系或生产关系的前提和基础。

马克思、恩格斯指出,各民族之间的相互关系取决于每一个民族的生产力、分工和内部交往的发展程度。同样,一个民族本身的整个内部结构也取决于自己的生产以及自己内部和外部的交往的发展程度。一个民族的生产力发展的水平,最明显地表现于该民族分工的发展程度。任何新的生产力,只要它不是已知的生产力单纯的量的扩大(例如,开垦土地),都会引起分工的进一步发展。在这里,马克思、恩格斯科学说明了社会分工的物质前提,从根本上批驳了以前各种关于社会分工的理论。由于

分工的每一个阶段还决定个人在劳动材料、劳动工具和劳动产品有关的相互关系,也就是说,生产力通过决定社会分工进而决定了所有制的不同形式,决定了人与人之间的相互关系即交往形式。

马克思、恩格斯还认为,分工和所有制是同义语,分工是就活动而言,所有制是就活动的结果而言。分工发展的不同阶段就是所有制的不同形式。

4. 人们的存在即人们的现实生活过程决定人们的意识

从社会关系中划分出交往形式或生产关系,找到社会领域中的物质关系的表现形式,使马克思、恩格斯能够对人们的存在与他们的意识即社会存在与社会意识的关系问题作出科学的说明,从而不仅在对自然的认识方面,而且也在对历史的认识方面彻底解决存在与思维的关系问题。

马克思、恩格斯指出,思想、观念、意识的生产最初是直接与人们的物质活动,与人们的物质交往,与现实生活的语言交织在一起的。人们的想象、思维、精神交往在这里还是人们物质活动的直接产物。表现在某一民族的政治、法律、道德、宗教、形而上学等的语言中的精神生产也是这样。"意识在任何时候都只能是被意识到了的存在,而人们的存在就是他们的现实生活过程。"因此,意识是随着人们的现实生活的改变而不断变化的,"不是意识决定生活,而是生活决定意识"[①]。

从这种理解出发,马克思、恩格斯认为,道德、宗教、哲学等各种社会意识形式没有自身独立的历史和发展,因为它们是受

---

① 《马克思恩格斯文集》第1卷,人民出版社2009年版,第525页。

人们的物质生产和物质交往决定的。

5. 唯物主义历史观的出发点是从事实际活动的人

根据有生命的个人存在是人类历史的第一个前提,而这种个人又是从事物质生产活动、为物质生产活动所规定的个人,马克思、恩格斯把从事物质生产的个人明确地规定为唯物主义历史观的出发点:"我们的出发点是从事实际活动的人"①。

马克思、恩格斯强调,"德国哲学从天国降到人间;和它完全相反,这里我们是从人间升到天国"②。也就是说,唯物主义历史观不是从人们所说的、所设想的、所想象的东西出发,也不是从口头说的、思考出来的、设想出来的、想象出来的人出发,而是从"从事实际活动的人"出发,去理解有血有肉的人。

唯物主义历史观的出发点的确立打破了以往思想史和观念史的神秘性和欺骗性,使科学地认识人类社会历史成为可能。过去的历史观的根本缺陷在于不能真正理解生产实践在人类历史中的决定作用,而把它仅仅看成是与历史过程没有实质关系的附带因素。确立唯物史的出发点之所以重要,是因为只有从从事实际活动的人出发,才能正确地认识历史,"历史就不再像那些本身还是抽象的经验论者所认为的那样,是一些僵死的事实的汇集,也不再像唯心主义者所认为的那样,是想象的主体的想象活动"③。

依据人是唯物主义历史观的出发点以及人的本质规定是他们所从事的社会实践活动,马克思、恩格斯从哲学对象的角度对

---

① 《马克思恩格斯文集》第1卷,人民出版社2009年版,第525页。
② 《马克思恩格斯文集》第1卷,人民出版社2009年版,第525页。
③ 《马克思恩格斯文集》第1卷,人民出版社2009年版,第525—526页。

唯物主义历史观进行了界定,提出它是"描述人们实践活动和实际发展过程的真正的实证科学"①。

三、从社会物质资料生产出发来理解社会历史

在《导言》中,马克思、恩格斯充分发挥了马克思在《关于费尔巴哈的提纲》中所全面制定的马克思主义的实践观,全面揭示和阐述了实践在人类历史过程中的地位和作用,并以此为根据揭示和描述社会的结构,阐明历史向世界历史的转变过程。

1. 实践是整个现存的感性世界的基础

马克思、恩格斯提出了"实践唯物主义"这一概念,表明彻底的唯物主义与实践的观点是统一的,实践是哲学理论的目的。在他们看来,实现"人的解放"的现实手段也只能是实践。与费尔巴哈"只是希望确立对存在的事实的正确理解"不同,马克思、恩格斯不仅关注哲学理论的正确,要客观地反映和解释现存世界,而且更关注改变现存世界,关注哲学理论向实践、向现实的转化:"对实践的唯物主义者即共产主义者来说,全部问题都在于使现存世界革命化,实际地反对并改变现存的事物。"②

马克思、恩格斯在文中充分揭示了实践在人类历史发展过程中的地位和作用。他们指出,实践"这种活动、这种连续不断的感性劳动和创造、这种生产,正是整个现存的感性世界的基础"③,是人与自然相统一的基础。而费尔巴哈的局限性就在

---

① 《马克思恩格斯文集》第1卷,人民出版社2009年版,第526页。
② 《马克思恩格斯文集》第1卷,人民出版社2009年版,第527页。
③ 《马克思恩格斯文集》第1卷,人民出版社2009年版,第529页。

于,没能把感性世界理解为构成这一感性世界的个人的实践活动。费尔巴哈仅仅从感性直观来看待世界,看待自然,将其看成始终如一的东西。但是,人们"周围的感性世界从来就不是某种开天辟地以来就直接存在的、始终如一的东西,而是工业和社会状况的产物,是历史的产物,是世世代代活动的结果"①。

马克思、恩格斯还从发生学的角度揭示出,人们最基本的实践活动即物质生活资料的生产(简言之物质生产)是"人的生存的第一个前提",是人的"第一个历史活动",是"一切历史的一种基本条件"②。马克思、恩格斯正是给予这一基本事实的全部意义和全部范围以应有的重视,将其提升为唯物主义历史观的基本原则。

2. 人的生产表现为自然和社会的双重关系

马克思、恩格斯阐明了物质资料的生产与人的生产的关系。他们认为,物质资料的生产本质上可以归结为人的生命的生产(自己生命的生产和他人生命的生产)。其中,包含三个方面或三个要素:物质生活资料的生产,满足和产生新的需要,以及家庭(他人生命的生产)。这种生命的生产,一方面表现为人与自然的关系,一方面表现为人们之间的社会关系。两者是密不可分的。由此得出的结论是,一定的生产方式或一定的工业阶段始终是与一定的共同活动方式或一定的社会阶段联系着的,而这种共同活动方式本身就是"生产力";由此可见,人们所达到的生产力的总和决定着社会状况,因而,必须始终把"人类的历史"同工业和交换的历史联系起来研究和探讨。在这里,马克思、恩

---

① 《马克思恩格斯文集》第1卷,人民出版社2009年版,第528页。
② 《马克思恩格斯文集》第1卷,人民出版社2009年版,第531页。

格斯初步揭示了生产关系与生产力发展之间的关系,说明人们之间的社会关系在一开始就有一种物质的联系,这种联系是由需要和生产方式决定的。而在唯心史观那里,人们之间的关系是用政治的或"宗教的呓语"把人们维系在一起的。

3. 不是意识决定生活,而是生活决定意识

意识是人所具有的精神现象,它在人的活动和历史发展中都起着一定的作用,对意识与生活关系的理解,唯物主义和唯心主义存在着根本分歧。在包括青年黑格尔派成员在内的唯心主义哲学家看来,人的意识即精神对于人类生活来说具有决定意义,他们把观念史理解为自身独立的历史就说明了这一点。但是,在马克思、恩格斯看来,所谓的观念史并不具有真正意义上的独立性,它依附于人们的物质生产和物质交往,人们在改变现实的同时也改变着自己的思维和思维的产物。马克思、恩格斯认为,意识的产生最初直接与人们的物质活动、交往、语言交织在一起。观念、思维等产物这时还是人们物质关系的直接产物。随着生产的发展,特别是分工的出现,意识得到了进一步发展,尤其是由于物质劳动与精神劳动的分离,社会上出现了脱离物质劳动而专门从事精神活动的人,才逐渐使意识获得了独立的外观。然而,这种独立的外观只是相对的,意识的形式和内容归根到底是由现实生活和社会关系决定的。所以,不是意识决定生活,而是生活决定意识。虽然意识是人类历史的一个非常重要的因素,但它并非历史发展的基础因素。

4. 分工是阶级和国家的产生以及人的实践活动发生异化的根源

要能够理解意识与意识形态的本质,要能够正确把握人类

社会历史的存在和发展,必须了解分工的历史起源及其后果。马克思、恩格斯认为,分工起初只是性行为方面的分工,后来是由于天赋(例如体力)、需要、偶然性等等才自发地或"自然地形成"分工,分工只是从物质劳动和精神劳动分离的时候起才真正成为分工。分工不仅使精神活动和物质活动、享受和劳动、生产和消费由不同的个人来分担这种情况成为可能,而且成为现实。分工包含着生产力、社会状况和意识等因素之间的矛盾,与人类早期分工产生的同时也出现了劳动及其产品的不平等的分配,因而产生了私有制。随着分工的发展也产生了单个人的利益或单个家庭的利益与所有互相交往的个人的共同利益之间的矛盾;而且这种共同利益不是仅仅作为一种"普遍的东西"存在于观念之中,而首先是作为彼此有了分工的个人之间的相互依存关系存在于现实之中。正是由于特殊利益和共同利益之间的这种矛盾,共同利益才采取国家这种与实际的单个利益和全体利益相脱离的独立形式,采取虚幻的共同体的形式。"分工立即给我们提供了第一个例证,说明只要人们还处在自然形成的社会中,就是说,只要特殊利益和共同利益之间还有分裂,也就是说,只要分工还不是出于自愿,而是自然形成的,那么人本身的活动对人来说就成为一种异己的、同他对立的力量,这种力量压迫着人,而不是人驾驭着这种力量"①。可见,分工是阶级和国家的产生以及人的实践活动发生异化的根源。

5. 受生产力制约的交往形式即市民社会是历史的发源地和舞台

马克思、恩格斯将交往关系(生产关系)从各种社会关系中

---

① 《马克思恩格斯文集》第 1 卷,人民出版社 2009 年版,第 537 页。

划分出来作为社会结构中具有决定性的因素,并沿袭传统社会学的术语将其称为"市民社会"。按照他们的理解,市民社会包括各个人在生产力发展的一定阶段上的一切物质交往,包括该阶段上的整个商业生活和工业生活,也标志着直接从生产和交往中发展起来的社会组织。马克思、恩格斯指出,正是市民社会,"在一切时代都构成国家的基础以及任何其他的观念的上层建筑的基础"①,因此,"这个市民社会是全部历史的真正发源地和舞台"②。从这一理解出发,马克思、恩格斯对唯物主义历史观进行了这样的说明和界定:"这种历史观就在于:从直接生活的物质生产出发阐述现实的生产过程,把同这种生产方式相联系的、它所产生的交往形式即各个不同阶段上的市民社会理解为整个历史的基础,从市民社会作为国家的活动描述市民社会,同时从市民社会出发阐明意识的所有各种不同理论的产物和形式,如宗教、哲学、道德等等,而且追溯它们产生的过程。"③

不同历史时期生产力的发展决定了人们在生产和社会中的地位和发挥作用的方式的差别,也就是说交往形式即市民社会受生产力的制约。同时,交往形式即市民社会又构成了整个社会赖以存在的经济基础,决定了整个社会的面貌。正因如此,人类历史才呈现出不同的发展阶段,人类就是在不同的交往形式即市民社会这个舞台上表演着不同的悲喜剧。

6. 历史向世界历史的转变是一个经验事实

在哲学史上,黑格尔曾经系统地提出了有关"世界历史"的

---
① 《马克思恩格斯文集》第1卷,人民出版社2009年版,第582—583页。
② 《马克思恩格斯文集》第1卷,人民出版社2009年版,第540页。
③ 《马克思恩格斯文集》第1卷,人民出版社2009年版,第544页。

思想。他把人类的统一历史称为"世界历史",并对其发展的各个阶段作了具体的描述。但是,黑格尔却把"世界历史"理解为"世界精神"发展的历史,即精神自身提升到自我意识和自觉的过程。马克思、恩格斯继承和改造了黑格尔关于世界历史的思想,把人类历史理解为一种经验的、客观的发展过程,理解为以物质生产力发展为基础的、从地域和民族性历史向世界性历史的转变过程。这一过程,是人类历史的进步过程,也是人类历史的必然趋向。

马克思、恩格斯指出,历史向世界历史的转变,不是像黑格尔等德国哲学家们所想象的"自我意识"、宇宙精神或者某个形而上学怪影的某种纯粹的抽象行动,而是完全物质的、可以通过经验证明的行动,每一个过着实际日常生活的个人都可以证明这种行动。各民族的原始封闭状态由于生产方式和交往的日益发展,不同民族之间自然形成的分工就会被逐渐消灭,单个民族的历史就不可避免地成为世界历史。而且,各个相互影响的活动范围在这个发展进程中越是扩大,各民族的原始封闭状态由于日益完善的生产方式、交往以及因交往而自然形成的不同民族之间的分工消灭得越是彻底,历史也就越是成为世界历史。马克思、恩格斯还指出,每个个人的解放程度是与历史转变为世界历史的程度一致的。因此,世界历史的形成是人的解放的必要前提,并且将为共产主义革命的到来创造前提条件。

四、在社会上占统治地位的思想是统治阶级的思想

马克思、恩格斯在阐述唯物主义历史观时,还用专门的篇章论述了作为观念上层建筑的意识形态的本质、特征,深刻地揭示

了唯心主义历史观把思想、观念当作历史上占统治地位的东西的认识论根源。

1. 统治阶级的思想在每一时代都是占统治地位的思想

马克思、恩格斯认为,意识形态实质上是统治阶级的思想体系。"统治阶级的思想在每一时代都是占统治地位的思想"[①],因为统治阶级是社会上占统治地位的物质力量,支配着物质生产资料,这就决定它必然同时也是社会上占统治地位的精神力量,支配着精神生产资料。这意味着,统治阶级的统治,不仅表现在社会物质领域和政治领域中,而且也必然表现在思想领域中。也就是说,统治阶级不仅作为物质生产的管理者进行统治,而且还作为思维着的人、作为思想的生产者进行统治,调节着自己时代的思想的生产和分配。统治阶级之所以需要思想、意识形态,是因为他们不仅需要支配物质生产资料,还需要支配精神生产资料。只有这样,才能实现统治阶级的长久统治。

2. 占统治地位的思想不过是占统治地位的物质关系在观念上的表现

在指出意识形态是社会上占统治地位的思想、是统治阶级的思想的基础上,马克思、恩格斯进一步深刻地揭示了意识形态的根源,认为意识形态作为在社会上占统治地位的统治阶级的思想,是统治阶级的物质关系的反映。马克思、恩格斯强调,占统治地位的思想之所以是统治阶级的思想,说到底,是因为统治阶级在社会物质关系领域居统治地位,统治阶级的物质关系是

---

① 《马克思恩格斯文集》第1卷,人民出版社2009年版,第550页。

社会上占统治地位的物质关系,而"占统治地位的思想不过是占统治地位的物质关系在观念上的表现,不过是以思想的形式表现出来的占统治地位的物质关系"①。可见,在意识形态问题上,马克思、恩格斯也彻底坚持和贯彻了"不是人们的意识决定他们的存在,而是他们的社会存在决定他们的意识"的观点。由于意识形态是统治阶级物质关系的反映和表现,所以,它为统治阶级物质关系的存在和发展服务,是维持和巩固统治阶级的阶级统治的必要条件。

3. 统治阶级维持思想统治需要职业思想家

马克思、恩格斯认为,意识形态作为占统治地位的思想,主要是统治阶级中有概括能力的思想家的产物,因为分工也以精神劳动和物质劳动的分工形式出现在统治阶级中间。也就是说,在统治阶级内部,一部分人是以该阶级的思想家的面貌出现的,他们是这一阶级的积极的、有概括能力的玄想家,他们把编造这一阶级关于自身的幻想当作主要的谋生之道,这就是职业思想家的产生。历史上的许多思想家,他们好像是独立的思想者,是为思想而存在的。而思想家的独立性或超阶级性给统治思想增添了神秘性和迷惑性。但是,职业思想家的职责实际上就是"编造这一阶级关于自身的幻想",可见职业思想家的独立性不过是一种假象而已,依附性是一切职业思想家的基本属性。

马克思、恩格斯还研究了意识形态的普遍性。统治阶级往往赋予自己的思想以普遍的形式,把它们描述成唯一合理的、有普遍意义的思想。马克思、恩格斯指出,这种做法其实只是在统

---

① 《马克思恩格斯文集》第 1 卷,人民出版社 2009 年版,第 550 页。

治阶级的利益与其余一切非统治阶级的共同利益还有较多的联系、还没有发展为特殊利益时才有其合理性。

4. 历史唯心主义的认识论根源

统治阶级中的"积极的、有概括能力的玄想家"是如何编造思想的,马克思、恩格斯将其归结为这样三个相互关联的手段:第一,把进行统治的个人的思想同这些进行统治的个人本身分割开来,从而承认思想或幻想在历史上的统治。这样,就割裂了思想与个人、与阶级的联系,为思想的独立化创造了前提。第二,使这种思想统治具有某种秩序,证明在一个承继着另一个而出现的占统治地位的思想之间存在着某种神秘的联系,而要做到这一点就得把这些思想看作是"概念的自我规定"。这样就割断了思想和它们的现实基础的联系,进一步把这些思想独立化、神秘化,好像这些思想本身有自己的独立的历史和独立的发展。第三,为了消除这种"自我规定着的概念"的神秘外观,便把它变成某种人物——"自我意识"或"思维着的人"、"哲学家"、意识形态家,等等。也就是说,为了避免陷入神秘主义,统治阶级总是力图为他们的历史观披上世俗的外衣,总要在历史上找出各种统治思想的体现者和代表者。

五、生产力与交往形式之间的矛盾运动是社会变迁的内在根据

"现实的人"的现实性首先表现在其生活、生产和条件等实践活动中,同时又表现在由这些活动形成的极其复杂的社会关系中。"现实的人"的这些活动并不是孤立的单个人进行的,而

是只要进行这些活动,就必然发生各种各样的关系,并以这些关系为前提。因此,为了全面揭示"现实的人"及其历史发展规律,就必须在考察人们的生活、生产和交往等实践活动的基础上,继续深入考察由这些活动形成的各种社会关系,特别是考察物质资料生产方式,考察在物质生产中形成的物质关系、即生产关系及其与生产力相互作用的辩证规律。在《导言》中,马克思、恩格斯通过对人的实践活动的分析,第一次阐明了生产力与生产关系之间的辩证关系,揭示了人类历史发展的内在根源和动力。

1. 资本主义大工业和无产阶级是生产力与交往形式矛盾运动的产物

不同的交往形式即生产关系是与不同的生产发展水平相适应的,生产力与交往形式之间"适应—不适应—适应"的矛盾运动是资本主义大工业和无产阶级产生的内在根据,马克思、恩格斯通过详细考察生产力发展推动所有制形式的变革的历史来证明这一结论。工场手工业经过长期的发展才摆脱了行会的束缚,所有制关系也随之发生了变化,工人和雇主的关系发生了变化,行会中帮工和师傅之间的宗法关系被工人和资本家之间的金钱关系所代替。工场手工业很快暴露出其局限性,大工业逐渐取代了工场手工业,与此同时形成了大量的现代无产阶级。

2. 一切历史冲突都根源于生产力与交往形式之间的矛盾

生产力与交往形式的关系中,生产力是决定整个社会面貌和社会发展最基本的因素。生产力的发展和状况决定了分工和所有制的方式,进而决定着人们的交往形式。交往形式并不是完全被动的因素,它对一定的生产力有一定的反作用,当它不适应生产力的发展时,就会成为一种阻碍生产力发展的力量,从而产生各种社会冲突。所以,马克思、恩格斯指出"一切历史冲突都根源于生产力与交往形式之间的矛盾"①。这种矛盾在历史上的表现形式多种多样,比如阶级冲突、民族冲突、思想斗争、政治斗争,等等,它们都不过是生产力和交往形式这一矛盾所采取的附带形式。按照马克思、恩格斯的理解,生产力与交往形式的关系就是交往形式与个人的物质活动的关系。交往形式受制于生产力,它在历史的每一阶段上都与同一时期的生产力发展相适应,因此也就伴随生产力的发展不断由个人的活动条件转化为它的桎梏,从而在整个历史发展过程中构成一个新旧交替的有联系的交往形式的序列。根据当时的认识,马克思、恩格斯划分的迄今为止的交往形式的几个历史发展阶段是:部落所有制、古代公社所有制、封建的或等级的所有制以及资本主义所有制。

3. 资本主义社会生产力与交往形式矛盾的发展必然导致共产主义

资本主义社会生产力与交往形式矛盾的发展使工人完全成为资本家的工具,使劳动本身成为工人不堪忍受的东西。"对于无产者来说,他们自身的生活条件、劳动,以及当代社会的全部生存条件都已变成一种偶然的东西,单个无产者是无法加以控制的,而且也没有任何社会组织能够使他们加以控制。单个无产者的个性和强加于他的生活条件即劳动之间的矛盾,对无产者本身是显而易见的,特别是因为他从早年起就成了牺牲品,因

---

① 《马克思恩格斯文集》第1卷,人民出版社2009年版,第567—568页。

为他在本阶级的范围内没有机会获得使他转为另一个阶级的各种条件"①。马克思、恩格斯认为,无产者为了解放自己,就必须消灭他们面临的生存条件,消灭雇佣劳动。这样,他们也就同现代国家处于直接的对立中,所以,他们应当推翻国家,使自己的个性得以实现,而这就是共产主义社会的到来。马克思在《资本论》中进一步科学论证了资本主义灭亡和共产主义胜利的必然性。

4. 共产主义是"把个人的自由发展和运动的条件置于他们的控制之下"的个人的一种联合

在《导言》中,马克思、恩格斯对共产主义的价值目标——实际上也就是唯物主义历史观的价值目标进行了系统和清晰地阐述。他们认为,共产主义是"各个人在自己的联合中并通过这种联合获得自己的自由"的一种"真正的共同体"②。这种"真正的共同体"区别于过去的各种"虚假的共同体"。在共产主义这个共同体中,革命无产者控制了自己和全体社会成员的生存条件。这个共同体是每个个人的一种联合,这种联合把个人的自由发展和运动的条件置于他们的控制之下。而这些条件从前是受偶然性支配的,并且是作为某种独立的东西同单个人对立的。正是从这个意义上说,建立共产主义实质上就是为实现把个人的自由发展和运动的条件置于他们的控制之下的联合创造各种物质条件。为此,共产主义运动必须推翻一切旧的生产关系和交往关系的基础,并且第一次自觉地消除一切自发形成的前提对个人的压迫和统治,使这些前提受联合起来的个人支配。

---

① 《马克思恩格斯文集》第1卷,人民出版社2009年版,第572页。
② 《马克思恩格斯文集》第1卷,人民出版社2009年版,第571页。

5. 共产主义是对私有制、固定分工和异化的扬弃

马克思、恩格斯认为,只有实现共产主义,才能使劳动成为一种"自主活动"①,消除固定分工和私有制及其所带来的异化,使每个人的个性获得自由而全面地发展:"在这个阶段上,自主活动才同物质生活一致起来,而这又是同各个人向完全的个人的发展以及一切自发性的消除相适应的。同样,劳动向自主活动的转化,同过去受制约的交往向个人本身的交往的转化,也是相互适应的。随着联合起来的个人对全部生产力的占有,私有制也就终结了"②。马克思、恩格斯还指出,这一扬弃的过程,在以往的"哲学家们"那里被看作抽象的精神的"人"的自我异化过程,这是有其认识论根源的。"实质上这是因为,他们总是把后来阶段的一般化的个人强加于先前阶段的个人,并且把后来的意识强加于先前的个人。借助于这种从一开始就撇开现实条件的本末倒置的做法,他们就可以把整个历史变成意识的发展过程了。"③

在马克思、恩格斯那里,自主活动是同强制劳动和雇佣劳动相对立的,是强制劳动和雇佣劳动的扬弃形式,是共产主义阶段人的实践活动的特征。马克思、恩格斯认为,在以往社会,自主

---

① "自主活动"是德国古典哲学的一个用语,被用来指人的意识和精神活动。意思是说这种活动是主体自我决定的,是自由的表现。马克思、恩格斯赋予"自主活动"概念以不同的含义。在《形态》中,"自主活动"是被用来指主体能够自由地支配自己的活动及其各种外部的社会条件。这包含两层含义:首先,人们能够自由地决定自己所从事的各种活动;其次,人们能够自由地支配从事活动所需要的各种外部的社会条件。
② 《马克思恩格斯选集》第 1 卷,人民出版社 1995 年版,第 130 页。
③ 《马克思恩格斯文集》第 1 卷,人民出版社 2009 年版,第 582 页。

活动的存在是偶然的,劳动已经丧失了自主活动的假象,成了摧残人的生命的形式;只有到了共产主义社会,人们才能真正做到和实现自主活动,即"对生产力总和的占有"以及"个人本身的才能的一定总和的发挥"①。

6."市民社会"即物质交往关系的总和构成国家和观念上层建筑的基础

马克思、恩格斯将交往关系(生产关系)从各种社会关系中划分出来作为社会结构中具有决定性的因素,并沿袭传统社会学的术语将其称为"市民社会"。按照他们的理解,"市民社会"这个用语是在18世纪产生的,当时财产关系已经摆脱了古典古代和中世纪的共同体,而真正的市民社会只是随着资产阶级发展起来的。市民社会包括各个人在生产力发展的一定阶段上的一切物质交往,包括该阶段上的整个商业生活和工业生活,也标志着直接从生产和交往中发展起来的社会组织。

由于市民社会这一名称始终标志着直接从生产和交往中发展起来的社会组织,在它身上体现了一定的生产力和交往形式的具体内容及其矛盾性。因而,市民社会"在一切时代都构成国家的基础以及任何其他的观念的上层建筑的基础"②。

7. 国家是统治阶级的各个人借以实现其共同利益的形式,法是现存所有制关系的表达

马克思、恩格斯认为,国家是交往关系发展到一定阶段产生的,是分工和私有制的产物。国家作为阶级统治的工具,"是统

---

① 《马克思恩格斯文集》第1卷,人民出版社2009年版,第581页。
② 《马克思恩格斯文集》第1卷,人民出版社2009年版,第582—583页。

治阶级的各个人借以实现其共同利益的形式"①。现代资本主义国家则是与现代资本主义私有制相适应的,尽管它具有以前的国家所不曾具有的普遍形式和独立性,但它不过是"资产者为了在国内外相互保障各自的财产和利益所必然要采取的一种组织形式"②。国家是政治上层建筑的核心,一切共同的规章制度都以国家为中介并获得自己的政治形式。而法作为一种规章制度,也无非是统治阶级意志的普遍表现,是一定的所有制关系的表达。

---

① 《马克思恩格斯文集》第1卷,人民出版社2009年版,第584页。
② 《马克思恩格斯文集》第1卷,人民出版社2009年版,第584页。

第二章
"思想"的科学定位

在《德意志意识形态》中,马克思、恩格斯通过对德意志意识形态的批判,从实践、历史和功能三个维度对思想作了科学定位,实现了哲学思想的根本变革。在当代中国,自由主义、民主社会主义、保守主义等社会思潮,在意识形态大舞台上表演着复杂繁乱的思想"话剧"。倡导这些思想的"先锋们"同青年黑格尔派一样,都认为这些思想"有颠覆世界的危险性"[①]和无与伦比的先进性;同时,他们的错误也是一样的,即他们都存在着思想认知的错位,并将这种错位的思想认知当作绝对真理加以崇拜和传播。由此可见,进一步深入把握马克思、恩格斯对思想的科学界定,对我们正确认识社会历史、辨识各种社会思潮有着十分重要的方法论意义。

一、思想的实践定位

马克思、恩格斯从现实的人的活动即社会生产实践出发,对思想进行了实践定位。不同哲学派别的重大分歧往往表现为对

[①] 《马克思恩格斯文集》第1卷,人民出版社2009年版,第509页。

第二章 "思想"的科学定位

人的不同理解。在不同的哲学理论中,从对单个人的理解到对人类的理解都是不同的。在马克思、恩格斯之前的绝大多数哲学家的思想中,人只是某种精神的载体,人类的历史只是精神史,人类社会生活的本质就被归结为某种精神的自我展开。所有的思辨哲学莫不如此。正因为如此,这些貌似深奥的哲学只能在精神世界或思维领域绕圈子,它们都不能真正解决人类的现实矛盾。

在《德意志意识形态》中,马克思、恩格斯首先阐述了人类历史的前提,这个前提就是现实的个人。具体而言就是这些现实的个人的活动和他们的物质生活条件。马克思、恩格斯认为,这些条件可以用纯粹经验的方法来确认。在唯物史诞生之前,思想家们头脑中的人都是抽象的人,从抽象的人出发来理解人类历史,人类历史就是由各种抽象观念决定的历史,人类就只能服从于观念的统治,一切统治阶级就能凭借抽象观念对劳动人民进行为所欲为的压迫。只有科学阐述人类历史存在和发展的现实前提,才能正确理解人类社会历史的发展,才能正确理解人在历史中的地位和作用,才能正确把握个人在现实社会中的阶级属性及其发展前途。"全部人类历史的第一个前提无疑是有生命的个人的存在"。但是,"这里所说的个人不是他们自己或别人想象中的那种个人,而是现实中的个人,也就是说,这些个人是从事活动的,进行物质生产的,因而是在一定的物质的、不受他们任意支配的界限、前提和条件下活动着的"①。这就与那些表面上不谈前提、实际上却把"自我意识"、"类"、"唯一者"等抽象范畴作为不证自明的前提的德国哲学家形成了鲜明的对照。

---

① 《马克思恩格斯选集》第1卷,人民出版社1995年版,第67页。

马克思、恩格斯明确指出全部人类历史的第一个前提无疑是有生命的个人的存在,这些个人的肉体组织制约着他们同自然界的关系。而动物也具有它们的肉体组织制约的、同它们所遇到的自然条件的关系,那么人通过什么使自己同动物区别开来呢?马克思、恩格斯指出,"可以根据意识、宗教或随便别的什么来区别人和动物。一当人开始生产自己的生活资料,即迈出由他们的肉体组织所决定的这一步的时候,人本身就开始把自己和动物区别开来。人们生产自己的生活资料,同时间接地生产着自己的物质生活本身"①。在这里,马克思、恩格斯不仅指明物质生活资料的生产保证了个人肉体存在的再生产,还认为这种生产是个人表现他们生活的一定的活动方式,人们用以生产自己的生活资料的方式,首先取决于他们已有的和需要再生产的生活资料本身的特性。这种生产方式不应当只从它是个人肉体存在的再生产这方面加以考察。它在更大程度上是这些个人的一定的活动方式,是他们表现自己生活的一定方式,即一定的生活方式。在一定历史条件下,人们已有的和需要再生产的生活资料是不同的,因为这种差异,人们才会有不同的社会身份和阶级属性。

在思想的实践定位问题上,马克思、恩格斯还研究了社会分工的形成与实质,其目的就在于揭示分工的客观历史性,进而揭开不同所有制形式产生的原因,从根本上否定关于社会分工的宿命论。马克思、恩格斯指出,各民族之间的相互关系取决于每一个民族的生产力、分工和内部交往的发展程度。同样,一个民族本身的整个内部结构也取决于自己的生产以及自己内部和外部的交往的发展程度。一个民族的生产力发展的水平,最明显

---

① 《马克思恩格斯文集》第1卷,人民出版社2009年版,第519页。

地表现于该民族分工的发展程度。任何新的生产力,只要它不是已知的生产力单纯的量的扩大(例如,开垦土地),都会引起分工的进一步发展。在这里,马克思、恩格斯科学说明了社会分工的物质前提,真正批驳了以前各种关于社会分工的虚假理论。由于分工的每一个阶段还决定个人与劳动材料、劳动工具和劳动产品分配有关的相互关系,也就是说,生产力通过决定社会分工进而决定了所有制的不同形式,决定了人与人之间的相互关系即交往形式。

马克思、恩格斯在对生产的各个方面和人的社会生活的物质前提进行阐述之后,进而分析了社会意识即思想的形成和本质。他们的研究不是从某种"纯粹意识"开始,而是从社会存在开始,指出人们的想象、思维、精神交往是人们物质活动的直接产物,一个民族的政治、法律、道德、宗教、形而上学等语言中的精神生产同样是物质活动的产物。生产与分工发展中的各种形式与阶段,改变与扩展着人的视野,丰富着他们关于自然界和自身的意识。当劳动区分为物质劳动和精神劳动时,意识才开始摆脱物质世界构造"纯粹"的理论,各种各样关于人类社会的学说就产生了。从这种认识出发,马克思、恩格斯从理论上阐明:一切剥削阶级的思想家之所以要制订出有利于本阶级的颠倒是非的意识观念,是因为他们自身存在的需要。

由于确定了人类历史存在和发展的现实前提,并在此基础上科学说明了存在和意识的辩证关系,马克思、恩格斯阐述了德意志意识形态即德国哲学同唯物主义历史观在出发点上根本区别。马克思、恩格斯强调,"德国哲学从天国降到人间;和它完全相反,这里我们是从人间升到天国"[1]。也就是说,唯物主义历

---

[1] 《马克思恩格斯文集》第1卷,人民出版社2009年版,第525页。

史观不是从人们所说的、所设想的、所想象的东西出发,也不是从口头说的、思考出来的、设想出来的、想象出来的人出发,去理解有血有肉的人,而是从事实际活动的人,而且从他们的现实生活过程中还可以描绘出这一生活过程在意识形态上的反射和反响的发展。

唯物主义历史观的出发点的确立打破了以往思想史和观念史的神秘性和欺骗性,为人类科学地认识社会历史成为可能。过去的历史观的根本缺陷在于不能真正理解生产实践的决定作用,而把它仅仅看成是与历史过程没有实质关系的附带因素。确立唯物史的出发点之所以重要,是因为只有从从事实际活动的人出发,才能正确地认识历史,从而形成科学的历史观,"历史就不再像那些本身还是抽象的经验论者所认为的那样,是一些僵死的事实的汇集,也不再像唯心主义者所认为的那样,是想象的主体的想象活动。在思辨终止的地方,在现实生活面前,正是描述人们实践活动和实际发展过程的真正的实证科学开始的地方。关于意识的空话将终止,它们一定会被真正的知识所代替"①。

二、思想的历史定位

马克思、恩格斯对思想的实践定位,解决了思想与生产实践的关系问题,解决了思想的来源问题。思想产生之后的"独立"发展,又产生了新的问题,即思想的历史定位问题,也就是思想与历史的关系问题,换一种说法就是:是否存在超越一切历史的思想。对思想超历史性的认同必然导致思想的神化与崇拜。意

---

① 《马克思恩格斯选集》第1卷,人民出版社1995年版,第73页。

第二章 "思想"的科学定位

大利学者拉布里奥拉曾经指出,"历史的和社会的研究,像其他方面的研究一样,而且比所有其他的研究更容易遭到不小的障碍,甚至是令人讨厌的障碍,这就是只有书本知识的人所固有的通常被称之为咬文嚼字的恶习。这种恶习渗入到一切知识领域并在其中蔓延,然而在关于道德世界即历史的和社会的科学的综合的研究中,词句的崇拜、词句的权威常常使事物的活生生的和现实的意义被曲解和化为乌有"①。这里所说的"词句的崇拜、词句的权威",也是青年马克思、恩格斯面临的障碍,具体而言这个障碍就是"德意志意识形态"。马克思、恩格斯通过批判"德意志意识形态",揭开了唯心史观的神秘面纱,第一次全面制定了唯物主义历史观,使科学地认识和把握人类历史成为可能。

如何认识历史,如何把握人类历史发展的规律,是不同时代的共同话题。每个民族都有许多"正史"、"野史",有许多圣人、圣语,它们是历史舞台上的"主角",它们常常被视为历史本身,常常被视为历史发展的决定因素。这种历史观在马克思主义哲学诞生之前几乎是一种"常识"。马克思、恩格斯发现了这种"常识"的谬误。这一发现实现了人类思想史的一次重大革命。

马克思、恩格斯认为,德国哲学家谈论的人都是无前提的人,即抽象的人,"我们首先应当确定一切人类生存的第一个前提,也就是一切历史的第一个前提,这个前提是:人们为了能够'创造历史',必须能够生活。但是为了生活,首先就需要吃喝住穿以及其他一些东西。因此第一个历史活动就是生产满足这些需要的资料,即生产物质生活本身,而且这是这样的历史活动,一切历史的一种基本条件,人们单是为了能够生活就必须每日

---

① [意]安·拉布里奥拉:《关于历史唯物主义》,杨启潾等译,人民出版社1984年版,第52页。

每时去完成它,现在和几千年前都是这样"①。从社会物质资料生产出发来理解社会历史,在今天看来,这是如此简单的道理,它是普通人的基本日常经验。但是,人类在几千年的历史发展进程中,无数的思想家就是不能或不愿说出这个常识,他们心甘情愿地为形形色色的"皇帝的新装"唱赞歌。于是,历史就像雾、像风、又像雨,迷乱的历史重重地压迫着每一个活生生的人。

马克思、恩格斯阐述对人类社会历史存在和发展的理解,并不是仅仅要解决思想观念问题,更为重要的使命是真正实现人的解放,即"对实践的唯物主义者即共产主义者来说,全部问题都在于使现存世界革命化,实际地反对并改变现存的事物"②。

马克思、恩格斯指出,在费尔巴哈那里有时也遇见类似的观点,但它们始终不过是一些零星的猜测,而且对费尔巴哈总的观点的影响微乎其微,以致只能把它们看作具有发展能力的萌芽。这一判断的依据在于费尔巴哈对感性世界的"理解"一方面仅仅局限于对这一世界的单纯的直观,另一方面仅仅局限于单纯的感觉。费尔巴哈设定的人仍然是抽象的人,而不是"现实的历史的人",因此,他看不到现实的历史的人所从事的生产对于现存的感性世界的决定意义,他只停留于自然科学的直观。"但是如果没有工业和商业,哪里会有自然科学呢?甚至这个'纯粹的'自然科学也只是由于商业和工业,由于人们的感性活动才达到自己的目的和获得自己的材料的。这种活动、这种连续不断的感性劳动和创造、这种生产,正是整个现存的感性世界的基础,它哪怕只中断一年,费尔巴哈就会看到,不仅在自然界将发生巨大的变化,而且整个人类世界以及他自己的直观能力,甚至他本

---

① 《马克思恩格斯选集》第1卷,人民出版社1995年版,第78—79页。
② 《马克思恩格斯文集》第1卷,人民出版社2009年版,第527页。

身的存在也会很快就没有了"①。人的自然生命的生产是人类活动的重要组成部分,这种生产包括通过劳动而生产即维持自己的生命和通过生育而生产他人的生命。这样就产生了最初的社会关系,即家庭关系。所以,人的自然生命的生产表现为双重关系:一方面是自然关系,另一方面是社会关系。

马克思、恩格斯指出,社会关系的含义在这里是指许多个人的共同活动,至于这种活动在什么条件下、用什么方式和为了什么目的而进行,则是无关紧要的。由此得出的结论是:一定的生产方式或一定的工业阶段始终是与一定的共同活动方式或一定的社会阶段联系着的,而这种共同活动方式本身就是"生产力"。由此可见,人们所达到的生产力的总和决定着社会状况,因而,始终必须把"人类的历史"同工业和交换的历史联系起来研究和探讨。在这里,马克思、恩格斯初步揭示了社会关系与生产力发展之间的关系,说明人们之间的关系即社会关系在一开始就有一种物质的联系,这种联系是由需要和生产方式决定的。而在唯心史观那里,人们之间的关系是用政治的或"宗教的呓语"特意把人们维系在一起。

意识是人所具有的精神现象,它在人的活动和历史发展中都起着一定的作用,对意识与生活关系的理解,唯物主义和唯心主义存在着根本分歧。在包括青年黑格尔派成员在内的唯心主义哲学家看来,人的意识即精神对于人类生活来说具有决定意义,"独立"的观念史似乎说明了这一点。但是,在马克思、恩格斯看来,所谓的观念史并不具有真正意义上的独立性,它必须依附于人们的物质生产和物质交往,人们在改变现实的同时也改

---

① 《马克思恩格斯文集》第1卷,人民出版社2009年版,第529页。

变着自己的思维和思维的产物。意识的产生最初直接与人们的物质活动、交往、语言交织在一起。观念、思维等产物这时还是人们物质关系的直接产物。随着生产的发展,特别是分工的出现,意识得到了进一步发展,尤其是由于物质劳动与精神劳动的分离,社会上出现了脱离物质劳动而专门从事精神活动的人,意识才逐渐获得了独立的外观。然而,这种独立的外观只是相对的,意识的形式和内容归根到底是由现实生活和社会关系决定的。所以,不是意识决定生活,而是生活决定意识。虽然意识是人类历史的一个非常重要的因素,但它并非历史发展的首要因素。

要能够理解思想意识与意识形态的本质,要能够正确把握人类社会历史的存在和发展,必须了解分工的历史起源及其后果。马克思、恩格斯认为,分工起初只是性行为方面的分工,后来是由于天赋(例如体力)、需要、偶然性等才自发地或"自然形成"分工,分工只是从物质劳动和精神劳动分离的时候才真正成为分工。分工使精神活动和物质活动、享受和劳动、生产和消费由不同的个人来分担这种情况不仅成为可能,而且成为现实。分工包含着所有矛盾,人类早期分工产生的同时出现了分配,而且是劳动及其产品的不平等的分配(无论在数量上或质量上),因而产生了所有制。随着分工的发展也产生了单个人的利益或单个家庭的利益与所有互相交往的个人的共同利益之间的矛盾;而且这种共同利益不是仅仅作为一种"普遍的东西"存在于观念之中,而首先是作为彼此有了分工的个人之间的相互依存关系存在于现实之中。正是由于特殊利益和共同利益之间的这种矛盾,共同利益才采取国家这种与实际的单个利益和全体利益相脱离的独立形式,同时采取虚幻的共同体的形式。"分工立即给我们提供了第一个例证,说明只要人们还处在自然形成的社会中,就是说,只要特殊利益和共同利益之间还有分裂,也就是说,只要分工还不是出于自愿,而是自然形成的,那么人本身的活动对人来说就成为一种异己的、同他对立的力量,这种力量压迫着人,而不是人驾驭着这种力量"①。可见,分工是阶级和国家的产生以及人的实践活动发生异化的根源。不同历史时期生产力的发展决定了人们在生产中和社会中的地位和发挥作用的方式的差别,也就是说交往形式即市民社会受生产力的制约。正因为这一点,人类历史才呈现出不同的发展阶段,人类就是在不同的交往形式即市民社会这个舞台上表演着不同的悲喜剧。

从这里可以看出,只关注王侯将相、英雄豪杰和重大政治历史事件的历史观,无论它将历史描绘得如何生动和"真实",都是一种离开了发源地的历史观,都难脱唯心史观的窠臼。市民社会中的日常生活看似微不足道,但它恰恰就是历史本身,"在日常生活中任何一个小店主都能精明地判别某人的假貌和真相,然而我们的历史编纂学却还没有获得这种平凡的认识,不论每一时代关于自己说了些什么和想象了些什么,它都一概相信"②。

整个世界近代史就是一个单个民族史向世界史转变的历史,这本身就是一个经验事实。马克思、恩格斯指出,各个相互影响的活动范围在这个发展进程中越是扩大,各民族的原始封闭状态由于日益完善的生产方式、交往以及因交往而自然形成的不同民族之间的分工消灭得越是彻底,历史也就越是成为世界历史。马克思、恩格斯指出这一点还是为了说明历史发展的

---

① 《马克思恩格斯文集》第1卷,人民出版社2009年版,第537页。
② 《马克思恩格斯文集》第1卷,人民出版社2009年版,第555页。

客观物质基础,进一步批判青年黑格尔派的"自我意识"哲学。

马克思、恩格斯用历史事实说明,历史向世界历史的转变,不是"自我意识"、宇宙精神或者某个形而上学怪影的某种纯粹的抽象行动,而是完全物质的、可以通过经验证明的行动,每一个过着实际生活的、需要吃、喝、穿的个人都可以证明这种行动。在向世界历史转变的过程中,各民族的原始封闭状态由于生产方式和交往的日益发展,不同民族之间自然形成的分工就会被逐渐消灭,单个民族的历史就不可避免地成为世界历史。这种转变不是基于什么世界精神的抽象行动,而是完全可以通过经验证明的行动,个人在自己的日常生活中都可以证明这种行动的存在。

三、思想的功能定位

在长期的历史发展进程中,每一时代的统治阶级都声称自己的思想是"超阶级"的思想。在唯心主义历史观那里,思想、意识形态具有超阶级的普遍性,马克思、恩格斯揭露了这个普遍性的假象,区分了统治阶级思想和被统治阶级思想、革命阶级的思想和反动阶级的思想,揭穿了历来的统治者为了阶级统治在意识形态上所玩的种种花招,破除了"劳心者治人,劳力者治于人"的统治铁律。马克思、恩格斯通过对思想和阶级相互关系的深刻把握,对思想的功能作了科学的定位。

马克思、恩格斯指出,统治阶级的思想在每一时代都是占统治地位的思想。这就是说,统治阶级是社会上占统治地位的物质力量,同时也是社会上占统治地位的精神力量。支配着物质生产资料的阶级,同时也支配着精神生产资料,因此,那些没有精神生产资料的人的思想，一般是隶属于这个阶级的。占统治地位的思想不过是占统治地位的物质关系在观念上的表现，不过是以思想的形式表现出来的占统治地位的物质关系。因而，这就是那些使某一个阶级成为统治阶级的关系在观念上的表现，也就是这个阶级的统治的思想。

统治阶级之所以需要思想、意识形态，是因为他们不仅要支配物质生产资料，还要支配精神生产资料。只有这样，统治阶级才能说服被统治阶级安于现状、俯首帖耳，才能实现统治阶级的长久统治。

统治阶级的存在不是仅仅依靠思想而存在的，思想统治之所以成为必要，目的还是在于占有物质生活资料的需要，在于要求被统治阶级心甘情愿地、源源不断为统治阶级提供劳动和劳动产品，两个对立阶级之间的这种物质关系得到了"合理"的解释。从这个意识上说，占统治地位的思想就是占统治地位的物质关系在观念上的表现。但是，一切统治阶级都不愿意这样解释统治思想产生的根源，它们大多抬出天、神、永恒精神等这些非经验性的存在说明思想的产生及其存在的理由。马克思、恩格斯举例说，"在某一国家的某个时期，王权、贵族和资产阶级为夺取统治而争斗，因而，在那里统治是分享的，那里占统治地位的思想就会是关于分权的学说，于是分权就被宣布为'永恒的规律'"[①]。

马克思、恩格斯认为，分工是历史的主要力量之一，分工在统治阶级中间也有充分的表现。也就是说，在统治阶级内部，一部分人是以该阶级的思想家的面貌出现的，他们是这一阶级的

---

① 《马克思恩格斯文集》第1卷，人民出版社2009年版，第551页。

积极的、有概括能力的玄想家,他们把编造这一阶级关于自身的幻想当作主要的谋生之道,这就是职业思想家的产生。历史上的许多思想家,他们好像是独立的思想者,他们似乎是为思想而存在的。而思想家的独立性,或超阶级性给统治思想增添了神秘性和迷惑性。但是,职业思想家的职责就是"编造这一阶级关于自身的幻想",可见职业思想家的独立性只是一种假象而已,依附性是一切职业思想家的基本属性。

统治阶级中的"积极的、有概括能力的玄想家"是如何编造思想的呢?马克思、恩格斯认为精神在历史上的最高统治的全部戏法,可以归结为三个相互关联的手段:第一,把进行统治的个人的思想同这些进行统治的个人本身分割开来,从而承认思想或幻想在历史上的统治。这样,就可以颠倒思想与阶级、思想与社会物质关系的联系。第二,必须使这种思想统治具有某种秩序,必须证明,在一个承继着另一个而出现的占统治地位的思想之间存在着某种神秘的联系,而要做到这一点就得把这些思想看做是"概念的自我规定"。这样就割断了思想和它们的现实基础的联系,进而把这些思想之间的联系体系化、神秘化。第三,为了消除这种"自我规定着的概念"的神秘外观,便把它变成某种人物——"自我意识"。也就是说,为了避免陷入神秘主义,统治阶级总是力图为他们的历史观披上世俗的外衣,总要在历史上找出各种统治思想的体现者。

在革命阶级和先进阶级那里,思想的功能主要体现在其认知和引领作用上。所谓认知功能就是革命理论对革命阶级形成阶级意识的觉醒作用。所谓引领功能就是革命理论对革命行动的激励作用。马克思主义的全部理论就是无产阶级及其他革命群众认识自身、认识世界和改造世界的思想武器。社会主义运

第二章 "思想"的科学定位

动史充分证明了这一点。思想和理论上的自觉是革命阶级、先进阶级及其政党不断前进的重要的基础性条件,诚如恩格斯所说,"一个知道自己的目的,也知道怎样达到这个目的的政党,一个真正想达到这个目的并且具有达到这个目的所必不可缺的顽强精神的政党——这样的政党将是不可战胜的"。

在当代中国,深入理解与把握马克思、恩格斯在《德意志意识形态》中对思想的科学定位,对于我们辨明意识形态领域的纷争,纠正在我国社会中存在的各种思想认知错位,从实践、历史和功能三个维度批判各种非社会主义主流意识形态和价值观,并进而正确认识社会历史、辨识各种社会思潮,实现向社会主义意识形态的根本变革,具有十分重要的方法论意义。

第三章
意识形态与历史认知模式

马克思通过批判"德意志意识形态",第一次彻底解构了唯心主义的历史认知模式,构建了唯物主义的历史认知模式,使科学认识和把握人类历史成为可能。在当代历史研究中,一些学者用"叙事"代替"历史",意在否定历史的客观实在性、特别是客观规律性。这样,历史就可以任意"叙事"了。比如,有的人认为,"启蒙"是近现代中国文化发展的主题,其他都是次要的,于是就有了"救亡压倒启蒙"的命题,甚至认为被侵略、被殖民化也是可以接受的启蒙途径,而马克思主义中国化、实现民族独立和人民解放都是走错了路。这种"启蒙叙事"充满了主观臆断,是典型的唯心主义历史认知模式,它的核心方法是用一种精神肢解历史、让历史服从于精神。虽然马克思解构了这种唯心主义历史认知模式,但是它并不会因这种解构而消失,它寄居于形形色色的理论模型中。在有的人那里,唯心主义历史认知模式既是一种思想方法,也是一种精神信仰。在当代的学术话语中,有些人已经不屑于唯心主义和唯物主义、辩证法和形而上学的理论划界。但是,主观否定并不能否定掉客观事实,当唯心主义和形而上学大行其道的时候,主观否定唯心主义和唯物主义、辩证法和形而上学的理论划界显然是有害的。马克思意识形态批判的重要使命就是揭示唯心主义历史认知模式的实质和危害,使精神和思想回到其"应然"位置,给我们明确了判断任何思想僭越的方法和标准。

一、精明的小店主和糊涂的思想家:
历史认知的困难在哪里

在日常生活中,人们大都能看清周围事物的真相,而一旦扩大到对社会和历史的认识,就可能犯形形色色的错误,许多博学的思想家都不能幸免。诚如马克思所说,"在日常生活中任何一个小店主都能精明地判别某人的假貌和真相,然而我们的历史编纂学却还没有获得这种平凡的认识,不论每一时代关于自己说了些什么和想象了些什么,它都一概相信"①。小店主只凭日常经验,就可以对周围事物作出正确判断;但是,包括历史编纂学家在内的思想家,如果只凭日常经验和历史记载去判断历史,就往往会犯错误。这就是历史认知的困难,解决这一难题不能靠思维直觉和日常经验。所以,能否正确认知历史就在于能否超越思维直觉和日常经验。在思维直觉和日常经验视域下,既不存在生产方式、经济基础这样的抽象范畴,更不存在历史发展规律这样的认知范畴。

生产力和交往形式(生产关系)之间的矛盾运动是马克思解构唯心主义历史认知模式的重要范式,对它的理解就不能靠思维直觉和日常经验。马克思从历史事实出发,又超越了"历史编纂学",他指出,"生产力和交往形式之间的这种矛盾——正如我

---

① 《马克思恩格斯文集》第1卷,人民出版社2009年版,第555页。

们所见到的,它在迄今为止的历史中曾多次发生过,然而并没有威胁交往形式的基础,——每一次都不免要爆发为革命,同时也采取各种附带形式,如冲突的总和,不同阶级之间的冲突,意识的矛盾,思想斗争,政治斗争,等等。从狭隘的观点出发,可以从其中抽出一种附带形式,把它看作这些革命的基础,而且因为革命所由出发的各个人都根据他们的文化水平和历史发展的阶段对他们自己的活动本身产生了种种幻想,这样做就更容易了。因此,按照我们的观点,一切历史冲突都根源于生产力和交往形式之间的矛盾。此外,不一定非要等到这种矛盾在某一国家发展到极端尖锐的地步,才导致这个国家内发生冲突。由广泛的国际交往所引起的同工业比较发达的国家的竞争,就足以使工业比较不发达的国家内产生类似的矛盾"①。马克思的这一思想可称之为历史发生学原理,它正确说明了历史发展的一般规律,它也说明了将精神和思想看作历史发展的基本动力是错误的。马克思认为,唯心主义历史观不是完全忽视"一定的生产力总和"这一历史的现实基础,就是把它仅仅看成与历史进程没有任何联系的附带因素。因此,历史总是按照在它之外的某种尺度(如理念、精神等)来编写的;现实生活生产被看成某种非历史的东西,而历史的东西则被看成某种脱离日常生活的东西。

许多思想家往往不甘于"物的统治",总是热衷于让物服从于思想、让思维统治存在。其方法是将人抽象化,认为不同历史、不同社会中存在共同的、一般的人,这种共同的、一般的人有着共同的精神特征和价值追求,社会历史一旦偏离了这一共同的精神特征和价值追求就是异化了的社会存在。从马克思的观

---

① 《马克思恩格斯选集》第1卷,人民出版社1995年版,第115—116页。

第三章 意识形态与历史认知模式

点看,这不过是哲学家的幻想和思维游戏罢了,"哲学家们在不再屈从于分工的个人身上看到了他们名之为'人'的那种理想,他们把我们所阐述的整个发展过程看作是'人'的发展过程,从而把'人'强加于迄今每一历史阶段中所存在的个人,并把他描述成历史的动力。这样,整个历史过程被看成是'人'的自我异化过程,实质上这是因为,他们总是把后来阶段的普通个人强加于先前阶段的个人并且以后来的意识强加于先前的个人。由于这种本末倒置的做法,即一开始就撇开现实条件,所以就可以把整个历史变成意识的发展过程了"①。

世界历史的形成是正确认知历史的困难之一,世界历史的形成和发展更是超越了个人的思维直觉和日常经验。于是,理解世界历史的种种唯心主义认知模式就产生了。马克思认为,各个相互影响的活动范围在这个发展进程中越是扩大,各民族的原始封闭状态由于日益完善的生产方式、交往以及因交往而自然形成的不同民族之间的分工消灭得越是彻底,历史也就越是成为世界历史。"马克思、恩格斯指出这一点还是为了说明历史发展的客观物质基础,进一步批判青年黑格尔派的'自我意识'哲学。马克思、恩格斯用历史事实说明,历史向世界历史的转变,不是'自我意识'、宇宙精神或者某个形而上学怪影的某种纯粹的抽象行动,而是完全物质的、可以通过经验证明的行动,每一个过着实际生活的、需要吃、喝、穿的个人都可以证明这种行动。在历史向世界历史转变的过程中,各民族的原始封闭状态由于生产方式和交往的日益发展,不同民族之间自然形成的分工就会被逐渐消灭,单个民族的历史就不可避免地成为世界

---

① 《马克思恩格斯选集》第1卷,人民出版社1995年版,第130页。

历史。这种转变不是基于什么世界精神的抽象行动,而是完全可以通过经验证明的行动,个人在自己的日常生活中都可以证明这种行动的存在。"①

克服唯心主义历史认知模式还有一个障碍,就是"意识形态家"对自身理论的盲目信仰。这种盲目信仰源于"意识形态家"的思维局限性,许多人对这一局限性毫不知觉,并以此为荣,他们不仅满足于对历史的一知半解,还将这种一知半解当作真理到处炫耀,形成了五花八门的历史理论。马克思指出,"关于一个阶级内的这种意识形态划分:职业由于分工而独立化;每个人都认为他的手艺是真的。他们之所以必然产生关于自己的手艺和现实相联系的错觉,是手艺本身的性质所决定的。关系在法律学,政治学中——在意识中——成为概念;因为他们没有超越这些关系,所以这些关系的概念在他们的头脑中也成为固定概念。例如,法官运用法典,因此法官认为,立法是真正的积极的推动者。尊重自己的商品,因为他们的职业是和公众打交道"②。

总之,唯心主义历史认知模式是由于错误地理解客观现实和思想观念之间的关系而形成的。而唯物主义历史认知模式认为,现实的历史既不是由标榜为普世价值的理念,也不是由常常自命不凡的社会精英创造的,历史有其客观的发展规律。

二、思想统治与阶级统治:意识形态的依附性如何形成

在唯心主义历史认知模式中强调思想统治的绝对地位,这

---

① 姜迎春:《马克思恩格斯对思想的科学定位及其方法论意义》,《南京师大学报》2011年第5期。
② 《马克思恩格斯选集》第1卷,人民出版社1995年版,第134—135页。

第三章 意识形态与历史认知模式

种思想统治具有超历史、超阶级的特性。马克思指出,在阶级社会,分工也以精神劳动和物质劳动的分工的形式在统治阶级中间表现出来,在这个阶级内部,一部分人是作为该阶级的思想家出现的,他们是这一阶级的积极的、有概括能力的玄想家,他们把编造这一阶级关于自身的幻想当作主要的谋生之道,而另一些人对于这些思想和幻想则采取比较消极的态度,并且准备接受这些思想和幻想,因为在实际中他们是这个阶级的积极成员,很少有时间来编造关于自身的幻想和思想。马克思认为,在这一阶级内部,这种分裂甚至可以发展成为这两部分人之间的某种程度的对立和敌视,但是一旦发生任何实际冲突,即当阶级本身受到威胁的时候,当占统治地位的思想好像不是统治阶级的思想而且好像拥有与这一阶级的权力不同的权力这种假象也趋于消失的时候,这种对立和敌视便会自行消失。在这里,马克思正确说明了思想统治和阶级统治的关系,即思想统治是阶级统治的表现,所谓思想或思想统治的至上性是不存在的。

在唯心主义历史认知模式中,不同的思想统治和支配着历史,这样就很容易从这些不同的思想中抽象出"一般思想"和"普遍观念",并把它们当作历史上占统治地位的东西,从而把所有这些个别的思想和概念说成是历史上发展着的一般概念的"自我规定","在这种情况下,从人的概念、想象中的人、人的本质、一般人中能引申出人们的一切关系,也就很自然了。思辨哲学就是这样做的"①。马克思指出,精神在历史上的最高统治的全部戏法,可以归结为以下三个手段:

首先,必须把进行统治的个人和统治思想分割开来,承认思

---

① 《马克思恩格斯选集》第1卷,人民出版社1995年版,第101页。

想或幻想在历史上的统治。其次,必须使这种思想统治具有某种秩序,必须证明,在一个承继着另一个而出现的占统治地位的思想之间存在着某种神秘的联系,而要做到这一点就得把这些思想看作是"概念的自我规定"。最后,"为了消除这种'自我规定着的概念'的神秘外观,便把它变成某种人物——'自我意识';或者,为了表明自己是真正的唯物主义者,又把它变成在历史上代表着'概念'的许多人物——'思维着的人'、'哲学家'、玄想家,而这些人又被看作是历史的制造者、'监护人会议'、统治者。这样一来,就把一切唯物主义的因素从历史上消除了,就可以任凭自己的思辨之马自由奔驰"①。

马克思在批判思想或思想统治至上论的基础上,科学阐述了思想统治和阶级统治的相互关系,揭示了唯心主义历史认知模式的阶级本质。马克思说出了阶级社会中一切统治阶级不愿意承认的思想统治把戏,"统治阶级的思想在每一时代都是占统治地位的思想。这就是说,一个阶级是社会上占统治地位的物质力量,同时也是社会上占统治地位的精神力量。支配着物质生产资料的阶级,同时也支配着精神生产资料,因此,那些没有精神生产资料的人的思想,一般地是隶属于这个阶级的。占统治地位的思想不过是占统治地位的物质关系在观念上的表现,不过是以思想的形式表现出来的占统治地位的物质关系;因而,这就是那些使某一个阶级成为统治阶级的关系在观念上的表现,因而这也就是这个阶级的统治的思想。此外,构成统治阶级的各个人也都具有意识,因而他们也会思维;既然他们作为一个阶级进行统治,并且决定着某一历史时代的整个面貌,那么不言

---

① 《马克思恩格斯选集》第1卷,人民出版社1995年版,第102页。

而喻,他们在这个历史时代的一切领域中也会这样做,就是说,他们还作为思维着的人,作为思想的生产者进行统治,他们调节着自己时代的思想的生产和分配;而这就意味着他们的思想是一个时代的占统治地位的思想。例如,在某一国家的某个时期,王权、贵族和资产阶级为夺取统治而争斗,因而,在那里统治是分享的,那里占统治地位的思想就会是关于分权的学说,于是分权就被宣布为'永恒的规律'"①。从这里可以看出,在阶级社会里,任何意识形态都不具有完全独立的性质,它的阶级依附性是其基本属性。这样,"道德、宗教、形而上学和其他意识形态,以及与它们相适应的意识形式便不再保留独立性的外观了。它们没有历史,没有发展,而发展着自己的物质生产和物质交往的人们,在改变自己的这个现实的同时也改变着自己的思维和思维的产物"②。

三、虚假代表与真实代表:意识形态的真相如何揭示

任何意识形态都声称自己代表的是普遍利益或人类利益,这是意识形态的一个特点。但是,这里有虚假代表和真实代表的区别。马克思指出,每一个企图取代旧统治阶级的新阶级,为了达到自己的目的不得不把自己的利益说成是社会全体成员的共同利益,这在观念上的表达就是:赋予自己的思想以普遍性的形式,把它们描绘成唯一合乎理性的、有普遍意义的思想。马克思认为,"进行革命的阶级,仅就它对抗另一个阶级而言,从一开始就不是作为一个阶级,而是作为全社会的代表出现的;它俨然

---

① 《马克思恩格斯选集》第1卷,人民出版社1995年版,第98—99页。
② 《马克思恩格斯选集》第1卷,人民出版社1995年版,第73页。

以社会全体群众的姿态反对唯一的统治阶级。它之所以能这样做,是因为它的利益在开始时的确同其余一切非统治阶级的共同利益还有更多的联系,在当时存在的那些关系的压力下还不能够发展为特殊阶级的特殊利益。……由此可见,每一个新阶级赖以实现自己统治的基础,总比它以前的统治阶级所依赖的基础要宽广一些;可是后来,非统治阶级和正在进行统治的阶级之间的对立也发展得更尖锐和更深刻。这两种情况使得非统治阶级反对新统治阶级的斗争在否定旧社会制度方面,又要比过去一切争得统治的阶级所作的斗争更加坚决、更加彻底。只要阶级的统治完全不再是社会制度的形式,也就是说,只要不再有必要把特殊利益说成是普遍利益,或者把'普遍的东西'说成是占统治地位的东西,那么,一定阶级的统治似乎只是某种思想的统治这整个假象当然就会自行消失"①。由此可见,在阶级社会,意识形态归根到底是代表统治阶级的利益,这是意识形态的真相。统治阶级一旦把自己的意识形态说成普遍利益的代表,意识形态的虚假性或欺骗性就暴露无遗了。

在阶级社会,意识形态的虚假性还会以其道德化和神圣化表现出来,在社会矛盾激化、阶级分化剧烈的历史时期,统治阶级就越想尽一切办法加强意识形态的道德化和神圣化。马克思指出,"当前社会的交往形式以及统治阶级的条件同走在前面的生产力之间的矛盾愈大,由此产生的统治阶级内部的分裂以及它同被统治阶级之间的分裂愈大,那末当初与这种交往形式相适应的意识当然也就愈不真实,也就是说,它不再是与这种交往形式相适应的意识了;这种交往形式中的旧的传统观念(在这些

---

① 《马克思恩格斯选集》第 1 卷,人民出版社 1995 年版,第 100—101 页。

观念中,现实的个人利益往往被说成是普遍的利益)也就愈发下降为唯心的词句、有意识的幻想和有目的的虚伪。但是,这些东西被生活揭穿得愈多,它们对意识本身的作用愈小,那末它们对自身的捍卫也就愈坚决,而这个标准社会的语言也就愈加虚伪,愈加道德化,愈加神圣化"①。

在资本主义社会,经济学家是资本主义方式和资产阶级统治的代言人,其论证方法表面上具有超阶级的特征。自由主义经济学家惯用的手法是将社会制度分为两种:一种是人为的,一种是天然的。他们认为,封建制度和社会主义制度都是人为的,只有资本主义制度是天然的。所谓"天然"就是合乎规律的,所谓"人为"就是违背规律的,孰优孰劣似乎是不言自明的。对此,马克思指出,"经济学家们的论证方式是非常奇怪的。他们认为只有两种制度:一种是人为的,一种是天然的。封建制度是人为的,资产阶级制度是天然的。在这方面,经济学家很像那些把宗教也分为两类的神学家。一切异教都是人们臆造的,而他们自己的宗教则是神的启示。经济学家所以说现存的关系(资产阶级生产关系)是天然的,是想以此说明,这些关系正是使生产财富和发展生产力得以按照自然规律进行的那些关系。因此,这些关系是不受时间影响的自然规律。这是应当永远支配社会的永恒规律。于是,以前是有历史的,现在再也没有历史了。以前所以有历史,是由于有过封建制度,由于在这些封建制度中有一种和经济学家称为自然的、因而是永恒的资产阶级社会生产关系完全不同的生产关系"②。这种所谓"天然"与"人为"的制度差异,也是历史终结论的基本依据。

---

① 《马克思恩格斯全集》第3卷,人民出版社1960年版,第331页。
② 《马克思恩格斯选集》第1卷,人民出版社1995年版,第151页。

旧式革命的特点造成了少数人代表全体人民的假象,马克思主义经典作家认为,以往一切革命的结果都是某一阶级的统治被另一阶级的统治所排挤,"但是,以往的一切统治阶级,对被统治的人民群众而言,都只是区区少数。一个统治的少数这样被推翻了,另一个少数又取代它执掌政权并依照自己的利益改造国家制度。每次这都是一个由于经济发展状况而有能力并且负有使命进行统治的少数集团,正因为如此,并且也只是因为如此,所以在变革发生时,被统治的多数或者站在这个少数集团方面参加变革,或者安然听之任之。但是,如果撇开每一次的具体内容不谈,那么这一切革命的共同形式就在于:它们都是少数人的革命。多数人即使参加了,他们也只是自觉地或不自觉地为少数人效劳;然而,正是由于这种情形,或者甚至只是由于多数人采取消极的不反抗的态度,于是看起来就好像这个少数代表了全体人民"[①]。

只有真正革命的阶级才能将阶级利益和普遍利益统一起来,马克思指出,这个阶级就是工人阶级。马克思、恩格斯指出,在当前同资产阶级对立的一切阶级中,只有无产阶级是真正革命的阶级,其余的阶级都随着大工业的发展而日趋没落和灭亡,而无产阶级却是大工业本身的产物。中间等级,即小工业家、小商人、手工业者、农民,他们同资产阶级作斗争,都是为了维护他们这种中间等级的生存,以免于灭亡。所以,他们不是革命的,而是保守的……流氓无产阶级是旧社会最下层中消极的腐化的部分,他们在一些地方也被无产阶级革命卷到运动里来,但是,由于他们的整个生活状况,他们更甘心于被人收买,去干反动的

[①] 《马克思恩格斯选集》第4卷,人民出版社1995年版,第510—511页。

第三章 意识形态与历史认知模式

勾当。而无产者由于没有什么自己的东西必须加以保护,所以他们不用担心失去什么,他们必然要求摧毁保护和保障私有财产的一切东西。马克思、恩格斯明确指出,无产阶级在资本主义社会里所处的经济地位决定它必然要肩负起解放自己、解放全人类的历史使命。任何狭隘的经验直观都不能真正看到人类的真正前景,也看不到唯物史观、工人阶级和人类未来这三者的内在关联,"共产主义作为马克思主义哲学的底蕴表明,这一哲学本质上是工人阶级世界观,是通过工人阶级的解放实现人类解放的行动指南。只有在这一过程中,哲学才能走出书斋和精神贵族的狭小圈子,成为广大人民创造生气勃勃的新生活的实践力量,从而实现哲学向人民的回归。这一以唯物辩证法、历史辩证法为标志的新世界观,实现了认识论、逻辑学和辩证法的统一,以及自我意识、阶级意识和人类意识的统一,是认识世界和改造世界相统一的哲学,从而实现了哲学向现实生活的回归。它不但根本区别于自我封闭的传统'体系'哲学,也区别于西方现当代形形色色的'生存论'哲学"①。

在当代形形色色的学术话语中,我们可以看到许多自我封闭的"体系"哲学,这个体系就是某种精神"体系",前面提到的所谓"救亡压倒启蒙"的论调就属于这样的"体系",它要求历史运动必须服从于精神启蒙,它看不到历史运动本身就是最伟大的"启蒙家"。如果连"救亡图存"都可以否定,那么洋奴哲学就应该是值得提倡的哲学了。可能只有甘愿做亡国奴的一些"精英"才会热衷于洋奴哲学。当然,有的人会说,这是狭隘的民族主义,它妨碍启蒙理性的成长。如果思想启蒙要以丧失最起码的民族主义立场为条件,这样的思想启蒙还有何意义?

---

① 侯惠勤:《马克思主义哲学的共产主义底蕴》,《中国社会科学报》2013年4月24日。

第四章
意识形态与马克思的社会批判理论

人类实践和社会发展中的矛盾与冲突必然会有思想和理论上的表现,这种表现的重要方面就是社会批判。马克思主义社会批判理论主要是对资本主义社会矛盾的批判,这一批判传统一直影响着现代当代马克思主义理论的发展。深刻把握马克思主义社会批判理论的鲜明的个性和特色,是科学理解马克思主义理论精神实质的需要,也是正确把握当代社会实践的需要。资本全球化的高歌猛进和世界社会主义的曲折发展使马克思主义在理论和实践上遭受到了前所未有的挑战,随波逐流、自暴自弃、明哲保身的社会心态和社会行为不断腐蚀着社会有机体,也不断腐蚀着马克思主义理论生产、传播与信仰的健康机制,庸俗实用主义哲学大行其道。"总的说来,从理论的角度看,社会思想的这种病,是对马克思主义、对唯物史观的全面否定,是向主观任意性这种早该寿终正寝的思想的倒退,这种思想现正逐渐转变为现代的、实质上始终是非理性的行为崇拜。"[①]马克思主义社会批判理论为克服"社会思想的这种病"提供了理论方法和实践方向。

---

① [俄]里夫希茨:《马克思论艺术和社会理想》,吴元迈等译,人民出版社1983年版,第474页。

第四章 意识形态与马克思的社会批判理论

一、理论批判与实践批判相统一

在马克思主义社会批判理论中，理论批判和实践批判是统一的。在马克思主义经典作家那里，理论批判主要是哲学批判，实践批判主要内容是经济学批判。哲学批判为经济学批判提供了方法论前提，经济学批判是哲学批判在实践上的应用和展开。纯粹的哲学批判充其量是一种"深刻"的思维游戏，离开科学方法论的经济学批判往往成为财富的简单辩护工具。

马克思通过哲学批判实现了自身理论的革命，其主要成就是对思想的科学定位，思想的神秘性被彻底打破，传统的思想和实在的关系被颠倒了过来，包括生产实践在内的人类一切活动不再归因为某种精神存在。马克思之前的大多数哲学家看来，人只是某种精神的载体，人类的历史只是精神史，人类社会生活的本质就被归结为某种精神的自我展开。正因为如此，那些貌似深奥的哲学只能在精神世界或思维领域绕圈子，它们并不能真正解决人类的现实矛盾。从这个意义上说，在马克思之前，科学的社会批判理论是不存在的。

马克思为揭开社会历史的真相，首先阐述了人类历史的前提，这个前提就是现实的个人。具体而言就是这些现实的个人的活动和他们的物质生活条件。在马克思看来，这些条件完全可以用纯粹经验的方法来确认。在唯物史诞生之前，思想家们头脑中的人都是抽象的人，从抽象的人出发来理解人类历史，人类历史就是由各种抽象观念决定的历史，人类就只能服从于观念的统治，一切统治阶级就能凭借抽象观念对劳动人民进行思想上的蒙骗和为所欲为的压迫。只有科学阐述人类历史存在和发展的现实前提,才能正确理解人类社会历史的发展,才能正确理解人在历史中的地位和作用,才能正确把握个人在现实社会中的阶级属性及其发展前途。

马克思的哲学批判另一个重要方面是对旧辩证法的批判性改造,马克思通过对黑格尔辩证法的批判,形成了对辩证法的辩证理解:"辩证法,在其合理形态上,引起资产阶级及其夸夸其谈的代言人的恼怒和恐怖,因为辩证法在对现存事物的肯定的理解中同时包含对现存事物的否定的理解,即对现存事物的必然灭亡的理解;辩证法对每一种既成的形式都是从不断的运动中,因而也是从它的暂时性方面去理解;辩证法不崇拜任何东西,按其本质来说,它是批判的和革命的。"[①]恩格斯指出,在黑格尔去世之后,黑格尔的辩证法变成了可以用来套在任何论题上的刻板公式,成了可以用来在缺乏思想和实证知识的时候及时搪塞一下的词汇语录,加之费尔巴哈对黑格尔的批判,黑格尔学派逐渐销声匿迹。在这一背景下,德国思想界流行实证主义,"黑格尔学派的狄亚多希的统治在空谈中结束之后,自然就出现一个科学的实证内容重新胜过其形式方面的时代"[②]。这种实证主义看似重视现实,但是它常常在最简单的范畴上纠缠不清,在划分本质和现象、原因和结果的鸿沟面前往往一筹莫展。所以说,缺乏辩证法的实证主义无法摆脱形而上学。黑格尔辩证法的一大特点是它以巨大的历史感作基础,他是第一个想证明历史中有一种发展、有一种内在联系的人。恩格斯指出,这是一种划时代的历史观,这个划时代的历史观是新的唯物主义观点的直接的理论前提,单单由于这种历史观,也就为逻辑方法提供了一个

---

① 《马克思恩格斯选集》第 2 卷,人民出版社 1995 年版,第 112 页。
② 《马克思恩格斯选集》第 2 卷,人民出版社 1995 年版,第 40—41 页。

第四章　意识形态与马克思的社会批判理论

出发点。商品成为马克思政治经济批判的逻辑起点，与对黑格尔辩证法的继承直接相关。但是，马克思绝不是抄袭黑格尔，而是一种真正的批判，"马克思过去和现在都是唯一能够担当起这样一件工作的人，这就是从黑格尔逻辑学中把包含着黑格尔在这方面的真正发现的内核剥出来，使辩证方法摆脱它的唯心主义的外壳并把辩证方法在使它成为唯一正确的思想发展形式的简单形态上建立起来。马克思对于政治经济学的批判就是以这个方法作基础的，这个方法的制定，在我们看来是一个其意义不亚于唯物主义基本观点的成果"[①]。

马克思的实践批判主要体现在他对资本主义经济体系各环节的深刻把握，生产、交换、消费、分配这些日常实践形式都成了马克思批判的对象。古典经济学家的许多经济常识都受到了马克思的辩证批判。"他们所要说的是，生产不同于分配等等（参看穆勒的著作），应当被描写成局限在与历史无关的永恒自然规律之内的事情，于是资产阶级关系就被乘机当作社会一般的颠扑不破的自然规律偷偷地塞了进来。这是整套手法的多少有意识的目的。在分配上，他们则相反地认为，人们事实上可以随心所欲。即使根本不谈生产和分配的这种粗暴割裂以及生产和分配的现实关系，总应该从一开始就清楚地看到：无论在不同社会阶段上分配方式如何不同，总是可以像在生产中那样提出一些共同的规定来，可以把一切历史差别混合或融化在一般人类规律之中。"[②]

马克思指出，资本的辩护士为了把资本说成生产的永恒因

---

① 《马克思恩格斯选集》第2卷，人民出版社1995年版，第42—43页。
② 马克思：《1857—1858年经济学手稿》，《马克思恩格斯全集》第30卷，人民出版社1995年版，第28页。

素,说成与一切社会形式无关、为任何劳动过程因而也就是为一般劳动过程所固有的关系,便把资本同资本借以存在的使用价值混为一谈;同样,经济学家先生们为了回避资本主义生产方式所特有的某些现象,宁愿忘记资本的本质的东西,即资本是把自身设定为价值的价值,因而资本不仅是自我保持的价值,而且同时是自我增加的价值。这样,资本就成了一种天然的善。马克思认为,"当庸俗经济学家不去揭示事物的内部联系却傲慢地断言事物从现象上看是另外的样子的时候,他们自以为这是作出了伟大的发现。实际上,他们所断言的是他们紧紧抓住了外表,并且把它当作最终的东西。这样一来,科学究竟有什么用处呢?但是,在这里事情还有另外的背景。内部联系一旦被了解,相信现存制度的永恒必要性的一切理论信仰,还在现存制度实际崩溃以前就会破灭。因此,在这里统治阶级的绝对利益就是把这种缺乏思想的混乱永远保持下去。那些造谣中伤的空谈家不凭这一点,又凭什么取得报酬呢?他们除了根本不允许人们在政治经济学中进行思考以外,就拿不出任何其他的科学王牌了"①。

二、客观主义批判与主观主义批判相统一

社会历史的进步是以社会生活中自觉因素的增长为前提的,马克思强调社会发展的客观规律性和自然历史性,同时还强调主观因素巨大作用。社会发展总是客观因素和主观因素相互作用的结果,单纯强调客观因素的客观主义和单纯强调主观因素的主观主义都是十分错误和有害的。客观主义的特征是忽视

---

① 《马克思恩格斯选集》第 4 卷,人民出版社 1995 年版,第 580—581 页。

第四章　意识形态与马克思的社会批判理论

主观因素的创造性的建设作用，听天由命地寄希望于客观条件的自发作用。主观主义就是夸大了主观因素的作用及其客观制约性，它在思考和议论社会事务和问题的一种可以说是知识分子狭隘的或是官僚主义思维的特殊方式。

马克思重视客观因素对社会历史的决定性作用，但他从不认为人在庞大的客观世界面前只能听命于客观因素的强制作用。在资本社会，异化无处不在，人似乎必须听命于金钱、资本的统治。事实上，资产阶级的力量也全部取决于金钱，金钱成为衡量一切的唯一标准。金钱、资本这些物质因素具有了精神的生命，而人却被贬低到了愚钝的物质力量的地步。"马克思的这一命题现在已经引起广泛注意，甚至正在不断为共产主义的敌人所引用。但我们不应忘记，马克思不仅描绘了所谓'异化'，即人的关系向物质的、僵死的、机械的关系的转化。他还论证了，'异化'不是一个独立自在、命中注定的事实，而是社会力量发展的一种歪曲、非理性的形式。只要社会不解决这个根本课题，这个善于在新的历史条件中，在历史所变出的各种新的惊人的花样中表现自己和重现自己的课题——只要它还得不到解决，一切好事都可能变成坏事。"[①]

客观主义也强调从客观事实出发，但是它所强调的事实往往是表面的和片面的。马克思通过哲学批判实现了自身的思想革命，并将这一批判成果应用于对资本主义的批判。资本的产生、发展和扩张使现代社会矛盾呈现出新的特点，其主要表现是生产力的发展常常具有狭隘性和野蛮性，资本的内在矛盾性渗透进人与人、人与社会、人与自然、民族与民族之间的矛盾之中；

[①] ［俄］里夫希茨：《马克思论艺术和社会理想》，吴元迈等译，人民出版社1983年版，第498页。

不克服资本的矛盾性,社会和谐便是不可能实现的美好愿望。改革开放以来,在市场经济实践中出现的形形色色的矛盾与冲突大多与资本的矛盾性有关。在自由主义经济学家看来,资本只有和谐没有矛盾。在自由主义者看到和谐的地方,马克思看到了矛盾的所在。建立在主观理解上的和谐理论认为,资本之所以会带来和谐,其原因就在于资本的德性,资本是天然和永恒的善;在现实生活中,我们看到的情形常常正好相反。

当代中国的发展离不开对资本主义的利用,正确利用资本主义,首先必须正确认识资本的历史性,既不将资本看作洪水猛兽而形而上学地拒绝资本,也不盲目崇拜资本而自觉成为资本的奴隶。就当代中国的具体情形而言,我们尤其要反对资本崇拜,这不是一个纯粹的思想意识问题,而是关系重大的实践问题。我们利用资本主义就是要利用资本在变革生产力、变革人的陈旧观念中的能动作用。过去,我们对资本的认识采取的是"凡是"思维,即凡是资本主义的就是不好的,因此资本是一种绝对的恶。邓小平破除了这种形而上学思维,提出了对资本主义的辩证认识和利用问题,资本不再具有僵化刻板的意识形态标记。但是,在破除了旧的形而上学之后,在社会主义市场经济实践中,又出现了新的形而上学。这种新的形而上学的典型特征是将资本的价值绝对化、永恒化,看不到资本的矛盾性和狭隘性,盲目崇拜和放任资本自发性,其实践后果是社会主义的自我矮化和社会矛盾的激化,使构建社会主义和谐社会丧失应有的理论支撑和实践基础。在当代中国,摆脱落后的急迫心态与资本全球化的快速推进这两股力量极易使人们丧失对资本的历史感,使资本至上成为一种共同的价值认知,这将使中国特色社会主义的发展失去共同的价值基础。

第四章　意识形态与马克思的社会批判理论

马克思主义强调从客观事实出发,这个事实不是零星的片面的事实,而是反映事物本质和发展趋势的"事实的整体",这个"事实的整体"包含着事实的方方面面,它甚至还包括主观因素。从这个意义上,客观因素和主观因素的区分在一定条件下具有相对性。就社会事实而言,事实还包括"人民意志"这个事实。这是因为,"人民意志"不是纯粹主观的东西,它往往表达了广大人民群众对自身根本利益的诉求,它构成了特定历史条件下的社会形势及其发展趋势。正是从这个意义上说,"人民意志"是主观与客观的统一体,它是社会环境和历史环境的重要组成部分。我们从列宁关于革命条件的论述中可以看出正确把握"人民意志"这个事实的重要性,"一切革命,尤其是 20 世纪俄国三次革命所证实了的一条革命基本规律就是:要举行革命,单是被剥削被压迫群众认识到不能照旧生活下去而要求变革,还是不够的;要举行革命,还必须要剥削者也不能照旧生活和统治下去。只有'下层'不愿照旧生活而'上层'也不能照旧维持下去的时候,革命才能获得胜利。这个真理的另一个说法是:没有全国性的(既触动被剥削者又触动剥削者的)危机,进行革命是不可能的。这就是说,要举行革命,第一,必须要多数工人(或至少是多数有觉悟、能思考、政治上积极的工人)充分认识到革命的必要性,并有为革命而牺牲的决心;第二,必须要统治阶级遭到政府危机,这种危机甚至把最落后的群众都卷入政治活动(一切真正的革命的标志,就是在以前不关心政治的被压迫劳动群众中,能够进行政治斗争的人成十倍以至成百倍地迅速增加),削弱政府的力量,使革命者有可能很快地推翻它"[①]。列宁所论述的既

[①] 《列宁选集》第 4 卷,人民出版社 1995 年版,第 193 页。

是革命的主观条件,又是革命的客观条件,如果不能正确把握"'下层'不愿照旧生活而'上层'也不能照旧维持下去"这个主客观相统一的事实,就无法对革命形势作出正确的判断。在这里,"下层"不愿照旧生活下去就是"人民意志",它是客观形势的重要组成部分。

在马克思主义哲学中,称为客观因素的是那些不依赖于人的意识的因素,比如生产工具、自然材料等。如果从生产工具和自然材料的使用与运用上看就涉及一定的经济关系,涉及人与人的关系,就必然涉及不同阶级、阶层的需要、意志与情感。因此,不能将客观因素混同于自发性,也不能把主观因素混同于任意性。马克思主义政党就要正确把握客观因素和主观因素,只看到客观因素必然导致宿命论,只看到主观因素必然导致空想论。认识这一点是正确判断形势的需要,是正确把握群众的需要。在世界社会主义运动史上,"有不少麻烦就都得归结为历史对于脱离群众基础的意志的过于先进的奢望的讽刺。把多数人叫做庸人是不难的,但是,如果这多数人的正当历史需要得不到更好的表现,那就也很容易把他们推向对立的方面,即与民主和社会主义对立的方面,从而把他们交给反动党派。人们尽可以事后大谈特谈其小资产阶级的动摇,但事情并不会因此而有所改变。这种先锋主义不是只限于一个'左'字问题,它甚至可以同害怕紧张局势和政治责任有关,因为'阶级观点'同样可以成为躲避周围暴风雨的象牙之塔"①。

---

① [俄]里夫希茨:《马克思论艺术和社会理想》,吴元迈等译,人民出版社1983年版,第475—476页。

三、精英主义批判与大众主义批判相统一

精英主义在理论和实践上都藐视人民群众的历史作用,大众主义看似重视群众,实质上或是精英主义的变种,或是消极无为的尾巴主义,放弃对群众的引导与教育。马克思主义社会理论既批判精英主义,又批判大众主义,这是真正把握历史发展主体问题的关键。从这里可以看出,精英主义和大众主义的关键是如何对待群众问题。列宁曾经指出,"马克思主义和其他一切社会主义理论的不同之处在于,它出色地把以下两方面结合起来:既以完全科学的冷静态度去分析客观形势和演进的客观进程,又非常坚决地承认群众(当然,还有善于摸索到并建立起同某些阶级的联系的个人、团体、组织、政党)的革命毅力、革命创造性、革命首创精神的意义"。恩格斯在论述自己的学术使命时指出,"我们决不想把新的科学成就写成厚厚的书,只向'学术'界吐露。正相反,我们两人已经深入到政治运动中;我们已经在知识分子中间,特别在德国西部的知识分子中间获得一些人的拥护,并且同有组织的无产阶级建立了广泛联系。我们有义务科学地论证我们的观点,但是,对我们来说同样重要的是:争取欧洲无产阶级,首先是争取德国无产阶级拥护我们的信念。我们明确了这一点以后,就立即着手工作了"①。

马克思主义经典作家从不将自己视为精英,同时又十分强调对群众的引导和教育。列宁指出,"问题不在于走得多快,而在于往哪里走。问题不在于工人是否经过训练,而在于怎样训

---

① 《马克思恩格斯选集》第 4 卷,人民出版社 1995 年版,第 197 页。

练他们和为什么训练他们"①。列宁强调,应当少说空话,因为空话满足不了劳动人民的需要。应该使工人群众把共产主义理解为自己的事业。"我们要取得必需的一切,克服旧制度遗留下来的、不可能一下子就排除的障碍,就应该重新教育群众,而要重新教育群众又只有靠鼓动和宣传,应该首先把群众同国家经济生活的建设联系起来。这应该是每一个宣传鼓动员工作中主要的和基本的内容,谁领悟了这一点,谁在工作中就一定能做出成绩来。"②

克服精英主义文化最根本的是要努力创造真正属于人民群众的文化,让人民而不是文化贵族成为文化生产的主体,要认识到"只有那种深刻触及千百万人的生活的东西,才是不可仿造的。……许多事情并不取决于我们的意愿,而且按照列宁的说法,即使有七十个马克思,许多事情也是无法预测的。可是我们坚信一点——只有千百万人所进行的激发他们自觉性和革命意志的革命的批判实践,才能成为现代人类的审美理想的基础。一切都将烟消云散,唯有这一真理是不可动摇的"③。毛泽东曾经指出,文艺问题基本上是一个为群众的问题和一个如何为群众的问题,不解决这两个问题,或这两个问题解决得不适当,就会使得我们的文艺工作者和自己的环境、任务不协调,就使得我们的文艺工作者从外部到内部碰到一连串的问题。比如,在文化战线存在着轻视实践、脱离群众等问题。文化发展史表现,一切文化贵族和文化精英所生产的文化产品都不能满足广大人民

---

① 《列宁全集》第29卷,人民出版社1985年版,第124页。
② 《列宁选集》第4卷,人民出版社1995年版,第309—310页。
③ [俄]里夫希茨:《马克思论艺术和社会理想》,吴元迈等译,人民出版社1983年版,第422页。

第四章　意识形态与马克思的社会批判理论

群众真实的、丰富的、全面的文化需求；相反，他们的文化产品往往是病态的、颓废的文化鸦片。克服大众主义必须努力克服迁就、从众的文化心态，因为这一心态必然导致先进文化创造的应有自觉性的丧失。在资本全球化的大力推动下，世界文化风暴席卷全球，在这样的历史背景下，马克思主义先进文化的现实基础和历史前景都可能变得模糊不清，极易产生迁就文化资本统治的心态，我们应当看到这种迁就心态的严重后果。马克思主义先进文化建设需要同迁就文化资本统治的行为以及为这类行为辩护的意识形态进行不妥协的斗争，放弃这种斗争就意味着放弃对文化的领导权。

如果一个艺术家不以对社会有重要意义的事物为重，如果他的创作不扎根于人民生活，不同历史的创造者人民联系起来，那么，任何个人的艺术天资也不会创造出具有全民意义的审美珍品。当演员、诗人、艺术家只致力于他自己的艺术，当他把自己的创造和才能出卖给愿意购买的人的时候，就会有产生阿谀、自私、伪造和虚伪的艺术或纯粹消遣的艺术的危险。尽管艺术在不同时代都有贵族的倾向，但是真正伟大的艺术还是属于人民群众的创造。马克思十分欣赏来自群众生活的艺术作品中，"请回忆一下《织工歌》，它是一个勇敢的战斗的呼声。在这支歌里，简直没有提到家庭、工厂、地区，但是在这支歌里无产阶级却一下子毫不含糊地、尖锐地、直截了当地、威风凛凛地大声宣布：它反对私有制社会。西里西亚起义一开始就做到法国和英国工人起义在起义结束时才能做到的事情，即是，意识到无产阶级的本质"[①]。

---

① ［俄］里夫希茨：《马克思恩格斯论艺术》(2)，人民文学出版社1963年版，第453页。

在当代文化市场上,自然主义艺术大行其道,但是这样的艺术注定是没有生机和生命的,因为它只会迎合低级趣味的需要,它往往置广大人民群众真正的文化需要于不顾,这样的先锋艺术家从来都将自己视为超凡脱俗的精英。但是,自然主义作品的价值实在小得可怜,"自然主义只触及无意义的死板的现象界,只触及现象的外表。没有理想的艺术不可能去寻求这个外表下面的内在意义。如果去寻求的话,也只能找到原始的'永恒的'生物学的本能力量,因此,各种各样的生理主义,不论是原始的形式,或是经过精心歪曲的形式,都是自然主义极重要的特征"[①]。

---

① 苏联科学院哲学研究所、艺术研究所:《马克思列宁主义美学原理》,陆梅林等译,生活·读书·新知三联书店1961年版,第364—365页。

第五章
意识形态与马克思主义的道德理论

早在20世纪60年代初,法国学者塞伏(又译塞弗)就指出,在马克思主义哲学研究中,对道德的研究处于落后的状况,"这种落后与活的马克思主义在伦理方面所积累和创造的格外丰富的材料的显著进展比较起来,更显得是脱节了"[①]。直到现在,这种状况并没有得到丝毫的改变。其主要原因是在马克思哲学思想变革中,抽象的道德研究,特别是诉诸道德原则的人本主义伦理方法被马克思看作纯粹思辨的东西抛弃了,这是马克思哲学思想变革的关节点。基于这一原因,马克思主义被指责为反道德主义和缺乏伦理基础的政治上的犬儒主义。其实,这其中存在一个理解上的偏误,这个偏误就在于将马克思抛弃抽象的道德研究方法与抛弃道德等同起来。事实上,马克思不论在哲学方法上发生了怎样的变革,道德因素并没有被抛弃,也不可能被抛弃。如果将道德从马克思哲学思想体系中清洗出去,我们便无法理解马克思主义理论与实践的道义基础,马克思主义哲学便极易被拆解为一堆毫无生机的冷冰冰的哲学范畴,在实践中,它缺乏号召力,无法掌握群众、引导实践。所以,正确理解马

[①] 《人道主义、人性论研究资料》第3辑,丁象恭等译,商务印书馆1963年版,第111—112页。

克思哲学变革中的道德因素,有利于正确认识马克思主义哲学的理论实质和实践价值。尤其在今天,在五花八门的哲学流派争相在大众面前取得道德认同的时候,马克思主义哲学不能只是冷眼旁观。

一、走出"美学的王国":马克思的道德理想及其对现实的批判

在社会发展进程中,道德是一个综合的、能动的因素;在马克思的哲学思想中,道德同样是一个综合的、能动的因素,道德因素是马克思哲学思想中一以贯之的因素之一。需要注意的是,在马克思哲学思想发展的不同历史时期,道德因素的地位和作用有着很大的异质性,这种异质性主要表现在理解历史、分析社会是从道德原则出发,还是从现实出发。在这里,我们要正确理解道德因素的这种异质性,要看到异质性中的共通性,否则,马克思的哲学思想就极易被分割、肢解。那么,究竟什么是马克思哲学思想中一以贯之的道德因素呢?我认为,为人类解放而奋斗的道德追求、为以工人阶级为代表的劳动人民的根本利益辩护的道德立场就是马克思哲学思想中一以贯之的道德因素。在马克思主义哲学思想研究中,抽象地谈道德因素和简单地否定道德因素是两个极端。

马克思的青少年时代正处于这样的历史时期,"当时欧洲的社会思想运动已经从美学的王国转向政治经济学和社会主义领域"①。在所谓美学的王国或美学的时代,尘世的利益被隐藏在

---

① [俄]里夫希茨:《马克思论艺术和社会理想》,吴元迈等译,人民出版社1983年版,第50页。

第五章　意识形态与马克思主义的道德理论

形形色色的理想之中；而在所谓政治经济学和社会主义时代，物质利益已经失去了五光十色的虚幻外表。马克思青年时代的思想变革的过程就是不断超越道德批判和美学批判的过程，在这一过程中，马克思形成了自己独特的道德观念和哲学思想。马克思的中学毕业作文《青年在选择职业时的考虑》尽管还有启蒙哲学的影子，还没有完全走出"美学的王国"，还认同启蒙思想家关于个人利益和社会利益天然一致的抽象人道主义观点。但是，在这篇作文中，少年马克思已经表达了自己崇高的社会理想。马克思认为，"人只有为同时代人的完美、为他们的幸福而工作，自己才能达到完美。如果一个人只为自己劳动，他也许能够成为著名的学者、伟大的哲人、卓越的诗人，然而他永远不能成为完美的、真正伟大的人物。……如果我们选择了最能为人类而工作的职业，那么，重担就不能把我们压倒，因为这是为大家作出的牺牲；那时我们所享受的就不是可怜的、有限的、自私的乐趣，我们的幸福将属于千百万人，我们的事业将悄然无声地存在下去，但是它会永远发挥作用，而面对我们的骨灰，高尚的人们将洒下热泪"[①]。这便是一种崇高的道德理想，它是伟大人格的必备要素。马克思一生都在履行自己在少年时代的诺言，他为千百万人的幸福而工作，而他自己作出了巨大的牺牲。这是一个马克思主义者应有的品质，没有这个品质不配说自己是一个马克思主义者。马克思厌恶利己主义的道德观念，正如有人指出的那样，"你躲在自己角落里留得一身清白，这与世界又有什么相干？立足拯救灵魂的道德，不论是直接还是间接意义上，一向是中了利己主义的毒的，热衷于谋求自己内心安逸的人

---

① 《马克思恩格斯选集》第1卷，人民出版社1995年版，第459—460页。

甚至在恶棍面前也骄傲不起来"①。社会主义的曲折发展与资本主义的凯歌行进,更易使人钻进自己的专业中去,现实世界发生了什么似乎与自己无关,这样的人只关心自己的名和利,马克思主义队伍中的假道学便是由此而生。

马克思原本可以成为中产阶级的一员,原本可能为社会中上层的利益辩护,这样,他就完全可以衣食无忧地走完一生。马克思却选择了完全不同的道路:为劳苦群众的利益辩护。这一立场决定了马克思哲学的方法和观点都"与众不同"。在《第六届莱茵省议会的辩论》的第三篇论文《关于林木盗窃法的辩论》中,马克思第一次直接研究了贫苦劳动群众的物质生活条件,探讨了物质利益同国家和法的关系,公开捍卫贫苦群众的利益,抨击了普鲁士的国家和法律制度。针对普鲁士政府提交省议会通过的一项把未经林木占有者许可在森林中捡拾枯枝的行为以盗窃论罪的法案,马克思从法学角度为政治上和社会上一无所有的贫苦群众辩护。他大声疾呼地申明:"我们为穷人要求习惯法,而且要求的不是地方性的习惯法,而是一切国家的穷人的习惯法。我们还要进一步说明,这种习惯法按其本质来说只能是这些最底层的一无所有的基本群众的法。"②在分析习惯和特权的历史发展时,马克思已经觉察到了社会的贫富对立和阶级对立,认识到物质利益的差别使社会划分为不同的等级,对私人利益的考虑支配着人们的思想和行动,也支配着国家官员和立法机关代表的决策行为。他认为,正是维护私人利益、私有财产的自私逻辑,使国家权威变成林木所有者的奴仆,使整个国家制度

---

① [俄]里夫希茨:《马克思论艺术和社会理想》,吴元迈等译,人民出版社1983年版,第504页。
② 《马克思恩格斯全集》第1卷,人民出版社1995年版,第248页。

第五章 意识形态与马克思主义的道德理论

沦为林木所有者的工具。《摩泽尔记者的辩护》一文是马克思根据广泛收集的大量文件和资料以及对摩泽尔河沿岸地区农民贫困的原因的深入考察写成的。马克思触摸到了隐藏在各种社会关系后面的客观本质,加深了对社会生活和国家问题的理解。马克思力图揭示摩泽尔地区农民贫困的社会原因,说明这种贫困状况同国家管理机构的联系。

由于青年马克思已经看到了道德与物质利益之间密切联系,由于选择了为劳苦群众的根本利益作辩护的道德立场,马克思的道德理想从空中回到了地上、从虚幻回到了现实。在马克思那里,"道德理想决不是有超验的根源的一种法典,不是生活以外的一种规则,不是一种先验的价值论,它永远不过是现实的一种反映,物质条件在观念上的表现而已"[①]。正是在这个意义上,马克思才说"共产主义根本上不进行任何道德说教"。在与施蒂纳进行论战时,马克思指出,"对我们这位圣者来说,共产主义简直是不能理解的,因为共产主义者既不拿利己主义来反对自我牺牲,也不拿自我牺牲来反对利己主义,理论上既不是从那情感的形式,也不是从那夸张的思想形式去领会这个对立,而是在于揭示这个对立的物质根源,随着物质根源的消失,这种对立自然而然也就消灭。共产主义者根本不进行任何道德说教,施蒂纳却大量地进行道德的说教。共产主义者不向人们提出道德上的要求,例如你们应该彼此互爱呀,不要做利己主义者呀等等;相反,他们清楚地知道,无论利己主义还是自我牺牲,都是一定条件下个人自我实现的一种必要形式"[②]。

[①] 《人道主义、人性论研究资料》第3辑,丁象恭等译,商务印书馆1963年版,第114页。
[②] 《马克思恩格斯全集》第3卷,人民出版社1960年版,第275页。

二、人本主义伦理方法的扬弃与马克思哲学方法的变革

《1844年经济学哲学手稿》是我们判断马克思哲学思想变革的一个重要标志性文本,这一文本与随后的《关于费尔巴哈提纲》和《德意志意识形态》在哲学方法和理论观点上均有着很大的异质性,其主要表现是马克思在《1844年经济学哲学手稿》中还是运用人本主义伦理方法分析资本主义。而这一哲学方法在随后的著作中消失了,马克思哲学的断裂说便是由此而生。不可否认,人本主义伦理方法和历史唯物主义方法是对立的哲学方法,但是,不能因为这一点而否认马克思哲学思想中道德因素的连续性。而且要认识到,人本主义伦理方法是马克思哲学革命的重要一环。在《1844年经济学哲学手稿》中,马克思承续了以往为社会下层人民根本利益辩护的道德立场。异化劳动理论尽管在哲学方法上是不科学的,但是,它所揭示的现象是客观存在的。人们的异化感在所谓后现代社会有增无减,难怪马克思的异化理论在当代还有许多回声。所以,对人本主义伦理方法在理论认识上应有正确的定位,既要看到它的局限性,又要看到它在马克思哲学思想变革中的重要作用以及马克思思想中一以贯之的东西——道德因素。

马克思的异化劳动理论深刻地揭示了资本主义生产方式的矛盾性,异化劳动是存在与本质矛盾的非常深刻的危机。工人在巨大的物质力量面前,感到无能为力;人成为孤独的个人——原子式个人,人失去了交往与依赖的对象。孤独的个人必然成为神学的社会基础,成为盲目信仰的力量;人失去历史与未来,

第五章 意识形态与马克思主义的道德理论

失去了自我超越的能力,没有未来,没有前途;人没有整体感,人被碎片化了;思维方式和存在方式都是单向度的。马克思强调人的存在的丰富多样性,完整性与整体性。所以,劳动异化与人的本质(应有的状态)相悖。马克思把人的存在与本质同社会的存在与本质联系在一起。所以,马克思的历史观是多向度的,既有宏观的角度,也有个体存在的角度。这些角度是如何统一的?马克思首先把存在与本质的矛盾看成和阶级矛盾有某种共同的地方——最大多数人的存在与本质矛盾;如果异化只是少数人的感受是无关紧要的(可能是主观的,不具有全局意义),如果上升到大多数,就上升到生产关系了。把异化不是作纯粹心理学的理解,把异化作为一种人类的进步要求,作为人类超越生存条件的一种努力。马克思力图把异化由心理状态推进到实践状态——无产阶级的异化状态与无产阶级的解放要求,表现了无产阶级对社会现实的一种反抗。所以,存在与本质的关系问题应该成为唯物史观的内容,这样可以增加唯物史观的现实力量。从这个意义上说,异化史观与唯物史观不是截然对立的,道德和科学是可以统一的。

《1844年经济学哲学手稿》是马克思独立自主地研究经济学的开端,最重要的是他提出了关于劳动价值论的矛盾态度。一方面他认为,劳动价值论有利于工人阶级历史地位的确立,有利于工人阶级的思想解放,肯定了工人的活劳动是一切商品(财富)的源泉,从而肯定了工人阶级的主体地位,所以他拥护劳动价值论,从主观上他认为这一理论有利于工人阶级的觉醒,使工人阶级增强阶级意识,使之由自在状态转变为自觉的觉醒,使人们摆脱商品拜物教(人们应该崇拜劳动,崇拜人本身),使人们更多地看到自己。另一方面,他又有保留。劳动价值论掩盖了现实矛盾的冲突,粉饰现实(制造资本家与工人平等交易的幻觉)。从这个意义上说,站在工人阶级的立场上,国民经济学既是道德的,又是不道德的。马克思在此奠定了经济学的核心问题:资本家与工人的交换问题这是揭示剥削的秘密的关键。如果放弃劳动价值论,就无法说明资本主义自我否定问题。要坚持劳动价值论,就要说明劳动与资本的交换,这是经济学研究的入口与起点,古典政治经济学家退却了。异化劳动实际上就是荒谬劳动不确切的表述,马克思实际上奠定了政治经济学独特的研究对象——生产关系。资产阶级经济学家把劳动与资本的分离当作事实的前提,不研究它们为什么会分离,不研究资本主义私有制是怎样产生的。

异化劳动理论的方法论是人本主义的伦理方法,其前提是对人类作无差别的(共同价值的肯定)的判断;而历史唯物主义的阶级分析方法是建立在不同的社会阶层具有不同价值取向、不同价值观念的判断。工人的异化与资本家的异化是不同的,真正代表人类复归的是工人阶级,而不是资本家。工人的异化是现实生存方式的最残酷的异化,异化劳动灾难性的承担者,是现实的生产方式,是现实生活。资本家的异化是人格异化,但不是现实生活的异化。工人和资本家的心理状态完全不同:工人感受到的是苦难;资本家在异化劳动中感到的是做人的尊严、自己的力量、成就感,所以资本家感受不到甚至不承认异化。所以削除异化并不是所有人的要求,而是无产阶级要求摆脱奴役、争取解放的要求,抽象地、一般地讲"人的需要"是没有什么实在意义的,在马克思那里,人的需要有其历史的和阶级的属性。

在《1844年经济学哲学手稿》中,马克思多次论及人的需要问题,主要论述了"人的需要"的道德问题。马克思批判了资产阶级国民经济学的禁欲主义道德,"国民经济学家把工人变成没有感觉和没有需要的存在物,正像他把工人的活动变成抽去一切活动的纯粹抽象一样。因此,工人的任何奢侈在他看来都是不可饶恕的,而一切超出最抽象的需要的东西——无论是消极的享受或积极的活动表现——在他看来都是奢侈。因此,国民经济学这门关于财富的科学,同时又是关于克制、穷困和节约的科学,而实际上它甚至要人们把对新鲜空气或身体运动的需要都节省下来。这门关于惊人的勤劳的科学,同时也是关于禁欲主义的科学,而它的真正理想是禁欲的但进行重利盘剥的吝啬鬼和禁欲的但进行生产的奴隶。它的道德理想就是把自己的一部分工资存入储蓄所的工人,而且它甚至为了它喜爱的这个理想发明了一种奴才的艺术。人们怀着感伤的情绪把这些搬上舞台。因此,国民经济学,尽管它具有世俗的和纵欲的外表,却是真正道德的科学,最最道德的科学"①。这种理论在实践上表现为资本家财富的积累和工人贫困的积累的同步增长;资本家的需要日益精致化,劳动者的需要只是野蛮的、动物式的。马克思还指出,需要的利己主义性质是应当被扬弃的,条件是私有财产的扬弃。"……私有财产的扬弃,是人的一切感觉和特性的彻底解放,但这种扬弃之所以是这种解放,正是因为这些感觉和特性无论在主体上还是客体上都变成人的。眼睛变成了人的眼睛,正像眼睛的对象变成了社会的、人的、由人并为了人创造出来的对象一样。因此,感觉通过自己的实践直接变成了理论家。感觉为了物而同物发生关系,但物本身都是对自身和对人的一种对象性的、人的关系;反过来也是这样。因此,需要和享受失去

---

① 《马克思恩格斯全集》第42卷,人民出版社1960年版,第134—135页。

了自己的利己主义的性质,而自然界失去了自己的纯粹的有用性,因为效用成了人的效用"①。

在马克思哲学思想研究中,将马克思哲学重新人本主义化是一种不良的倾向。不能因为要强调马克思哲学思想中的道德因素,将马克思已经抛弃的哲学方法又重捡回来。人本主义哲学总是从某种"应当"出发,也就是从特定的道德观念出发,以"人的东西"反对"非人的东西",认为只有"人的东西"才是人的本质。西方马克思主义学者阿尔都塞指出,人本主义哲学总是要向人们揭示出一种"人的本质",并且借助这种"人的本质"找到一种共同的、潜在的"普遍利益"。而这种"人的本质"实际上并不存在,它只是利益的发现,因为特定阶级的利益需要某种"本质"。马克思在《德意志意识形态》中揭示了"人的东西"与"非人的东西"这对孪生的价值判断。"所谓'非人的东西'同'人的东西'一样,也是现代关系的产物;这种'非人的东西'是现代关系的否定面,它是没有任何新的革命的生产力作为基础的反抗,是对建立在现有生产力基础上的统治关系以及跟这种关系相适应的满足需要的方式的反抗。"②用"人的东西"反对"非人的东西"是一切人本主义哲学隐含的或显在的方法论原则。

三、从道德原则出发还是从现实出发:
理解道德本质的关键

马克思之所以要抛弃并批判人本主义的伦理方法,因为,从这样一种方法即从道德原则出发理解事物,根本不能得到对现

---

① 《马克思恩格斯全集》第42卷,人民出版社1960年版,第124—125页。
② 《马克思恩格斯全集》第3卷,人民出版社1960年版,第507—508页。

第五章　意识形态与马克思主义的道德理论

实和道德本质的正确认识,依据这一方法认识现实,其结论必然是错误甚至是反动的。马克思在批判青年黑格尔派时就指出了这一点,"既然根据青年黑格尔派的设想,人们之间的关系、他们的一切举止行为、他们受到的束缚和限制,都是他们意识的产物,那么青年黑格尔派完全合乎逻辑地向人们提出一种道德要求,要用人的、批判的或利己的意识(指路·费尔巴哈、布·鲍威尔和麦·施蒂纳)来代替他们现在的意识,从而消除束缚他们的限制。这种改变意识的要求,就是要求用另一种方式来解释存在的东西,也就是说,借助于另外的解释来承认它"①。马克思认为,青年黑格尔派的这些玄想家们尽管满口讲的都是所谓"震撼世界的"词句,却是最大的保守派,这是因为他们只是用词句来反对这些词句,既然他们仅仅反对这个世界的词句,那么他们就绝对不是反对现实的现存世界。

在马克思的哲学思想中,道德作为社会意识诸形式的一种,它绝不是脱离现实、脱离历史的绝对观念。马克思认为,"我们不是从人们所说的、所设想的、所想象的东西出发,也不是从口头说的、思考出来的、设想出来的、想象出来的人出发,去理解有血有肉的人。我们的出发点是从事实际活动的人,而且从他们的现实生活过程中还可以描绘出这一生活过程在意识形态上的反射和反响的发展。甚至人们头脑中的模糊幻象也是他们的可以通过经验来确认的、与物质前提相联系的物质生活过程的必然升华物。因此,道德、宗教、形而上学和其他意识形态,以及与它们相适应的意识形式便不再保留独立性的外观了。它们没有历史,没有发展,而发展着自己的物质生产和物质交往的人们,

---

① 《马克思恩格斯选集》第1卷,人民出版社1995年版,第65—66页。

在改变自己的这个现实的同时也改变着自己的思维和思维的产物"①。马克思强调,不是意识决定生活,而是生活决定意识。这是两种不同哲学方法,前一种考察方法从意识出发,把意识看作有生命的个人;后一种符合现实生活的考察方法则从现实的、有生命的个人本身出发,把意识仅仅看作他们的意识。

由于有了正确的道德认识路线,真正的道德本质才能被揭示出来,这就是人类历史上的道德在总体上都受阶级、财产、利益等经济关系和经济元素的决定。马克思在批判资产阶级道德时指出,"在无产阶级的生活条件中,旧社会的生活条件已经被消灭了。无产者是没有财产的;他们和妻子儿女的关系同资产阶级的家庭关系再没有任何共同之处;现代的工业劳动,现代的资本压迫,无论在英国或法国,无论在美国或德国,都是一样的,都使无产者失去了任何民族性"②。在这种情况下,道德等意识形态全都是资产阶级偏见,隐藏在这些偏见后面的全都是资产阶级利益。自由、平等这些近代以来资本主义社会的核心道德观念,在马克思那里就显出了原形。马克思指出,"劳动力的买和卖是在流通领域或商品交换领域的界限以内进行的,这个领域确实是天赋人权的真正乐园。那里占统治地位的只是自由、平等、所有权和边沁。自由!因为商品例如劳动力的买者和卖者,只取决于自己的自由意志。他们是作为自由的、在法律上平等的人缔结契约的。契约是他们的意志借以得到共同的法律表现的最后结果。平等!因为他们彼此只是作为商品占有者发生关系,用等价物交换等价物。所有权!因为他们都只支配自己的东西。边沁!因为双方都只顾自己。使他们连在一起并发

---

① 《马克思恩格斯选集》第1卷,人民出版社1995年版,第73页。
② 《马克思恩格斯选集》第1卷,人民出版社1995年版,第283页。

生关系的唯一力量,是他们的利己心,是他们的特殊利益,是他们的私人利益。正因为人人只顾自己,谁也不管别人,所以大家都是在事物的预定的和谐下,或者说,在全能的神的保佑下,完成着互惠互利、共同有益、全体有利的事业。"①马克思指出,这些都不过是表象而已,一离开这个简单流通领域或商品交换领域,自由和平等就不存在了,原来的货币占有者作为资本家,昂首前行;劳动力占有者作为他的工人,尾随于后。一个笑容满面,雄心勃勃;一个战战兢兢,畏缩不前。在这里,形式上的自由是以实质上的不自由为前提,形式上的平等是以实质上的不平等为前提。如果仅仅从一般的道德原则出发,我们就永远都不能识别形形色色的虚假的道德观念的真实面目。

四、"永恒道德"的虚妄:形式主义道德观的理论实质与实践后果

在哲学发展史上,"回到康德"这个口号有着多重意蕴。就伦理学而言,"回到康德"主要是一种方法论,即将某种道德规范视为伦理法典,它被视为能够一劳永逸地提供在各种情况下应当遵守的行为规则的绝对命令,它适合于一切时代。然而,马克思主义经典作家认为,适合于一切时代的伦理法典是不存在的,作为意识形态的道德,它始终是特定社会实践的产物,道德的社会实践性决定了道德的历史性。对"永恒道德"的信仰必然使伦理学带上神学和不可知论的特征,其最主要的实践后果是它根本不能改变现实。在社会主义实践中,"回到康德"这个口号意

---

① 《马克思恩格斯选集》第 2 卷,人民出版社 1995 年版,第 176 页。

味着将社会主义从科学变为"道德的应当"。

马克思主义伦理学认为,道德并不是抽象哲学的规范,它在本质上是特定社会和历史的要求,道德行为不可能只根据人的主观努力、自由意志、圣贤教诲就可以实现历史性的进步。今天,在哲学方法上,对"永恒道德"信仰的一个表现是动辄回到圣贤圣言,不论是认识矛盾,还是理解和谐,都可以从圣贤圣言、古代典籍中找到答案。比如,在今天,八卦似乎成了对矛盾与和谐的最科学的解释。问题是我们除了看到一些似是而非的所谓的解释外,其他什么都看不到。"关于圣贤的理想的古典教训,尽管在这个和那个历史时代表现了一些进步倾向,在今天看来,则分明显得骨子里隐藏着道德上的伪善。这在它们向人进行道德上的模范人物的说教上就可以看出。因为那种模范人物听任现实与理想相矛盾的客观社会基础完整无伤地持续着。那些教训不仅是撒谎的,因为除开一切镀着金色外貌的传说以外,从来没有一个个人即便是'圣人'也好,能够实际消除这种现实的矛盾。那些教训并且是有害的,因为它们发展了一种根本上属于空想的信仰,它们以为不改造现实,单凭灵魂的变化就可能使理想成为现实。整个这种思辨的道德论,即便自始至终讲的是世俗语言,本质上也总是宗教性的。而全部保障个人福利的伦理,尽管字面上保持着世俗意义,总是有某种反道德的倾向,因为它对理想的实际实现是漠不关心的。"①

马克思主义道德理论强调道德的进步源于对现实世界的改造,这样,马克思主义伦理学就不能没有批判性、不能没有辩证法。马克思主义经典作家面对的现实是大工业的发展及其矛盾

---

① 《人道主义、人性论研究资料》第3辑,丁象恭等译,商务印书馆1963年版,第118页。

第五章　意识形态与马克思主义的道德理论

性,马克思主义道德理论就在于发现道德状况与社会现实的内在联系,"大工业是对抗的时代的最重大的创造。它使人民大众服从死的、积累起来的劳动的统治,它消灭森林、污染河流,它从生活的一切关系中驱逐了诗意和道德,它同时又是人的创造力的完全解放的必要前提"①。列宁强调马克思主义没有仁义道德的词藻,这并不是说马克思主义科学理论中没有自己的道德理想,马克思主义道德理想与其他道德理想的区别就在于它不再是一种望梅止渴的幻想。马克思主义道德理想的实现取决于对社会现实的革命性改造,这便是目的与手段的辩证法,"如果没有这样一个基本的关心来激发每一个思想,就不会有马克思主义。所以,可能有各种对经典著作的研究、有各种分析、有各种批判、有各种博览强记的编纂,但一切都是属于'马克思学究'、'马克思空论家'或'马克思笺注家'的工作,孤立在理论当中,完全是'水外的游泳'"②。

---

① [俄]里夫希茨:《马克思论艺术和社会理想》,吴元迈等译,人民出版社1983年版,第356页。
② 《人道主义、人性论研究资料》第3辑,丁象恭等译,商务印书馆1963年版,第24页。

第二编
新时代意识形态实践论

中国特色社会主义进入新时代是马克思主义中国化的重大进展和重要阶段,也是我国社会主义意识形态发展的新阶段,社会主义意识形态建设取得了一系列重大成就,意识形态理论与实践都取得了一系列重大进展,大大推动了我国社会主义精神文明建设,整个社会的精神面貌和文化生态发生了显著变化,我国意识形态领域某些方面曾经存在的被动局面得到根本扭转。

第一章
"四个自信":当代中国的国家共识

新中国的成立是人民的胜利、马克思主义的胜利,新中国的发展是社会主义伟大事业的大发展大繁荣。新中国的诞生使中华民族翻开了崭新的一页,开启了人民当家作主的时代,开启了沿着社会主义道路实现中华民族伟大复兴的时代。70多年来,中国共产党带领人民不断探索前进、不断开拓创新,社会主义伟大事业不断焕发生机与活力。今天,社会主义中国正以昂扬的姿态屹立于世界民族之林,正以不懈的努力为人类发展与进步事业贡献力量。习近平总书记指出,"人心是最大的政治,共识是奋进的动力"[①]。70多年来,中国人民对社会主义和共产主义事业始终充满信心,"心向往之,行必能至"。在推进社会主义伟大实践的历史进程中,我们始终着力发挥独特的道路、理论、制度、文化优势,形成了以"四个自信"为核心内容的国家共识。这一国家共识是世界社会主义实践运动和近代以来中国历史发展的必然结论,是推动我国社会主义事业不断发展的丰沛能量,是实现中华民族伟大复兴的不竭动力。习近平总书记从理论与实践的结合上,科学阐述了"四个自信"的思想内涵和精神实质,为

---

① 习近平:《一个国家、一个民族不能没有灵魂》,《求是》2019年第8期。

不断凝聚和增强以"四个自信"为核心内容的国家共识,构建了理论体系,明确了实践路径,指明了行动方向。国家共识是最值得珍视的"国家宝藏",它是我们的精神宝藏,它提供了源源不断的精神动能,有了它,"我们就能毫无畏惧面对一切困难和挑战,就能坚定不移开辟新天地、创造新奇迹"①。

一、"四个自信"是奋斗出来的国家共识

中华人民共和国成立以来,"中国由新民主主义走向社会主义,开创和拓展中国特色社会主义道路,使社会主义这一人类社会的美好理想在古老的中国大地变成了具有强大生命力的成功道路和制度体系。这不仅为中华民族实现伟大复兴提供了重要制度体系,而且为人类社会走向美好未来提供了具有充分说服力的道路和制度选择"②。中国人民开创和拓展中国特色社会主义道路的历史进程,是一个凯歌行进的过程,是一个不断战胜艰难困苦的过程,中国人民谱写了一部感天动地的创业史、奋斗史。中国特色社会主义道路在广大人民群众的奋斗实践中变得越来越宽阔,中国人民在自己选择的道路上变得更加自信与自豪。

在开创和拓展中国特色社会主义道路的历史进程中,中国人民为战胜贫穷与落后进行了艰苦卓绝的斗争。1949年9月30日,毛泽东在起草的中国人民政治协商会议第一届全体会议

---

① 习近平:《在庆祝中国共产党成立九十五周年大会上的讲话》,《十八大以来重要文献选编》(下),中央文献出版社2018年版,第348页。
② 习近平:《在庆祝中华人民共和国成立六十五周年招待会上的讲话》,《十八大以来重要文献选编》(中),中央文献出版社2016年版,第79—80页。

宣言中指出,"中华人民共和国现已宣告成立,中国人民业已有了自己的中央政府。这个政府将遵照共同纲领在全中国境内实施人民民主专政。它将指挥人民解放军将革命战争进行到底,消灭残余敌军,解放全国领土,完成统一中国的伟大事业。它将领导全国人民克服一切困难,进行大规模的经济建设和文化建设,扫除旧中国所留下来的贫困和愚昧,逐步地改善人民的物质生活和提高人民的文化生活"①。新中国的成立使中国人民实现了站起来的历史性飞跃,如何实现从站起来到富起来的实践跨越,这是摆在中国共产党和中国人民面前的艰难而迫切的任务。最大的困难是新中国开展建设事业的基础和起点是"一穷二白"。改变"一穷二白"的面貌需要作出艰苦卓绝的努力与奋斗。1960年5月7日,毛泽东在会见非洲朋友时说,"帝国主义国家大多数不承认我国。它们实际上统治了中国一百多年,使中国变得很贫穷,变成一穷二白。穷就是贫困,白就是文盲多。我们这种状况现在开始有了改变"②。为改变"一穷二白"的面貌,中国人民战天斗地,敢教日月换新天,实现了从站起来到富起来的历史性跨越。我国即将全面建成小康社会,彻底告别贫穷。习近平总书记在党的十九大报告中明确指出,让贫困人口和贫困地区同全国一道进入全面小康社会是我们党的庄严承诺。并提出要动员全党、全国、全社会力量,坚持精准扶贫、精准脱贫;确保到2020年我国现行标准下农村贫困人口实现脱贫,贫困县全部摘帽。在中国这样一个有着近14亿人口的大国全面消除绝对贫困,要付出的努力和代价都是十分巨大的,这是世界减贫史上的奇迹。我们之所以能够创造这样的奇迹,第一,依靠

---

① 《毛泽东文集》第5卷,人民出版社1996年版,第348页。
② 《毛泽东文集》第8卷,人民出版社1999年版,第169页。

我们的制度优势,突出表现为"集中力量办大事";第二,依靠我们的理论优势,突出表现为"一切从实际出发"和"以人民为中心";第三,依靠我们的文化优势,突出表现为"集体主义思想放光芒"。

在开创和拓展中国特色社会主义道路的历史进程中,中国共产党始终能够从初心出发不断推动自我革命。作为伟大事业的领导核心,中国共产党从不懈怠、从不停顿,始终直面党内存在的不足与隐患,总是通过进行自我革命使自己始终保持先进性和战斗力。开创和拓展中国特色社会主义道路是一项崭新的事业,由于客观和主观两个方面的原因,在前进的道路上必然会犯这样或那样的错误。这样,战胜各种错误就成为推动社会主义事业发展的组成部分。在中国共产党的历史上,曾经出现过多次大大小小的错误,这些错误或多或少都给党的事业造成了损失。但是,中国共产党作为一个马克思主义政党,它始终能够纠正自己的错误,在克服缺点、战胜错误中提高自己、完善自己,推动实现自我革命。邓小平曾经指出:"我们党也犯过严重错误,但是错误总还是由我们党自己纠正的,不是别的力量来纠正的。就是粉碎'四人帮',也是由我们党代表人民的利益和要求来实现的。中国一向被称为一盘散沙,但是自从我们党成为执政党,成为全国团结的核心力量,四分五裂、各霸一方的局面就结束了。只要我们党的领导是正确的,那就不仅能够把全党的力量,而且能够把全国人民的力量集合起来,干出轰轰烈烈的事业。"[①]苏共垮台的一个重要原因就是在其发展进程中逐步丧失了自我革命的能力和自我纠错的机制,致使其在错误的道路上越走越远、在错误的泥潭里越陷越深,最后的结局只能是丧失

---

① 《邓小平文选》第 2 卷,人民出版社 1994 年版,第 267 页。

政权。

在开创和拓展中国特色社会主义道路的历史进程中,中国人民同世界霸权主义进行了不懈的斗争。中国共产党是在十分复杂的国际环境中带领人民开创和拓展中国特色社会主义道路,世界上总有一些势力不希望社会主义中国发展顺利,总会以各种方式干扰我国社会主义事业发展,世界霸权主义就是这些势力中的主力军。同世界霸权主义作斗争,我们同样需要作出巨大的努力、进行顽强的斗争。在改革开放前,世界霸权主义者以种种理由欺负压制我们。但是,令它们失望的是中国人民是压不服、打不垮的。改革开放后,世界霸权主义综合运用经济、政治、军事、科技、文化等手段压制中国的发展。当代世界霸权主义是近现代殖民主义的延续,体现了国际资本主义的贪婪性。今天,我们仍要防止这种贪婪性向疯狂性转变。早在1977年,邓小平就深刻指出了霸权主义的疯狂性,"因为霸权主义者有疯狂性,不知道他们在什么地方制造一件什么小事情,就可能挑起战争。大战固然可能推迟,但是一些偶然的、局部的情况是难以完全预料的。我们应该想到,如果现在敌人打来怎么办?"[①]坚定走和平发展道路是中国特色社会主义道路的重要组成部分,这是由中国特色社会主义制度本性和文化特质决定的。习近平总书记指出,"中国多次公开宣示,中国反对各种形式的霸权主义和强权政治,不干涉别国内政,永远不称霸,永远不搞扩张。我们在政策上是这样规定的、制度上是这样设计的,在实践中更是一直这样做的"[②]。世界霸权主义不会因为爱好和平的力量反对它就会自动消失,世界霸权主义势力既不愿意失去既得

---

① 《邓小平文选》第2卷,人民出版社1994年版,第77页。
② 《习近平谈治国理政》第1卷,外文出版社2018年版,第267页。

利益,又要不断攫取、强占、扩大新的国际利益。因此,我们同世界霸权主义的斗争必然是长期而复杂的较量。当代世界霸权主义的种种表现是资本主义本性使然,列宁在100多年前的一个判断在今天仍然有着很强的针对性,"无论往哪里看,到处都有人类完全能够立刻完成的任务。资本主义在干扰"①。

二、"四个自信"是比较出来的国家共识

习近平总书记指出,"我们讲要坚定道路自信、理论自信、制度自信,要有坚如磐石的精神和信仰力量,也要有支撑这种精神和信仰的强大物质力量。这就要靠通过不断改革创新,使中国特色社会主义在解放和发展社会生产力、解放和增强社会活力、促进人的全面发展上比资本主义制度更有效率,更能激发全体人民的积极性、主动性、创造性,更能为社会发展提供有利条件,更能在竞争中赢得比较优势,把中国特色社会主义制度的优越性充分体现出来"②。70多年来,新中国社会主义事业的巨大进步已经彰显了我们在道路、理论、制度、文化上的比较优势,这是我们坚定"四个自信"的客观基础。只有从这个客观基础出发,我们才能正确比较社会主义与资本主义,在比较中将"优势"转化为"自信"。

从具体事实出发,科学认识中国特色社会主义的比较优势。社会主义与资本主义的比较应当是事实层面和本质层面的比较,这就需要我们必须从具体事实出发,如果仅仅从抽象观念出

---

① 《列宁全集》第24卷,人民出版社1990年版,第19页。
② 习近平:《切实把思想统一到党的十八届三中全会精神上来》,《十八大以来重要文献选编》(上),中央文献出版社2014年版,第550页。

发,必然脱离社会主义与资本主义在实践上的本来面目,必然不能对两者的本质作出科学判断。多年来,一些人停留和满足于从抽象观念上比较社会主义和资本主义,比如有的人从抽象的"民主"、"宪政"、"自由"观念出发,以所谓西方"宪政民主"理论为唯一标准,衡量和裁剪中国特色社会主义伟大实践,凡不一致的都被判定为"落后",这种"落后"被学术化为"前现代"。如果从具体事实出发比较社会主义与资本主义,就会得出不一样的结论。邓小平在回答我们为什么必须坚持社会主义道路时深刻指出,"社会主义的中国在经济、技术、文化等方面现在还不如发达的资本主义国家,这是事实。但是这不是社会主义制度造成的,从根本上说,是解放以前的历史造成的,是帝国主义和封建主义造成的。社会主义革命已经使我国大大缩短了同发达资本主义国家在经济发展方面的差距。我们尽管犯过一些错误,但我们还是在三十年间取得了旧中国几百年、几千年所没有取得过的进步。我们的经济建设曾经有过较快的发展速度。现在我们总结了经验,纠正了错误,毫无疑问将来会比任何资本主义国家发展得都快,并且比较稳定而持久"①。在这里,邓小平都是从具体事实出发充分批驳"社会主义不如资本主义"的谬论,科学揭示了中国特色社会主义的比较优势,这种比较优势因新时代中国特色社会主义事业的巨大进步得以更加彰显。

从"事实的整体"出发,科学认识中国特色社会主义的比较优势。有的人常常用中国社会某个方面的"缺点"、某个事物的"缺陷"来说明整个中国,由这样的"缺点"、"缺陷"出发对中国作整体性判断,并得出"中国的社会主义不如西方的资本主义"的

---

① 《邓小平文选》第 2 卷,人民出版社 1994 年版,第 166—167 页。

结论。这种看待事物的方法就是从个别事实出发,正确的比较应该从"事实的整体"出发。列宁曾经指出,我们所要研究的是大量的现象,而不是个别的事件,"在社会现象领域,没有哪种方法比胡乱抽出一些个别事实和玩弄实例更普遍、更站不住脚的了。挑选任何例子是毫不费劲的,但这没有任何意义,或者有纯粹消极的意义,因为问题完全在于,每一个别情况都有其具体的历史环境。如果从事实的整体上、从它们的联系中去掌握事实,那么,事实不仅是'顽强的东西',而且是绝对确凿的证据。如果不是从整体上、不是从联系中去掌握事实,如果事实是零碎的和随意挑出来的,那么它们就只能是一种儿戏"①。要真正做到从"事实的整体"出发研究事物、观察社会,就必须全面掌握辩证唯物主义方法论。这就是为什么我们在比较社会主义和资本主义的各种观点中常常可以看到唯物主义和唯心主义、辩证法和形而上学的尖锐对立。中国特色社会主义事业的发展与进步具有整体性特征,只有运用唯物辩证法,科学运用整体性思维,才能真正把握中国特色社会主义的比较优势。以罔顾中国特色社会主义优越性、盲目崇拜资本主义为特征的"全盘西化论"是典型的唯心主义理论,这种唯心主义理论在思想方法上既表现为唯意志论,又表现为宿命论。

从人民意志出发,科学认识中国特色社会主义的比较优势。个人意志千差万别,如果个人意志脱离历史与现实,甚至将个人意志凌驾于历史与现实之上,从这样的个人意志出发,就不能正确研究和判断事物性质,就不能对社会主义和资本主义进行正确比较与科学判断。比如,有人将我国的改革开放理解为"向中

---

① 《列宁全集》第28卷,人民出版社1990年版,第364页。

国近代历史的主流政治意志和世界普世文明的致意与皈依,汇入世界历史潮流的建构历程"。在这里,所谓"向中国近代历史的主流政治意志和世界普世文明的致意与皈依",只是某些人头脑中臆想出来的意志,与我国的改革开放没有任何本质联系,将这样的抽象意志强加于改革开放,意在篡改我国改革开放的基本性质和基本方向。这种观点根本否定社会主义的先进性和优越性,将资本主义永恒化、终极化。只有从人民意志出发,才能克服个人意志的抽象性和任意性,才能真正把握历史与现实的本来面目。因为,人民是历史的创造者,历史和现实的发展体现了人民群众的整体意志。中国共产党带领人民坚定走中国特色社会主义道路,体现了广大人民群众的整体意志。各种客观因素、特别是广大人民群众物质生活水平的提高,对实现社会主义优越性有着十分重要的影响。同时,主观因素的成熟程度、特别是马克思主义政党一贯而正确的路线方针政策对实现社会主义优越性往往是至关重要的。中国特色社会主义伟大事业的成功实践清楚表明,成熟强大的中国共产党完全有能力实现好、服务好人民意志,在建设社会主义现代化强国的伟大征程中充分实现社会主义优越性。

三、"四个自信"是坚持出来的国家共识

我们常常说"坚持就是胜利"、"贵在坚持",可见,"坚持"在现实生活和社会实践中有着十分重要的意义。新中国成立 70 多年来,中国共产党人坚持马克思主义基本原理与中国具体实际相结合,开创并不断拓展社会主义道路,创立并不断创新社会主义理论,建立并不断完善社会主义制度,创造并不断丰富社会

主义文化。我们完全可以说新中国取得的一切发展和进步是坚持的结果,"四个自信"是坚持出来的国家共识。在坚持马克思主义基本原理与中国具体实际相结合的历史进程中,始终伴随着真理与谬误的斗争,凝聚国家共识的过程也是不断用真理战胜谬误的过程。正因为如此,习近平总书记特别强调"要旗帜鲜明坚持真理,立场坚定批驳谬误"。

坚持做好做强马克思主义宣传教育工作,始终保持精神上的主动地位。 新中国成立前夕,毛泽东在《唯心历史观的破产》一文中指出,"马克思列宁主义来到中国之所以发生这样大的作用,是因为中国的社会条件有了这种需要,是因为同中国人民革命的实践发生了联系,是因为被中国人民所掌握了。任何思想,如果不和客观的实际的事物相联系,如果没有客观存在的需要,如果不为人民群众所掌握,即使是最好的东西,即使是马克思列宁主义,也是不起作用的。……自从中国人学会了马克思列宁主义以后,中国人在精神上就由被动转入主动。从这时起,近代世界历史上那种看不起中国人,看不起中国文化的时代应当完结了。伟大的胜利的中国人民解放战争和人民大革命,已经复兴了并正在复兴着伟大的中国人民的文化。这种中国人民的文化,就其精神方面来说,已经超过了整个资本主义的世界。比方美国的国务卿艾奇逊之流,他们对于现代中国和现代世界的认识水平,就在中国人民解放军的一个普通战士的水平之下"①。由此可见,马克思主义要发挥改造世界的作用,一定要"为人民群众所掌握",人民群众掌握了这个武器,他们对事物的认识水平就会得到普遍提高,一个普通战士的认识水平就可以大大高

---

① 《毛泽东选集》第4卷,人民出版社1991年版,第1515—1516页。

于"美国的国务卿艾奇逊之流"。这样,我们就占据了精神上的主动地位,习近平总书记在党的十九大报告中也深刻指出了这一点。反之,如果我们的马克思主义宣传教育工作做得不好,各种各样的被动就会纷至沓来,所有的自信与共识都会被削弱甚至瓦解。

坚持科学批判错误社会思潮,努力消除各种谬误对凝聚国家共识的消极影响。错误社会思潮在社会实践中起着很大的干扰作用,突出表现在对凝聚国家共识的消极影响上。错误社会思潮罔顾新中国70多年社会主义伟大实践及其辉煌成就,用自由主义反对马克思主义,用资本主义反对社会主义,用个人主义反对集体主义,意图打掉人们对马克思主义的信仰和对社会主义的信心。习近平总书记指出,"'谎言重复一千遍就会变成真理。'各种敌对势力就是想利用这个逻辑!他们就是要把我们党、我们国家说得一塌糊涂、一无是处,诱使人们跟着他们的魔笛起舞。各种敌对势力绝不会让我们顺顺利利实现中华民族伟大复兴,这就是为什么我们要郑重提醒全党必须准备进行具有许多新的历史特点的伟大斗争的一个原因。这场斗争既包括硬实力的斗争,也包括软实力的较量"[①]。我们要自觉运用马克思主义科学真理和社会主义在中国的生动实践,科学揭示错误社会思潮在事实和价值两个方面的荒谬之处,科学揭示错误社会思潮的精神实质与巨大危害。

坚持把坚定"四个自信"作为建设社会主义意识形态的关键,着力优化凝聚国家共识的社会氛围。"四个自信"是当代中国最基本、最重要的国家共识,应当将坚定"四个自信"作为建设

[①] 《习近平关于社会主义文化建设论述摘编》,中央文献出版社2017年版,第208页。

社会主义意识形态的关键,即将坚定"四个自信"作为我国社会主义意识形态建设的重中之重,为社会主义现代化建设提供强大的精神动力。第一,将"四个自信"融入哲学社会科学发展实践中。以"四个自信"为中心,深化哲学社会科学研究,用"四个自信"衡量哲学社会科学建设成效。第二,将"四个自信"融入立德树人工作。立德树人工作要紧紧围绕"四个自信"进行,在青少年中普遍开展"四个自信"教育,努力在教育成效上下功夫,避免思想政治教育上出现重大失误。30年前,邓小平多次强调教育上存在的失误及其严重危害,"十年最大的失误是教育,这里我主要是讲思想政治教育,不单纯是对学校、青年学生,是泛指对人民的教育。对于艰苦创业,对于中国是个什么样的国家,将要变成一个什么样的国家,这种教育都很少,这是我们很大的失误"[①]。失误并不可怕,可怕的是失误得不到有效改正,我们要深刻领会邓小平对教育失误的反思及其精神实质,推动思想政治教育工作真正强起来,不断为中国特色社会主义事业发展培养合格建设者和可靠接班人。第三,将"四个自信"融入经济、政治、社会、文化、生态发展目标与发展实践。坚定"四个自信"的强大支撑是中国特色社会主义事业的不断发展与进步,我们要用中国特色社会主义成功实践为坚定"四个自信"强基固本,用强大的事实战胜一切诡辩和谎言。正如习近平总书记所说,"最重要的,还是要集中精力办好自己的事情,不断壮大我们的综合国力,不断改善我们人民的生活,不断建设对资本主义具有优越性的社会主义,不断为我们赢得主动、赢得优势、赢得未来打下更加坚实的基础"。

---

① 《邓小平文选》第3卷,人民出版社1993年版,第306页。

第二章
掌握马克思主义理论这个看家本领

中国共产党是一个依靠理论并不断推进理论创新的马克思主义政党,将马克思主义这一科学理论与中国具体实际相结合是党带领人民不断创造丰功伟绩的关键所在。因此,中国共产党人必须将马克思主义理论作为自己的看家本领,任何轻视理论、忽视理论、弱化理论的倾向都是非常错误的。习近平总书记在"不忘初心、牢记使命"主题教育工作会议上的讲话中指出:目前,一些党员干部在理论学习上同党中央要求相比还存在不小差距,没有做到往深里走、往心里走、往实里走。这就要求我们在理论武装上必须走深、走心、走实,着力克服理论学习中的浮而不实和形式主义现象,在巩固思想自觉的基础上不断增强政治自觉和行动自觉。

一、往深里走,深耕于科学理论

深刻把握马克思主义的真理性。习近平总书记指出:"马克思主义尽管诞生在一个半多世纪之前,但历史和现实都证明它是科学的理论,迄今依然有着强大生命力。马克思主义深刻揭示了自然界、人类社会、人类思维发展的普遍规律,为人类社会发展进步指明了方向;马克思主义坚持实现人民解放、维护人民利益的立场,以实现人的自由而全面的发展和全人类解放为己任,反映了人类对理想社会的美好憧憬;马克思主义揭示了事物的本质、内在联系及发展规律,是'伟大的认识工具',是人们观察世界、分析问题的有力思想武器;马克思主义具有鲜明的实践品格,不仅致力于科学'解释世界',而且致力于积极'改变世界'。在人类思想史上,还没有一种理论像马克思主义那样对人类文明进步产生了如此广泛而巨大的影响。"[①]马克思主义的真理性集中体现在,它是唯一能够从整体上科学阐发人类历史活动本质的社会理论。马克思主义克服了旧历史观的根本缺陷,从人们的社会生活和社会生产的条件出发,排除了选择某种"主导"思想或解释这种思想时的主观主义和武断态度,揭示了生产力发展状况是一切思想和各种不同趋向的根源。因此,马克思主义的产生使以往在历史观、政治观、社会观、人性观等方面占支配地位的种种混乱和随意性被根本克服了。今天,在历史观、政治观、社会观、人性观等方面的每一种混乱无不是由于对马克思主义理论的背离。

深刻把握共产党执政规律、社会主义建设规律和人类社会发展规律。在新的历史时期,中国共产党人对规律的把握主要集中在对共产党执政规律、社会主义建设规律和人类社会发展规律的科学理解上。习近平总书记指出,要防止出现颠覆性错误,就要深入认识共产党执政规律、社会主义建设规律、人类社会发展规律。习近平新时代中国特色社会主义思想对这三大规律的认识都有系统性深化和创新性发展,在共产党执政规律上,

---

① 习近平:《在哲学社会科学工作座谈会上的讲话》,人民出版社2016年版,第8—9页。

提出党是领导一切的、将政治建设摆在首位、全面从严治党等重要思想。在社会主义建设规律上,提出必须坚持和发展中国特色社会主义、人民对美好生活的向往就是我们的奋斗目标、意识形态工作是党的一项极端重要的工作等重要思想。在人类社会发展规律上,提出当今世界正处于"百年未有之大变局"的重要判断和构建人类命运共同体等重要思想。

深刻把握党的根本宗旨的价值内涵。马克思主义政党的根本宗旨就是为人民服务,就是为人民谋利益、为人民谋幸福,党除了人民根本利益,不存在、不谋求任何特殊利益。正是从这个意义上说,中国共产党人的理想信念建立在为最广大人民谋利益的崇高价值基础之上,这一崇高价值是区别马克思主义政党和非马克思主义政党的最显著标志。严格遵循党的根本宗旨,共产党人就能够真正实现人生价值,使有限的人生在无限发展的人民事业中实现永恒价值。正是从这个意义上说,在党内,任何个人主义倾向都是对党的根本宗旨的背离。习近平总书记强调,人民对美好生活的向往,就是我们的奋斗目标。这是对党的根本宗旨的时代性和实践性的科学把握,也是每一个共产党人努力奋斗的不竭动力。

二、往心里走,忠诚于马克思主义

真学是往心里走的起点。没有扎实的马克思主义理论素养,就不能正确认识和妥善处理我国发展起来后不断出现的新情况新问题。因此,学好马克思主义理论,对党员特别是领导干部来说,既是外需,也是内需。不真学,就不可能掌握马克思主义理论,不可能承担起时代重任和历史使命。马克思主义是科学的理论体系,掌握它需要一个循序渐进的过程,必须沉下心来,深入到理论内部,掌握科学理论的基本要义。有的党员干部在学习马克思主义问题上没有摆正心态,在思想认识上存在严重偏差,有的认为"马克思主义没什么东西",有的认为"学习好多年了,不需要再学了",有的认为"马克思主义太枯燥,不好玩",等等。有了这些不正确的心态,就会排斥理论学习,就会在学习上摆样子、走形式,往心里走就必然会落空,就谈不上真学马克思主义。

真懂是往心里走的关键。真懂马克思主义,就是学懂了马克思主义,特别是领会了贯穿其中的马克思主义立场观点方法,能够深刻认识和准确把握共产党执政规律、社会主义建设规律、人类社会发展规律。这就说明,真懂马克思主义是一个很高的要求,要反对不懂装懂,反对一知半解式的半吊子马克思主义。习近平总书记指出,学习贵在持之以恒,重在学懂弄通,不能心浮气躁、浅尝辄止、不求甚解。真懂不是一个终点,而是一个过程,对马克思主义科学理论的学习永远都是一个动态上升的过程。

真信是往心里走的标志。真信马克思主义就是能够使马克思主义成为理论信仰,做到内化于心、坚定笃行。真正的共产党人必须做到真信马克思主义,身处马克思主义政党而不信马克思主义,这是极其荒唐的现象。要坚持不懈强化理论武装,毫不放松加强党性教育,教育引导广大党员干部筑牢信仰之基、补足精神之钙、把稳思想之舵,坚守真理、坚守正道、坚守原则。

三、往实里走,扎根于伟大实践

理论武装要往实里走,就是强调学习马克思主义科学理论的目的在于能够运用马克思主义解决我们的实际问题,这也是习近平总书记反复强调的"看家本领"。今天,我们强调往实里走,就是在实际生活和实际工作中,要坚持用马克思主义立场观点方法分析问题和解决问题,坚持从理论与实践的结合上认识习近平新时代中国特色社会主义思想的科学内涵。

坚持用马克思主义立场观点方法分析问题和解决问题。在伟大的革命与建设实践中,中国共产党人之所以能够战胜一切艰难险阻,从胜利走向胜利,成长为今天这样一个成熟而强大的马克思主义政党,最重要的法宝就是始终坚持用马克思主义立场观点方法分析问题和解决问题。马克思主义发展史和社会主义运动史表明,马克思主义政党只有坚持马克思主义立场观点方法,才能在复杂的实践运动中行稳致远,才能不断保持旺盛生命力和强大战斗力。对共产党人也是这样,只有坚持马克思主义立场观点方法,才能成为一个真正的共产党员,才能在党和人民的伟大事业中建功立业。

坚持从理论与实践的结合上认识习近平新时代中国特色社会主义思想的科学内涵。以习近平同志为核心的党中央坚持和发展马克思主义,坚定不移走中国特色社会主义道路,聆听时代声音,回应时代呼唤,科学研究解决重大而紧迫的理论与实践问题;用马克思主义科学理论把握历史脉络、探索发展规律、推动理论创新,形成了习近平新时代中国特色社会主义思想。这一思想坚持了马克思主义立场观点方法,坚持了科学社会主义基本原则,科学总结了世界社会主义运动经验,科学总结了中国革命与建设的宝贵经验,是一个与时俱进的科学理论体系。因此,在新时代加强理论武装,最重要的就是要坚持用习近平新时代中国特色社会主义思想武装全党,不断增强全党的理论自觉、政治自觉、组织自觉和行动自觉。

第三章

克服"本领恐慌":共产党人的政治自觉与历史担当

中国共产党人在改造客观世界、不断推进事业发展的历史进程中,总会不断遇到困难和挑战。要克服这些困难和挑战,就要不断改造主观世界、不断推动自我革命。倘若改造主观世界的努力跟不上改造客观世界的步伐,就会出现"本领恐慌",克服"本领恐慌"就会成为共产党人的迫切任务。如果不能有效克服"本领恐慌",党和人民的事业就不能得到发展。从这个意义上说,克服"本领恐慌"是共产党人的政治自觉与历史担当,也是不断推动伟大实践的重要环节。

一、"本领恐慌"问题的历史生成与应对

毛泽东曾经指出,"事情总是不完全的,这就给我们一个任务,向比较完全前进,向相对真理前进,但是永远也达不到绝对完全,达不到绝对真理。所以,我们要无穷尽无止境地努力"[①]。真理发展及其现实化的特点决定了人的能力往往具有"滞后性",即能力跟不上实践发展的需要。这样,就会不断产生能力不足和"本领恐慌"问题,这就迫使我们必须"无穷尽无止境地努

---

① 《毛泽东文集》第3卷,人民出版社1996年版,第300页。

力"。在整个新民主主义革命时期,共产党人经常遇到各种艰难险阻甚至生死存亡的考验。在这样的历史条件下,"本领恐慌"现象是经常产生的,有的人因为"本领恐慌"离开了革命队伍甚至变节叛党,成了革命的敌人。但是,绝大多数共产党人能够正确看待"本领恐慌",用科学理论和革命勇气不断克服"本领恐慌",使党的队伍不断壮大、革命事业不断发展。

在党的历史上,"本领恐慌"问题明确提出于抗日战争时期。1939年5月,根据革命任务的需要与革命队伍的实际状况,党第一次提出"本领恐慌"问题,强调要依靠学习克服"本领恐慌"。1939至1942年,中共中央在延安领导开展了干部学习运动,这是一次系统化的学习运动,这次学习运动的背景就是革命队伍中产生了"本领恐慌"现象。毛泽东指出,在部队中发命令,这是威风,但光有威风而没有本领是无用的,我们的八路军、新四军和游击队,所有的干部,在有威风之外,还要有本领,这就要学习;我们的有些战士,他们识字比营长识得多,他们从前一个字也不认识,现在能认得五百、一千、二千、三千,能写短短的文章,登在墙报上,我们的营长、连长,在指导员上课的时候,不去听课,他们以为这课是战斗员听的,他们去听,未免要"失格"了!为了要维持"格",结果,他们不但文章不会做,许多东西都不知道,战士反而比他们高明。"因此,我们队伍里边有一种恐慌,不是经济恐慌,也不是政治恐慌,而是本领恐慌。过去学的本领只有一点点,今天用一些,明天用一些,渐渐告罄了。好像一个铺子,本来东西不多,一卖就完,空空如也,再开下去就不成了,再开就一定要进货。我们干部的'进货',就是学习本领,这是我们许多干部所迫切需要的。"[①]

[①] 《毛泽东文集》第2卷,人民出版社1993年版,第178页。

毛泽东从推动事业发展的高度，阐述了加强学习、克服"本领恐慌"的重大意义。第一，要领导革命就需要学习。共产党在全国的党员过去是几万个，现在有几十万，将来会有几百万，这几十万、几百万共产党员要领导几千万、几万万人的革命，假使没有学问，是不成的，共产党人就应该懂得各种各样的事情。第二，不断克服工作中的缺陷需要加强学习。在革命工作中，之所以会产生主观主义、形式主义、命令主义等错误倾向，一个重要原因是学习不够，特别是对马克思主义基本理论缺乏科学认知，缺乏理论联系实际的思想基础。第三，我们要建设大党，我们的干部非学习不可。"我们要建设的一个大党，不是一个'乌合之众'的党，而是一个独立的、有战斗力的党，这样就要有大批的有学问的干部做骨干。这个任务摆在我们面前，我们要时刻注意，我们要率领几万万人革命，现在的力量显然是不够的。"

二、掌握"看家本领"是克服"本领恐慌"的关键

习近平总书记指出，"运用马克思主义基本原理指导中国的事情是我们的看家本领"。之所以这样说，是因为中国共产党从成立到现在的历史发展，就是一个"运用马克思主义基本原理指导中国的事情"的历史运动过程。在这个历史运动过程中，党领导人民不断战胜困难、克服风险的法宝就是不断运用马克思主义基本原理解决中国的实际问题。如果不能正确运用马克思主义基本原理，我们的实践就会出现这样或那样的问题与曲折，从而产生"本领恐慌"。

在中国近代史上，中国人民在寻求解放的道路上不断斗争，但总是失败。依靠什么本领才能使中国人民真正从失败和苦闷

第三章 克服"本领恐慌":共产党人的政治自觉与历史担当

中走出来?历史实践表明,这个本领只有一个,就是掌握和运用马克思主义基本原理。毛泽东曾经指出,"十月革命一声炮响,比飞机飞得还快。飞机从莫斯科到这里也不止一天吧,但这消息只要一天,即是说,十一月七日俄国发生革命,十一月八日中国就知道了。那个时候,把俄国的革命党叫做过激党。七十多年马克思主义走得那样慢,十月革命以后就走得这样快。因为它走得这样快,所以一九一九年中国人民的精神面貌就不同了,五四运动以后,很快就晓得了打倒帝国主义、打倒封建势力的口号。在这以前,哪个晓得提这样的口号呢?不知道!这样的口号,这样明确的纲领,从中国无产阶级产生了自己的先锋队——共产党起,就提出来了"[1]。

在推进改革开放实践进程中,邓小平多次强调学习、运用马克思主义基本原理对解决"本领恐慌"问题的重要意义。针对一些错误认识,邓小平强调指出,"现在我还想提出一个新的要求,这不仅是专对新干部,对老干部也同样适用,就是要学习马克思主义理论。或者会有同志问:现在我们是在建设,最需要学专业知识和管理知识,学马克思主义理论有什么实际意义?同志们,这是一种误解。马克思主义理论从来不是教条,而是行动的指南。它要求人们根据它的基本原则和基本方法,不断结合变化着的实际,探索解决新问题的答案,从而也发展马克思主义理论本身。俄国的十月革命和我们中国的革命,不就是这样成功的吗?我们现在要建设有中国特色的社会主义,时代和任务不同了,要学习的新知识确实很多,这就更要求我们努力针对新的实际,掌握马克思主义基本理论"[2]。邓小平指出,只有真正掌握

---

[1] 《毛泽东文集》第3卷,人民出版社1996年版,第290—291页。
[2] 《邓小平文选》第3卷,人民出版社1993年版,第146—147页。

了马克思主义基本理论,才能提高我们运用它的基本原则基本方法,来积极探索解决新的政治经济社会文化基本问题的本领,既把我们的事业和马克思主义理论本身推向前进,也防止一些同志,特别是一些新上来的中青年同志在日益复杂的斗争中迷失方向。因此,邓小平提出,党中央要作出切实可行的决定,使全党的各级干部,首先是领导干部,在繁忙的工作中,仍然有一定的时间学习,熟悉马克思主义的基本理论,从而加强我们工作中的原则性、系统性、预见性和创造性。只有这样,我们党才能坚持社会主义道路,建设和发展有中国特色的社会主义,一直达到我们的最后目的,实现共产主义。

党的十八大以来,习近平总书记多次强调党员干部学习运用好马克思主义理论这个看家本领对克服"本领恐慌"的现实意义:现在,我们遇到的问题中,有些是老问题,或者是我们长期努力解决但还没有解决好的问题,或者是有新的表现形式的老问题,但大量是新出现的问题。新问题每时每刻都在出现,而且多数又是我们过去不熟悉或者不太熟悉的。出现这样的状况,是由世情、国情、党情的发展变化引起的。不论是新问题还是老问题,不论是长期存在的老问题还是改变了表现形式的老问题,要认识好、解决好,唯一的途径就是增强我们自己的本领。增强本领就要加强学习,既把学到的知识运用于实践,又在实践中增长解决问题的新本领。实践表明,困难和问题不会随着事业的发展和发达而消失,相反,新的困难和问题总是层出不穷,能力不足和"本领恐慌"问题也就会不断产生。我们正是依靠"看家本领"才得以不断克服能力不足和"本领恐慌"问题。

习近平新时代中国特色社会主义思想是当代中国马克思主义,是全党全国人民为实现中华民族伟大复兴而奋斗的行动指南,是经过实践检验、富有实践伟力的强大思想武器,必须长期坚持并不断发展。今天,我们要解决"本领恐慌"问题,第一,要深入学习习近平新时代中国特色社会主义思想,加强思想政治教育,推动学习教育往深里走、往心里走、往实里走,真正做到学深悟透、融会贯通、真信笃行;第二,要将学习习近平新时代中国特色社会主义思想同学习马克思主义发展史结合起来,真正领会习近平新时代中国特色社会主义思想在马克思主义发展史中的重要地位,真正领会习近平新时代中国特色社会主义思想在马克思主义中国化进程中的重要地位;第三,要提高理论联系实际的能力和水平,切实用习近平新时代中国特色社会主义思想指导实践、引领实践。

三、克服"本领恐慌"应着眼于系统提高政治能力

政治能力是党员干部的首要能力,提高政治能力是加强党的政治建设的必然要求。党员干部如果政治能力不强,必然会不断失去政治领导力,必然会在复杂局面面前迷失方向,也就必然产生"本领恐慌"问题。因此,克服"本领恐慌",应着眼于系统提高政治能力。

第一,必须不断增强各级党组织的政治本领。党的力量来自组织,政治属性是党组织的根本属性,政治能力是党组织的核心能力,要认真贯彻落实新时代党的组织路线,不断强化各级各类党组织的政治属性和政治功能。党的基层组织要着力提升组织力,突出政治功能,强化政治引领,下大气力解决软弱涣散问题。

第二,必须不断提高党员干部的政治本领。党员干部特别

是领导干部要加强政治能力训练和政治实践历练,切实提高把握方向、把握大势、把握全局的能力和辨别政治是非、保持政治定力、驾驭政治局面、防范政治风险的能力。要在大是大非面前态度鲜明、立场坚定,始终在政治立场、政治方向、政治原则、政治道路上同以习近平同志为核心的党中央保持高度一致。要善于从政治上研判形势、分析问题,自觉在党和国家工作大局下想问题、做工作,做到一切服从大局、一切服务大局。

第三,必须不断增强党员干部的斗争本领。首先,要增强党内政治生活的战斗性,坚持以整风精神开展批评和自我批评,勇于思想交锋、揭短亮丑,旗帜鲜明坚持真理、修正错误。坚决抵制庸俗腐朽的政治文化,自觉抵制商品交换原则对党内生活的侵蚀,破除关系学、厚黑学、官场术等封建糟粕,坚决防止和反对个人主义、分散主义、自由主义、本位主义,坚决防止和反对宗派主义、圈子文化、码头文化。其次,要坚决同一切错误思潮作斗争,不断揭示错误思潮在政治上的反动性,不断遏制错误思潮的传播与泛滥,不断净化政治思想文化生态。再次,要用完善的制度体系激励党员干部勇于斗争,铲除好人主义的政治土壤和社会土壤。

第四章
从实际出发与反对客观主义

马克思主义强调一切从实际出发,就是强调在认识和处理主观因素与客观因素的相互关系时,注意把握客观因素的决定性和基础性。但是,这种决定性和基础性常常被有意或无意地歪曲:客观因素有时成为放弃主观努力、消极无为的理由;在先进的社会力量处于弱小与被动时,客观因素甚至成了轻视理论、放弃社会理想和向各种错误倾向与落后势力妥协的借口。科学把握客观因素,不仅关系到对思维与存在相互关系的辩证理解,更关系到对社会历史和社会实践的正确把握。如果只看到客观因素,不能把握复杂的主观因素,就不能正确理解社会历史和社会实践的本质,就不能把握社会发展的趋势,就不能理解不同利益关系、主观能动性和意识形态对社会发展进程的巨大影响作用。所以,我们在防止和反对主观主义的同时,还要警惕客观主义的危害。

由于客观主义者常常打着唯物主义的旗号,往往不易识别,其危害也就不易被看到。同主观主义一样,客观主义不可能真正科学地认识社会生活,并在实质上与主观主义不谋而合。在物质主义盛行的年代,是客观主义易于流行的时期;在社会主义运动遭受挫折、处于低潮时,客观主义更容易受到青睐。所以说,认清客观主义的危害,对于不断推进社会主义事业向前发展,有着十分重要的意义。

一、客观主义不能正确把握社会形势

社会历史的发展与进步离不开社会生活中自觉因素的能动性和创造性的发挥。马克思主义在强调社会历史发展的客观规律性和自然历史性的同时,还十分强调主观因素的巨大作用,强调社会历史发展是客观因素和主观因素相互作用的结果。割裂主观因素和客观因素的辩证关系,就不能正确把握社会形势和社会发展规律。客观主义往往轻视或忽视主观因素的创造性作用,坐等客观规律发生作用,听天由命地寄希望于客观条件的自发作用。马克思主义辩证法将历史过程看作是主观因素和客观因素的相互作用,以之来反对客观主义。

马克思主义强调从客观事实出发,这个事实不是零星的片面的事实,而是反映事物本质和发展趋势的"事实的总和",其中包含着事实的方方面面。不同利益集团意识的差别和对立是社会形势的晴雨表,其背后是不同的对立与博弈。客观因素和主观因素的区分在一定条件下具有相对性,就社会事实而言,"事实的总和"还包括"人民意志"。"人民意志"当然具有主观性,但不是纯粹主观的东西,它往往表达了广大人民群众对自身根本利益的诉求,构成了特定历史条件下的社会形势及其发展趋势。正是从这个意义上说,"人民意志"是主观与客观的统一体,它是社会环境、历史环境的重要组成部分。客观主义看不到这一点,因而也就不可能正确把握社会形势。

客观主义的危险性在于,它实质上束缚社会积极性、首创精神,产生经济和文化建设中的自发论,把希望寄托在客观规律的自动作用上。在当代中国,我们同样要注意防止和克服经济与文化建设中的自发论。这种自发论的主要表现是在经济文化建设中不注意调动和发挥广大人民群众的积极性、创造性,将发展的希望完全寄托于市场自发性,认为任何难题只要交给市场就万事大吉了。这是客观主义在当代的一种表现,如不加以克服,社会发展必然要为之付出沉重的代价。

二、客观主义不能正确认识理论的重要性

客观主义片面强调客观而轻视思想和理论的作用,不可避免地陷入经济主义和事务主义,将重视理论视为思想僵化或教条主义,这是十分有害的。在社会主义发展进程中,常常有人借口反对思想僵化来贬低理论,用马克思的名言"一步实际运动比一打纲领更重要"来兜售所谓的客观主义主张。列宁指出,这种行为只不过是用来掩饰人们对思想理论发展的冷淡和无能,是折中主义和无原则性的表现。列宁强调,在醉心于最狭隘的实际活动的倾向同时髦的机会主义说教结合在一起的情况下,必须始终强调和坚持"没有革命的理论,就不会有革命的运动"这一重要思想。因为,忽视理论就意味着放弃或失去前进的方向,就谈不上推进社会主义事业向前发展。所以,列宁强调:"问题不在于走得多快,而在于往哪里走。""往哪里走"的问题常常摆在共产党人面前,此时,行动指南或思想旗帜就显得极其重要。

马克思主义政党要保持战斗力、先进性和纯洁性,就必须同客观主义倾向进行斗争,始终用马克思主义理论武装队伍,因为只有科学的理论才能使共产党人团结起来。列宁强调,马克思

主义政党和共产党人必须明白一个真理,这就是没有思想上的统一,组织上的统一是没有意义的;这种组织上的统一我们从来没有寻求过,而且也不可能去寻求。今天,我们强调理论自觉,就是要正确认识和把握马克思主义理论对当代社会发展的重要性,科学把握理论与实践的内在关联。在有些人那里,客观而复杂的社会事务、社会矛盾已经让人手忙脚乱了,哪里有工夫学习理论?他们不知道,理论素养的缺失正是手忙脚乱的重要原因;不论是个人还是组织,如果没有高度的理论自觉和丰富的理论素养,就不可能做到处变不惊、高瞻远瞩。从这个意义上说,理论也是一种依靠力量。

三、客观主义不能正确把握社会理想

客观主义在现实中与庸俗唯物主义是相通的,这种庸俗唯物主义的一大特点是只顾眼前、放弃远大理想。只顾眼前的客观主义者无暇考虑共产主义理想,在他们看来,共产主义理想是遥远的事情,与现实无关,与人们的切身利益无关。这种对共产主义理想的歪曲由来已久,它对社会主义运动和共产主义运动产生了不小的影响。马克思主义理论不是臆造它所争取实现的那个未来,而是在现实中发现未来,寻找向历史的必然方向前进的途径,作为关于社会的专门科学,它向往未来;作为向往未来的科学,它必定成为以改造现实为目的的政治和实践。

客观主义崇拜自发性,它必然使整个社会意识退化,使社会意识落后于社会存在,自私自利、随波逐流、贪图享乐成为主流的社会心态。在这种情况下,道德低下、理想丧失就成为必然现象。在现实生活中,许多人将精神上的退化、道德上的滑坡归罪于客观因素,不肯承认许多错误是自我放逐、自我放弃、自甘堕落的结果。有的人甚至将一切不良现象都归咎于社会主义原则。实际情况恰恰相反,与我们格格不入的观点和习俗,不是同社会主义原则有关系,而是同歪曲社会主义原则有关系。

客观主义者放弃社会理想,其替代的一种精神追求是自我完善和自我拯救,满足于躲进小楼成一统、不管他人瓦上霜。这样的姿态只与自私有关,与崇高无关,与社会理想无涉。在社会主义发展实践中,马克思主义政党一定要十分坚决地同"对共同事业不闻不问的庸人作风"进行斗争。否则,就谈不上思想和组织上的团结,也谈不上为共同事业和共同理想而奋斗。

自从科学社会主义理论诞生以来,自从一个基于工人运动的崭新的历史前景被揭示以来,世界历史发生了许多变化,社会主义和共产主义本身也发生了许多变化,有些变化在只顾眼前的客观主义者那里,只能产生悲观主义和失望情绪,在他们看来,社会主义在客观上已经微不足道,马克思主义经典作家所揭示的历史前景正变得暗淡无光。这需要我们不断揭示历史前景与现实运动的内在关系,需要不断用历史辩证法同形而上学进行斗争。理论自信内在包含了信仰自信,因为科学理论既指导现实又引领未来、是现实与未来相连接的纽带。从这个意义上说,马克思主义同形形色色的实用主义是格格不入的;马克思主义强调社会理想的重要性,而实用主义没有给社会理想留下任何空间。

第五章
从四大"实际"出发把握发展规律

实事求是的思想路线要求我们思考问题、推动发展都要从实际出发,因为实际蕴含了事物的内在矛盾及其发展趋势。对于一个国家来说,国情是最重要的实际,它是生产力与生产关系、经济基础与上层建筑、历史积淀与现实发展、物质文明与精神文明、宏观结构与微观要素、内部矛盾与外部矛盾的有机统一。国情在不同历史时期有着不同的内涵与特征,从新中国成立到实行改革开放,再到中国特色社会主义进入新时代,我国的国情发生了巨大变化。今天,我们从实际出发,就是要从当代中国的国情出发,主要应从四大"实际"出发,即从实现中华民族伟大复兴的必由之路出发,从与时俱进、引领实践的科学理论出发,从实现广大人民群众根本利益的制度保障出发,从当代中国发展进步的精神力量出发。也就是说,我们只有从中国特色社会主义道路、理论、制度和文化的历史积淀与实践形态出发,才是真正做到了从实际出发即从国情出发,我们才能在百年未有之大变局中占据主动、科学发展、赢得未来。

第五章 从四大"实际"出发把握发展规律

一、中国特色社会主义道路是实现中华民族伟大复兴的必由之路

对一个国家的发展来说,走什么样的道路至关重要。近代以来,中华民族屡遭列强蹂躏,中国人民在不断的斗争中艰难探索实现人民解放与民族复兴的道路。习近平总书记指出,"近代以后,中华民族遭受的苦难之重、付出的牺牲之大,在世界历史上都是罕见的。但是,中国人民从不屈服,不断奋起抗争,终于掌握了自己的命运,开始了建设自己国家的伟大进程,充分展示了以爱国主义为核心的伟大民族精神。中华民族的今天,正可谓'人间正道是沧桑'。改革开放以来,我们总结历史经验,不断艰辛探索,终于找到了实现中华民族伟大复兴的正确道路,取得了举世瞩目的成果。这条道路就是中国特色社会主义"[①]。我们强调中国特色社会主义道路是实现中华民族伟大复兴的必由之路,就是强调中国人民走这条道路的历史必然性,就是强调这条道路是实现中华民族伟大复兴的唯一正确道路。

中国特色社会主义道路是当代国情的重要组成部分。我国的改革开放有着自己十分丰富的实践内涵,中国特色社会主义道路是这个实践内涵的有机组成部分。也就是说,只有沿着中国特色社会主义道路,才能保证改革开放沿着正确的方向阔步向前。在几十年的伟大实践中,中国特色社会主义道路在实践中不断彰显其强大的吸引力和塑造力,在这条道路上中国人民已经取得了巨大成就。中国特色社会主义道路已经实践化、客

---

① 《十八大以来重要文献选编》(上),中央文献出版社2014年版,第83页。

观化为当代中国国情的有机组成部分,从实际出发,就要求我们在任何时候都不能偏离这条道路。

坚定中国特色社会主义道路自信。中国特色社会主义道路是与改革开放伟大实践相适应的道路,它是一条康庄大道,我们坚定道路自信有着坚实的实践基础。中国特色社会主义道路的基本性质和前进方向是社会主义,而不是别的什么主义,我们在任何时候都不能偏离这个正确方向。邓小平曾经深刻指出,"中国走资本主义道路不行,中国除了走社会主义道路没有别的道路可走。一旦中国抛弃社会主义,就要回到半殖民地半封建社会,不要说实现'小康',就连温饱也没有保证。所以了解自己的历史很重要。青年人不了解这些历史,我们要用历史教育青年,教育人民。总之,我们在本世纪还要用十几年时间,下世纪还要用三五十年时间,继续向人们证明,我们选择的道路是正确的。我们对自己的发展充满信心,同时也认识到这不是一件轻而易举的事,不能丧失警惕。斗争要求我们把工作做得更细致一些,注意经常总结经验"[①]。中国特色社会主义道路的辩证特性决定了它的生命力。中国共产党带领人民群众走上中国特色社会主义道路,开启了我国社会主义建设的新阶段。在这个历史实践中,中国共产党人创造性地运用唯物辩证法,使我们的发展道路与初级阶段的国情相适应,使之富有辩证性,这样的辩证性使中国特色社会主义道路充满生机与活力。习近平总书记指出,"中国特色社会主义道路,既坚持以经济建设为中心,又全面推进经济建设、政治建设、文化建设、社会建设、生态文明建设以及其他各方面建设;既坚持四项基本原则,又坚持改革开放;既不

---

① 《邓小平文选》第3卷,人民出版社1993年版,第206页。

断解放和发展社会生产力,又逐步实现全体人民共同富裕、促进人的全面发展"①。从这里可以看出,中国特色社会主义道路是一条闪耀着唯物辩证法光辉的现实道路,它同任何形而上学思维是不相容的。

二、中国特色社会主义理论体系是与时俱进、引领实践的科学理论

当代中国国情是一个长期历史积淀和实践积累的结果,它是一个动态的自然历史过程,中国特色社会主义理论体系就是这个自然历史过程的理论成果,它也是当代中国国情的有机组成部分,脱离了中国特色社会主义理论体系,对当代中国国情的认识就失去了灵魂和方向。因此,今天我们从实际出发,就必须从中国特色社会主义理论体系及其实践形态出发。

中国特色社会主义理论体系是与时俱进的科学理论。一百多年来,马克思主义在中国的传播与发展不仅是最为重要的理论现象,更是改天换地的实践进程。因此,马克思主义中国化,既是运用马克思主义普遍原理改造中国的过程,也是马克思主义在实践进程中不断发展自身的过程,即理论化中国和中国化理论的动态历史实践过程。马克思列宁主义、毛泽东思想和中国特色社会主义理论体系是这个动态历史实践过程的理论成果,这个动态历史实践过程生动体现了马克思主义理论的实践品格。实践是发展的,理论也必须是发展的,理论上的任何僵化不仅会窒息理论的生机与活力,而且会给实践带来许多消极影

---

① 《十八大以来重要文献选编》(上),中央文献出版社2014年版,第75页。

响。中国特色社会主义理论体系秉承了马克思主义与时俱进的理论品格,它改变了中国,也改变了世界。

习近平新时代中国特色社会主义思想是中国特色社会主义理论的最新发展,是马克思主义中国化的最新理论成果。马克思主义在中国从未停止过前进的步伐,中国特色社会主义进入新时代,是理论与实践的双重发展。中国特色社会主义在实践上进入了新的历史阶段,在理论上形成了马克思主义中国化的最新理论成果,即习近平新时代中国特色社会主义思想,中国特色社会主义理论体系增添了崭新的内容。理论与实践的双重发展使当代中国国情也发生了显著变化,特别是社会主要矛盾的变化给中国特色社会主义实践提出了新的任务和目标。习近平新时代中国特色社会主义思想就是能够解决新时代中国实际问题的理论,它既坚持了科学社会主义基本原则,又根据新时代具体实际赋予其鲜明的时代特色和中国特色。邓小平强调,马克思主义是很朴实的东西、很朴实的道理。习近平新时代中国特色社会主义思想就是很朴实的道理,它是一种"管用"的理论,是我们推进新时代中国特色社会主义实践和社会主义现代化建设事业的行动指南。

坚定中国特色社会主义理论自信。中国特色社会主义理论体系孕育、发展于改革开放伟大实践,又引领改革开放伟大实践,这个理论体系的科学性及其实践伟力是我们坚定理论自信的基础和前提。中国特色社会主义理论体系与改革开放伟大实践是理论与实践的有机统一体,这个有机统一体既是当代中国国情的重要内容,也是当代中国国情的鲜明特色,任何时候都不能脱离这个有机统一体来认识当代中国国情。习近平总书记强调指出,"从改革开放开始,特别是苏联解体、东欧剧变以后,唱衰中国的舆论在国际上不绝于耳,各式各样的'中国崩溃论'从来没有中断过。但是,中国非但没有崩溃,反而综合国力与日俱增,人民生活水平不断提高,'风景这边独好'。历史和现实都告诉我们,只有社会主义才能救中国,只有中国特色社会主义才能发展中国,这是历史的结论、人民的选择"①。

三、中国特色社会主义制度是实现广大人民群众根本利益的制度保障

在革命、建设和改革的历史进程中,中国共产党之所以始终能够得到广大人民群众的拥护和支持,最根本的原因就在于,中国共产党始终将实现广大人民群众根本利益作为使命和追求。在艰苦的革命年代,中国共产党人就将建设社会主义和共产主义社会制度作为崇高理想,为推翻旧制度进行了顽强斗争。在社会主义建设时期,中国共产党带领人民建立了保障人民当家作主的社会主义制度。在改革开放条件下,中国共产党不断推进"自我革命",不断坚持和完善社会主义制度,为保障广大人民群众根本利益,不断健全完善中国特色社会主义制度体系。这个制度体系是中国特色社会主义道路的规范要素,是中国特色社会主义理论的重要组成部分,是中国特色社会主义的定型标识,是当代中国国情的"有形"内容。因此,脱离中国特色社会主义制度体系认识当代中国,必然得出错误的结论。

共产党没有自己的特殊利益,推进事业发展是为了实现人民根本利益。共产党区别于剥削阶级政党的一个显著标志就是

---

① 《十八大以来重要文献选编》(上),中央文献出版社2014年版,第109—110页。

它没有自己的特殊利益,它努力奋斗的一切都是为了实现人民的根本利益。中国共产党作为工人阶级的先锋队,作为中国人民和中华民族的先锋队,作为中国特色社会主义事业的领导核心,它没有自己的特殊利益,也从不谋求任何特殊利益。正因为如此,中国共产党才能真正代表中国最广大人民的根本利益。中国共产党如何才能做到代表中国最广大人民的根本利益呢?一靠不断推进社会主义事业发展,二靠建立、坚持和完善社会主义制度。在推进中国特色社会主义伟大实践进程中,通过坚持和完善中国特色社会主义制度体系来保障人民群众根本利益,已经成为中国特色社会主义实践的重要内容。在中国特色社会主义制度体系中,党的领导制度体系占据特别重要的地位。坚持党的领导与实现人民群众根本利益是一个有机统一的整体,不能割裂两者的有机统一,党的领导制度体系可以保证这种统一性。

充分认识中国特色社会主义制度体系在保障人民群众根本利益上的显著优势。党的十九届四中全会通过的决定,科学阐发了我国国家制度和国家治理体系具有的多方面显著优势,这些显著优势彰显了中国特色社会主义制度体系在保障人民群众根本利益上的显著优势,主要包括:坚持人民当家作主,发展人民民主,密切联系群众,紧紧依靠人民推动国家发展的显著优势;坚持全面依法治国,建设社会主义法治国家,切实保障社会公平正义和人民权利的显著优势;坚持全国一盘棋,调动各方面积极性,集中力量办大事的显著优势;坚持各民族一律平等,铸牢中华民族共同体意识,实现共同团结奋斗、共同繁荣发展的显著优势;坚持公有制为主体、多种所有制经济共同发展和按劳分配为主体、多种分配方式并存,把社会主义制度和市场经济有机

第五章 从四大"实际"出发把握发展规律

结合起来,不断解放和发展社会生产力的显著优势;坚持共同的理想信念、价值理念、道德观念,弘扬中华优秀传统文化、革命文化、社会主义先进文化,促进全体人民在思想上精神上紧紧团结在一起的显著优势;坚持以人民为中心的发展思想,不断保障和改善民生、增进人民福祉,走共同富裕道路的显著优势。这些显著优势表明,中国特色社会主义制度体系能够保障广大人民群众在经济、政治、文化等各方面的根本利益,充分彰显了中国特色社会主义制度体系的人民性和先进性。

坚定中国特色社会主义制度自信。中国特色社会主义伟大实践表明,只有中国特色社会主义制度才能保障国家的繁荣稳定,才能保障广大人民群众的根本利益,这是我们坚定制度自信的基础和依据。坚定制度自信,有一个绕不开的问题,就是制度比较问题,就是如何比较社会主义制度和资本主义制度问题。我们不能无前提、无原则地认识和评价一种社会制度。习近平总书记强调,"要坚持从国情出发、从实际出发,既要把握长期形成的历史传承,又要把握走过的发展道路、积累的政治经验、形成的政治原则,还要把握现实要求、着眼解决现实问题,不能割断历史,不能想象突然就搬来一座政治制度上的'飞来峰'"[①]。改革开放以来,一直有人鼓吹"全盘西化",希望用资本主义制度这个"飞来峰"取代中国特色社会主义制度。在改革开放初期,邓小平就对这种错误思想进行了针锋相对的斗争,鲜明指出这种错误思想的实质与危害,强调"全盘西化"必然损害国家利益,必然损害人民群众的根本利益,"资本主义无论如何不能摆脱百万富翁的超级利润,不能摆脱剥削和掠夺,不能摆脱经济危机,

---

[①] 《习近平关于社会主义政治建设论述摘编》,中央文献出版社2017年版,第10页。

不能形成共同的理想和道德,不能避免各种极端严重的犯罪、堕落、绝望。……我们决不学习和引进资本主义制度,决不学习和引进各种丑恶颓废的东西"①。

四、中国特色社会主义文化是当代中国发展进步的精神力量

一个国家的国情既包括物质方面的状况,也包括精神方面的状况即文化状况。因此,国情不是纯粹的生产力水平,它还包括文化发展水平。这个文化发展水平既包括文化积累的成就,又包括文化在社会发展中所发挥的巨大作用。在当代中国,中国特色社会主义文化事业是中国特色社会主义事业的重要组成部分,没有文化事业的发展与繁荣,就没有整个中国特色社会主义事业的发展与繁荣。

一个民族的复兴需要强大的物质力量,也需要强大的精神力量。习近平总书记总是将实现民族复兴的伟大梦想同推进中国特色社会主义伟大事业统一起来,伟大梦想引领伟大事业,伟大事业推动实现伟大梦想。在推进伟大事业、实现伟大梦想的实践进程中,需要强大的物质力量,也需要强大的精神力量,这里的精神力量就是文化的力量。习近平总书记强调指出,"文化是民族生存和发展的重要力量。人类社会每一次跃进,人类文明每一次升华,无不伴随着文化的历史性进步。中华民族有着5000多年的文明史,近代以前中国一直是世界强国之一。在几千年的历史流变中,中华民族从来不是一帆风顺的,遇到了无数

---

① 《邓小平文选》第 2 卷,人民出版社 1994 年版,第 167—168 页。

艰难困苦,但我们都挺过来、走过来了,其中一个很重要的原因就是世世代代的中华儿女培育和发展了独具特色、博大精深的中华文化,为中华民族克服困难、生生不息提供了强大精神支撑"①。在社会生活中,也存在文化上的消极现象,这些消极现象对社会发展与进步起着阻碍作用。对此,习近平总书记强调要充分认识消极文化观念和行为的严重危害,必须努力克服文化上的消极现象,"我国社会正处在思想大活跃、观念大碰撞、文化大交融的时代,出现了不少问题。其中比较突出的一个问题就是一些人价值观缺失,观念没有善恶,行为没有底线,什么违反党纪国法的事情都敢干,什么缺德的勾当都敢做,没有国家观念、集体观念、家庭观念,不讲对错,不问是非,不知美丑,不辨香臭,浑浑噩噩,穷奢极欲。现在社会上出现的种种问题病根都在这里。这方面的问题如果得不到有效解决,改革开放和社会主义现代化建设就难以顺利推进"②。

发展中国特色社会主义文化,实现人的全面发展。实现人的全面发展是社会主义事业发展的重要任务,也是社会主义先进性的重要体现。在当代中国,实现人的全面发展,就是要求在推进中国特色社会主义事业的实践进程中,要不断满足广大人民群众的全面需求,特别是日益增长的精神文化生活需求。习近平总书记指出,"人民的需求是多方面的。满足人民日益增长的物质需求,必须抓好经济社会建设,增加社会的物质财富。满足人民日益增长的精神文化需求,必须抓好文化建设,增加社会的精神文化财富。物质需求是第一位的,吃上饭是最主要的,所以说'民以食为天'。但是,这并不是说人民对精神文化

---

① 《十八大以来重要文献选编》(中),中央文献出版社2016年版,第119页。
② 《十八大以来重要文献选编》(中),中央文献出版社2016年版,第119页。

生活的需求就是可有可无的,人类社会与动物界的最大区别就是人是有精神需求的,人民对精神文化生活的需求时时刻刻都存在"①。

坚定中国特色社会主义文化自信。中国特色社会主义文化事业发展积累了丰富的文化成果,伟大事业和伟大实践不断彰显中国特色社会主义文化的先进性、吸引力、推动力和创造力。因此,我们坚定中国特色社会主义文化自信有着坚实的实践支撑和厚实的社会基础。习近平总书记强调指出,"文化是一个国家、一个民族的灵魂。历史和现实都表明,一个抛弃了或者背叛了自己历史文化的民族,不仅不可能发展起来,而且很可能上演一幕幕历史悲剧。文化自信,是更基础、更广泛、更深厚的自信,是更基本、更深沉、更持久的力量。坚定文化自信,是事关国运兴衰、事关文化安全、事关民族精神独立性的大问题"②。文化自信的极端重要性,要求我们必须在认识中国特色社会主义文化、建设中国特色社会主义文化和信仰中国特色社会主义文化上下功夫,充分发挥文化自信的"更基本、更深沉、更持久"力量,在更高文化水平上不断推进中国特色社会主义事业发展。

邓小平曾经指出,"搞社会主义一定要遵循马克思主义的辩证唯物主义和历史唯物主义,也就是毛泽东同志概括的实事求是,或者说一切从实际出发"③。在实践中,真正做到实事求是,真正做到一切从实际出发,并不是一件容易的事,难就难在不清楚"实际"是什么,"实际"的整体性、历史性和矛盾性常常成为我

---

① 《习近平关于社会主义文化建设论述摘编》,中央文献出版社2017年版,第7—8页。
② 《十八大以来重要文献选编》(下),中央文献出版社2018年版,第474页。
③ 《邓小平文选》第3卷,人民出版社1993年版,第118页。

们正确认识"实际"的障碍。中国特色社会主义进入新时代,这就是当代中国的"实际",我们要从道路、理论、制度、文化上正确认识这个"实际"。正确认识这个"实际",是我们做好一切工作的基础和前提;只有从这个"实际"出发,才能不断推进中国特色社会主义事业发展,才能说我们遵循了事物发展的规律。

第六章

新时代意识形态建设理论的整体性

意识形态工作是马克思主义政党治国理政的重要方面,习近平强调:"意识形态工作是党的一项极端重要的工作。"①基于这一认识定位,习近平就意识形态建设问题提出了一系列重要思想,在这些思想的指导下,我国意识形态领域发生了许多积极变化,意识形态工作某些方面的被动局面得到了有效改变。比如,网络意识形态歪风得到整治,新自由主义、历史虚无主义等错误思潮的实质和危害已被广泛认知。可以说,我国意识形态生态发生了系统性变化,这种系统性变化同意识形态建设理论的整体性密不可分。党的十八大以来,习近平整体把握错误社会思潮的实质与危害,整体把握意识形态建设的基本内容和实践路径,构成了带有整体性特征的意识形态建设理论。深刻把握习近平意识形态建设理论的整体性特征,对加强我国意识形态建设,提高意识形态工作水平,增强主流意识形态的社会凝聚力,有着十分重要的现实意义。

---

① 《习近平谈治国理政》,外文出版社2014年版,第153页。

第六章 新时代意识形态建设理论的整体性

一、整体把握错误社会思潮的实质与危害

不论在革命战争年代,还是在和平建设时期,中国共产党始终重视意识形态建设工作,这一工作发挥了它独特的号召力、凝聚力和战斗力作用。改革开放以来,社会、经济、政治、文化结构发生了许多复杂变化,社会主义意识形态建设不断应对时代挑战,取得了许多理论和实践上的新成就。同时,我国社会主义意识形态建设也面临着十分严峻的挑战,这一挑战主要表现为错误社会思潮的严重泛滥,对社会主义意识形态的建设和发展构成了带有根本性和整体性的挑战。党的十八大以来,习近平对这一挑战的危害性和批判错误社会思潮的重要性作了许多论述,对以否定改革的社会主义性质为重点的新自由主义思潮和以否定毛泽东为重点的历史虚无主义思潮,作了明确而深刻的批判,错误社会思潮的泛滥趋势受到有效遏阻。

自由主义改革观是新自由主义思潮的核心内容,它试图改变我国改革的正确方向,竭力主张中国的政治、经济、社会、文化等各方面改革均应走全盘西化的道路。改革开放以来,我国之所以取得举世瞩目的成绩,根本原因是中国共产党和中国人民始终立足中国国情,走上中国特色社会主义道路,形成中国特色社会主义理论,确立了中国特色社会主义制度。离开这个根本点,中国不可能有实质性的发展和进步。但是,自由主义改革论者从来不这么认为,他们认为,中国的改革取得成就是因为学习了西方的"普世价值",现在还存在许多问题是因为学习西方不彻底。在他们看来,西方的基本制度和价值观念是"人类共识"和"共同价值",具有普世意义;而中国的基本制度和价值理念违

背"人类共识"和"共同价值",只具有特殊意义。在应当以什么样的价值理念指导改革问题上的马克思主义与自由主义之争,实质上是中国应该走什么样的道路之争。自由主义改革论者常常拿私有产权说事,他们对"以公有制为主体"不以为然,认为这正是改革的主要障碍,他们所说的私有产权制度实际上就是完全私有化的经济制度。在如何推进政治体制改革问题上,自由主义改革论者将"实行宪政"视为改革的首要目标和先决条件,以此为核心,形成了一股宪政思潮。他们不顾基本事实,片面强调市场经济的宪政前提,是想从根本上改变社会主义市场经济的发展方向。

  针对新自由主义思潮在改革问题上的错误主张,习近平强调,我们的改革是有方向、有立场、有原则的,搞否定社会主义方向的"改革"是死路一条,"在方向问题上,我们头脑必须十分清醒。我们的方向就是不断推动社会主义制度自我完善和发展,而不是社会主义制度改弦易张"[1]。针对新自由主义强调的所谓市场经济的宪政前提,习近平深刻论述了这一主张的实质和危害,"社会上很多意见和建议值得我们深入思考,但也有些意见和建议偏于极端。一些敌对势力和别有用心的人也在那里摇旗呐喊、制造舆论、混淆视听,把改革定义为往西方政治制度的方向改,否则就是不改革。他们是醉翁之意不在酒,'项庄舞剑,意在沛公'。对此,我们要洞若观火,保持政治坚定性,明确政治定位"[2]。针对新自由主义思潮总是用西方理论或西方价值标准来判断我国改革的成败,习近平强调,"我们不断推进改革,是为了推动党和人民事业更好发展,而不是为了迎合某些人的'掌

---

[1] 《习近平关于全面深化改革论述摘编》,中央文献出版社2014年版,第15页。
[2] 《习近平关于全面深化改革论述摘编》,中央文献出版社2014年版,第19页。

声',不能将西方的理论、观点生搬硬套在自己身上"①。这些重要思想是对新自由主义思潮系统而又深刻的批判,彻底否定了自由主义改革观,这是社会主义意识形态建设在理论方面的重要进展。

多年来,以否定毛泽东为重点的历史虚无主义思潮甚嚣尘上,这一思潮试图通过否定毛泽东,进而否定新民主主义革命史和社会主义建设史,从根本上否定社会主义发展和中国共产党执政的历史合理性。一些人对毛泽东的否定、对中国社会主义革命的怀疑,"表现了他们对于结合中国革命的长期实践,研究马克思主义基本原理在中国的胜利和发展,研究毛泽东思想的科学理论,几乎毫无兴趣。他们由于毛泽东同志晚年犯了错误(对于这个错误他们也作了错误的非历史的解释),就对经过了历史考验的整个毛泽东思想的科学理论表示怀疑。事实上,他们所怀疑的不仅是毛泽东思想,而且是中国共产党和中国人民几十年间的伟大革命实践,而且是马克思主义的基本原理和它在实际生活中的发展"②。针对历史虚无主义思潮的错误观点,习近平强调,对历史人物的评价,应该放在其所处时代和社会的历史条件下去分析,不能离开对历史条件、历史过程的全面认识和对历史规律的科学把握,不能忽略历史必然性和历史偶然性的关系,"不能把历史顺境中的成功简单归功于个人,也不能把历史逆境中的挫折简单归咎于个人。不能用今天的时代条件、发展水平、认识水平去衡量和要求前人,不能苛求前人干出只有后人才能干出的业绩来。革命领袖是人不是神。尽管他们拥有很高的理论水平、丰富的斗争经验、卓越的领导才能,但这并不

---

① 《习近平关于全面深化改革论述摘编》,中央文献出版社2014年版,第20页。
② 《胡乔木文集》(第2卷),人民出版社2012年版,第495—496页。

意味着他们的认识和行动可以不受时代条件限制。不能因为他们伟大就把他们像神那样顶礼膜拜,不容许提出并纠正他们的失误和错误;也不能因为他们有失误和错误就全盘否定,抹杀他们的历史功绩,陷入虚无主义的泥潭"①。在这里,习近平从方法论的高度批判了历史虚无主义的荒谬性,为我们进一步批判历史虚无主义确立了思想方法基础。

习近平对错误社会思潮的认识和批判,从整体上促进了当代中国主流意识形态的健康发展,维护了社会主义意识形态的基础性和统治性地位。习近平强调,能否做好意识形态工作,事关党的前途命运,事关国家长治久安,事关民族凝聚力和向心力。这就是一种整体性思维,这种整体性思维强调意识形态工作具有全局性和根本性,意识形态工作不是局部的、阶段性的工作,意识形态工作的失误可能导致整个社会主义事业遭受重大挫折、甚至失败。"为什么自然科学进行一次失败的实验,经济工作犯一次重要错误,都可以原谅,而思想工作一犯错误就要这样兴师动众呢?……实验错了,除非发生了严重的爆炸,扩散了有毒物质,究竟损失有限,只是少数人的事。经济政策和经济工作犯了严重错误,甚至走上破坏社会主义经济的犯罪道路,对国家和人民要造成严重的损失和灾难,必须雷厉风行地坚决纠正,严肃处理,决不允许'原谅'。但是一般说来,经济工作中确实由于缺乏经验而产生的非自觉的和非原则性的错误,当然也要坚决纠正,还不致影响到社会政治制度的性质和发展方向。一种发生广泛社会影响的错误思潮,不同于个别性质、枝节性质的错误,如果不加批评控制,却可能像某种传染病一样,危害整个社

---

① 《十八大以来重要文献选编》(上),中央文献出版社2014年版,第693页。

会的精神健康和安定团结。"①

二、整体把握当代中国意识形态建设的基本内容

马克思列宁主义、毛泽东思想和中国特色社会主义理论体系是当代中国意识形态建设的基本内容,这个内容是一个完整的思想体系,也就是说它是一个整体。割裂马克思列宁主义同毛泽东思想、中国特色社会主义理论体系的关系,割裂毛泽东思想和中国特色社会主义理论体系的关系,都是错误的;在意识建设问题上,"厚古薄今"和"厚今薄古"都是十分有害的。习近平善于从整体上把握马克思列宁主义、毛泽东思想和中国特色社会主义理论体系这三者的有机统一,并将这一完整的思想体系运用于中国特色社会主义实践,强调"要根据时代变化和实践发展,不断深化认识,不断总结经验,不断实现理论创新和实践创新良性互动,在这种统一和互动中发展21世纪中国的马克思主义"②。

我国改革开放成功实践的基本经验之一就是既坚持科学社会主义基本原则,又根据时代条件赋予其鲜明的中国特色。习近平强调,中国特色社会主义是社会主义而不是其他什么主义,科学社会主义基本原则不能丢,丢了就不是社会主义,"一个国家实行什么样的主义,关键要看这个主义能否解决这个国家面临的历史性课题。在中华民族积贫积弱、任人宰割的时期,各种主义和思潮都进行过尝试,资本主义道路没有走通,改良主义、

---

① 《胡乔木文集》(第2卷),人民出版社2012年版,第503—504页。
② 习近平:《坚持运用辩证唯物主义世界观方法论提高解决我国改革发展基本问题本领》,《人民日报》2015年1月25日。

自由主义、社会达尔文主义、无政府主义、实用主义、民粹主义、工团主义等也都'你方唱罢我登场',但都没有能够解决中国的前途和命运问题。是马克思主义、毛泽东思想引导中国人民走出了漫漫长夜、建立了新中国,是中国特色社会主义使中国快速发展起来了"①。在这里,习近平一方面强调了马克思列宁主义即科学社会主义是能够解决中国历史性课题的主义,过去如此,现在也是这样,马克思列宁主义永远都不能丢,丢了就是丢了根本;另一方面强调了马克思列宁主义、毛泽东思想和中国特色社会主义理论体系的整体性,毛泽东思想和中国特色社会主义理论体系是马克思列宁主义在中国的逻辑展开和实践发展。

近年来,一些人故意制造改革开放前后两个历史时期的对立,强调这两个历史时期是相互否定的,从理论和实践上否定中国社会主义发展的历史继承性即整体性,割裂毛泽东思想和中国特色社会主义理论体系的有机统一。习近平强调不能用改革开放前的历史时期否定改革开放后的历史时期,也不能用改革开放后的历史时期否定改革开放前的历史时期,"我之所以强调这个问题,是因为这个重大政治问题处理不好,就会产生严重政治后果。……国内外敌对势力往往就是拿中国革命史、新中国历史来做文章,竭尽攻击、丑化、污蔑之能事,根本目的就是要搞乱人心,煽动推翻中国共产党的领导和我国社会主义制度"②。整体把握当代中国意识形态建设问题,就是要坚持用联系和发展的观点看待马克思主义、社会主义的历史发展。坚持联系的观点,就是强调不能割断马克思主义一脉相承的理论发展史,就是强调历史与现实、理论与实践的辩证统一性。坚持发展的观

---

① 《十八大以来重要文献选编》(上),中央文献出版社2014年版,第109页。
② 《十八大以来重要文献选编》(上),中央文献出版社2014年版,第113页。

第六章 新时代意识形态建设理论的整体性

点,就是强调坚持马克思主义,坚持社会主义,"一定要以我国改革开放和现代化建设的实际问题、以我们正在做的事情为中心,着眼于马克思主义理论的运用,着眼于对实际问题的理论思考,着眼于新的实践和新的发展"①。

习近平善于从方法论上把握马克思列宁主义、毛泽东思想和中国特色社会主义理论体系的整体性。习近平强调,在革命、建设、改革各个历史时期,我们党运用历史唯物主义,系统、具体、历史地分析中国社会运动及其发展规律,在认识世界和改造世界过程中不断把握规律、积极运用规律,推动党和人民事业取得了一个又一个胜利;历史和现实都表明,只有坚持历史唯物主义,我们才能不断把对中国特色社会主义规律的认识提高到新的水平,不断开辟当代中国马克思主义发展新境界。习近平还强调,辩证唯物主义是中国共产党人的世界观和方法论,我们党要团结带领人民协调推进全面建成小康社会、全面深化改革、全面依法治国、全面从严治党,实现"两个一百年"奋斗目标、实现中华民族伟大复兴的中国梦,必须不断接受马克思主义哲学智慧的滋养,更加自觉地坚持和运用辩证唯物主义世界观和方法论,增强辩证思维、战略思维能力,努力提高解决我国改革发展基本问题的本领。

习近平系统总结马克思主义中国化的历史经验,从方法论上整体把握马克思主义中国化理论发展的内在统一性。他强调指出,道路决定命运,找到一条正确道路是多么不容易,中国特色社会主义不是从天上掉下来的,是党和人民历尽千辛万苦、付出各种代价取得的根本成就。改革开放前的社会主义实践探

---

① 《十八大以来重要文献选编》(上),中央文献出版社2014年版,第114页。

索,是党和人民在历史新时期把握现实、创造未来的出发阵地,没有它提供的正反两方面的历史经验,没有它积累的思想成果、物质成果、制度成果,改革开放也难以顺利推进;一切向前走,都不能忘记走过的路;走得再远、走到再光辉的未来,也不能忘记走过的过去,"毛泽东思想活的灵魂是贯穿其中的立场、观点、方法,它们有三个基本方面,这就是实事求是、群众路线、独立自主。新形势下,我们要坚持和运用好毛泽东思想活的灵魂,把我们党建设好,把中国特色社会主义伟大事业继续推向前进"[①]。

三、整体把握当代中国意识形态建设的实践路径

社会主义意识形态建设是中国特色社会主义事业发展的重要组成部分,社会主义意识形态需要在实践中不断巩固和发展。党的十八大以来,我国社会主义意识形态建设同整个中国特色社会主义实践推进是密不可分的,通过协调推进全面深化改革、全面依法治国、全面从严治党,中国特色社会主义实践得到了整体推进,社会主义意识形态建设也得到了整体推进,开创了社会主义意识形态建设的新局面。

在当代中国,社会主义意识形态建设离不开改革开放的伟大实践,改革开放的实践是社会主义意识形态建设的活水源头。习近平强调改革开放是党在新的历史条件下领导人民进行的新的伟大革命,是决定当代中国命运的关键抉择,中国特色社会主义之所以具有蓬勃生机,就在于是实行改革开放的社会主义,只有改革开放才能发展中国、发展社会主义、发展马克思主义。由

---

① 《十八大以来重要文献选编》(上),中央文献出版社2014年版,第695页。

第六章 新时代意识形态建设理论的整体性

此可见,改革开放的实践为社会主义意识形态提供了丰富内容和前进动力。习近平强调,全面深化改革,不是因为中国特色社会主义制度不好,而是要使它更好;我们说坚定制度自信,不是要固步自封,而是要不断革除体制机制弊端。针对完全私有化的改革主张,习近平强调,必须毫不动摇巩固和发展公有制经济,坚持公有制主体地位,发挥国有经济主导作用,不断增强国有经济活力、控制力、影响力。在政治体制改革问题上,习近平强调必须坚持正确政治方向,坚定不移走中国特色社会主义政治发展道路。在文化体制改革问题上,习近平强调要始终坚持社会主义先进文化前进方向,始终把社会效益放在首位,无论改什么、怎么改,导向不能改,阵地不能丢。这些重要论述,充分强调了社会主义意识形态的制度基础必须不断巩固,这对于当代中国意识形态建设的发展具有根本性和整体性意义。

当代中国意识形态建设同全面推进依法治国也有着极其重要的意义,习近平强调指出,"全面推进依法治国是关系我们党执政兴国、关系人民幸福安康、关系党和国家长治久安的重大战略问题,是完善和发展中国特色社会主义制度、推进国家治理体系和治理能力现代化的重要方面"[①]。由此可见,全面推进依法治国对当代中国各项事业的发展也具有根本性和整体性意义。全面推进依法治国是巩固社会主义意识形态制度基础的重要方面,习近平强调,"国家的根本制度和根本任务,国家的领导核心和指导思想,工人阶级领导的、以工农联盟为基础的人民民主专政的国体,人民代表大会制度的政体,中国共产党领导的多党合作和政治协商制度、民族区域自治制度以及基层群众自治制度,

---

[①] 《中国共产党第十八届中央委员会第四次会议文件汇编》,人民出版社2014年版,第71页。

爱国统一战线,社会主义法制原则,民主集中制原则,尊重和保障人权原则,等等,这些宪法确立的制度和原则,必须长期坚持、全面贯彻、不断发展"①。这些重要论述有力驳斥了在法治问题上的错误主张,为当代中国意识形态建设确立了宪法原则和法治基础。

全面推进从严治党对当代中国意识形态建设具有极其重要的意义,能否有效推进全面从严治党,关系到党自身和社会主义事业的前途和命运,关系到人民群众对社会主义的感情和态度。如果不能有效推进全面从严治党,党的领导就会受到削弱和动摇,人民群众对社会主义事业就会产生怀疑和动摇,在这种情况下,就失去了社会主义意识形态建设的群众基础。习近平强调,与国内外形势发展变化相比,与党所承担的历史任务相比,党的领导水平和执政水平、党组织建设状况和党员干部素质、能力、作风都还有不小差距;特别是新形势下加强和改进党的建设面临"四大考验"、"四种危险",落实党要管党、从严治党的任务比以往任何时候都更为繁重更为紧迫,"全党要增强紧迫感和责任感,牢牢把握党的建设总要求,不断提高党的领导水平和执政水平、提高拒腐防变和抵御风险能力,使我们党在世界形势深刻变化的历史进程中始终走在时代前列,在应对国内外各种风险和考验的历史进程中始终成为全国人民的主心骨,在坚持和发展中国特色社会主义的历史进程中始终成为坚强领导核心"②。党的领导、社会主义基本制度和社会主义意识形态是三位一体的命运共同体,这三个方面任何一方都不能被削弱和动摇,任何一方的削弱和动摇都将威胁到其他两个方面的存在和发展。由

---

① 《习近平关于全面深化改革论述摘编》,中央文献出版社2014年版,第68页。
② 《十八大以来重要文献选编》(上),中央文献出版社2014年版,第80页。

此可见,全面推进从严治党对于当代中国意识形态建设同样具有根本性和整体性意义。党的十八大以来,习近平多次强调要加强全党的思想建设、组织建设、制度建设、作风建设和党风廉政建设,提出了全面从严治党的指导思想、主要内容和实践路径,这将有效提高党的执政能力和领导水平,有效提高广大人民群众对党的信任和对社会主义的信仰,不断巩固社会主义意识形态建设的群众基础。

第七章
新时代意识形态建设的主要特点

党的十八大以来,以习近平同志为核心的党中央深刻认识到意识形态工作的极端重要性,全面加强党的意识形态建设工作,牢牢掌握意识形态工作的领导权和主动权,使我国社会主义意识形态建设取得了巨大成就,意识形态领域某些方面曾经存在的被动局面得到根本扭转。科学把握近年来我国意识形态建设工作的主要特点,对于进一步加强党的意识形态工作有着十分重要的实践意义。

一、定位科学:认清意识形态工作在整个事业发展中的作用和地位

能否做好意识形态建设工作,在很大程度上取决于我们对意识形态工作的定位是否科学。所谓科学定位意识形态工作,就是执政党能够科学认识意识形态工作在整个事业发展中的作用和地位。习近平总书记从发展好中国特色社会主义事业出发,强调"经济建设是党的中心工作,意识形态工作是党的一项极端重要的工作"。这一定位之所以科学,是因为它体现了意识形态在整个上层建筑中的特殊地位,体现了意识形态对经济基

础和社会发展的巨大反作用,体现了意识形态领域特有的矛盾性和复杂性。

意识形态是整个上层建筑的核心和灵魂,它在整个上层建筑中的特殊地位决定了意识形态工作的特殊性。巩固马克思主义在意识形态领域的指导地位,是新时期我国意识形态建设的首要任务。马克思主义指导地位的削弱和动摇都会给我国社会主义上层建筑的巩固带来严重影响,使整个中国特色社会主义事业发展的思想基础受到破坏。

2013年10月,习近平主席在亚太经合组织工商领导人峰会上演讲时说:"中国是一个大国,决不能在根本性问题上出现颠覆性错误。"在当代中国,所谓颠覆性错误就是可能导致中国特色社会主义事业遭受严重挫折,甚至失败的根本性错误。而颠覆性错误往往首先出现在意识形态领域,这在整个世界社会主义运动史上曾经有过十分惨痛的教训,这也决定了意识形态工作的特殊地位及其极端重要性。由于人们对历史与现实的认知存在较大的差异性,加之意识形态领域存在的矛盾性和复杂性有时要超过经济领域的矛盾性和复杂性,伴随着唯物主义与唯心主义、辩证法与形而上学的斗争与国内因素和国际因素的交叉影响,这就使得意识形态工作在一定程度上比经济工作更复杂、矛盾更尖锐。正因为如此,我们要在思想上充分认识意识形态工作的特殊性,筑牢意识形态建设工作的思想基础。只有这样,才能真正处理好意识形态工作与经济等其他工作的关系,才能有效防止意识形态工作失之于宽、松、软。

二、路径准确：将意识形态建设工作融入"四个全面"战略布局

找准路径是意识形态建设取得实效的重要前提，其中最重要的是将意识形态建设工作融入中国特色社会主义建设事业中，要防止意识形态建设工作与生动的社会实践，特别是广大人民群众的生活实际相脱离，要防止将意识形态建设工作变成空洞的说教。党的十八大以来，我国意识形态建设工作的一大特点就是将意识形态建设工作融入"四个全面"战略布局，找准了社会主义意识形态的建设路径，使意识形态建设工作更扎实、更富有成效。

全面建成小康社会是实现中华民族伟大复兴的重要环节，是我国社会主义事业发展的重要阶段性目标和成果，全面建成小康社会将大大坚定广大人民群众对社会主义的道路自信、理论自信、制度自信、文化自信，从而更加坚定中国特色社会主义共同理想和共产主义远大理想，而坚定理想信念也是我国社会主义意识形态建设的重要内容。因此，全面建成小康社会是我国意识形态建设的重要路径。

全面深化改革涉及中国特色社会主义事业发展的方方面面，做好全面深化改革工作最重要的就是坚持改革的正确方向，这个正确方向就是改革是社会主义制度的自我完善和发展，任何背离改革的社会主义方向的思想和做法都是错误的。而批判错误的改革观，特别是自由主义改革观是我国意识形态斗争的重要方面，因此，新时期我国意识形态建设工作要同全面深化改革工作紧密结合起来，通过加强意识形态建设工作，为全面深化

改革保驾护航。针对全盘西化、全面私有化的自由主义改革观，习近平总书记曾多次坚定强调，"必须毫不动摇巩固和发展公有制经济，坚持公有制主体地位，发挥国有经济主导作用，不断增强国有经济活力、控制力、影响力"。

在全面推进依法治国的实践中，同样需要与错误思潮进行针锋相对的斗争。针对否定党的领导、主张实行西式民主的宪政思潮，习近平总书记反复强调党的领导是中国特色社会主义的本质属性，坚持党的领导，是社会主义法治的根本要求，是党和国家的根本所在、命脉所在，是全国各族人民的利益所系、幸福所系，是全面推进依法治国的题中应有之义；党的领导和社会主义法治是一致的，社会主义法治必须坚持党的领导，党的领导必须依靠社会主义法治。近年来，司法部门在处理损害英雄荣誉的案件中，坚定站在党和人民的立场，使英雄的荣誉得到维护、损害英雄的人受到惩处，有效遏制了历史虚无主义思潮的泛滥。

党的十八大以来，通过推进全面从严治党，党内歪风邪气得到有效整治，党的优良传统得到弘扬光大，广大人民群众对党的信任、对社会主义的信念更加坚定了。由此可见，全面从严治党同党的意识形态建设工作同样密不可分。如果党员干部理想信念不坚定、对党和人民不忠诚、对社会主义事业不忠诚，势必会侵蚀党的思想道德基础，损害党内政治生态和党的形象，削弱人民群众对社会主义理想的追求，这必然会使党的意识形态工作陷入被动局面。正是从这个意义上说，全面从严治党也是新时期加强我国意识形态建设的重要路径。

三、重点突出：通过抓住重点带动面上工作

2016年，习近平总书记在主持第十八届中央政治局第三十

次集体学习时强调："抓住重点带动面上工作，推动事物发展不断从不平衡到平衡，是唯物辩证法的要求，也是我们党在革命、建设、改革历史进程中一贯倡导和坚持的。"意识形态建设工作涉及范围十分广泛，要注意全面掌握情况、把握总体形势，同时也要能够抓住重点，通过抓住重点带动面上工作。党的十八大以来，以习近平同志为核心的党中央针对我国意识形态领域的实际情况特别是突出问题，有针对性地开展意识形态工作，对新闻舆论、文艺、哲学社会科学、互联网等重点领域加大意识形态建设力度，使这些领域的意识形态形势发生了很大改变，并通过重点领域的意识形态建设带动整个社会主义意识形态建设。

从习近平总书记关于新闻舆论工作的重要论断可以看出，必须切实做好新闻舆论领域的意识形态工作。2016年，在党的新闻舆论工作座谈会上，习近平总书记指出："做好党的新闻舆论工作，事关旗帜和道路，事关贯彻落实党的理论和路线方针政策，事关顺利推进党和国家各项事业，事关全党全国各族人民凝聚力和向心力，事关党和国家前途命运。"由此可见，新闻舆论工作是意识形态建设工作的重要方面，做好新闻舆论领域的意识形态工作十分重要。改革开放以后，西方新闻观逐渐在我国传播、蔓延，有的新闻舆论工作者一味追捧西方所谓新闻自由观念，否定党对新闻工作的领导。对此，习近平总书记强调，广大新闻舆论工作者"必须把政治方向摆在第一位，牢牢坚持党性原则，牢牢坚持马克思主义新闻观，牢牢坚持正确舆论导向"，为加强新闻舆论领域的意识形态工作明确了政治方向、奠定了思想基础。

为做好文艺领域的意识形态工作，习近平总书记也多次发表重要讲话，有针对性地指出文艺领域存在的问题和解决的方法。针对文艺领域存在的历史虚无主义思潮,习近平总书记强调:"文学家、艺术家不可能完全还原历史的真实,但有责任告诉人们真实的历史,告诉人们历史中最有价值的东西。戏弄历史的作品,不仅是对历史的不尊重,而且是对自己创作的不尊重,最终必将被历史戏弄。"

针对哲学社会科学领域存在的淡化马克思主义指导的错误倾向,习近平总书记强调:"坚持以马克思主义为指导,是当代中国哲学社会科学区别于其他哲学社会科学的根本标志,必须旗帜鲜明加以坚持……在我国,不坚持以马克思主义为指导,哲学社会科学就会失去灵魂、迷失方向,最终也不能发挥应有作用。"

针对互联网上存在的种种意识形态问题,党中央高度重视,成立了由习近平总书记任组长的中央网络安全和信息化领导小组,在这个领导小组成立之初,习近平总书记就提出:"做好网上舆论工作是一项长期任务,要创新改进网上宣传,运用网络传播规律,弘扬主旋律,激发正能量,大力培育和践行社会主义核心价值观,把握好网上舆论引导的时、度、效,使网络空间清朗起来。"这就为做好网络意识形态工作确立了指导方针和基本任务。经过几年的努力,我国互联网领域的政治生态和文化生态发生了显著变化,网络空间"脏乱差"问题得到了有效治理,网络意识形态安全工作得到显著加强,网络空间已经成为传播正能量、推进社会主义意识形态建设的主阵地之一。

四、措施严实:在意识形态领域形成守土有责、守土负责、守土尽责的良好局面

党的十八大以来,各级党委(党组)制定了意识形态工作责

任制,通过这一制度的建立强化党管宣传、党管意识形态,牢牢掌握意识形态工作的领导权、主动权。意识形态工作责任制明确各级领导干部的意识形态工作责任,坚决守好"责任田"。通过意识形态工作责任制的推进,形成了党委(党组)统一领导、党政齐抓共管、宣传部门组织协调、各相关部门积极配合,共同做好意识形态工作的格局;各级党委(党组)把意识形态工作放在更高的位置,切实把意识形态工作摆上重要议事日程,牢牢掌握意识形态工作的领导权、管理权、话语权。

中共中央于2015年8月印发的《中国共产党巡视工作条例》将政治巡视列为巡视工作的重要内容,一些违反政治纪律和政治规矩、抓意识形态工作严重失责的领导干部受到问责处理。十八届六中全会通过的《关于新形势下党内政治生活的若干准则》规定:"全党必须坚决捍卫党的基本路线,对否定党的领导、否定我国社会主义制度、否定改革开放的言行,对歪曲、丑化、否定中国特色社会主义的言行,对歪曲、丑化、否定党的历史、中华人民共和国历史、人民军队历史的言行,对歪曲、丑化、否定党的领袖和英雄模范的言行,对一切违背、歪曲、否定党的基本路线的言行,必须旗帜鲜明反对和抵制。"这些规定既明确了党内政治生活的意识形态"高压线",又明确了各级党委(党组)旗帜鲜明抓意识形态工作的政治责任。《中国共产党问责条例》和《中国共产党党内监督条例》将意识形态工作列入问责、监督范围,构成了我国意识形态管理制度体系的重要组成部分。

第八章

严以治教：加强党的理论教育队伍建设的关键

党的理论教育队伍主要分布在各级党校和各类普通学校中,这支队伍的重要历史使命就是不断传播党的理论,不断推进马克思主义大众化,这支队伍的重要地位是由推进中国特色社会主义事业发展的历史任务决定的。2015年12月11日,习近平总书记在全国党校工作会议上强调指出,"我们党历来高度重视理论建设和理论教育,运用马克思主义基本原理指导中国的事情是我们的看家本领。我说过,我们党在中国这样一个有着13亿多人口的大国执政,面对十分复杂的国内外环境,肩负繁重的执政使命,如果缺乏理论思维,是难以战胜各种风险和困难的,也是难以不断前进的"[①]。由此可见,能否切实做好党的理论教育工作事关党的前途和命运。但是,在党的理论教育实践中,有的理论教育工作者自己缺乏马克思主义理论思维,不能自觉运用马克思主义立场、观点和方法开展教学工作,这样的教学只会给教育对象带来思想上的混乱。克服这一现象的关键是要坚持习近平总书记提出的严以治教的工作作风,严格用是否真懂真信真用马克思主义这个标准衡量党的理论教育队伍的理论

---

① 习近平：《在全国党校工作会议上的讲话》,人民出版社2016年版,第14页。

水平和教学水平,通过从严执纪加强对党的理论教育队伍的管理。

一、严格用是否真懂马克思主义这个标准衡量党的理论教育队伍的理论水平

"教育者应先受教育",这是教育学的一个最普通的道理。对于党的理论教育队伍来说,就是要求每一位党的理论教育工作者必须接受系统的马克思主义理论教育,必须能够系统地而不是零碎地掌握马克思主义理论。也就是说,党的理论教育工作者必须真懂马克思主义,我们要用是否真懂马克思主义这个标准衡量党的理论教育队伍的理论水平。

如何衡量一个人是否真懂马克思主义?有一个方法就是看他对待马克思主义的态度。有的人只是知道马克思主义的一些词句,就以为掌握了马克思主义理论,并认为"马克思主义不过如此"。比如,有人这样概括马克思的理论:"马克思是个哲学家,那是个思辨学家,对吧,他是个学者,于是他开始一个概念一个概念地抠,抠完了概念然后弄成范畴,范畴之上搭建框架,框架之上再弄个体系,哎呦整个体系出来之后,就跟数学做出来的一步一步往前推呀,就推出来那么一套东西,巨大无比的庞大的严密的理论体系。"为什么会有这样的概括?就是因为有的人只是知道马克思主义的一些词句,他知道生产力与生产关系、经济基础与上层建筑、唯物主义与唯心主义,等等。他知道一堆马克思主义词句,但是对马克思主义他完全是个门外汉,完全不得要领。

党的理论教育工作者对马克思主义要有孜孜以求的态度,

第八章 严以治教:加强党的理论教育队伍建设的关键

以这样的态度去学习马克思主义,才有可能真懂马克思主义。在如何学习和掌握马克思主义问题上,习近平总书记多次强调要反对浅尝辄止的态度。他在全国党校工作会议上强调,"党的各级领导干部特别是高级干部,要原原本本学习和研读经典著作,努力把马克思主义立场、观点、方法学到手,作为自己的看家本领。……党校要加强学员对马克思主义经典著作的学习研究,开出基本书目,引导学员读原著、学原文、悟原理,特别是要理解其中包含的马克思主义立场、观点、方法,不要浅尝辄止"[①]。如果党的理论教育工作者自身对马克思主义理论只是浅尝辄止,他如何能够开好书目、如何能够引导学员读原著、学原文、悟原理?2016年5月17日,习近平总书记在哲学社会科学座谈会上强调指出,"只有真正弄懂了马克思主义,才能在揭示共产党执政规律、社会主义建设规律、人类社会发展规律上不断有所发现、有所创造,才能更好识别各种唯心主义观点、更好抵御各种历史虚无主义谬论。……对马克思主义的学习和研究,不能采取浅尝辄止、蜻蜓点水的态度。有的人马克思主义经典著作没读几本,一知半解就哇啦哇啦发表意见,这是一种不负责任的态度,也有悖于科学精神"[②]。党的理论教育工作者要本着对学生负责、对党的事业负责的精神,加强马克思主义理论修养,努力提高马克思主义理论水平。

---

① 习近平:《在全国党校工作会议上的讲话》,人民出版社2016年版,第15—16页。
② 习近平:《在哲学社会科学工作座谈会上的讲话》,人民出版社2016年版,第11—12页。

二、严格用是否真用马克思主义这个标准衡量党的理论教育队伍的教学水平

党的理论教育队伍的教学水平如何衡量?就内容与形式而言,指标很多。但关键是党的理论教育教学是否真用马克思主义理论开展教学,就是在教学实践中要真正用马克思主义立场、观点和方法分析问题和解决问题。也就是说,党的理论教育教学要念好马克思主义这个"真经"。党的理论与实践就是马克思主义理论及其中国化的过程,离开马克思主义理论就无法解释党的理论及其实践的本质。习近平总书记强调指出,"马克思主义就是我们共产党人的'真经','真经'没念好,总想着'西天取经',就要贻误大事!不了解、不熟悉马克思主义基本原理,就不可能真正了解和掌握中国特色社会主义理论体系"①。

在党的理论教育队伍中,确有一些人总是念错经。比如,有的人在讲解政治体制改革时,说政治体制改革的关键是约束公权力,约束公权力的依据是公权力源于每个公民的权利让渡。我们知道权利让渡理论源于"社会契约论","社会契约论"是一种理论假说,它并不能科学解释公权力的历史形成原因及其本质。恩格斯指出,"正是国家制度、法的体系、各个不同领域的意识形态观念的独立历史这种外观,首先迷惑了大多数人。如果说,路德和加尔文'克服了'官方的天主教,黑格尔'克服了'费希特和康德,卢梭以其共和主义的《社会契约论》间接地'克服了'立宪主义者孟德斯鸠,那么,这仍然是神学、哲学、政治学内部的

---

① 习近平:《在全国党校工作会议上的讲话》,人民出版社2016年版,第15页。

第八章　严以治教:加强党的理论教育队伍建设的关键

一个过程,它表现为这些思维领域历史中的一个阶段,完全不越出思维领域"①。将"完全不越出思维领域"的理论假说当作科学理论说明历史发展的真实过程,这在思想方法和理论方法上是完全错误的。真实的国家史表明,公权力即国家和政府根本不是基于个人权利的让渡。

有人在讲解法治建设的时候,对西方的法学理论推崇备至,说为什么要法治,因为人是自私的。马克思主义经典作家从来不用抽象人性论解释法的产生和发展,而是从阶级利益、社会矛盾的角度说明法的历史。事实上,人是自私的这样的抽象人性论根本不能正确解释人类的社会生活实践。但是,有的人对抽象人性论坚信不疑,甚至认为人们做任何道德行为都是出于自私的考虑,因此道德榜样和学习道德榜样是虚伪的。如果党的理论教育工作者用这样的理论教育学生,不可能产生任何积极的教学效果。一些理论教育工作者缺乏马克思主义理论素养,不知道如何用马克思主义理论分析问题和解决问题。而这些人特别善于运用西方非马克思主义理论解释党的理论与实践,得出的结论必然是五花八门、千奇百怪。这就是习近平总书记在全国党校工作会议上所说的一种现象,"有的人奉西方理论、西方话语为金科玉律,不知不觉成了西方资本主义意识形态的吹鼓手"②。当前,错误西方社会思潮对党的理论教育队伍的渗透影响是客观存在的,对此,我们应保持高度警惕并采取切实有效的措施加以克服。

由于缺乏马克思主义理论素养,有的人在教育教学和理论研究中肢解党的历史和党的理论。我们应当完整看待和分析党

---

① 《马克思恩格斯选集》第4卷,人民出版社1995年版,第726—727页。
② 习近平:《在全国党校工作会议上的讲话》,人民出版社2016年版,第8页。

的历史和党的理论,但是有的人在分析党的历史时,总是割裂革命与建设的关系,总是割裂改革开放前后的历史,用建设史否定革命史,用改革开放史否定改革开放前的社会主义实践探索史。这样,党的历史就是一个支离破碎的历史。还有的人总是将党在革命与建设中经历的曲折和错误无限放大,把党史说成一个党不断犯错误的历史。用这样的党史教育学员、学生,必然不会取得积极的教学效果。有的人在分析党的理论时,总是割裂马克思主义理论发展的完整性,比如有人对社会主义思潮种类作了这样的概括:"当代世界社会主义的思潮和流派众多,复杂多样。但影响广泛的除科学社会主义之外,主要是:一是民主社会主义;二是生态社会主义;三是民族社会主义;四是中国特色社会主义。应当加强对这四个主要学派的研究,尤其是要加强对民主社会主义的研究,它在世界各地有广泛的影响。"这是对马克思主义、社会主义理论缺乏最起码的科学认知的表现,因为中国特色社会主义是科学社会主义基本原理在中国的应用与发展,中国特色社会主义是科学社会主义发展的一个历史阶段。而将科学社会主义与中国特色社会主义并列为两种思潮,实际上就将科学社会主义变成了过时的理论,从而否定科学社会主义对当代中国实践的指导作用。但是,这些人由于头上有许多光环,有很大的迷惑性,带来的危害非常大。习近平总书记指出,"个人的意见、批评往往是探索性的,有时是个人的一孔之见,对不对要在实践中检验,可以在内部研究,也可以通过一定组织渠道向上反映,但拿到党校讲台上讲、拿到社会上发表就要慎重了。说者无意,听者有心。老百姓心里想,这是党校的人讲的,应该是比较正宗的观点,容易相信。还有一些别有用心的人,一听到党校有人说了什么话,就如获至宝,大肆炒作,说党校

第八章 严以治教:加强党的理论教育队伍建设的关键

里的人都对党中央说三道四了,共产党内部有不同声音了。党校出现这些言论,杀伤力很大,不要低估"①。

马克思主义理论是党的理论的核心和灵魂,党的理论教育工作者自己必须是坚定的马克思主义者,必须有厚实的马克思主义理论功底,必须能够用马克思主义立场、观点、方法分析问题和解决问题。否则,就不是一个合格的理论教育工作者。习近平总书记指出,"坚持党校姓党,首先要坚持姓'马'姓'共'。马克思主义是我们党的指导思想,共产主义是我们党的远大理想。没有马克思主义信仰、共产主义理想,就没有中国共产党,就没有中国特色社会主义。……我们干事业不能忘本忘祖、忘记初心。我们共产党人的本,就是对马克思主义的信仰,对中国特色社会主义和共产主义的信念,对党和人民的忠诚。我们要固的本,就是坚定这份信仰、坚定这份信念、坚定这份忠诚。世界社会主义实践的曲折历程告诉我们,马克思主义政党一旦放弃马克思主义信仰、社会主义和共产主义信念,就会土崩瓦解"②。在党的理论教育实践中,要杜绝"言必称西方"的现象。有的人马克思主义理论不会讲,却会对马克思主义理论冷嘲热讽,讲起西方理论来头头是道。习近平总书记指出,"如果我们用西方资本主义价值体系来剪裁我们的实践,用西方资本主义评价体系来衡量我国发展,符合西方标准就行,不符合西方标准就是落后的陈旧的,就要批判、攻击,那后果不堪设想!最后要么就是跟在人家后面亦步亦趋,要么就是只有挨骂的份"。有的理论教育工作者对这样的提醒充耳不闻、我行我素,其教育教学效果是可想而知的,正如列宁在批判社会民主党内的机会主义

---

① 习近平:《在全国党校工作会议上的讲话》,人民出版社2016年版,第12页。
② 习近平:《在全国党校工作会议上的讲话》,人民出版社2016年版,第7页。

者时所说的那样,"充耳不闻比聋子还糟"①。有些人对正确的东西之所以充耳不闻,就是因为错误的东西已经充满了他们的头脑。

三、通过从严执纪加强对党的理论教育队伍的管理

党的理论教育队伍每次出现问题,都会引起广泛关注,都会给党的理论教育事业带来很大的伤害。为避免这种伤害,就必须通过从严执纪加强对党的理论教育队伍的管理。习近平总书记指出,"在党校讲台、公开场合对重大政治和理论问题发表观点和看法,应该自觉维护党的威信、维护党中央权威,自觉维护党校形象。我们说学术探索无禁区、党校讲课有纪律,但'无禁区'也不是绝对的,反对四项基本原则的言行,违反党的理论和路线方针政策的错误观点,无论公开还是私下里,在党校都是不允许的。这是党的政治纪律,党校必须模范遵守"②。在党的理论教育管理中,要克服监督责任不到位、教育教学管理失之于宽松软、好人主义盛行、不负责、不担当等现象。

强调在党的理论教育管理实践要从严治教、从严执纪,就是要引导广大党的理论教育工作者严格要求自己,知理论边界、明思想底线,把真懂真信马克思主义作为自觉追求。从严治教、从严执纪的实质不是"抓辫子"、"打棍子",而是对党的理论教育事业负责、对每一位理论教育工作者负责。正如习近平总书记在第十八届中央纪律检查委员会第六次全体会议上所说,"惩前毖

---

① 《列宁全集》第31卷,人民出版社1985年版,第51页。
② 习近平:《在全国党校工作会议上的讲话》,人民出版社2016年版,第12—13页。

后、治病救人是我们党的一贯方针,也是我们党加强自身建设的历史经验。日常工作中发现了问题就要真管真严。惩治,治是根本,惩是为了治"。要通过加强纪律建设,管住纪律,使干部向高标准努力,不犯或少犯错误特别是严重错误,这才是党组织对党员、干部最大的关心和爱护。

第九章

改革开放中社会主义意识形态发展的三个辩证统一

改革开放事关国家前途、民族复兴和人民幸福,其重大历史意义是显而易见的。在改革开放过程中,社会主义意识形态的辩证发展逻辑主要表现为,坚持"发展才是硬道理"与做好"极端重要"的意识形态工作相统一,坚持不断推进意识形态建设与清醒认知存在问题相统一,坚持科学真理与批判错误思潮相统一。

改革开放是有灵魂、有方向的,灵魂就是坚持以马克思主义为指导,方向就是社会主义制度的自我完善和发展,这是我们坚持和用好改革开放这一招的关键所在。改革开放的灵魂和方向问题,是改革开放实践进程中社会主义意识形态建设的核心问题,社会主义意识形态的辩证发展逻辑也是围绕这个核心问题展开的。

一、坚持"发展才是硬道理"与做好"极端重要"的意识形态工作相统一

发展是改革开放伟大实践的主题,确立这个主题体现了我们党对社会发展基本规律的科学把握与应用,社会基本矛盾运动规律要求我们必须抓住生产力这个社会发展的革命因素和最

第九章 改革开放中社会主义意识形态发展的三个辩证统一

终力量,不断推动生产力的发展,把握好生产力与生产关系、经济基础与上层建筑的矛盾关系。同时,确立发展这个主题还反映了广大人民群众对提高生活水平和生活质量的殷切期待。在改革开放实践进程中,我们党始终抓住发展这个主题,始终坚持"发展才是硬道理",始终坚持"发展是执政兴国的第一要务"。邓小平同志指出:"抓住时机,发展自己,关键是发展经济。现在,周边一些国家和地区经济发展比我们快,如果我们不发展或发展得太慢,老百姓一比较就有问题了。所以,能发展就不要阻挡,有条件的地方要尽可能搞快点,只要是讲效益、讲质量,搞外向型经济,就没有什么可以担心的。低速度就等于停步,甚至等于后退。要抓住机会,现在就是好机会。我就担心丧失机会。不抓呀,看到的机会就丢掉了,时间一晃就过去了。"[①]在改革开放伟大实践中,我们党始终一心一意谋发展,抢抓机遇、力促发展,使我们的社会面貌、中国共产党的面貌、中国人民的面貌发生了历史性变化,中华民族正以崭新的面貌活跃在世界舞台上。对于这样的发展成就,我们要全面而辩证地把握,特别应当看到,社会主义意识形态建设对于改革开放实践发展起了十分重要的促进作用。

社会主义意识形态建设为发展举旗帜。改革开放的伟大实践就是中国特色社会主义伟大实践,四十年沧桑巨变,不变的是我们始终高举马克思主义和社会主义旗帜,这个旗帜就是我们发展的指南针。因此,不存在脱离意识形态的所谓"纯粹的发展",社会主义意识形态建设就是为发展举旗定向。在改革开放的伟大实践中,我们党始终坚持用马克思列宁主义、毛泽东思想

---

① 《邓小平文选》第3卷,人民出版社1993年版,第375页。

和中国特色社会主义理论体系指导发展。中国特色社会主义进入新时代以来,坚持用习近平新时代中国特色社会主义思想武装全党、教育人民、引领实践,我国的发展跃上了一个新阶段。

社会主义意识形态建设为发展聚民心。改革开放是人民的事业、人民的实践,推进改革开放和社会发展,最重要的是得到广大人民群众的积极支持与主动参与,这样才能将党的事业与人民事业有机统一起来。在改革开放实践进程中,社会主义意识形态建设始终注重教育群众、引导群众,将党的路线、方针、政策及时转化为人民群众的自觉实践,始终注重把握舆论导向、唱响主旋律、壮大正能量,做大做强主流思想舆论,把全党全国人民士气鼓舞起来、精神振奋起来,朝着党中央确定的宏伟目标团结一心向前进,不断增强社会凝聚力和向心力。

社会主义意识形态建设为发展育新人。中国特色社会主义伟大事业是不断向前的接力赛,需要一代又一代人的不断努力,需要新人辈出。社会主义意识形态建设坚持立德树人、以文化人,不断推进社会主义精神文明建设,培育和践行社会主义核心价值观,提高人民思想觉悟、道德水准、文明素养,不断为改革开放伟大实践和民族复兴大业培育新人,使中国特色社会主义事业始终后继有人、充满生机。因此,我国的社会主义意识形态建设始终抓住"人"这个核心,任何时候都不放松教育人、引导人的工作,不能在育人问题上迷失方向。在2018年举行的全国教育大会上,习近平总书记强调指出,我国是中国共产党领导的社会主义国家,这就决定了我们的教育必须把培养社会主义建设者和接班人作为根本任务,培养一代又一代拥护中国共产党领导和我国社会主义制度、立志为中国特色社会主义事业奋斗终身的有用人才。

第九章　改革开放中社会主义意识形态发展的三个辩证统一

二、坚持不断推进意识形态建设与清醒认知工作中存在的问题相统一

社会主义事业是一个不断发展的历史进程,社会主义意识形态建设是这个历史进程的重要组成部分,不断巩固、不断发展是社会主义意识形态建设的重要特点。在改革开放进程中,随着中国特色社会主义事业的不断发展,社会主义意识形态建设始终呈现继承创新的显著特征,这个显著特征突出表现在党的理论发展上。在中国特色社会主义理论体系中,邓小平理论、"三个代表"重要思想、科学发展观和习近平新时代中国特色社会主义思想是中国特色社会主义伟大实践的产物,它们是不断继承创新的产物。随着社会主义事业的不断发展,社会主义意识形态建设就要不断向前推进,这是社会主义发展的一个重要规律。因此,在改革开放伟大实践中,我们党始终注重通过理论创新、方法创新、制度创新不断推进社会主义意识形态建设。同时,我们也应注意到,我们党从不回避工作上的失误,并通过认识失误、反思失误推进工作。

在意识形态问题上,一方面,我们党始终高度重视意识形态工作,始终扎实推进社会主义意识形态建设;另一方面,由于种种原因,在意识形态工作上,也会有失误。邓小平同志曾多次强调我们在意识形态教育上的失误。1989年3月23日,邓小平同志在会见外宾时指出:"我们最近十年的发展是很好的。我们最大的失误是在教育方面,思想政治工作薄弱了,教育发展不够。我们经过冷静考虑,认为这方面的失误比通货膨胀等问题更大。最重要的一条是,在经济得到可喜发展、人民生活水平得

到改善的情况下,没有告诉人民,包括共产党员在内,应该保持艰苦奋斗的传统。坚持这个传统,才能抗住腐败现象。所以要加强对人民进行思想政治工作,提倡艰苦奋斗。这是中国从几十年的建设中得出的经验。"[1]1989年6月9日,邓小平同志强调指出:"十年最大的失误是教育,这里我主要是讲思想政治教育,不单纯是对学校、青年学生,是泛指对人民的教育。对于艰苦创业,对于中国是个什么样的国家,将要变成一个什么样的国家,这种教育都很少,这是我们很大的失误。"[2]1989年9月16日,邓小平同志再次强调:"我们最大的失误在教育,对年轻娃娃、青年学生教育不够。……要说失误,我们确实有失误,许多思想工作没有做,好多话没有讲清楚。……我们要冷静反思,回顾过去,着眼未来,重视总结经验和教训,认真处理面临的问题。"[3]在这里,邓小平同志站在推进党和人民事业发展的高度,提醒全党在教育、特别是在对青年的教育问题上,我们在工作上是有失误的,这个失误给党和人民的事业造成非常严重的后果。今天,我们回顾邓小平同志对意识形态教育工作失误的清醒认知,对我们做好意识形态工作,具有十分重要的警醒作用。

党的十八大以来,习近平总书记始终能够清醒认识意识形态领域的问题,通过发现问题、纠正失误不断推进社会主义意识形态建设。在哲学社会科学工作座谈会上,习近平总书记强调指出:"也有一些同志对马克思主义理解不深、理解不透,在运用马克思主义立场、观点、方法上功力不足、高水平成果不多,在建设以马克思主义为指导的学科体系、学术体系、话语体系上功力

---

[1] 《邓小平文选》第3卷,人民出版社1993年版,第290页。
[2] 《邓小平文选》第3卷,人民出版社1993年版,第306页。
[3] 《邓小平文选》第3卷,人民出版社1993年版,第327页。

不足、高水平成果不多。社会上也存在一些模糊甚至错误的认识。有的认为马克思主义已经过时，中国现在搞的不是马克思主义；有的说马克思主义只是一种意识形态说教，没有学术上的学理性和系统性。实际工作中，在有的领域中马克思主义被边缘化、空泛化、标签化，在一些学科中'失语'、教材中'失踪'、论坛上'失声'。这种状况必须引起我们高度重视。"①

在文艺工作座谈会上，习近平总书记指出了文艺领域和文艺工作中存在的问题："有的热衷于所谓'为艺术而艺术'，只写一己悲欢、杯水风波，脱离大众、脱离现实。凡此种种都警示我们，文艺不能在市场经济大潮中迷失方向，不能在为什么人的问题上发生偏差，否则文艺就没有生命力。"②

习近平总书记对新闻舆论、教育、网信等工作上的问题都有清醒认知，这些清醒认知对做好党的意识形态工作有着很强的现实针对性。从一定意义上说，我们做好意识形态工作的重点就是纠正这些问题。因此，漠视问题、回避问题、放任问题就是严重失责。

三、坚持科学真理与批判错误思潮相统一

改革开放的实践进程始终伴随着真理与谬误的较量，表现为两条道路、两种制度的斗争。这种斗争是马克思主义和社会主义发展的重要特点，也就是说，马克思主义和社会主义的发展是一个不断同谬误作斗争的过程。因此，习近平总书记强调，要

---

① 习近平：《在哲学社会科学工作座谈会上的讲话》，人民出版社2016年版，第10页。
② 习近平：《在文艺工作座谈会上的讲话》，人民出版社2015年版，第9页。

旗帜鲜明坚持真理,立场坚定批驳谬误。

坚持用马克思主义科学真理批判各种错误思潮。错误社会思潮之所以错误,是因为各种错误社会思潮否定马克思主义理论、社会主义道路和社会主义制度为我国的思想政治共识,以唯心主义历史观、认识论、人性论为思想基础和方法论。它的传播和泛滥,必然造成思想混乱,不利于增进共识、凝聚人心。我们要坚持用马克思主义科学真理即马克思主义的立场、观点和方法批判各种错误社会思潮,揭示其本质与危害。比如,我们要用马克思主义历史观批判错误思潮对社会革命的否定。社会革命是任何阶级社会的客观现象,社会革命从来都不是凭空想出来的,而是"自然而然"发生的。也就是说,社会革命的发生是历史必然性的表现,"否定革命"在历史观上属于唯心主义历史观。在"否定革命"理论中,有的用"救亡压倒启蒙论"否定革命,有的用"社会转型论"、"政党转型论"否定革命,有的用"现代化史观"否定革命。这些错误思潮"否定革命"的实质是用唯心主义多元史观否定马克思主义历史观,否定马克思主义的指导地位,否定无产阶级革命和社会主义发展的历史合理性,否定革命理想和革命精神的现实意义,为"资本主义永恒发展"提供历史依据。

坚持用社会主义生动实践批判各种错误思潮。马克思主义科学真理从来就不是纯粹书斋里的学问,它是实践的理论、人民的真理。社会主义实践是对马克思主义科学真理的实际应用,对错误社会思潮最彻底、最有力的批驳就是社会主义生动实践。改革开放的伟大成就充分证明了马克思主义科学真理在当代中国的成功实践,充分证明了中国特色社会主义道路、理论、制度、文化的科学性。

习近平总书记指出,改革开放以来,中国共产党人把马克思

第九章　改革开放中社会主义意识形态发展的三个辩证统一

主义基本原理同中国改革开放的具体实际结合起来,团结带领人民进行建设中国特色社会主义新的伟大实践,使中国大踏步赶上了时代,实现了中华民族从站起来到富起来的伟大飞跃。这一伟大飞跃以铁一般的事实证明,只有中国特色社会主义才能发展中国! 在新时代,中国共产党人把马克思主义基本原理同新时代中国具体实际结合起来,团结带领人民进行伟大斗争、建设伟大工程、推进伟大事业、实现伟大梦想,推动党和国家事业取得全方位、开创性历史成就,发生深层次、根本性历史变革,中华民族迎来了从富起来到强起来的伟大飞跃。这一伟大飞跃以铁一般的事实证明,只有坚持和发展中国特色社会主义才能实现中华民族伟大复兴!

各种错误社会思潮总是深陷虚假理念的泥潭无法自拔,总是无视社会主义在中国的成功实践。在这些错误思潮中,我们只看到"自夸的论调,集市般的喧嚷,大吹大擂的口气"。那些鼓吹错误社会思潮的人就是列宁曾经批判过的"主观哲学家",列宁生动刻画了这些人的现实形象,"我们的主观哲学家一试图由空话转到具体事实,就立刻滚到泥坑里去了。他在这个不很干净的地方,大概感到很舒服:安然坐着,收拾打扮,弄得污泥浊水四溅"[①]。

[①] 《列宁全集》第 1 卷,人民出版社 1984 年版,第 125 页。

第十章
"四个全面"与当代中国意识形态建设的内在关联

"四个全面"战略布局内在包含了当代中国意识形态建设的价值诉求和实践指向,准确把握"四个全面"与当代中国意识形态建设的内在关联有着十分重要的现实意义。全面建成小康社会有着重要的意识形态意义,在全面深化改革的实践中应高度重视把握正确的意识形态方向,在推进全面依法治国的进程中要不断巩固社会主义意识形态基础,应当深刻理解全面从严治党的意识形态内涵。在协调推进"四个全面"的实践进程中,要清醒认识和深入批判新自由主义、西方宪政民主、"普世价值"论等错误社会思潮,要注意克服以"淡化意识形态"为特征的单纯事务主义倾向。

"四个全面"战略布局是新形势下推进中国特色社会主义伟大事业发展的实践纲领,同时它也为社会主义意识形态建设增添了鲜活的思想内容。当代中国意识形态建设与"四个全面"有着紧密的内在关联,全面建成小康社会有着十分重要的意识形态意义,在全面深化改革的实践中应高度重视把握正确的意识形态方向,在推进全面依法治国的进程中要不断巩固社会主义意识形态基础,应当深刻理解全面从严治党的意识形态内涵。

第十章 "四个全面"与当代中国意识形态建设的内在关联

一、充分认识全面建成小康社会的意识形态意义

全面建成小康社会是我国实现社会主义现代化进程中的一个阶段性目标,这一目标的实现将有力证明:在当代中国,走中国特色社会主义道路是中国人民唯一正确的选择,道路自信、理论自信和制度自信将获得更加坚实的实践支撑,中国人民将更加坚定对中国特色社会主义共同理想和共产主义远大理想的信仰。中国共产党将用全面建成小康社会这一事实证明自己是工人阶级的先锋队,同时是中国人民和中华民族的先锋队,是最广大人民群众根本利益的忠实代表。我们将要全面建成的小康社会同过去任何一种社会在发展水平和发展形态上更加体现社会主义核心价值追求,即全面建成小康社会意味着我们的社会同过去相比更文明、更公平、更和谐。由此可见,全面建成小康社会将大大增强社会主义意识形态的影响力、感召力和凝聚力。

近代以来,中华民族备受西方列强欺侮和压迫,中国人民特别渴望实现国家富强、民族振兴、人民幸福。我们将用全面建成小康社会这个伟大成就告慰我们的先人,他们的奋斗和牺牲已经结成了丰硕的果实,社会主义思想与中华民族的创造性结合是人类文明发展史上的伟大创举。近代以来,世界文明发展的一个基本经验就是要建立一种超越资本主义文明形态的先进文明即社会主义文明,社会主义文明将在物质和精神上超越资本主义文明。这个历史的大方向并没有改变,我国全面建成小康社会是这个历史发展大方向上的具体实践样态。习近平总书记曾经强调指出:"马克思、恩格斯关于资本主义社会基本矛盾的分析没有过时,关于资本主义必然消亡、社会主义必然胜利的历

史唯物主义观点也没有过时。这是社会历史发展不可逆转的总趋势,但道路是曲折的。"①全面建成小康社会就是要用事实证明社会主义在今天仍然有着强大的生命力和广泛的优越性,用事实证明社会主义渺茫论、失败论是错误的。

在推进全面建成小康社会的伟大实践中,需要通过加强社会主义意识形态建设凝聚共识、汇聚力量,全党要牢固树立马克思主义的群众史观,从实现好、维护好、发展好最广大人民根本利益出发奋力推进全面建成小康社会,牢固树立以人民为中心的发展思想。我们要用"以人民为中心的发展思想"作为推进全面建成小康社会的精神动力,并用这一思想凝聚共识、汇聚力量。正是从这个意义上说,加强马克思主义群众史观教育是社会主义意识形态建设的重要内容,也是推动社会主义事业的实践要求。

二、正确把握全面深化改革的意识形态方向

改革的方向问题是事关改革成败的重大原则问题,在全面深化改革的实践进程中我们要始终注意把握好这一问题。在改革问题上长期存在自由主义即资本主义取向的改革观,其实质是要改变我国改革的社会主义方向。改革开放以来,我国意识形态领域的重要争论大多与此相关。

在改革开放之初,邓小平就强调指出,改革是社会主义制度的自我完善和发展。这就是我们党推进改革的实质和方向,也就是说,中国无论如何改革,都不能改变社会主义基本制度,这

---

① 《十八大以来重要文献选编》(上),中央文献出版社2014年版,第117页。

第十章 "四个全面"与当代中国意识形态建设的内在关联

就是改革的社会主义方向。如果方向变了,改革的性质必然就变了。对此,邓小平提出,要保证改革的社会主义方向,就要始终不渝地坚持四项基本原则,全党都要清醒认识到坚持四项基本原则是搞好改革开放和社会主义现代化建设的根本前提和根本政治保证,"离开坚持四项基本原则,就没有根,没有方向"①。与此相反,新自由主义改革观将社会主义基本制度视为推进改革的最大障碍,将四项基本原则视为最大的"意识形态阻力"。

在经济体制改革问题上,有的人将国有企业的存在视为改革的障碍,有人甚至提出发展和壮大国有企业同"世界发展潮流"相违背,有学者认为"无论是从中国的历史教训来看,还是从国际经验来看,'国有经济强国论'都是难以成立的。当前,正值中国朝野推动新一轮经济体制改革的时期,我们需要走出传统思想的束缚,反思这种思想的合理性,在强国环伺的当今世界重新思考强国之道"②。这一观点的实质和要害就在于它用所谓的"国际经验"否定社会主义基本制度,否定公有制经济在社会主义发展中的独特作用。我们之所以要反对新自由主义否定国有企业的主张,根本原因是坚持公有制经济主体地位是我国社会主义基本经济制度最重要的内容,公有制企业的发展和壮大是推进社会主义现代化、保障各族人民共同利益的重要基础。

在政治体制改革问题上,有些人总是将是否实行西方的政治制度视为评判中国政治体制改革成败的唯一标准,认为我国实行的人民民主是虚假的,西方国家实行的民主制度才是真实的。有些人提出,当代中国所有问题都应归结为没有实行"西方的民主制度"。有西方学者认为,西方民主进程与其他可行的统

---

① 《邓小平文选》第 2 卷,人民出版社 1994 年版,第 278 页。
② 曹正汉:《反思"国有经济强国论"》,《炎黄春秋》2014 年第 7 期。

治人民的方式相比至少在三个方面是优越的:"首先,它可以促进自由的发展,而其他方式都不能促进个人和集体自决形式的民主,它鼓励并允许在道德自治水平上的自治,它促进更多其他和更特殊的自由,这些民主内在于民主进程,或者是其存在的必要前提,或是因为那些支持民主进程思想和实践的人们也常常赞同其他自由的存在。其次,民主进程促进人的发展,不仅仅发展实践处决能力、道德自治和为自己选择负责的能力。最后,它是人们得以保护和促进与别人共享的利益和好处的最确定的方式。"①从马克思主义经典作家对资本主义的批判和资本主义的历史发展看,上述三个方面的优势只是学者的自我感觉而已,人的自由发展和利益共享在资本主义条件下是不可能实现的。但是,中国有些学者看不到西方民主制度的历史性和根本缺陷,盲目崇拜西方民主制度,将它视为医治社会百病的灵丹妙药。在当代中国,有许多人对西方所谓"自由选举"制度推崇有加,而一些当代西方学者对西方选举制度却进行了深刻反思,这一点很值得我们深思。有没有"自由选举"是西方民主理论界定"民主国家"和"非民主国家"的首要标准,如何认识西方"自由选举"的实质和作用,有西方学者指出,"不能把民主制度只说成是搞'自由选举'。对民主制度的衡量,全看它有没有充分的能力提出社会需求,并使社会的需求变得合乎情理。……如果把民主政治界说为对社会的需求做出制度上的反应的能力,那我们就必须承认:我们目前是生活在前面所说的民主制度倒退的时期"②。

---

① [美]达尔:《民主及其批评者》,佟德志译,吉林人民出版社2011年版,第415页。
② [法]阿兰·图海纳:《我们能否共同生存——既彼此平等又互有差异》,狄玉明、李平沤译,商务印书馆2003年版,第330页。

第十章 "四个全面"与当代中国意识形态建设的内在关联

事实上,选民的权利极其有限,在一些重大问题上,他们没有决定权,"在实践中,我们知道,被称为民主的那些政治体制只为公民在政府中提供了非常有限的角色空间。他们被赋予在定期选举中投票的权利,偶尔有重大宪法问题需要决断时会以全民公决的方式征询他们的意见,也允许他们结成团体就与自己有关的问题游说议员,但这些就是公民权威的极限了。决定民主社会之未来的真正权力显然是掌握在少数人——政府部长、公职人员以及(某种程度上)国会议员或其他立法机构成员——的手中,我们自然会问为什么是这样。如果民主是政治决策的最好方式,为什么不把它变成现实,让人民自己对重大问题直接作出决定?"①同时,有学者指出,"在西方我们从冷战继承了一种懒惰的假设,即如果一国政府不是共产主义性质或者不是受一个可辨认的独裁者统治,那么它必定是一个民主国家。但本书的一个目的,是一直主张一种比这些偶然的假设更严格和更高要求的民主概念。临时的或多或少自由的选举,自身是不足以通过民主性'测试'的"②。

在文化体制改革问题上,有人提出推进文化体制改革就是要使文化去政治化、去意识形态化。有学者认为,"如果当下的中国谋求文化繁荣,不能不汲取历史上的经验教训,彻改阻碍文化发展的制度安排,为文化勃兴创造自由、宽松的社会环境。首先,这要求给文化松绑,让文化不再为政治服务,让文化不再是宣传的工具,让文化脱离意识形态的桎梏,让文化获得独立的价

---

① [英]戴维·米勒:《政治哲学与幸福根基》,李里峰译,译林出版社2013年版,第39页。
② [英]安东尼·阿伯拉斯特:《民主》,孙荣飞等译,吉林人民出版社2005年版,第134页。

值和地位"①。关于当代中国文化发展问题的讨论中存在许多抽象文化观,其核心就是将西方文化价值观视为普世价值,中国的文化发展和改革就应该以西方文化价值观为指导。有的人甚至提出,中国的改革必须以"普世价值"为指导。有学者提出,"改革开放三十年来,我们在经济上取得了巨大的成就,但在政治、文化、社会诸领域,却仍然坚持着计划经济时代的意识形态,严重地阻碍了改革的全面而深入的发展。为什么会这样?最根本的原因是没有找对改革开放的指导思想,没有找准改革开放的前进方向。在某种意义上说,就是没有在指导思想上确立普世价值的观念"②。这种改革主张无视基本事实,盲目崇拜西方所谓的"普世价值",具有明显的形而上学性,是洋教条在作怪。

以上种种在改革问题上的错误观点,其实质都是用西方的理论裁剪中国的历史和现实。面对形形色色的改革主张、特别是"全盘西化"的改革观,习近平总书记提醒全党同志要保持清醒的头脑,我们的方向就是中国特色社会主义道路,而不是其他什么道路。

三、不断巩固全面依法治国的意识形态基础

法治是治国理政的基本方式,依法治国是党领导人民治理国家的基本方略。坚持马克思主义指导地位、社会主义基本制度和党的领导是全面依法治国的意识形态前提。如果这个前提丢掉了,那么法治就失去了灵魂和根基。在推进全面依法治国的实践进程中,必须坚决反对在法治问题上的非意识形态化观

---

① 王建勋:《自由是文化繁荣的必要条件》,《炎黄春秋》2011年第12期。
② 杜光:《普世价值:一个时代性的重大课题》,《炎黄春秋》2009年第1期。

念,不断巩固和筑牢全面依法治国的意识形态基础。

"我国宪法以国家根本法的形式,确立了中国特色社会主义道路、中国特色社会主义理论体系、中国特色社会主义制度的发展成果,反映了我国各族人民的共同意志和根本利益,成为历史新时期党和国家的中心工作、基本原则、重大方针、重要政策在国家法制上的最高体现。"①这是推进全面依法治国必须遵循的基本政治前提,也应当是全社会在法治问题上的基本共识。有些人只相信西方所谓的民主制度和宪政民主才是法治的正道,"当前,要推动中国宪政的实质进步,我们还是需要制度的支持。什么制度?首先当然是周期性的选举、党内民主、党外竞争,等等"②。在有的人看来,只要中国不实行西方的宪政制度,依法治国就不可能取得实质进步。这样的法理教条将依法治国与社会主义意识形态割裂开来,企图将我国的法治建设纳入西方资本主义法治轨道。

近年来,有些人故意割裂党的领导和依法治国的有机统一,制造"党大还是法大"的伪命题,其实质是在意识形态上根本否定党的领导。有人强调"以法治国"和"以党治国"的根本区别,实际上是制造党和法治的对立,比如有人提出,"'以法治国'是宪法至上,宪法高于一切。任何组织(无论是军队、政府、政党)、任何人(无论是总统、总司令、国家主席)都必须遵守宪法,在宪法和法律的范围内活动。执政党依宪执政,政府依法行政,司法严守独立。'以党治国'是党权高于一切,执政党的指示高于宪法,谁不拥护党就是违法。政权机关成为执政党随意摆弄的工具,没有独立自主的权力。党组织包办代替政权机关的工作,代

---

① 《十八大以来重要文献选编》(上),中央文献出版社,2014年,第86页。
② 张千帆:《中国宪法为何难以落实》,《炎黄春秋》2011年第5期。

民做主,而不受实质性监督,党政不分,以党代政,干预司法"[①]。这一观点的实质就是要否定党的领导。

有些人将我们党强调的依宪执政与西方宪政混淆起来,用西方宪政诠释依宪执政,其实质就是要用西方宪政民主制度取代社会主义民主政治制度,为推翻社会主义制度不断制造"法理依据"和意识形态氛围。鼓吹西方宪政民主的人对党的领导、人民当家作主、依法治国有机统一不以为然,瓦解这个有机统一体是西方宪政民主思潮的最主要目标,核心目标是取消党的领导。针对西方宪政民主思潮的错误主张,有学者深刻指出,"社会主义民主的基础是人民,通过工人阶级及其政党的有效整合,体现最广大人民的意志,因而是人民民主,党的领导在其中起决定性作用。也因此,西方在民主上针对社会主义国家进行渗透的核心就是颠覆共产党的领导,主要思想武器是将'宪政民主'的政党轮替、三权分立、公权和私权的博弈等作为'普世民主的模式'加以推行。在西方民主思潮的渗透下,对于坚持和改善党的领导形成了所谓'一党独大'、'一党独裁'一类的强大的话语压力,不断造就在中国进行颜色革命的思想氛围。把我国的政治体制改革定位于'宪政改革',鼓吹通过诸如'党主立宪'方式,试图架空共产党而达到取消中国共产党的领导的目的,这是我们应当关注的新动向"[②]。中国特色社会主义法治实践表明,坚持人民当家作主、党的领导和依法治国这三者统一,是全面依法治国的政治前提和理论前提,任何割裂这三者统一的主张都会损害全面依法治国的实践推进。

[①] 高锴:《宪法是政治体制改革的旗帜》,《炎黄春秋》2013年第3期。
[②] 侯惠勤:《论中国特色社会主义民主制度建设》,《马克思主义研究》2015年第12期。

所以，在推进全面依法治国的实践进程中，我们要高度警惕西方宪政民主思潮的干扰和破坏。宪政民主是西方国家价值观输出的核心内容，它们将非西方价值观视为劣等价值观，认为西方宪政民主价值观具有普世意义。西方国家的宪政民主价值观输出动摇了一些发展中国家的意识形态基础，有些国家发生了"颜色革命"。但是，"颜色革命"使一些国家发生了国家分裂、政治动荡、经济滑坡等现象，"颜色革命"的正当性在受到质疑。但由于历史的和现实的原因，特别是长期形成的话语强势，西方宪政民主价值观在发展中国家的知识界和学术界的影响仍然不容小视。作为西方现行制度的宪政民主，在其自身的实践中暴露出许多矛盾，已受到西方学者中的有识之士的质疑和反思，"西式民主"的制度神话正在破灭。但是，有些人仍然信奉"西式民主"的制度神话，醉心于所谓"制度移植"，认为只要移植了西方民主制度，一切矛盾和问题就解决了。在西方国家的全球民主化战略中，民主价值观输出和民主制度移植是一个整体。价值观输出是先导，制度移植是具体实践和结果。

四、深刻理解全面从严治党的意识形态内涵

习近平总书记善于抓住事物的本质，善于从本质上理解坚持党的领导的极端重要性，强调党的领导是中国特色社会主义最本质的特征。就是说，党的领导是中国特色社会主义的本质规定，没有党的领导，中国特色社会主义就将失去存在的组织基础和领导基础，发展中国特色社会主义就是一句空话。我们也要从本质层面理解全面从严治党与社会主义意识形态建设的内在关联，要清醒认识到全面从严治党事关党能否保持自身独特

的政治优势、思想优势和道德优势,中国共产党只要能始终保持这三大独特优势,社会主义意识形态就能够获得最大程度的社会认同,社会主义事业就会不断得到发展。相反,治党不严、腐败严重必然使党丧失传统优势,严重削弱党的凝聚力和战斗力,必然影响到人们对社会主义意识形态的理性认知和情感认同。

一些党员干部官僚主义、脱离群众现象严重,致使一些党员干部和基层组织得不到群众的信任和支持,这一现象的存在和蔓延严重影响到党在人民群众中的地位。这一现象,谓之"失民"现象。为解决一些党员干部"失民"的倾向和危险,习近平总书记强调党员干部要始终做到"心中有民","大家心中要始终装着老百姓,先天下之忧而忧,后天下之乐而乐,做到不谋私利、克己奉公。对个人的名誉、地位、利益,要想得透、看得淡,自觉打掉心里的小算盘。要着力解决好人民最关心最直接最现实的利益问题,特别是要下大气力解决人民不满意的问题,多做雪中送炭的事情"[①]。毛泽东、邓小平等老一辈革命家都始终强调党要保持自身的政治优势,党最大的政治优势就是我们党始终能够得到人民群众的拥护和支持。习近平总书记强调指出,"我们党来自人民、服务人民,党根基在人民、血脉在人民、力量在人民。失去了人民拥护和支持,党的事业和工作就无从谈起"。

一些党员干部不重视马克思主义理论学习,没有任何理论兴趣,将理论学习、理论武装视为外在负担,不能用马克思主义理论指导工作。这一现象,谓之"失理"现象。针对党员干部队伍中的这一"失理"现象,习近平总书记强调指出,"大家要把学习掌握马克思主义理论作为看家本领,深入学习马克思列宁主

---

① 习近平:《做焦裕禄式的县委书记》,中央文献出版社2015年版,第6页。

义、毛泽东思想,深入学习邓小平理论、'三个代表'重要思想、科学发展观,深入学习十八大以来党的理论创新成果,不断领悟、不断参透,做到学有所得、思有所悟,注重解决好世界观、人生观、价值观这个'总开关'问题,真正做到对马克思主义虔诚而执着、至信而深厚"[①]。社会主义意识形态建设与党的建设也是"命运共同体",两者相互依存、相互促进。党的十八大以来,习近平总书记强调要加强党的思想建设,强调学习好马克思列宁主义是党员干部的看家本领,强调要发挥好党的思想优势。全面从严治党最难的可能就是如何加强党的思想建设,如何提高全党的马克思主义理论水平。这是因为党员干部的理论水平在很大程度上决定了他们对马克思主义和社会主义的信仰程度,如果党员干部对马克思主义和社会主义不信仰、不追求,就会削弱马克思主义和社会主义在人民群众中的影响,从而有损于党的威信、有害于社会主义意识形态建设。

一些党员干部不能以党员的标准严格要求自己,沉溺于享乐主义,以权谋私,道德败坏,对党的形象造成严重损害。这一现象,谓之"失德"现象。针对党员干部队伍中存在的"失德"现象,习近平总书记强调党员干部要做到"心中有戒","廉洁自律是共产党人为官从政的底线。我经常讲,鱼和熊掌不可兼得,当官发财两条道,当官就不要发财,发财就不要当官。要始终严格要求自己,把好权力关、金钱关、美色关,做到清清白白做人、干干净净做事、坦坦荡荡为官"[②]。中国共产党在一百多年的奋斗历程中形成了自己独特的道德优势,这一优势是无数共产党员用牺牲和奉献打造而成的。如果党员干部不能做到甘于牺牲、

[①] 习近平:《做焦裕禄式的县委书记》,中央文献出版社2015年版,第5页。
[②] 习近平:《做焦裕禄式的县委书记》,中央文献出版社2015年版,第11页。

乐于奉献,就谈不上道德上的优势。全面从严治党的重要任务之一就是要使党始终保持在道德上的优势,因为能否保持这一优势同样关系到人心向背,也关系到社会主义意识形态在全社会的认同程度。党的十八大以来,习近平总书记多次强调广大党员干部要注重修养、修身,要不断提高自身的道德水平。习近平总书记强调指出,"我们党作为马克思主义执政党,不但要有强大的真理力量,而且要有强大的人格力量;真理力量集中体现为我们党的正确理论,人格力量集中体现为我们党的优良作风"[①]。有了强大的真理力量和强大的人格力量,即有了思想优势和道德优势,党就会赢得广大人民群众的支持和信任,党的政治优势就会得以保持和弘扬。这就表明,党的政治优势、思想优势和道德优势是一个相互联系、相互作用的统一体,三者缺一不可。任何削弱这三大优势的思想和行为,必然有害于全面从严治党和社会主义意识形态建设。

---

① 《习近平总书记关于党的群众路线教育实践活动论述摘编》,党建读物出版社、中央文献出版社2014年版,第56页。

第十一章
科学把握当代中国哲学社会科学发展的规律性

2016年5月17日,习近平在哲学社会科学工作座谈会上发表讲话,这个重要讲话对如何繁荣发展当代中国哲学社会科学进行了系统阐述,揭示了当代中国哲学社会科学发展的基本规律,为做好新时代哲学社会科学工作提供了基本遵循。在习近平关于繁荣发展哲学社会科学的重要思想指引下,我国哲学社会科学领域发生了许多新变化、产生了许多新气象,一些消极现象在很大程度上被克服。但是,我们也应看到,哲学社会科学领域的有些问题具有长期性和顽固性,解决这些问题的关键在于能否真正落实习近平关于繁荣发展哲学社会科学的重要思想。可以说,只有真正遵循习近平科学揭示的当代中国哲学社会科学发展的基本规律,才能使当代中国哲学社会科学发展始终体现时代性、把握规律性、富有创造性,始终沿着正确的轨道不断向前发展与进步,始终为社会主义现代化建设和中华民族伟大复兴提供强大的精神动力。

一、坚持以马克思主义为指导发展哲学社会科学，是近代以来我国发展历程赋予的规定性和必然性

关于我国哲学社会科学发展与马克思主义的内在关系，习近平指出，"在我国，不坚持以马克思主义为指导，哲学社会科学就会失去灵魂、迷失方向，最终也不能发挥应有作用"[①]。由此可见，马克思主义的立场、观点和方法是我国哲学社会科学的灵魂，只有坚持以马克思主义为指导，我国哲学社会科学才能在正确的轨道上向前发展，才能对社会发展起推动作用。在这个问题上，我们要始终保持清醒头脑，任何怀疑、动摇、歪曲、否定马克思主义指导的倾向和行为，必然会对我国哲学社会科学的发展和整个社会的发展造成危害和损失。一百多年来，我国哲学社会科学发展从正反两个方面充分证明了这一点。我们应从马克思主义的科学性、历史发展的必然性和实践有效性上，正确认识坚持以马克思主义为指导对当代中国哲学社会科学发展的灵魂作用。

（一）马克思主义的科学性为当代中国哲学社会科学的科学发展确立了思想内核。习近平指出，我国哲学社会科学坚持以马克思主义为指导，是近代以来我国发展历程赋予的规定性和必然性。这样的规定性和必然性，是由马克思主义的科学性决定的。马克思主义传入中国的时候，中华民族和中国人民正面临帝国主义列强的欺侮践踏、帝国主义文化的全面渗透和亡国灭种的生存危机，"中国向何处去"成为中华民族和中国人民

---

① 习近平：《在哲学社会科学座谈会上的讲话》，人民出版社2016年版，第9页。

的世纪之问,如何回答这个世纪之问显得迫切而艰难。中国人民、特别是先进知识分子在各种思想的碰撞和比较中选择了马克思主义,做出这样的选择,从马克思主义的科学性上看,主要基于这样几个方面的原因:第一,面临帝国主义、封建主义和官僚资本主义三座大山压迫的中国人民,最主要的历史任务是反封建主义和反帝国主义,只有马克思主义具有反封建主义和反帝国主义的双重特性。因此,马克思主义契合了近现代中国社会的实践需要。第二,马克思主义的传入使中国人民科学认识历史和现实成为可能,揭示一切唯心主义和形而上学的片面性、局限性成为可能,马克思主义以其理论的透彻性和彻底性在纷繁复杂的理论丛林和思想谜团中脱颖而出。第三,马克思主义公开为一切劳动阶级、特别是无产阶级利益辩护,为中国先进分子、先进政党明确自己的阶级基础和依靠力量提供了理论依据。马克思主义在中国的传播和发展,使中国哲学社会科学有了共同的思想内核,使中国哲学社会科学的发展有了明确的前进方向。

(二)马克思主义在中国的大众化为当代中国哲学社会科学的科学发展奠定了社会基础。马克思主义在中国的普及化和大众化是一个长期的历史过程,在这一历史进程中,马克思主义由一种少数人关注的社会思潮,变成了有着广泛社会影响和深厚社会基础的科学理论,这一历史进程带动了我国哲学社会科学的科学发展。在马克思主义大众化进程中,广大人民群众的理论水平和认识能力有了显著提高,哲学社会科学发展的群众基础不断扩大。因此,马克思主义的大众化水平的提高对推动哲学社会科学的科学发展也是十分重要的。可以说,马克思主义大众化同哲学社会科学的科学发展具有统一性。在历史实践中,这种统一性往往同知识分子问题密切相关。因为,知识分子是研究和传播哲学社会科学的重要力量,知识分子的认知能力和思想水平往往关系到哲学社会科学的呈现方式和社会影响。因此,不论在革命战争年代,还是在和平建设时期,中国共产党都特别重视知识分子的发展与进步问题,没有知识分子的发展与进步,就不会有哲学社会科学的发展与进步。毛泽东在《整顿党的作风》一文中强调指出,"我们尊重知识分子是完全应该的,没有革命知识分子,革命就不会胜利。但是我们晓得,有许多知识分子,他们自以为很有知识,人摆其知识架子,而不知道这种架子是不好的,是有害的,是阻碍他们前进的。他们应该知道一个真理,就是许多所谓知识分子,其实是比较地最无知识的,工农分子的知识有时倒比他们多一点。……最重要的,是善于将这些知识应用到生活和实际中去。所以我劝那些只有书本知识但还没有接触实际的人,或者实际经验尚少的人,应该明白自己的缺点,将自己的态度放谦虚一些"[①]。在《正确处理人民内部矛盾》一文中,毛泽东强调指出,"我国的艰巨的社会主义建设事业,需要尽可能多的知识分子为它服务。……为了充分适应新社会的需要,为了同工人农民团结一致,知识分子必须继续改造自己,逐步地抛弃资产阶级的世界观而树立无产阶级的、共产主义的世界观。世界观的转变是一个根本的转变,现在多数知识分子还不能说已经完成了这个转变。我们希望我国的知识分子继续前进,在自己的工作和学习的过程中,逐步地树立共产主义的世界观,逐步地学好马克思列宁主义,逐步地同工人农民打成一片,而不要中途停顿,更不要向后倒退,倒退是没有出

---

① 《毛泽东选集》第3卷,人民出版社1991年版,第816页。

路的。……没有正确的政治观点,就等于没有灵魂"①。马克思主义大众化包含知识分子对马克思主义的学习与运用,不断学习、不断运用马克思主义,即始终坚持以马克思主义为指导从事哲学社会科学工作,就是毛泽东所强调的"不要中途停顿,更不要向后倒退"。在哲学社会科学领域,"中途停顿"和"向后倒退"的现象是客观存在的,这种现象的存在有害于学科发展、立德树人和文化传承工作。

(三)马克思主义中国化的伟大实践为当代中国哲学社会科学的科学发展赋予了不竭动力。 马克思主义中国化就是将马克思主义普遍真理与中国具体实际相结合,用马克思主义指导革命和建设。这是一个伟大的历史进程,马克思主义中国化的伟大实践使中华民族和中国人民的面貌发生了历史性变化,也极大推动了中国哲学社会科学的发展与进步,哲学社会科学在伟大实践中不断汲取丰富营养、不断获得前进动力。具体而言,马克思主义中国化的伟大实践对当代中国哲学社会科学的科学发展的重要意义,主要体现在两大方面:第一,马克思主义中国化的实践探索不断推动哲学社会科学研究和解决实践中的新课题,不断推动哲学社会科学回答和解决发展中的新问题;第二,马克思主义中国化的伟大实践需要哲学社会科学不断科学总结,推动马克思主义理论的科学发展,马克思主义中国化在理论上的每一次发展都离不开哲学社会科学的深化研究和创新发展。由此可见,我国哲学社会科学发展的生命力就存在于马克思主义中国化的伟大实践中,任何脱离、背离马克思主义中国化的倾向,任何轻视和否定马克思主义指导作用的倾向,都是错误

---

① 《毛泽东文集》第7卷,人民出版社1999年版,第225—226页。

和有害的。

二、创新是社会发展、实践深化、历史前进对哲学社会科学的必然要求

关于推动当代中国哲学社会科学创新发展的重要性,习近平强调指出,"创新是哲学社会科学发展的永恒主题,也是社会发展、实践深化、历史前进对哲学社会科学的必然要求。社会总是在发展的,新情况新问题总是层出不穷的,其中有一些可以凭老经验、用老办法来应对和解决,同时也有不少是老经验、老办法不能应对和解决的。如果不能及时研究、提出、运用新思想、新理念、新办法,理论就会苍白无力,哲学社会科学就会'肌无力'"[①]。哲学社会科学的发展历程就是一个不断创新的历史过程,任何保守、封闭、僵化的观念和倾向都不利于哲学社会科学的发展与进步。创新既是哲学社会科学的重要使命,又是哲学社会科学保持旺盛生命力的内在要求。

(一)围绕坚持和发展中国特色社会主义,推动当代中国哲学社会科学创新发展。当代中国哲学社会科学在中国特色社会主义事业发展实践中,发挥了巨大的推动作用,我国在政治、经济、文化、社会、生态上的发展与进步都与哲学社会科学的创新发展密不可分。改革开放以来,中国共产党人从维护和发展广大人民群众的根本利益、坚持和发展中国特色社会主义伟大事业出发,提出了许多具有原创性和时代性概念和理论,推动了中国特色社会主义理论体系和制度体系的发展和完善,"在这个过

---

① 习近平:《在哲学社会科学工作座谈会上的讲话》,人民出版社2016年版,第20页。

程中,我国哲学社会科学界作出了重大贡献,也形成了不可比拟的优势"①。由此可见,必须紧紧围绕坚持和发展中国特色社会主义,推动当代中国哲学社会科学的创新发展。所以说,尽管哲学社会科学各门学科差异很大,但是每一门学科的发展都同中国特色社会主义有着不可分割的联系,任何脱离中国特色社会主义事业发展、任何"非意识形态化"的观点和倾向,都会损害哲学社会科学的健康发展,都会损害中国特色社会主义事业发展。因此,我国哲学社会科学的创新发展是有原则、有方向的,这个原则和方向就是坚持和发展中国特色社会主义。邓小平在改革开放初期对马克思主义思想理论工作提出的要求,同样适用于整个当代中国哲学社会科学工作,"马克思主义的思想理论工作是不能离开现实政治的。……不能设想,离开政治的大局,不研究政治的大局,不估计革命斗争的实际发展,能成为一个马克思主义的思想家、理论家"②。正反两方面的经验教训充分表明,坚持正确政治方向既是哲学社会科学创新发展的基本前提,也是哲学社会科学自身发展的内在要求。

(二)"理论创新只能从问题开始"。习近平指出,"理论思维的起点决定着理论创新的结果。理论创新只能从问题开始。从某种意义上说,理论创新的过程就是发现问题、筛选问题、研究问题、解决问题的过程"③。习近平强调,当代中国哲学社会科学工作者要着力解决五大方面的问题。第一,在思想文化方面,哲学社会科学工作者要重点关注和深入研究,在人们的思想

---

① 习近平:《在哲学社会科学工作座谈会上的讲话》,人民出版社2016年版,第21页。
② 《邓小平文选》第2卷,人民出版社1994年版,第179页。
③ 习近平:《在哲学社会科学工作座谈会上的讲话》,人民出版社2016年版,第20页。

观念日益多元活跃的情况下，如何巩固马克思主义在哲学社会科学领域的指导地位，如何更好地凝聚社会共识。第二，在经济发展方面，哲学社会科学工作者要重点关注和深入研究，面对我国经济发展进入新常态、新阶段，国际发展环境发生深刻变化的新形势，如何实现更高质量发展，如何推进更高水平开放。第三，在社会治理方面，哲学社会科学工作者要重点关注和深入研究，面对矛盾、风险和挑战不断增多的新形势，如何提高社会治理水平和治理能力。第四，在对外交流方面，面对日益复杂严峻的外部挑战，如何加强文化软实力建设，如何提高我国的国际话语权。第五，在党的建设与发展方面，哲学社会科学工作者要重点关注和深入研究，面对全面从严治党不断推进、党的建设内外部环境发生新变化，如何推进新时代党的建设伟大工程，如何保持党的先进性和纯洁性，如何使党的领导更加坚强有力。[①]

（三）推动当代中国哲学社会科学创新发展必须坚持的方法论原则。要真正实现哲学社会科学的创新发展，真正发挥好哲学社会科学在社会主义现代化实践进程中的独特作用，必须遵循科学的方法论原则，使哲学社会科学始终不偏离正确的发展轨道。第一，坚持从实际出发。哲学社会科学是用思想理论把握世界，思想理论要能够科学把握世界，首先就要做到从实际出发，也就是马克思主义经典作家反复强调的：要从事实出发，而不能从观念出发。具体而言，当代中国哲学社会科学创新发展要从当代中国的国情出发，包括社会主义初级阶段这个最大实际、坚持四项基本原则这个政治实际和坚持社会主义先进文化方向这个文化实际，还包括新时代我国社会主要矛盾的变化

---

① 习近平：《在哲学社会科学工作座谈会上的讲话》，人民出版社2016年版，第6—7页。

第十一章 科学把握当代中国哲学社会科学发展的规律性

及其发展趋势,等等。当代中国哲学社会科学只有从这些具体实际、具体矛盾出发,才能真正实现创新发展。第二,注重把握规律性。发现规律、应用规律是哲学社会科学的重要职能和发展特点,因此,哲学社会科学创新发展必须在如何把握规律性上下功夫。习近平强调,所谓把握规律,就是"坚持马克思主义立场、观点、方法,透过现象看本质,……使理论和政策创新充分体现先进性和科学性"[①]。当代哲学社会科学创新发展还要围绕共产党执政规律、社会主义建设规律和人类社会发展规律,开展创造性理论研究工作,推动当代中国哲学社会科学更好地体现时代性、把握规律性、富有创造性。第三,坚持继承与创新相统一。习近平强调,哲学社会科学的发展,要善于融通古今中外的各种资源,包括马克思主义的资源、中华优秀传统文化的资源和国外哲学社会科学的资源。但是,对这三大方面资源的运用不能用简单移植、机械模仿、生搬硬套的办法,要将继承与创新有机统一起来,"要坚持古为今用、洋为中用,融通各种资源,不断推进知识创新、理论创新、方法创新。我们要坚持不忘本来、吸收外来、面向未来,既向内看、深入研究关系国计民生的重大课题,又向外看、积极探索关系人类前途命运的重大问题;既向前看、准确判断中国特色社会主义发展趋势,又向后看、善于继承和弘扬中华优秀传统文化精华"[②]。第四,坚持以人民为中心。哲学社会科学研究往往是个体劳动,常常离不开研究者的个性发挥。但是这里的个性不能脱离社会性,哲学社会科学研究不

---

① 习近平:《在经济社会领域专家座谈会上的讲话》,人民出版社2020年版,第12页。
② 习近平:《在哲学社会科学工作座谈会上的讲话》,人民出版社2016年版,第16页。

能成为完全的个性发挥和个人独白。事实上,这样的个人独白往往脱离社会、脱离群众,不可能起到积极的社会作用。习近平强调指出,为什么人的问题,是哲学社会科学研究的根本性和原则性问题,"我国哲学社会科学要有所作为,就必须坚持以人民为中心的研究导向。脱离了人民,哲学社会科学就不会有吸引力、感染力、影响力、生命力。我国广大哲学社会科学工作者要坚持人民是历史创造者的观点,树立为人民做学问的理想,尊重人民主体地位,聚焦人民实践创造,自觉把个人学术追求同国家和民族发展紧紧联系在一起,努力多出经得起实践、人民、历史检验的研究成果"①。

三、坚持批判精神是当代中国哲学社会科学健康发展的重要条件

坚持以马克思主义为指导,坚持为社会主义事业发展服务,这是当代中国哲学社会科学的政治本色,任何时候都不能脱离和改变这个政治本色。同时,我们也应看到,哲学社会科学的发展往往伴随着思想理论的交锋和意识形态的斗争。世界社会主义发展实践表明,哲学社会科学领域常常成为错误观念、错误思潮的集散地,哲学社会科学政治颜色的改变往往成为形形色色的颜色革命的先导。因此,确保当代中国哲学社会科学不变色,是坚持和发展中国特色社会主义伟大事业的客观需要和必然要求。为此,我们必须大力弘扬批判精神和斗争精神,同一切试图改变我国哲学社会科学政治本色的倾向和行为进行斗争。

---

① 习近平:《在哲学社会科学工作座谈会上的讲话》,人民出版社2016年版,第12—13页。

（一）"哲学社会科学要有批判精神"。习近平强调，"哲学社会科学要有批判精神，这是马克思主义最可贵的精神品质"①。在这里，哲学社会科学的批判精神是基于马克思主义立场、观点和方法的批判精神。从批判内容看，坚持和弘扬哲学社会科学的批判精神，主要应批判形形色色的教条主义，要将批判"洋教条"、"马教条"、"古教条"有机统一起来。第一，哲学社会科学要批判一切"食洋不化"倾向和现象。习近平强调，"解决中国的问题，提出解决人类问题的中国方案，要坚持中国人的世界观、方法论。如果不加分析把国外学术思想和学术方法奉为圭臬，一切以此为准绳，那就没有独创性可言了。如果用国外的方法得出与国外同样的结论，那也就没有独创性可言了。要推出具有独创性的研究成果，就要从我国实际出发，坚持实践的观点、历史的观点、辩证的观点、发展的观点，在实践中认识真理、检验真理、发展真理"②。第二，哲学社会科学要批判在对待马克思主义问题上的教条主义倾向和现象。在中国革命和建设进程中，教条主义都曾给事业发展造成很大的伤害和损失。毛泽东在《论十大关系》一文中深刻指出，"社会科学，马克思列宁主义，斯大林讲得对的那些方面，我们一定要继续努力学习。我们要学的是属于普遍真理的东西，并且学习一定要与中国实际相结合。如果每句话，包括马克思的话，都要照搬，那就不得了。我们的理论，是马克思列宁主义的普遍真理同中国革命的具体实践相结合。党内一些人有一个时期搞过教条主义，那时我们

---

① 习近平：《在哲学社会科学工作座谈会上的讲话》，人民出版社2016年版，第18页。
② 习近平：《在哲学社会科学工作座谈会上的讲话》，人民出版社2016年版，第19页。

批评了这个东西。但是现在也还是有。学术界也好,经济界也好,都还有教条主义"①。第三,哲学社会科学要批判一切复古主义倾向和现象。在哲学社会科学领域还存在"食古不化"的现象,鼓吹"今不如昔",主张恢复封建主义文化传统。这一复古主义逆流往往打着弘扬中国传统文化的招牌,具有一定的迷惑性和欺骗性。

(二)当代中国哲学社会科学研究领域存在的主要问题。习近平指出了当代哲学社会科学研究领域、特别是在研究方法上主要存在的两大问题。一是以马克思主义为指导落实不到位,"有的认为马克思主义已经过时,中国现在搞的不是马克思主义;有的说马克思主义只是一种意识形态说教,没有学术上的学理性和系统性。实际工作中,在有的领域中马克思主义被边缘化、空泛化、标签化,在一些学科中'失语'、教材中'失踪'、论坛上'失声'。这种状况必须引起我们高度重视"②。这里的"三化"、"三失"现象,是长期以来在哲学社会科学领域和教育战线,以马克思主义为指导落实不到位的突出表现,危害极大,必须下大力气有效克服这一现象。二是存在"全盘西化"的倾向和现象,普世价值、宪政民主、新自由主义、历史虚无主义等错误思潮,在哲学社会科学不同学科有着比较广泛的影响,在批判、反对和抵制这些错误思潮问题上,还存在认识不到位、行动跟不上的现象。对此,习近平明确指出,"对国外的理论、概念、话语、方法,要有分析、有鉴别,适用的就拿来用,不适用的就不要生搬硬

---

① 《毛泽东著作选读》(下册),人民出版社1986年版,第741—742页。
② 习近平:《在哲学社会科学工作座谈会上的讲话》,人民出版社2016年版,第10页。

第十一章 科学把握当代中国哲学社会科学发展的规律性

套"①。上述这两个方面的问题是紧密联系在一起的,以马克思主义为指导落实不到位就会导致"全盘西化"的产生,"全盘西化"思潮的泛滥又往往给落实以马克思主义为指导带来困难和挑战。

(三)增强斗争本领,敢于斗争、善于斗争。习近平曾经指出,做好宣传思想工作,要在基础性、战略性工作上下功夫。哲学社会科学工作就是宣传思想工作的基础性、战略性工作,而马克思主义理论武装工作就是哲学社会科学工作的基础性、战略性工作。基础性、战略性工作做不好,其他方面的工作就必然流于形式,也很难有实质性发展。在哲学社会科学领域,一些人常常借学术研究传播错误社会思潮,散布各种反马克思主义、反社会主义的思想观点。如果我们不能透彻把握这些错误观点的实质与危害,就很难开展哲学社会科学领域的意识形态斗争。最根本的还是要求我们必须掌握马克思主义理论这个看家本领,发挥好马克思主义理论的显微镜、透视镜和望远镜作用。一百多年来中国社会的曲折发展史充分表明,有没有科学理论指导事关一个社会、一个政党的前途和命运。1945年6月17日,毛泽东在中国革命死难烈士追悼大会上的演说中深刻指出:"我们的前人没有料到世界会发生十月社会主义革命这样重大的历史事变,更没有料到中国会进步到有共产党领导的进行新民主主义革命这样的队伍,同时他们也没有料到中国革命会这样长还没有胜利。他们那时在敌人压迫面前只是开始起来反抗,至于下文如何,我看是还没有考虑成熟。不像我们现在开七大这样,对历史经验进行了总结,对当前的形势和前途都有明确的认识,

---

① 习近平:《在哲学社会科学工作座谈会上的讲话》,人民出版社2016年版,第18页。

因此我们有巩固的信心。我们的前人没有预料到这些,也不能怪他们,他们那时还没有革命的社会科学、还没有马克思主义武装头脑。我们是用科学社会主义武装头脑的人,看清楚社会前途的人,我们比他们进步,我们要完成他们没有完成的事业。"[1]毛泽东这里所说的"革命的社会科学"就是以马克思主义为指导的社会科学,这样的社会科学比其他社会科学能够更透彻地把握历史、现实与未来,运用这样的社会科学就能够解决社会运动中的盲目性问题,从而将"拉车"与"看路"有机统一起来。一个世纪以来,中国共产党人就是凭借这样的社会科学,不断推进革命和建设事业,不断推进中华民族复兴伟业。同时,我们还应看到,面对哲学社会科学领域复杂而尖锐的意识形态斗争形势,不敢斗争、不善斗争的现象也是客观存在的。有的人明哲保身,不愿直面矛盾,不敢挺身亮剑,这就是习近平曾经批判过的"骑墙派"和"看风派"。对此,习近平强调要旗帜鲜明坚持党性原则,不能躲躲闪闪、含糊其词,反对什么、坚持什么,做什么事、说什么话,都要符合党的要求,始终坚持党性和人民性的统一,站稳立场,坚定维护马克思主义在哲学社会科学领域的指导地位。善于开展哲学社会科学领域的意识形态斗争,最重要的就是要科学把握社会思潮的产生、发展和起作用的规律,科学把握一切反马克思主义、反社会主义思潮的方法论特点,做到有的放矢,通过有效批判和斗争,不断缩小错误思潮在哲学社会科学领域的传播面和影响力,不断推动当代中国哲学社会科学健康发展,更好发挥哲学社会科学的资政育人、思想引领、文化传承和理论创新功能。

---

[1] 《毛泽东文集》第3卷,人民出版社1996年版,第435页。

第十二章
科学把握"四史"显证的规律性

马克思主义经典作家强调,人是历史的"剧中人",也是历史的"剧作者"。作为"剧中人",人都是历史大剧中一个给定的角色,人在既定的社会历史环境中成长与发展,背后起决定作用的是社会发展规律。作为"剧作者",人又是历史大剧中的一个编剧或导演,历史大剧的跌宕起伏、波澜壮阔都离不开人的规划与推动,这种规划与推动不能背离社会发展规律。我们从历史中获得的最大财富就是对社会发展规律的认知与遵循,正是从这个意义上说,历史是最好的老师。正如习近平总书记所强调的,要把学习贯彻党的创新理论作为思想武装的重中之重,同学习马克思主义基本原理贯通起来,同学习党史、新中国史、改革开放史、社会主义发展史结合起来。

一、"四史"显证了共产党执政规律

党史、新中国史、改革开放史、社会主义发展史从不同方面显证了共产党执政的基本规律,主要体现在以下几个方面。

中国共产党是为了人民而产生的政党,党除了人民的根本利益,不存在自己的特殊利益,党的一切努力与奋斗都是为了人民。坚持群众标准不是要做群众的尾巴，而是强调党的工作必须坚持群众路线，从根本上克服个人主义和主观主义。群众标准是主观与客观、理论与实践的高度统一，坚持群众标准就是坚持辩证唯物主义的认识路线。以人民为中心就是强调必须时刻警惕脱离群众的危险。

世界社会主义发展史表明，共产党执政的最大敌人是脱离群众，有的大党老党丧失领导权的根本原因就是脱离群众。在中国共产党的百年奋斗历程中，"左"倾和右倾错误曾经给革命和建设事业造成很大损失，"左"倾和右倾错误的根源往往同脱离群众密切相关。

先进性是中国共产党的基本特性，始终保持先进性，党才能发挥先锋队的作用。全面从严治党是保持先进性的重要手段，一些党员干部由于放松了对自己的先进性要求，在思想和行动上落后于广大群众，甚至站到了人民群众的对立面。这就需要通过全面从严治党，克服党内各种消极现象，使党的先进性得以保持和发挥。全面从严治党是提高党的执政能力的重要路径。全面从严治党是应对各种风险挑战的实践要求，党的执政能力和水平取决于广大党员干部的精神状态和领导能力，那些思想不纯、组织不纯、作风不纯的干部在实践中必然表现为不作为和乱作为，必然丧失履职尽责的能力，必然使党和国家利益受损。这就需要通过全面从严治党解决一些党员干部思想不纯、组织不纯、作风不纯的问题，为提高党的执政能力扫除精神障碍和能力障碍。

旗帜鲜明讲政治是中国共产党作为马克思主义政党的根本要求。党的根本性建设是党的政治建设，党的政治建设水平决定党的建设方向和效果。党的政治建设的首要任务是保证全党服从中央,坚持党中央权威和集中统一领导。这是世界社会主义发展史的一个重要宝贵经验,能否搞好政治建设,往往事关党的生死存亡。党内一些消极现象必须通过加强政治建设才能克服。

在长期的革命与建设实践中,中国共产党形成了重视政治建设的传统。在新时代,党内政治生活状况总体是好的,但也还存在一些亟待解决的突出矛盾和问题,主要是:在一些党员、干部中,理想信念不坚定、对党不忠诚、纪律松弛、脱离群众、独断专行、弄虚作假、庸懒无为,个人主义、分散主义、自由主义、好人主义、宗派主义、山头主义、拜金主义不同程度存在,形式主义、官僚主义、享乐主义和奢靡之风问题突出。这些问题,严重侵蚀党的思想道德基础,严重破坏党的团结和集中统一,严重损害党内政治生态和党的形象,严重影响党和人民事业发展。这就需要通过加强政治建设解决上述种种突出问题,使党的政治生态更加健康,使党的政治本色更加鲜明。

中国共产党不断发展、前进的精神动力是理想信念。理想信念的强大感召力将先进分子吸引进党组织,将广大人民群众吸引在党周围。没有理想信念,党员就会失去灵魂,党的团结统一就失去了思想基础和精神感召力。坚定理想信念就是要自觉做共产主义远大理想和中国特色社会主义共同理想的坚定信仰者和忠实实践者。马克思曾经强调,无产阶级政党既不容许别人恫吓自己,也不容许离开正确的道路。这就是强调对科学理想要始终不渝地信仰和实践,在任何情况下都不能丧失理想信念。马克思主义社会理想从来都不是虚幻的主观想象,而是历史必然性的现实表现,它的实现需要遵循社会发展规律,又需要充分发挥人的主观能动性,需要发挥伟大的实践精神和斗争精神。

二、"四史"显证了社会主义建设规律

党史、新中国史、改革开放史、社会主义发展史的不变主题是如何推动社会主义建设事业,如何把握好社会主义建设规律。"四史"的丰富实践表明,建设好社会主义必须遵循社会主义建设规律,在事关如何坚持社会主义发展方向、如何坚持党的领导和如何掌握意识形态工作领导权等重大问题上,要遵循历史实践显证的规律性。

社会主义是"四史"的核心"范畴",必须不断坚持和发展社会主义。在艰难的革命时期,社会主义是革命先辈的崇高追求;在社会主义建设时期,社会主义是现实的实践进程;在世界社会主义发展史上,社会主义始终是理论与实践的核心。是否坚持社会主义方向是能否建设好社会主义的根本问题,有些社会主义国家遭受挫折乃至失败,其根本原因就是没有坚持社会主义方向。在当代中国,坚持社会主义方向,就是要坚持中国特色社会主义道路、理论、制度和文化,坚定中国特色社会主义道路自信、理论自信、制度自信和文化自信。在改革开放条件下,我们党始终强调中国特色社会主义是社会主义,强调不论怎么改革、怎么开放,我们都要始终坚持中国特色社会主义道路、中国特色社会主义理论、中国特色社会主义制度和中国特色社会主义文化。

"四史"用生动实践证明了坚持党的领导对社会主义事业发展的核心作用,弱化甚至丧失党的领导必然导致社会主义事业遭受挫折乃至失败。在新时代,习近平总书记正是从推进社会主义事业的高度,明确中国特色社会主义最本质的特征是中国

第十二章 科学把握"四史"显证的规律性

共产党领导,中国特色社会主义制度的最大优势是中国共产党领导;明确党政军民学,东西南北中,党是领导一切的,必须增强政治意识、大局意识、核心意识、看齐意识,自觉维护党中央权威和集中统一领导。这些重要思想是对马克思主义政党理论的重大创新和发展,极大丰富了中国特色社会主义理论体系和制度体系。

世界社会主义发展史从正反两个方面有力证明坚持党的领导事关事业成败、事关党的前途命运。列宁在俄国开创的社会主义事业曾经走过辉煌的历程,但是在前苏联发展的最后阶段,由于党的领导层在道路的选择和发展的方向等问题上犯了严重错误,党的领导变成了党的误导,致使整个党失去了前进的方向和动力。苏共垮台前,一项调查显示,65%的党员认为应当发展多党制,46%的人支持党内不同派别的存在,53%的党员赞成将党组织逐出工厂企业,69%的党员赞成将党组织逐出军队、法庭、检察机关、内务机关和安全机关。这种混乱状况表明,在苏共垮台、苏联解体前,苏共已经丧失了对党和国家的领导权,70多年的苏联社会主义事业以失败而告终,这个教训极其深刻,永远值得汲取。

"四史"从正反两个方面凸显了做好意识形态工作对社会主义发展的重要性。做好意识形态工作,关键在于掌握意识形态工作领导权。只有牢牢掌握意识形态工作领导权,才能克服思想理论战线软弱涣散状态。只有牢牢掌握意识形态工作领导权,才能有效防范意识形态风险。意识形态风险不是空穴来风,而是客观存在的现实挑战。习近平总书记曾经严肃指出,"各种敌对势力一直企图在我国制造'颜色革命',妄图颠覆中国共产党领导和我国社会主义制度。这是我国政权安全面临的现实危险。他们选中的一个突破口就是意识形态领域,企图把人们思想搞乱,然后浑水摸鱼、乱中取胜"。在意识形态战场,一步被动往往导致多步被动。增强主动性、掌握主动权、打好主动仗就是牢牢掌握意识形态领导权的具体要求。

三、"四史"显证了人类社会发展规律

人类社会发展史也是一部人类自我认识史,作为人类社会发展史的组成部分,"四史"是对社会主义社会的认识史。五百多年来人类从未中断对社会主义社会的认识和探索,并通过对社会主义社会的认识,不断深化对整个人类社会发展史的理解。

社会主义的产生和发展是人类社会发展的必然。在马克思主义产生以前,人类社会发展史充斥着各种唯心主义历史观。只有马克思主义才科学地揭示了人类社会发展的基本规律,揭示了社会主义代替资本主义的历史必然性,这一揭示直接推动了社会主义在理论和实践上的发展。正如习近平总书记所说,我们要"坚持和运用马克思主义的实践观、群众观、阶级观、发展观、矛盾观,真正把马克思主义这个看家本领学精悟透用好"。党史、新中国史、改革开放史和社会主义发展史都生动诠释了科学认识和正确运用人类社会发展规律的重要意义。"四史"也用实践证明,任何民族、任何组织、任何个人都不能违背人类社会发展规律,违背了就必然要受到规律的惩罚。

遵循人类社会发展规律需要共产党人带领人民始终不懈奋斗。马克思主义对人类社会发展规律揭示,显证了马克思主义社会理想的客观必然性。同时,我们也看到,马克思主义社会理想从来都不是自动实现的,需要人类付出巨大的主观努力。在

马克思主义社会理想现实化的历史进程中,共产党人和广大人民群众需要付出艰苦的努力甚至巨大的牺牲。正如列宁所说,"资本主义本身造就了自己的掘墓人,本身创造了新制度的因素,而同时,如果没有'飞跃',这些单个的因素便丝毫不能改变总的局面,不能触动资本的统治"。十月革命的胜利、我国新民主主义革命的胜利就是列宁所说的"飞跃",这种飞跃是共产党人带领人民顺应历史大势即科学把握历史规律的实践成果,为了实现这种飞跃,中国共产党人和广大人民群众付出了艰苦努力和巨大牺牲。中国共产党带领人民已经实现了一次又一次伟大飞跃,并将继续推动中华民族和人类社会不断向前飞跃。

第十三章
正确把握我国社会主义历史发展的整体性

党的十八大以来,习近平总书记多次强调:"只有理论上清醒才能有政治上清醒,只有理论上坚定才能有政治上坚定。"理论上是否清醒和坚定是一个前提性和基础性问题。做到理论上清醒和坚定最关键的是要掌握唯物辩证法,用唯物辩证法科学辨识和有力批判种种形而上学观点。在当代中国,在如何认识我国社会主义的历史发展问题方面存在着一些形而上学观点,这些理论主张的方法论特征就是用阶段性否定整体性、用曲折性否定前进性、用片面性否定全面性,形成了对我国社会主义理论、社会主义实践和社会主义制度的错误认识。对此,我们应有清醒认知。

一、我国社会主义事业发展指导思想的整体性

我国社会主义事业发展的指导思想是一个有机统一的整体,它是一个不断发展的历史过程,即马克思主义基本原理与中国实际相结合的过程。不同历史阶段形成的指导思想是继承与创新的关系,而不是相互替代、相互否定的关系,统一服务于我国社会主义事业的发展和进步。

第十三章　正确把握我国社会主义历史发展的整体性

今天,我国社会主义事业发展指导思想的整体性集中体现在中国特色社会主义理论体系中。关于这一点,习近平总书记这样指出:中国特色社会主义理论体系是马克思主义中国化最新成果,包括邓小平理论、"三个代表"重要思想、科学发展观,同马克思列宁主义、毛泽东思想是坚持、发展和继承、创新的关系。马克思列宁主义、毛泽东思想一定不能丢,丢了就丧失根本。党的十八大以来,以习近平同志为核心的党中央立足于我国改革开放和现代化建设的现实、以我们正在做的事情为中心,着眼于马克思主义理论的运用,着眼于新的实践和新的发展,坚持马克思列宁主义、毛泽东思想、邓小平理论、"三个代表"重要思想、科学发展观,提出了一系列治国理政新理念、新思想、新战略,进一步丰富了中国特色社会主义理论体系。由此可见,只有从社会主义实践发展的需要出发,只有坚持我国社会主义事业发展指导思想的整体性,才能正确认识马克思主义中国化的历史必然性,才能推进我国社会主义事业不断向前发展。

在割裂我国社会主义事业发展指导思想整体性的理论观点中,最为集中的是割裂毛泽东思想与邓小平理论的关系。比如,有人提出,"我国改革开放前30年的指导思想是毛泽东思想,改革开放后30年的指导思想是邓小平理论";有人提出,"当代中国在政治上遵循的是毛泽东思想,在经济上遵循的是邓小平理论";有人提出,"毛泽东思想代表'左',邓小平理论代表右",等等。这些观点都是错误的,因为它们没有正确理解毛泽东思想和邓小平理论的内在联系,没有正确理解两者是一个有机整体。

习近平总书记在纪念毛泽东诞辰120周年座谈会上的讲话中指出,毛泽东同志是伟大的马克思主义者,伟大的无产阶级革命家、战略家、理论家,是马克思主义中国化的伟大开拓者,毛泽东思想活的灵魂是贯穿其中的立场、观点、方法,它们有三个基本方面,这就是实事求是、群众路线、独立自主。新形势下,我们要坚持和运用好毛泽东思想活的灵魂,把我们党建设好,把中国特色社会主义伟大事业继续推向前进。邓小平很好地坚持了实事求是、群众路线、独立自主毛泽东思想活的灵魂的三个基本方面,创造性地发展了马克思主义,开创了马克思主义中国化的新境界。有些人对毛泽东思想和邓小平理论的科学含义根本没搞清楚,只是望文生义、主观臆断,于是就衍生了许多形而上学的错误观点。邓小平在完整准确理解毛泽东思想方面做出了重要贡献,我们也要完整准确理解邓小平理论。所谓"完整准确",就是坚持整体性、反对片面性,反对任意肢解、歪曲马克思主义中国化的理论成果。

二、我国社会主义经济制度历史发展的整体性

七十多年来,我国的经济制度随着社会主义实践的不断发展而变化,也就是说它经历了一个不断变革和不断完善的历史发展过程。中华人民共和国成立初期,我国的经济制度主要反映在1954年通过的第一部《宪法》中。中华人民共和国的生产资料所有制现在主要有下列几种:国家所有制,即全民所有制;合作社所有制,即劳动群众集体所有制;个体劳动者所有制;资本家所有制。该部《宪法》还强调,国营经济是全民所有制的社会主义经济,是国民经济中的领导力量和国家实现社会主义改造的物质基础,国家保证优先发展国营经济;同时,国家依照法律保护手工业者和其他非农业的个体劳动者的生产资料所有权。

第十三章　正确把握我国社会主义历史发展的整体性

1982年通过的新《宪法》规定：中华人民共和国的社会主义经济制度的基础是生产资料的社会主义公有制，即全民所有制和劳动群众集体所有制；国营经济是社会主义全民所有制经济，是国民经济中的主导力量，国家保障国营经济的巩固和发展；在法律规定范围内的城乡劳动者个体经济，是社会主义公有制经济的补充，国家保护个体经济的合法的权利和利益。

1997年，党的十五大将"公有制为主体、多种所有制经济共同发展"确立为我国的基本经济制度，并提出"非公有制经济是我国社会主义市场经济的重要组成部分"。

2012年，党的十八大强调，"要加快完善社会主义市场经济体制，公有制为主体、多种所有制经济共同发展的基本经济制度"。

2013年，党的十八届三中全会通过的《决定》提出，"公有制为主体、多种所有制经济共同发展的基本经济制度，是中国特色社会主义制度的重要支柱，也是社会主义市场经济体制的根基。公有制经济和非公有制经济都是社会主义市场经济的重要组成部分，都是我国经济社会发展的重要基础。必须毫不动摇巩固和发展公有制经济，坚持公有制主体地位，发挥国有经济主导作用，不断增强国有经济活力、控制力、影响力。必须毫不动摇鼓励、支持、引导非公有制经济发展，激发非公有制经济活力和创造力"。

从上述我国社会主义经济制度的历史发展看，社会主义经济制度是整个社会主义制度体系的重要组成部分，它是七十多年来我国社会主义不断发展壮大的基础；社会主义经济制度的发展和完善最根本的是社会主义事业发展的需要，是实现好、维护好、发展好最广大人民的根本利益的需要；公有制为主体是我国社会主义基本经济制度的核心，多种所有制经济共同发展是我国社会主义基本经济制度的重要内容。这就是我国社会主义经济制度历史发展的整体性,这个整体性包括我国经济制度的社会主义属性、人民性、公有制主体和组成部分的多样性。

近年来,有些人试图用自由主义市场经济理论取代社会主义市场经济理论,提出"市场经济与社会主义不相容"、"市场经济与公有制不相容"、"市场经济与国有企业不相容",等等。这些理论观点对市场经济作片面、狭隘的理解,用所谓纯粹的市场经济否定社会主义市场经济,实际上就是要从根本上否定我国社会主义基本经济制度,否定我国社会主义经济制度的基础性和决定性作用,否定七十多年来党和人民对发展社会主义所作的艰辛探索、巨大贡献和伟大成就。

2016年3月4日,习近平总书记在参加全国政协十二届四次会议小组讨论时指出,我们党在坚持基本经济制度上的观点是明确的、一贯的,而且是不断深化的,从来没有动摇。我国是中国共产党领导的社会主义国家,公有制经济是长期以来在国家发展历程中形成的,为国家建设、国防安全、人民生活改善作出了突出贡献,是全体人民的宝贵财富,当然要让它发展好,继续为改革开放和现代化建设作出贡献。我们强调把公有制经济巩固好、发展好,同鼓励、支持、引导非公有制经济发展不是对立的,而是有机统一的。我们国家这么大、人口这么多,又处于并将长期处于社会主义初级阶段,要把经济社会发展搞上去,就要各方面齐心协力来干,众人拾柴火焰高。公有制经济、非公有制经济应该相辅相成、相得益彰,而不是相互排斥、相互抵消。……任何想把公有制经济否定掉或者想把非公有制经济否定掉的观点,都是不符合最广大人民根本利益的,都是不符合我国改革发展要求的,因此也都是错误的。可以看出,用公有制经济否定非公有制经济、用非公有制经济否定公有制经济都是错误的,全盘

第十三章　正确把握我国社会主义历史发展的整体性

私有化的理论观点更是错误的。

近年来,一些自由主义经济学理论的鼓吹者竭力否定我国国有企业存在和发展的现实合理性,认为"国有企业的存在违背世界经济发展潮流,国有企业私有化是中国改革的必然趋势"。这种观点既没有历史依据,也没有现实基础。习近平总书记在2016年全国国有企业党的建设工作会议上指出,"国有企业是中国特色社会主义的重要物质基础和政治基础,是我们党执政兴国的重要支柱和依靠力量。新中国成立以来特别是改革开放以来,国有企业发展取得巨大成就。我国国有企业为我国经济社会发展、科技进步、国防建设、民生改善作出了历史性贡献,功勋卓著,功不可没"。这些重要论述有力批驳了否定我国社会主义基本经济制度的种种形而上学观点,捍卫了来之不易的社会主义制度以及在此基础上取得的发展和进步。

有些人片面认识改革开放以来我国取得的发展与进步,认为这些发展与进步同社会主义经济制度没有关系,而是学习西方资本主义经济制度的结果;改革开放前三十年之所以落后,是因为我们自我封闭、闭关锁国、拒绝向西方学习;改革实践中之所以还存在困难和问题,是因为学习西方资本主义经济制度不彻底。在他们看来,中国只有资本主义化才是正道。这种形而上学的观点只看到西方资本主义制度所谓的优点,看不到西方资本主义制度、特别是基本经济制度的内在矛盾,用片面性代替整体性,在思想方法上具有明显的偏执性。

比如,有人提出,"现代国家谨守宪政、民主与法治的制度底线,是创新现代制度的前提条件。以此为基点,提升宪政品类、升华民主品质、改善法治状态,应当成为我国制度创新的基本取向"。这一观点否认中国特色社会主义基本制度是对人类制度文明的贡献,认为基本制度的全盘西化才是中华民族实现复兴的唯一出路。毫无疑问,这是错误的认识。我们从来没有停止过学习西方先进的东西,但是我们绝对不能放弃自己最根本的东西即社会主义基本制度,否则就是丧失自我、走向失败。我国七十多年的社会主义实践表明,社会主义基本经济制度有着强大的生命力和远大的发展前途,社会主义现代化建设所取得的巨大成就彰显了其独特的优势和活力。

三、我国社会主义精神文明历史发展的整体性

社会主义精神文明建设是我国社会主义建设事业的重要组成部分,建设高度的社会主义精神文明也是我国社会主义发展的重要目标。七十多年来,中国共产党带领中国人民在建设社会主义物质文明的同时,始终重视社会主义精神文明建设,社会主义精神文明建设取得了巨大成就。精神文明建设是一个整体,割裂这个整体就意味着否定我国社会主义精神文明发展史。

近年来,历史虚无主义思潮甚嚣尘上,否定英雄是其一大特点,新民主主义革命时期的革命英雄、社会主义建设时期的英雄模范人物都是他们否定的对象。有些人甚至提出市场经济不需要英雄,市场经济不需要社会主义核心价值观,市场经济不需要为人民服务和集体主义精神,市场经济更不需要共产主义理想。也就是说历史虚无主义思潮否定整个社会主义精神体系,企图打垮广大人民对社会主义精神文明的信仰和自信。习近平总书记多次批判历史虚无主义思潮,强调英雄精神的时代价值:今天,中国比历史上任何时期都更加接近实现中华民族伟大复兴的目标。实现目标需要英雄,需要英雄精神。我们要铭记一切

第十三章　正确把握我国社会主义历史发展的整体性

为中华民族和中国人民作出贡献的英雄们,崇尚英雄、捍卫英雄、学习英雄、关爱英雄,戮力同心为实现"两个一百年"奋斗目标、实现中华民族伟大复兴的中国梦而努力奋斗。在这里,习近平总书记坚持整体思维和历史思维,揭示了英雄精神的时代价值,充分说明历史虚无主义思潮否定英雄精神是完全错误的。习近平总书记对如何践行社会主义核心价值观、如何发扬为人民服务和集体主义精神、如何加强理想信念教育,均作出过深刻阐述,对我国当代社会主义精神文明建设进行了整体部署。

有效抵制和批判历史虚无主义思潮,广大党员干部首先要自觉提高马克思主义理论修养,不断增强对错误思潮的辨识能力。否则,一些党员干部自身就很容易受到错误思潮的侵蚀,很难担当起带领人民群众建设社会主义物质文明和精神文明的重任。在整个人类社会主义文明发展史上,重视党员干部的思想建设、思想引领作用之所以是一个传统,就是因为,如果我们对提高这些干部的政治和理论水平的工作有所削弱,而干部本身又因此而不再关心我们的发展前途,不再了解我们事业的正确性,而变成一些前途茫茫、盲目地机械地执行上级指示的事务主义者,那么我们国家和党的整个工作就一定会削弱下去。在国家工作和党的工作的任何一个部门中,工作人员的政治水平和马克思列宁主义觉悟程度愈高,工作本身的效率也愈高,工作也就愈有成效;反过来说,工作人员的政治水平和马克思列宁主义觉悟程度愈低,就愈可能在工作中遭受挫折和失败,就愈可能使工作人员本身庸俗化和堕落成为鼠目寸光的事务主义者,就愈可能使他们蜕化变质。

不论是在革命战争年代,还是在社会主义建设时期,中国共产党始终强调坚定理想信念是社会主义精神文明建设的重要内容。当前,我国社会主义精神文明建设的一个重点是加强广大党员干部的理想信念教育,强调理想信念动摇是最危险的动摇,理想信念滑坡是最危险的滑坡。党的第十八届六中全会通过的《关于新形势下党内政治生活的若干准则》强调,坚定理想信念,必须加强学习,广大党员干部要系统掌握马克思主义基本原理,学会用马克思主义立场、观点、方法观察问题、分析问题、解决问题,特别是要聚焦现实问题,不断深化对共产党执政规律、社会主义建设规律、人类社会发展规律的认识。

党的十八大以来,以习近平同志为核心的党中央高度重视马克思主义基本原理的学习,中央政治局对历史唯物主义基本原理、辩证唯物主义基本原理、马克思主义政治经济学基本原理进行了专题学习,为全党作出了真学、真懂、真信、真用马克思主义理论的表率。但是,有些党员干部学习马克思主义理论的自觉性不高,他们对真学、真懂、真信、真用马克思主义理论的重要性认识不够,主动学习少、被动学习多,这些党员干部由于缺乏最基本的马克思主义理论素养,对错误思潮自然就缺乏免疫力和抵抗力,面对错误思潮的泛滥要么不知所措、要么成为"被俘获者",这也是我们党内存在的一大危险。有的人借口反对教条主义和思想僵化,轻视和贬低马克思主义理论,这一行为同样有着很大的危害。列宁曾经深刻指出,"所谓反对思想僵化等等的响亮词句,只不过是用来掩饰人们对理论思想发展的冷淡和无能。……没有革命的理论,就不会有革命的运动。在醉心于最狭隘的实际活动的偏向同时髦的机会主义说教结合在一起的情况下,必须始终坚持这种思想"[①]。

---

① 《列宁选集》第1卷,人民出版社1985年版,第310—311页。

第十三章　正确把握我国社会主义历史发展的整体性

社会主义发展史和马克思主义政党史上正反两个方面的经验告诉我们,党员干部没有扎实而坚定的马克思主义理论素养和理论信仰,社会主义精神文明体系就很容易被分裂、瓦解,社会主义事业就必然遭受挫折。这就是习近平总书记反复强调党员干部"要把系统掌握马克思主义基本理论作为看家本领"的根本原因所在。

第十四章

马克思主义经济制度理论中国化的基本经验

在庆祝中国共产党成立100周年纪念大会上,习近平总书记对中国共产党百年奋斗主题作为了精辟概括,"一百年来,中国共产党团结带领中国人民进行的一切奋斗、一切牺牲、一切创造,归结起来就是一个主题:实现中华民族伟大复兴"[①]。中国共产党自成立之日起,就将从根本上改变旧中国落后、被动、挨打的局面,将从根本上实现民族复兴和人民幸福确立为自己的初心使命。这里所谓的"从根本上",最主要指的是社会制度的改变,即在中国建立社会主义制度,彻底消灭服务于剥削阶级的社会制度。经济制度是社会制度的重要组成部分,经济制度的性质决定整个社会制度的性质,经济制度既体现经济基础的性质和实践要求,又体现上层建筑的性质和发展方向。从我国经济制度百年变迁史可以看出,一切脱离经济制度革命的任何救国方案都是不切实际的,一切否定社会主义基本经济制度的发展方案都是极其错误的。

---

① 习近平:《在庆祝中国共产党成立100周年大会上的讲话》,人民出版社2021年版,第3页。

第十四章　马克思主义经济制度理论中国化的基本经验

一、依据唯物史观把握经济制度理论

在人类发展上,不同的社会有不同的经济制度,经济制度是区分不同社会的核心标志。但是,在马克思主义诞生之前,唯心主义社会历史理论都无法揭示经济制度的实质与作用,经济学领域也充斥着形形色色的抽象人性论。马克思主义经济制度理论之所以科学,最主要的是它以唯物史观为前提,它将唯心主义从经济学领域驱逐出去,科学的经济制度理论才得以建立和发展。马克思主义经济制度理论中国化的过程,在很大程度上就是中国共产党人不断消化、吸收科学的经济制度理论的过程。

马克思主义经典作家对人类社会历史的认识也是一个不断深化、不断提高的过程,马克思在《〈政治经济学批判〉序言》中介绍了他自己理解人类社会、特别是资本主义社会的过程与结论,"为了解决使我苦恼的疑问,我写的第一部著作是对黑格尔法哲学的批判性的分析,这部著作的导言曾发表在1844年巴黎出版的《德法年鉴》上,我的研究得出这样一个结果:法的关系正像国家的形式一样,既不能从它们本身来理解,也不能从所谓人类精神的一般发展来理解,相反,它们根源于物质的生活关系,这种物质的生活关系的总和,黑格尔按照18世纪的英国人和法国人的先例,概括为'市民社会',而对市民社会的解剖应该到政治经济学中去寻求"①。在这里,马克思阐述了唯物史观与政治经济学研究的内在关联,反对从法和国家的本身来理解它们乃至整个社会,反对"从所谓人类精神的一般发展来理解",而应当

---

① 《马克思恩格斯选集》第2卷,人民出版社1995年版,第32页。

从物质的生活关系，从物质的生活关系的总和来理解法、国家、"市民社会"。这一唯物主义的研究路径触发了马克思的政治经济学研究。

1859年1月，马克思在《政治经济学批判》的"序言"中简要概述了他研究政治经济学所得到的、并且一经得到就用于指导他的研究工作的总的结果，这个"总的结果"主要包括三个方面。第一，马克思科学阐发了经济结构理论，"人们在自己生活的社会生产中发生一定的、必然的、不以他们的意志为转移的关系，即同他们的物质生产力的一定发展阶段相适合的生产关系。这些生产关系的总和构成社会的经济结构，即有法律的和政治的上层建筑竖立其上并有一定的社会意识形式与之相适应的现实基础。物质生活的生产方式制约着整个社会生活、政治生活和精神生活的过程。不是人们的意识决定人们的存在，相反，是人们的社会存在决定人们的意识"①。第二，马克思揭示了社会发展的一般规律，"社会的物质生产力发展到一定阶段，便同它们一直在其中运动的现存生产关系或财产关系（这只是生产关系的法律用语）发生矛盾。于是这些关系便由生产力的发展形式变成生产力的桎梏。那时社会革命的时代就到来了。随着经济基础的变更，全部庞大的上层建筑也或慢或快地发生变革。在考察这些变革时，必须时刻把下面两者区别开来：一种是生产的经济条件方面所发生的物质的、可以用自然科学的精确性指明的变革，一种是人们借以意识到这个冲突并力求把它克服的那些法律的、政治的、宗教的、艺术的或哲学的，简言之，意识形态的形式。我们判断一个人不能以他对自己的看法为根据，同样，

---

① 《马克思恩格斯选集》第2卷，人民出版社1995年版，第32页。

第十四章 马克思主义经济制度理论中国化的基本经验

我们判断这样一个变革时代也不能以它的意识为根据;相反,这个意识必须从物质生活的矛盾中,从社会生产力和生产关系之间的现存冲突中去解释。无论哪一个社会形态,在它所能容纳的全部生产力发挥出来以前,是决不会灭亡的;而新的更高的生产关系,在它的物质存在条件在旧社会的胎胞里成熟以前,是决不会出现的"①。列宁深刻阐述了马克思这一重要思想的科学价值和思想史意义。"社会学中这种唯物主义思想本身已经是天才的思想。当然,这在那时暂且还只是一个假设,但是,是一个第一次使人们有可能以严格的科学态度对待历史问题和社会问题的假设。在这以前,社会学家不善于往下探究像生产关系这样简单和这样原始的关系,而直接着手探讨和研究政治法律形式,一碰到这些形式是由当时人类某种思想产生的事实,就停了下来;这样一来,似乎社会关系是由人们自觉地建立起来的。但这个充分表现在《社会契约论》思想(这种思想的痕迹,在一切空想社会主义体系中都是很明显的)中的结论,是和一切历史观察完全矛盾的。社会成员把他们生活于其中的社会关系的总和,看作一个由某种原则所贯串的一定的完整的东西,这是从来没有过而且现在也没有的事情;恰恰相反,大众是不自觉地适应这些关系的,而且根本不了解这些关系是特殊的历史的社会关系,例如人们在其中生活了很多世纪的交换关系,只是在最近才得到了解释。唯物主义继续深入分析,发现了人的这些社会思想本身的起源,也就消除了这个矛盾;因此,唯物主义关于思想进程取决于事物进程的结论,是唯一可与科学的心理学相容的。其次,再从另一方面说,这个假设第一次把社会学提高到科学的

---

① 《马克思恩格斯选集》第2卷,人民出版社1995年版,第32—33页。

水平。在这以前,社会学家在错综复杂的社会现象中总是难于分清重要现象和不重要现象(这就是社会学中主观主义的根源),找不到这种划分的客观标准。唯物主义提供了一个完全客观的标准,它把生产关系划为社会结构,并使人有可能把主观主义者认为不能应用到社会学上来的重复性这个一般科学标准,应用到这些关系上来。当他们还局限于思想的社会关系(即通过人们的意识[注:当然,这里说的始终是社会关系的意识,而不是其他什么关系的意识。]而形成的社会关系)时,他们不能发现各国社会现象中的重复性和常规性,他们的科学至多不过是记载这些现象,收集素材。一分析物质的社会关系(即不通过人们的意识而形成的社会关系:人们在交换产品时彼此发生生产关系,甚至都没有意识到这里存在着社会生产关系),立刻就有可能看出重复性和常规性,把各国制度概括为社会形态这个基本概念。只有这种概括才使人有可能从记载(和从理想的观点来评价)社会现象进而以严格的科学态度去分析社会现象,譬如说,划分出一个资本主义国家和另一个资本主义国家的不同之处,研究一切资本主义国家的共同之处。最后,第三,这个假设之所以第一次使科学的社会学的出现成为可能,还由于只有把社会关系归结于生产关系,把生产关系归结于生产力的水平,才能有可靠的根据把社会形态的发展看作自然历史过程。不言而喻,没有这种观点,也就不会有社会科学。(例如,主观主义者虽然承认历史现象的规律性,但不能把这些现象的演进看作自然历史过程,这是因为他们只限于指出人的社会思想和目的,而不善于把这些思想和目的归结于物质的社会关系。)"① 第三,马克

---

① 《列宁选集》第1卷,人民出版社1995年版,第7—9页。

第十四章 马克思主义经济制度理论中国化的基本经验

思根据上述发现阐述了社会形态理论,"大体说来,亚细亚的、古代的、封建的和现代资产阶级的生产方式可以看作是经济的社会形态演进的几个时代。资产阶级的生产关系是社会生产过程的最后一个对抗形式,这里所说的对抗,不是指个人的对抗,而是指从个人的社会生活条件中生长出来的对抗;但是,在资产阶级社会的胎胞里发展的生产力,同时又创造着解决这种对抗的物质条件。因此,人类社会的史前时期就以这种社会形态而告终"[①]。

从马克思研究政治经济学的"总的结果"可以看出,社会经济结构理论、社会动力理论和社会形态理论是马克思主义政治经济学的重要构成和主要结论,这些理论为我们认识人类社会提供了科学依据,马克思主义经济制度理论就是立足于科学的政治经济学的"总的结果"。在百年奋斗历程中,中国共产党人始终依据这些理论,不断推进马克思主义中国化,这其中包括推进马克思主义经济制度理论的中国化。1920年12月7日,为批判社会上流行的一些关于社会主义的错误观点,李达在《共产党人》杂志上发表了《社会革命的商榷》一文,这篇文章深受马克思主义理论、特别是经济制度理论的影响,达到了很高的理论水平。"社会构成的基础,成立在支持人类生活的物资生产和生产交换之上的。一切革命的原因,皆由生产交换的方法手段而生,不是人的智力发明出来的,也不是抽象的真理产生出来。简单说,社会革命不是在哲学中探求而得的,乃是发生于现社会的经济状态之变动。'一切过去社会的历史,都是阶级斗争的历史'。不懂社会主义的人,只说中国无地主无资本家,没有阶级的区

---

① 《马克思恩格斯选集》第2卷,人民出版社1995年版,第33页。

别,不能提倡社会革命。其实他们不过闭着两只眼说说罢了,中国的社会中何以没有阶级呢?'富者田连阡陌,贫者土无立锥',这两句话不是说明中国贫富两阶级的悬隔吗?中国的田主佃户两阶级,自古以来就有的了。田主每日毫不劳力,专门掠取佃户劳力所得的结果,度最奢侈的生活。佃户无论如何含辛茹苦的劳动,他们的命运总是铸定的。……现在再就工业一方面说:中国现在已是产业革命的时期了。中国的工业虽不如欧美日本那样发达,却是在这产业革命的时期内,中国无产阶级所受的悲惨,比欧美日本的无产阶级所受的还要大。中国劳动资本两阶级的对峙,在表面似乎与欧美日本不同,在实际上却无有不同的。"[1]

马克思主义政治经济学对资本主义私有制进行了科学批判,阐明了资本主义发展的社会主义前景,"资本的垄断成了与这种垄断一起并在这种垄断之下繁盛起来的生产方式的桎梏。生产资料的集中和劳动的社会化,达到了同它们的资本主义外壳不能相容的地步。这个外壳就要炸毁了。资本主义私有制的丧钟就要响了。剥夺者就要被剥夺了。从资本主义生产方式产生的资本主义占有方式,从而资本主义的私有制,是对个人的、以自己劳动为基础的私有制的第一个否定。但资本主义生产由于自然过程的必然性,造成了对自身的否定。这是否定的否定。这种否定不是重新建立私有制,而是在资本主义时代的成就的基础上,也就是说,在协作和对土地及靠劳动本身生产的生产资料的共同占有的基础上,重新建立个人所有制。以个人自己劳动为基础的分散的私有制转化为资本主义私有制,同事实上已

---

[1] 李达:《社会革命的商榷》,选自《"一大"前后(一)》,人民出版社1985年版,第174—175页。

经以社会生产为基础的资本主义所有制转化为公有制比较起来,自然是一个长久得多、艰苦得多、困难得多的过程。前者是少数掠夺者剥夺人民群众,后者是人民群众剥夺少数掠夺者"[1]。起草于1920年11月的《中国共产党宣言》的主要内容是对上述思想的继承:"共产主义者的目的是要按照共产主义者的理想,创造一个新的社会。但是要使我们的理想社会有实现之可能,第一步就得铲除现在的资本制度。要铲除资本制度,只有用强力打倒资本家的国家。劳动群众——无产阶级——的势力正在那里发展和团聚起来,这个势力是会使资本主义寿终正寝的。这种势力是在那里继续增长,这正是资本家的国家内部阶级冲突的结果。这个势力表现出来的方式,就是阶级争斗。"[2]

二、在实践中探索和发展生产资料公有制

建立以生产资料公有制为基础的社会主义社会和共产主义社会是共产党人的基本任务和历史使命,为建立这样的社会,中国共产党人进行了艰难的实践探索,付出了艰苦的努力和巨大的牺牲。中国共产党用百年辉煌证明:"中国人民不但善于破坏一个旧世界、也善于建设一个新世界,只有社会主义才能救中国,只有社会主义才能发展中国!"[3]社会主义不是一个空洞的名词,生产资料公有制是社会主义的本质规定,它是中国共产党人曾经不懈追求的理想,它是中国特色社会主义事业不断兴旺

---

[1] 《马克思恩格斯选集》第2卷,人民出版社1995年版,第269—270页。
[2] 《中国共产党宣言》,选自《"一大"前后(一)》,人民出版社1985年版,第2页。
[3] 习近平:《在庆祝中国共产党成立100周年大会上的讲话》,人民出版社2021年版,第5页。

发达、实现中华民族伟大复兴的经济制度基础。

如何在中国建立一个以生产资料公有制为基础的理想社会,中国共产党用自己的艰辛探索回答了这个问题。在新民主主义革命的早期实践中,中国共产党人主要是通过发动工人运动来实现推翻剥削制度的目的。中国共产党领导的早期工人运动扩大了马克思主义的社会影响、培养了一大批革命骨干,有着很大的积极意义。但是,这些工人运动大多数都失败了。在总结实践经验的基础上,中国共产党人认识到了农民和土地问题的重要性,"中国民主革命的主要力量是农民。忘记了农民,就没有中国的民主革命;没有中国的民主革命,也就没有中国的社会主义革命,也就没有一切革命。我们马克思主义的书读得很多,但是要注意,不要把'农民'这两个字忘记了;这两个字忘记了,就是读一百万册马克思主义的书也是没有用处的,因为你没有力量。靠几个小资产阶级、自由资产阶级分子,虽然也可以抵一下,但是没有农民,谁来给饭吃呢?饭没得吃,兵也没有,就抵不过两三天"①。

农民问题的关键是土地问题,这是因为土地是重要的生产资料,农民受压迫的根源在于土地私有制。因此,毛泽东提出,彻底消灭封建和半封建的土地所有制是新民主主义革命的主要任务。"解决土地问题的意义有:(一)使农民得解放。废除地主及一切压迫阶级的剥削和压迫,实为本题的主要意义。(二)土地问题不解决,经济落后的国家不能增加生产力,不能解决农民的生活痛苦,不能改良土地。据俄同志调查,我国土地生产力日见衰落,全国生产力已到了一个大危机,此危机不解决,必起

---

① 《毛泽东文集》第3卷,人民出版社1996年版,第305页。

第十四章 马克思主义经济制度理论中国化的基本经验

绝大的饥荒。土地问题不解决,农民无力改良土地,生产必至日减。故第二个意义为增加生产。(三)保护革命。革命势力目前虽见发展,但亦即到了一个危机,此后非有一支生力军必归失败。要增加生力军保护革命,非解决土地问题不可。其作用,在解决土地问题后即能够解决财政问题及兵士问题。兵士能否永久参加革命,亦即在土地问题解决,因农民要保护他们的土地,必勇敢作战。这三点是解决土地问题的重要意义。"[①]中华人民共和国成立后,通过农业合作化,在农村真正实现了完全消灭封建剥削制度的革命任务。有人借改革开放时期的农业农村政策否定彻底消灭封建剥削制度的历史合理性。"一位山西的老农说过这样一句话:'俺们村原来就有一个地主,两个富农,那时候少数人已经先富起来了,早知现在,何必当初。'话虽刺耳,却颇耐人玩味。中国的明白人多多,如老农这般一语道破半个世纪的辛酸苦辣者罕见。"[②]这是一种历史虚无主义观点,改革开放时期的农业农村政策的基础是生产资料公有制,旧中国农村实行的是生产资料私有制,这是两种根本对立的经济制度,在这两种经济制度下,都存在贫富差距,但两种贫富差距的性质是不同的,私有制条件下贫富差距的矛盾是无法从根本上解决的,在社会主义生产资料公有制条件下,可以从根本解决贫富差距问题。

变革、改造资本主义工商业、实行社会主义公有制是走社会主义道路的必然要求。我国用很短的时间成功地对资本主义工商业实行社会主义改造,消除了资产阶级意识形态赖以生存的经济基础。有的人认为,我们在改革开放以后对资本主义的利用,意味着中华人民共和国成立初期对资本主义工商业改造是

---

① 《毛泽东文集》第1卷,人民出版社1993年版,第43页。
② 吴迪:《世道人心:前后上下考》,《读书》1996年第2期,第35页。

错误的。所以,有人提出,"早知今日,何必当初"。这是一种"非历史主义"的思维方法,它看不到对资本主义工商业进行社会主义改造具有历史必然性,更看不到这种改造对于中国社会主义事业发展的奠基作用。

对资本主义工商业进行社会主义改造是新中国新政权建设的一项重要任务,这一任务的必要性是由新政权的性质决定的。中国共产党和工人阶级领导下的人民民主专政政权的建立是中国历史上开天辟地的创举,在中国历史上第一次实现了人民当家做主,实行人民民主专政的新政权要求有相应的经济关系作为基础,非社会主义性质的经济关系不是人民民主专政政权的经济基础。资本主义经济关系作为同社会主义经济关系相对立的经济关系,就其本性来说它不可能成为人民民主专政政权的经济基础。毛泽东曾经强调指出:"为什么要搞公私合营,要搞社会主义?就是为了便于把国发展起来,社会主义比私有制度更有利于发展国家的经济、文化,使国家独立。"[①]1956年11月17日,邓小平在会见国际青年代表团时,从马克思列宁主义的普遍真理与中国的具体实际相结合的角度,论述了我国对资本主义工商业实行社会主义改造的意义。邓小平指出,马克思列宁主义的普遍真理与本国的具体实际相结合这句话本身就是普遍真理。它包含两个方面:一方面叫普遍真理,另一方面叫结合本国实际。"我们历来认为丢开任何一面都不行。在我们中国共产党看来,普遍真理有这样一条,就是消灭封建主义、资本主义,实现社会主义,将来还要实现共产主义。能不能不走社会主义的道路呢?不能。如果离开了这条普遍真理,不实现社会主

---

① 《毛泽东文集》第7卷,人民出版社1999年版,第177页。

第十四章　马克思主义经济制度理论中国化的基本经验

义,那末中华人民共和国和中国共产党就不要存在了。但是,中国怎样才能比较快地消灭封建主义、资本主义,实现社会主义和共产主义呢?这就必须研究本国的特点。离开本国的特点去硬搬外国的东西,这条普遍真理就不能实现。各位朋友在各地都听到过关于中国资本主义工商业社会主义改造问题的介绍,这就是普遍真理与中国的实际相结合的问题。普遍真理就是要消灭资本主义,消灭剥削,实现社会主义,离开了这条普遍真理就谈不上对资本主义工商业的社会主义改造,那就是走资本主义的道路而不是走社会主义的道路。这是一方面。另一方面,我们今天对资本主义工商业改造所走的道路,是列宁所想过的,但是列宁没有能实现。我们对资本主义工商业采用了和平改造的办法。实践证明,这样做的结果,我们的生产不仅没有受到破坏,而且得到了发展,既消灭了资本主义,又教育了资产阶级。这是比较好的办法。如果普遍真理不与中国的实际相结合,或者结合得不好,那末就会造成很大的损失。像农业社会主义改造,以及其他各个方面,都有这个问题。"[①]

通过农业合作化、个体手工业和资本主义工商业的社会主义改造,我国建立了社会主义基本经济制度,其意义是历史性的,标志着革命的任务基本完成,开启了轰轰烈烈的社会主义建设时代。正如习近平总书记所说,"我们进行社会主义革命,消灭在中国延续几千年的封建剥削压迫制度,确立社会主义基本制度,推进社会主义建设,战胜帝国主义、霸权主义的颠覆破坏和武装挑衅,实现了中华民族有史以来最为广泛而深刻的社会变革,实现了一穷二白、人口众多的东方大国大步迈进社会主义

[①] 《邓小平文选》第1卷,人民出版社1994年版,第259页。

社会的伟大飞跃,为实现中华民族伟大复兴奠定了根本政治前提和制度基础"①。长期以来,一些西方政客和所谓自由主义人士都希望中国的基本经济制度发生根本改变,这也从反面说明我们坚持中国特色社会主义基本经济制度的重要性。因为,基本经济制度发生根本变化,必然导致根本政治制度和其他社会制度的连锁改变。

在改革开放条件下,中国共产党人勇于自我革命,建立了中国特色社会主义基本经济制度,它的基本内涵是以公有制为主体、多种所有制经济共同发展。中国特色社会主义基本经济制度是社会主义初级阶段我国一切发展进步的前提和基础,有了这个前提和基础,社会主义中国才能不变色,中国特色社会主义事业才能健康发展。新自由主义思潮竭力鼓吹的全盘私有化,就是想在经济上首先改变颜色,对此,我们应保持高度警惕。习近平总书记强调指出,"我国基本经济制度是中国特色社会主义制度的重要支柱,也是社会主义市场经济体制的根基,公有制主体地位不能动摇,国有经济主导作用不能动摇。这是保证我国各族人民共享发展成果的制度性保证,也是巩固党的执政地位、坚持我国社会主义制度的重要保证"②。习近平总书记还强调,要正确理解社会主义市场经济的内涵,不能将社会主义制度和市场经济对立起来,"在社会主义条件下发展市场经济,是我们党的一个伟大创举。我国经济发展获得巨大成功的一个关键因素,就是我们既发挥了市场经济的长处,又发挥了社会主义制度

---

① 习近平:《在庆祝中国共产党成立100周年大会上的讲话》,人民出版社2021年版,第5页。
② 《习近平关于社会主义经济建设论述摘编》,中央文献出版社2017年版,第63—64页。

的优越性。我们是在中国共产党领导和社会主义制度的大前提下发展市场经济,什么时候都不能忘了'社会主义'这个定语。之所以说是社会主义市场经济,就是要坚持我们的制度优越性,有效防范资本主义市场经济的弊端。我们要坚持辩证法、两点论,继续在社会主义基本制度与市场经济的结合上下功夫,把两方面优势都发挥好,既要'有效的市场',也要'有为的政府',努力在实践中破解这道经济学上的世界性难题"[1]。

三、在世界大变局中始终坚持社会主义基本经济制度

习近平总书记在关于《中共中央关于坚持和完善中国特色社会主义制度、推进国家治理体系和治理能力现代化若干重大问题的决定》的说明中强调指出,当今世界正经历百年未有之大变局,国际形势复杂多变,改革发展稳定、内政外交国防、治党治国治军各方面任务之繁重前所未有,我们面临的风险挑战之严峻前所未有;这些风险挑战,有的来自国内,有的来自国际,有的来自经济社会领域,有的来自自然界;我们要打赢防范化解重大风险攻坚战,必须坚持和完善中国特色社会主义制度、推进国家治理体系和治理能力现代化,运用制度威力应对风险挑战的冲击。在这里,习近平总书记深刻指出了制度威力对于应对风险挑战的重要意义,这个制度威力的核心是中国特色社会主义基本制度的威力。习近平总书记所说的百年未有之大变局是一个不断演化的世界历史进程,这一历史进程充满了不确定性,充满了各种风险挑战。这一历史进程的核心仍然是资本主义与社

---

[1] 《习近平关于社会主义经济建设论述摘编》,中央文献出版社2017年版,第64页。

主义的竞争、较量,中国特色社会主义事业的发展壮大深刻影响这一历史进程的性质和方向。不论是过去,还是现在,资本主义与社会主义的竞争、较量实质上就是包括基本经济制度在内的两种制度体系的较量,社会主义国家一旦放弃社会主义基本制度,必然带来亡党亡国的灾难。

苏联解体就是苏共自我解除武装的过程,政治上搞多党制度,经济上搞私有化,社会主义政治制度和经济制度被抛弃。对世界社会主义运动来说,苏联解体是一个悲剧性事件,它深刻影响了世界历史的发展。苏联解体使美国成为唯一一个超级大国,其独霸世界的野心迅速膨胀。"1991年苏联的解体,消除了所有抑制西方侵略首先是美国侵略的因素。两极世界垮台了。苏联解体后,一些国家的政治活动家也讲了不少建立多极世界的话,但至今也只不过是一种良好的愿望,因为这样的政治力量配置,对于仅余的唯一一个超级大国美国来说,是完全不能接受的。几十年来,他们一直都梦想着在世界上起领袖作用,如今目的终于达到,他们的手脚放开了。后果马上显现出来。第一个遭受打击的就是南斯拉夫。经过十年动乱,一个受到全世界承认的统一国家,被肢解成六个部分,现在又要分裂出来第七个'主权独立'国家——科索沃。不出所料,美国也找到了把联军开进阿富汗的借口,而在整个上世纪80年代的后半期,它却不断要求苏联部队从那里撤出来。后来,它甚至不顾联合国的反对,纠集了一些国家,入侵并占领了伊拉克,当地建立了所谓的'民主'生活和'民主'统治。结果把这个国家搞得血流成河。接下来将会是黎巴嫩、伊朗、朝鲜和其他所有在某一点上不合乎美国标准的主权国家。今天发生的种种,实际上同1938年在欧洲出现的问题并无二致:当年的英法两国领导人签署了慕尼黑协

第十四章 马克思主义经济制度理论中国化的基本经验

定,说得确切些,就是同希特勒和墨索里尼搞了妥协。西方以这一行动为法西斯德国奴役欧洲各国、向苏联开战亮起了绿灯。今天,西欧以自己对美国侵略政策的支持,亲手为它统治世界扫清了道路。为了这个目的,正在向全世界灌输一种观念,似乎只存在一种文明,那就是美国和西欧的文明,唯有它才是世界上一切古老文明的继承人(不仅继承了欧洲的即希腊罗马的,而且还继承了东方的,包括中国的和印度的),似乎只有这种西方的价值观体系——有人把它叫做'大西洋价值观体系'——才是唯一真正人道和民主的价值观体系。不过这种唯一'大西洋'文明理论的炮制者,其虚伪无知也实在惊人。"[1]苏共垮台、苏联解体确实造成了资本主义文明可以一统天下的假象,西方世界普遍相信,其他文明类型和制度模式终究要被资本主义文明和资本主义制度所取代。

在世界百年未有之大变局的发展进程中,"中国特色社会主义进入新时代"是一个重要"历史事件",这一"历史事件"正在深刻影响着世界历史进程,它对实现中华民族伟大复兴的重要意义在于:"党的十八大以来,中国特色社会主义进入新时代,我们坚持和加强党的全面领导,统筹推进'五位一体'总体布局、协调推进'四个全面'战略布局,坚持和完善中国特色社会主义制度、推进国家治理体系和治理能力现代化,坚持依规治党、形成比较完善的党内法规体系,战胜一系列重大风险挑战,实现第一个百年奋斗目标,明确实现第二个百年奋斗目标的战略安排,党和国家事业取得历史性成就、发生历史性变革,为实现中华民族伟大复兴提供了更为完善的制度保证、更为坚实的物质基础、更为主

---

[1] [俄]雷日科夫:《大国悲剧:苏联解体的前因后果》,新华出版社2010年版,第20—21页。

动的精神力量。中国共产党和中国人民以英勇顽强的奋斗向世界庄严宣告,中华民族迎来了从站起来、富起来到强起来的伟大飞跃,实现中华民族伟大复兴进入了不可逆转的历史进程!"①实现中华民族伟大复兴这一不可逆转的历史进程,既是中国发展的历史进程,也是世界发展的历史进程。这样,中华民族伟大复兴的战略全局与世界百年未有之大变局就成为相互交织、相互影响、相互作用的"两大变局"。这样,苏联解体之后形成的不合理的世界格局将在"两大变局"的交互作用下被打破,资本主义文明和资本主义制度可以一统天下的幻想被打破,在这个历史进程中,社会制度、特别是基本经济制度仍然起着关键作用。

习近平总书记强调,在相当长的历史阶段,要认真做好资本主义制度与社会主义制度长期合作和斗争的准备,在合作与斗争中完善社会主义基本制度、推进中国特色社会主义事业发展。"事实一再告诉我们,马克思、恩格斯关于资本主义社会基本矛盾的分析没有过时,关于资本主义必然消亡、社会主义必然胜利的历史唯物主义观点也没有过时。这是社会历史发展不可逆转的总趋势,但道路是曲折的。资本主义最终消亡、社会主义最终胜利,必然是一个很长的历史过程。我们要深刻认识资本主义社会的自我调节能力,充分估计到西方发达国家在经济科技军事方面长期占据优势的客观现实,认真做好两种社会制度长期合作和斗争的各方面准备。在相当长时期内,初级阶段的社会主义还必须同生产力更发达的资本主义长期合作和斗争,还必须认真学习和借鉴资本主义创造的有益文明成果,甚至必须面对被人们用西方发达国家的长处来比较我国社会主义发展中的

---

① 习近平:《在庆祝中国共产党成立100周年大会上的讲话》,人民出版社2021年版,第6—7页。

第十四章 马克思主义经济制度理论中国化的基本经验

不足并加以指责的现实。我们必须有很强大的战略定力,坚决抵制抛弃社会主义的各种错误主张,自觉纠正超越阶段的错误观念。最重要的,还是要集中精力办好自己的事情,不断壮大我们的综合国力,不断改善我们人民的生活,不断建设对资本主义具有优越性的社会主义,不断为我们赢得主动、赢得优势、赢得未来打下更加坚实的基础。"[①]历史的经验告诉我们,对资本主义具有优越性的社会主义的核心优势是制度优势,不断坚持和完善包括中国特色社会主义基本经济制度在内的制度体系,是一项具有根本性、基础性的战略任务,是社会主义中国在世界百年未有之大变局中始终立于不败之地的根本保障。

2021年9月1日,习近平总书记在中央党校(国家行政学院)中青年干部培训班开班式上的重要讲话中强调:"当前,世界百年未有之大变局加速演进,中华民族伟大复兴进入关键时期,我们面临的风险挑战明显增多,总想过太平日子、不想斗争是不切实际的。要丢掉幻想、勇于斗争,在原则问题上寸步不让、寸土不让,以前所未有的意志品质维护国家主权、安全、发展利益。共产党人任何时候都要有不信邪、不怕鬼、不当软骨头的风骨、气节、胆魄。"[②]围绕社会主义基本经济制度的斗争是当前及今后经济斗争和政治斗争的重点内容,我们要积极维护经济制度安全,同一切歪曲、否定社会主义基本经济制度的错误思潮进行坚决斗争。

---

① 《十八大以来重要文献选编》(上),中央文献出版社2014年版,第117页。
② 《信念坚定对党忠诚实事求是担当作为 努力成为可堪大用能担重任的栋梁之才》,《人民日报》2021年9月2日,第1版。

第十五章
世界百年大变局的规律性

1862年12月28日,马克思在写给库格曼的信中曾经说过:"世界历史的进程就是这样,它是怎么样,就得怎么样。"①在这里,马克思表达了对无产阶级革命事业的必胜信念,不管世界历史多么复杂多变,它总是遵循自身的发展规律不断向前运动,社会主义事业的不断发展是这个运动的重要组成部分,资本主义社会在矛盾运动中产生了超越自身的社会形态即社会主义社会。这是我们科学认识近代以来世界历史的"总前提",脱离这个"总前提",就不可能整体把握近代以来的世界历史,各种碎片化的世界历史理论就会层出不穷。科学把握近代以来世界大国发展同样离不开这个"总前提",这个"总前提"的核心问题是社会制度问题,世界历史的演化史就是社会基本矛盾作用下的社会制度发展史,世界大国兴亡盛衰主要取决于社会制度的基本性质和作用机理,帝国主义列强的殖民扩张、第一个社会主义大国的由兴到亡、社会主义中国的发展壮大充分证明了这个道理。

---

① 《马克思恩格斯全集》第30卷,人民出版社1975年版,第638页。

第十五章 世界百年大变局的规律性

一、帝国主义列强殖民扩张的制度根源与历史趋势

世界大国是一个相对概念,也是一个综合概念,大国之间存在很大的差异性,说一个国家是世界大国往往指的是其在世界的影响力大,有些影响力大的国家其国土面积相对较小。在帝国主义列强中,有些国家就自然地理而言难称大国,但这些国家却曾称霸世界。世界进入近代以后,随着资本主义的发展,特别是"自由竞争占完全统治地位的旧资本主义"被"垄断占统治地位的最新资本主义"取代,世界强国的形成和发展出现了新的特点,即资本输出和殖民扩张既是列强逐步形成的标志,又是列强进一步发展的条件。在资本输出和殖民扩张的双重牵引下,帝国主义列强成为世界近代史的主角,它们成为世界市场和国际政治的统治者。直到现在,曾经横行世界的帝国主义列强仍然在消费近代殖民扩张带来的巨大红利。但是,在当今世界格局中,有些曾经的世界强国已经成了"明日黄花",这是资本主义自身发展的必然现象,看不见的发展规律起着决定作用。

帝国主义列强殖民扩张的基本动力源于资本主义私人占有制。私人占有制在帝国主义阶段发展到了一个新阶段,这种制度的贪婪性和野蛮性在帝国主义阶段更加突出。列宁强调资本家和资本主义国家瓜分世界是资本主义私人占有制发展到一定阶段的必然现象。"资本家瓜分世界,并不是因为他们的心肠特别狠毒,而是因为集中已经达到这样的阶段,使他们不得不走上这条获取利润的道路;而且他们是'按资本'、'按实力'来瓜分世界的,在商品生产和资本主义制度下也不可能有其他的瓜分方法。实力则是随经济和政治的发展而变化的;要了解当前发生

的事情,就必须知道哪些问题要由实力的变化来解决,至于这些变化是'纯粹'经济的变化,还是非经济的(例如军事的)变化,却是次要的问题,丝毫不能改变对于资本主义最新时代的基本观点。拿资本家同盟互相进行斗争和订立契约的形式(今天是和平的,明天是非和平的,后天又是非和平的)问题来偷换斗争和协议的内容问题,就等于堕落成诡辩家。"①今天,世界上有太多的"战略家"只满足于从"强大"与"弱小"、"战争"与"和平"、"联合"与"分裂"来看待国际关系和世界格局,对于资本主义私人占有制度的内在矛盾,他们认为这根本不是问题,资本主义制度完全有能力治愈自己的一切疾患。

帝国主义殖民扩张的主要目的是争夺生产原料。帝国主义殖民扩张的基础原因和原始动力是争夺有限的生产原料,生产的和经济的原因始终是帝国主义殖民扩张的第一原因,"最新资本主义的基本特点是最大企业家的垄断同盟的统治。当这种垄断组织独自霸占了所有原料产地的时候,它们就巩固无比了。我们已经看到,资本家国际同盟怎样拼命地致力于剥夺对方进行竞争的一切可能,收买譬如蕴藏铁矿的土地或石油资源,等等。只有占领殖民地,才能充分保证垄断组织自如地应付同竞争者的斗争中的各种意外事件,包括对方打算用国家垄断法来实行自卫这样的意外事件。资本主义愈发达,原料愈感缺乏,竞争和追逐全世界原料产地的斗争愈尖锐,抢占殖民地的斗争也就愈激烈"②。列宁还深刻指出:"对于金融资本来说,不仅已经发现的原料产地,而且可能有原料的地方,都是有意义的,因为当代技术发展异常迅速,今天无用的土地,要是明天找到新的方

---

① 《列宁选集》第2卷,人民出版社1995年版,第638—639页。
② 《列宁选集》第2卷,人民出版社1995年版,第645页。

第十五章　世界百年大变局的规律性

法(为了这个目的,大银行可以配备工程师和农艺师等等去进行专门的考察),要是投入大量资本,就会变成有用的土地。矿藏的勘探,加工和利用各种原料的新方法等等,也是如此。因此,金融资本必然力图扩大经济领土,甚至一般领土。托拉斯估计到将来'可能获得的'(而不是现有的)利润,估计到将来垄断的结果,把自己的财产按高一两倍的估价资本化;同样,金融资本也估计到可能获得的原料产地,唯恐在争夺世界上尚未瓜分的最后几块土地或重新瓜分已经瓜分了的一些土地的疯狂斗争中落后于他人,总想尽量夺取更多的土地,不管这是一些什么样的土地,不管这些土地在什么地方,也不管采取什么手段。"①即使在世界殖民体系瓦解之后,帝国主义列强对生产原料及其产地的争夺仍然以新的方式进行,这是世界变革动荡的根源,也是各种新殖民主义理论产生的根源。

帝国主义列强殖民扩张使殖民地、半殖民地国家的政治独立性受到严重破坏。在帝国主义阶段,金融资本是一种存在于一切经济关系和国际关系中的巨大力量,甚至可以说是一种起决定作用的力量,它能够支配一些政治上完全独立的国家。"不过,对金融资本最'方便'最有利的当然是使从属的国家和民族丧失政治独立这样的支配。半殖民地国家是这方面的'中间'形式的典型。显然,在金融资本时代,当世界上其他地方已经瓜分完毕的时候,争夺这些半附属国的斗争也就必然特别尖锐起来。殖民政策和帝国主义在资本主义最新阶段以前,甚至在资本主义以前就已经有了。以奴隶制为基础的罗马就推行过殖民政策,实行过帝国主义。但是,'泛泛地'谈论帝国主义而忘记或忽

---

① 《列宁选集》第 2 卷,人民出版社 1995 年版,第 646—647 页。

视社会经济形态的根本区别,必然会变成最空洞的废话或吹嘘,就像把'大罗马和大不列颠'相提并论那样。就是资本主义过去各阶段的资本主义殖民政策,同金融资本的殖民政策也是有重大差别的。"① 帝国主义列强对中国的侵略和殖民使中国沦为半封建半殖民地国家,中国的政治独立性丧失殆尽,中华民族陷入沉重灾难之中,一个曾经的大国和强国成了任人宰割的迷途羔羊。

帝国主义向社会主义演变的必然性:"不走向社会主义,就不能从垄断组织向前进"。在十月革命前夕,列宁敏锐地看到国家垄断资本主义发展的必然结果是社会主义的产生,看到帝国主义战争给社会主义带来的历史机遇。"大家都在谈论帝国主义。但是帝国主义无非是垄断资本主义。……如果试一试用革命民主国家,即用采取革命手段摧毁一切特权、不怕以革命手段实现最完备的民主制度的国家来代替容克资本家的国家,代替地主资本家的国家,那又会怎样呢? 那你就会看到,真正革命民主国家中的国家垄断资本主义,必然会是走向社会主义的一个或一些步骤! 因为,如果资本主义大企业成了垄断组织,那就是说,它面向全体人民。如果它成了国家垄断组织,那就是说,由国家(在革命民主制的条件下,国家就是居民的、首先是工人和农民的武装组织)来指导整个企业。但是为谁的利益服务呢? ——或者是为地主和资本家的利益服务,那就不是革命民主国家,而是反动官僚国家,是帝国主义共和国;——或者是为革命民主派的利益服务,那就是走向社会主义的步骤。因为社会主义无非是从国家资本主义垄断再向前跨进一步。换句话

---

① 《列宁选集》第 2 卷,人民出版社 1995 年版,第 644—645 页。

说,社会主义无非是变得有利于全体人民的国家资本主义垄断,就这一点来说,国家资本主义垄断也就不再是资本主义垄断了。在这里,中间道路是没有的。客观的发展进程是这样:不走向社会主义,就不能从垄断组织(战争使垄断组织的数目、作用和意义增大了十倍)向前进。"①列宁强调,"战争异常地加速了垄断资本主义向国家垄断资本主义的转变,从而使人类异常迅速地接近了社会主义,历史的辩证法就是如此。帝国主义战争是社会主义革命的前夜。这不仅因为战争带来的灾难促成了无产阶级的起义(如果社会主义在经济上尚未成熟,任何起义也创造不出社会主义来),而且因为国家垄断资本主义是社会主义的最充分的物质准备,是社会主义的前阶,是历史阶梯上的一级,在这一级和叫作社会主义的那一级之间,没有任何中间级"②。列宁带领人民群众成功推动了社会主义发展由理论向实践的转化,人类社会实现了一次历史性飞跃。

二、第一个社会主义大国由兴到亡的深刻启示

社会规律同自然规律相比有一个很大的区别,社会规律的作用过程始终离不开人类的主观因素,换句话说,社会规律的作用过程是客观与主观辩证互动的实践过程。我们说社会主义必然战胜资本主义,这是社会发展规律,十月革命的发生是历史的必然。但是,十月革命的胜利和第一个社会主义大国的发展都离不开人的主观能动性。人的主观能动性对社会发展的作用在性质上存在两种截然相反的影响,即人的主观能动性对社会发

---

① 《列宁选集》第 3 卷,人民出版社 1995 年版,第 264—265 页。
② 《列宁选集》第 3 卷,人民出版社 1995 年版,第 266 页。

展可能起积极作用,也可能起阻碍作用。苏联即第一个社会主义大国从兴盛到衰亡的过程,就同两种截然相反的主观能动性直接相关。在社会主义国家,执政党的能动性对社会主义事业发展至关重要。因此,在社会主义国家,加强马克思主义政党建设具有特别重要的意义,社会主义国家不变质在很大程度上取决于执政党不变质。

十月革命的伟大意义不容否定。苏联解体、苏共垮台的历史进程充斥着形形色色的历史虚无主义,从全盘否定斯大林到否定列宁,从否定"联共(布)党史"到否定十月革命开创的社会主义建设史,等等。历史虚无主义思潮泛滥的严重后果是多方面的,共产党执政的合法性、马克思主义理论的科学性、社会主义制度的合理性遭到严重质疑和全面否定。苏联解体、苏共垮台的根源不是马克思主义理论和社会主义制度本身出了问题,而是出现了否定马克思主义理论和社会主义制度的社会思潮。因此,捍卫马克思主义理论和社会主义制度是马克思主义政党的重大政治使命。通过坚守和完成这个重大政治使命,不断推动社会主义事业向前发展,不断增强共产党人和广大人民群众对社会主义事业发展的自豪感和使命感。在十月革命胜利四周年的时候,列宁强调:"我们有权自豪,而且我们确实很自豪,因为我们有幸能够开始建设苏维埃国家,从而开创全世界历史的新时代,由一个新阶级实行统治的时代。这个阶级在一切资本主义国家里是受压迫的,如今却到处都在走向新的生活,去战胜资产阶级,建立无产阶级专政,使人类摆脱资本的桎梏和帝国主义战争。"[1]列宁指出,资产阶级从它诞生之日起就向人民许诺

---

[1] 《列宁选集》第4卷,人民出版社1995年版,第566—567页。

第十五章 世界百年大变局的规律性

自由、民主、平等,但是诺言总是变成谎言,"许了愿,但没有兑现。他们是不可能兑现的,障碍在于要'尊重'……'神圣的私有制'。在我国无产阶级革命中,就不存在这种对倍加可恶的中世纪制度和对'神圣的私有制'的可恶的'尊重'"[①]。在列宁主义的指引下,苏联社会主义建设取得了辉煌成就,世界社会主义运动蓬勃发展,旧的殖民体系土崩瓦解,帝国主义列强统治世界的格局被打破。1957年11月6日,毛泽东在苏联最高苏维埃庆祝十月革命四十周年大会上发表重要讲话,他高度评价十月革命的重大历史意义:建立一个没有人剥削人的社会,曾经是世界上的劳动人民和进步人类千百年来的梦想;十月革命破天荒第一次在世界六分之一的土地上,把这个梦想变成了现实;这个革命证明:没有了地主和资产阶级,人民完全能够有计划地建设自由幸福的新生活;同时又证明:没有了帝国主义的压迫,世界各民族完全能够和睦共处。

失去了正确方向的"改革"葬送了第一个社会主义大国。 苏联解体、苏共垮台是20世纪的重大历史事件,其经过复杂而曲折,也可以说是一个长期的历史过程。因此,不能将苏联解体、苏共垮台归咎于一个或几个人。但是,我们也不能否认苏共内部的"关键少数"在历史悲剧中的关键作用,戈尔巴乔夫就是"关键少数"中的核心人物。戈尔巴乔夫一上任就以改革家的身份出现在世人面前,改革成了他确立"合法性"、塑造新形象的道具,到处强调"改革刻不容缓"、"改革是人民的切身事业"。

在改革初期,戈尔巴乔夫还经常强调坚持社会主义和发展社会主义,这使很多人认为苏联的改革在方向上是正确的。然

---

① 《列宁选集》第4卷,人民出版社1995年版,第565—566页。

而,这不过是戈尔巴乔夫使用的"障眼法"。1986年7月31日,戈尔巴乔夫在一次讲话中强调,"苏共乃至全国都一致认为,我们不应当在社会主义之外,而应当在我们制度的范围内寻找对现实生活提出的种种问题的答案,应当依靠人民的生动活泼的创造力,挖掘计划经济、社会主义民主,文化和人的因素的潜力。西方有人不喜欢这一点。他们一直在等待着出现所谓背离社会主义的东西,期待我们会崇拜资本主义和借用资本主义的方法。我们从国外得到许多'建议',要我们今后怎么走和走向何方。还有各种各样挑拨性的广播节目,发表各种各样的文章,其目的在于给我们国内正在发生的变化抹黑,离间党的领导同人民的关系。这种不光彩的做法是注定要失败的。党和人民的利益是不可分割的,我们的选择和政治方针是坚定不移的。在这个主要问题上,人民和党是一致的"[①]。1987年2月13日,戈尔巴乔夫说:"从解决所有问题的角度看,一月全会的主要思想是发扬民主。既在经济中发扬民主,也在政治中及党内发扬民主。然而是在社会主义基础上发扬民主。不是背离社会主义,而是要有更多的社会主义,不是背离民主,而是要有更多的民主;不是背离社会主义道德,而是争取社会主义道德。这就是改革的实质。"1987年2月19日,戈尔巴乔夫在一次讲话中说:"要知道,现在我们已经在政治上受过锻炼,有社会主义社会的生活经验。我们不是一盘散沙,不是带着不同的思想,不同的价值观和政治观从某个地方进入这个改革阶段,我们都是社会主义时期的几代人,我们的主要资本是在社会主义时期形成的,那就应当把这个资本利用起来。大概,这是在今天最难得的机会了。苏联是

---

① [俄]戈尔巴乔夫:《戈尔巴乔夫关于改革的讲话》,人民出版社1987年版,第56页。

第十五章　世界百年大变局的规律性

世界上唯一这样团结的社会。"①1987年2月25日,戈尔巴乔夫说:"我们经历过一场极其伟大的革命,这场革命迅速改变了我国和世界事态发展的进程,给人类命运打上了不可磨灭的烙印。我们积累了在实践中实现社会主义的丰富的、各种各样的和还没有完全认识清楚的经验,应当经常运用这些经验,像列宁那样学习,解决现实生活提出的问题。"②"我们选择的道路是正确的。我们不是背着社会主义的方向走,而是通过改革发挥社会主义制度的潜力。我们不是背着民主的方向走,而是为了劳动者的利益朝着发扬民主的方向走。"③"形形色色的机会主义分子企图按自己的标准解释改革的目的,并企图混到改革中来。必须看到这一切。但是,我们并没有由于意识形态敌人施展阴谋而放弃完善社会主义社会的工作!我们坚定地选择了自己要走的路并且决不离开这条道路。"④

苏联政治家瓦·博尔金对戈尔巴乔夫的政治变化有过仔细观察和深刻感悟:"我反复阅读戈尔巴乔夫的报告、讲话、文章中关于对马列主义理论和世界共产主义运动的态度的章节,以及关于我们的社会成就、我国成为世界最强大的国家的论述,于是我发现了他的观点发生变化的转折点。他1988年以前的著作明确主张国家走社会主义发展道路,对这一点,各级党组织的领

---

① [俄]戈尔巴乔夫:《戈尔巴乔夫关于改革的讲话》,人民出版社1987年版,第232页。
② [俄]戈尔巴乔夫:《戈尔巴乔夫关于改革的讲话》,人民出版社1987年版,第254—255页。
③ [俄]戈尔巴乔夫:《戈尔巴乔夫关于改革的讲话》,人民出版社1987年版,第261页。
④ [俄]戈尔巴乔夫:《戈尔巴乔夫关于改革的讲话》,人民出版社1987年版,第287页。

导者、普通党员以及许多关心政治问题的公民也都清楚地看到了。社会上大多数人认为不能再像从前那样生活和工作了,可是,如果将几十年的成就统统抛掉也是巨大的损失,因为许多国家的劳动者所珍视的正是我们所取得的社会成就,许多国家也都尽量采用我们的正面经验。共产党员,实际上是全体苏联人,都认为戈尔巴乔夫的话反映的是他坚持社会主义发展道路的原则立场,所以他们在国内的社会形态开始变换之前一直是支持改革的"[1]。但是,貌似政治正确的"改革"却成了一场革了苏联社会主义命的惨剧,几十年的社会主义建设成就化为乌有,"历史学家以后会搞清楚戈尔巴乔夫的立场骤然转变的时间和原因并对此作出解释。那么,总书记是如何从社会主义制度、共产主义前途的拥护者变为资本主义发展道路构想的推崇者的呢?我想,时间会使戈尔巴乔夫将他的观点、原则发生急剧转变的原因向世人作出解释的。当然,一个人不能像风向标一样随风转,我只同意一些分析家的结论:他当时已经身不由己。总书记受制于国内外某些势力,他们为他设下了圈套,他被迫带领党的羊群走入那精神的和肉体的屠宰场,只有他一人从那里走出来,不仅安然无恙,而且还发了财"[2]。当然,说戈尔巴乔夫在苏联解体、苏共垮台的历史悲剧中只是一个"受制于国内外某些势力"的被动者,是不准确的。事实上,戈尔巴乔夫是悲剧的重要推动者,是一个名副其实的主动者。

1990年3月14日,苏联人民代表大会第三次会议通过《关于设立苏联总统职位和苏联宪法(根本法)修改补充法》,取消

---

[1] [俄]瓦·博尔金:《戈尔巴乔夫沉浮录》,中央编译出版社1996年版,第127页。
[2] [俄]瓦·博尔金:《戈尔巴乔夫沉浮录》,中央编译出版社1996年版,第127—128页。

第十五章 世界百年大变局的规律性

1936年苏联宪法第六条有关苏联共产党是一切社会团体和国家机关的领导核心的规定,并决定设立苏联总统职位。随后,戈尔巴乔夫被苏联人民代表大会选举为第一任苏联总统。苏联第一位总统产生了,半年之后十多个加盟共和国相继产生了自己的总统。苏联的政治制度发生了根本改变。"由于能够在苏联社会发展的一定阶段把群众联合起来的创造性思想已消耗殆尽,党不能得到新的理论武装。戈尔巴乔夫对形势没有明确的认识,提不出能够把人们联合起来的切实有效的新思想,他的上台导致党彻底失去了社会领袖的地位。不仅如此,总书记还加快了党的垮台。千百万忠诚的共产党员信任他,选他为党的领袖,而对这些共产党员的命运负有责任的他却第一个宣布与苏共脱离关系,第一个背叛了党,怯懦地抛弃了党,而且是当众公开宣布这一点。让历史去对这些事件和这种行为作出评价吧。无论国家的未来如何(我希望能是社会主义的和民主主义的未来),人们永远不会赞同领袖在艰难时刻抛弃党的行为。这就像船长率先抛弃正在沉没的船只,将军第一个逃离战场的行为一样。总书记最后的行为看来是受自我保护意识的驱动,但是不能说是出乎意料的。"①

"改革家"戈尔巴乔夫将推翻社会主义制度和共产党的领导视为自己对国家的功劳和贡献。1991年12月25日,戈尔巴乔夫下台前发表电话讲话,历数他的"伟大贡献":"社会获得了自由,政治上和精神上得到解放。这是最主要的成就,我们却没有充分意识到,因此也尚未学会利用自由。尽管如此,已经完成了具有历史意义的工作。消灭了那个早已使我国无法成为富足安

---

① [俄]瓦·博尔金:《戈尔巴乔夫沉浮录》,中央编译出版社1996年版,第401页。

康、繁荣昌盛国家的极权主义体制。在民主变革的道路上实现了突破。自由选举、出版自由、代表制政权机构、多党制均已成为现实。开始走向多种成分经济,确立了一切所有制形式的平等地位。在土地改革的范围内农民阶级得到复兴,出现了私人农场,数百万公顷的土地交给农村居民、市民使用。生产者的自由已经合法化,企业家活动、股份制、私有化方兴未艾。""改革的发起者们渐渐地(如果按历史标准衡量则是很快地)发现必须改变苏联共产党的作用,终止它凌驾于国家和社会所有机构之上的最高级别职能,构建法治国家。在1988年6月召开的党的会议上,我们成功通过了这一方针。正是从那时起,改革朝着民主和自由的方向前进,从此不可扭转。"[1]戈尔巴乔夫不断宣扬他的"伟大贡献","国内存在着成千上万的具有不同政治信仰的非官方组织,其主要的政治分野就是看谁'支持'还是'反对'改革。在这样的形势下,苏共和最高苏维埃推出了在政治制度中设立总统制的建议。起初,我认为总统制难以与苏维埃制度很好地融合在一起,因此拒绝了这个建议。但是,面对社会和政治经济紧张局势的加剧和数个政党建立的形势,必须立刻加强政府的权威,特别是行政权或总统权的权威。《苏联宪法》第六条被废除。这样多党制获得了国家《宪法》层面的合法性。这是推进政治改革的关键一步。不出所料,同样一批左翼和右翼激进分子反对实现总统制,也反对选举戈尔巴乔夫为总统"[2]。

---

[1] [俄]戈尔巴乔夫:《苏联的命运:戈尔巴乔夫回忆录》,译林出版社2018年版,第389—390页。
[2] [俄]戈尔巴乔夫:《孤独相伴:戈尔巴乔夫回忆录》,译林出版社2015年版,第398—399页。

三、社会主义中国不断发展壮大的政治经验

世界正经历百年未有之大变局,这个大变局与近代中国面临的大变局完全不同,它的主内容是社会主义中国的不断发展壮大。因此,中国特色社会主义事业的发展既是中国的大事,也是世界的大事。对中国来说,把握好百年未有之大变局的关键在于如何巩固和完善社会主义制度,如果离开这个根本点,变局就可能成为迷局和乱局。

必须始终坚持马克思主义指导。在中国共产党成立二十周年的时候,毛泽东深刻阐述了马克思主义对中华民族走出苦难的重大意义,"灾难深重的中华民族,一百年来,其优秀人物奋斗牺牲,前仆后继,摸索救国救民的真理,是可歌可泣的。但是直到第一次世界大战和俄国十月革命之后,才找到马克思列宁主义这个最好的真理,作为解放我们民族的最好的武器,而中国共产党则是拿起这个武器的倡导者、宣传者和组织者。马克思列宁主义的普遍真理一经和中国革命的具体实践相结合,就使中国革命的面目为之一新"[①]。一百年来,革命、建设、改革的伟大实践都充分证明了坚持马克思主义指导的伟大意义,马克思主义指导是立党立国、兴党兴国、强党强国的根本。

必须始终注重加强政治安全建设。政治安全是国家第一安全,政治安全的关键要素包括意识形态安全、政权安全、制度安全和组织安全。苏联解体前,政治安全的重大风险体现在党组织遭到破坏,党员干部思想普遍混乱,否定马克思主义理论、否

---

① 《毛泽东选集》第3卷,人民出版社1991年版,第796页。

定党的领导和否定社会主义制度的倾向普遍存在,国家政权、社会制度和党的组织面临巨大安全风险。这种安全风险首先表现为对马克思主义理论认知上的片面化、机械化和庸俗化。1990年10月,苏联托木斯克区委书记在苏共中央关于改革问题的全苏思想理论工作者会议上曾有这样一段发言:"因此我想讲讲这种,可能是不平常的状况。这种状况下不仅今天我们党存在,而是从1917年就是这样。从那时起我们所认为的马克思主义是这样的。他不是一种世界观、一种科学,而是一种人民文化。这种马克思主义的异化导致今天对马克思主义的理解平庸陈腐的混乱状况,'没收剥削者的财产'、'无产阶级没有什么可失去的,失去的只有镣铐'、'物质第一,精神第二'。你们任何一位学者、工程师、大学生,他们除了说物质第一、精神第二之外,对马克思主义再说不出什么更好的东西了。这种口号今天还继续存在。在当前资本主义社会化的情况下,我们面临着资本主义化和经济多元化的事实。我们还抱着这样的口号,简直是谬论。在1917年这种荒唐还可以,但现在就不可忍受了。但是我想重复一下,今天我们的智力水平就是如此,因而无法摆脱这种危机状态。"[①]将马克思主义理论片面化、机械化和庸俗化的直接后果就是在整个社会逐步形成怀疑、曲解、否定马克思主义理论的社会思潮。其次,上述安全风险还表现为"否定党的领导"思潮在党内普遍存在。有调查显示,苏共垮台前夕,约65%的党员赞成发展多党制,30%多的人认为,在苏共党内可以存在不同派别和纲领;1990年,约60%的党员赞成将"党组织"逐出工厂企业、军队、法庭、检察机关、内务机关和安全机关。这就表明,在苏联

---

① 《苏联历史档案选编》第30卷,社会科学文献出版社2002年版,第618页。

解体前,苏共在政治上处于极其被动的状况。习近平总书记指出,我们党领导人民进行革命、建设、改革的历史进程反复证明了一个道理:政治上的主动是最有利的主动,政治上的被动是最危险的被动。这个道理也是整个社会主义发展史的重要经验,我们始终强调要旗帜鲜明讲政治,在很大程度上就是基于这个重要经验。

必须始终注重弘扬斗争精神。2019年9月3日,习近平总书记在中青年干部培训班开班式上的重要讲话中强调,在前进道路上我们面临的风险考验只会越来越复杂,甚至会遇到难以想象的惊涛骇浪;我们面临的各种斗争不是短期的而是长期的,至少要伴随我们实现第二个百年奋斗目标全过程;必须增强"四个意识",坚定"四个自信",做到"两个维护",坚定斗争意志,当严峻形势和斗争任务摆在面前时,骨头要硬,敢于出击,敢战能胜。在新时代,如何弘扬斗争精神,如何开展伟大斗争,习近平总书记为我们指明了方向,他强调共产党人的斗争是有方向、有立场、有原则的,大方向就是坚持中国共产党领导和我国社会主义制度不动摇。新时代的伟大斗争在政治上主要针对的是这些风险挑战:危害中国共产党领导和我国社会主义制度的风险挑战,危害我国主权、安全、发展利益的风险挑战,危害我国核心利益和重大原则的风险挑战,危害我国人民根本利益的风险挑战,危害我国实现"两个一百年"奋斗目标、实现中华民族伟大复兴的风险挑战。应对好这些风险挑战,我们必须始终注重弘扬斗争精神,这是因为,一百年来,中国共产党带领人民战胜一切艰难险阻、取得一切伟大成就都是通过伟大斗争取得的,伟大斗争是伟大事业发展的重要实践内容和政治保障。

第三编
错误社会思潮论

从一定意义上说,马克思主义发展史和社会主义运动史就是一个不断同错误社会思潮斗争的历史,这个历史就是马克思主义与自由主义、社会主义与资本主义的斗争史。中国特色社会主义进入新时代,马克思主义与自由主义、社会主义与资本主义的斗争也表现出一定的时代特殊性,错误社会思潮也表现出一些新特点、新趋势。党的十八大以来,错误社会思潮严重泛滥的势头得到了有效遏制,但其存在和发展的社会土壤和外部环境仍然存在。科学真理与错误思潮的较量是长期的、复杂的,任何轻视、忽视错误社会思潮的行为和现象必然会给中国特色社会主义事业发展带来危害和损失。

第一章
错误社会思潮的唯心主义特征

党的十八大以来,在大力加强社会主义意识形态建设的实践进程中,错误社会思潮严重泛滥的势头得到有效遏制,这个成绩来之不易。同时,我们也应看到,由于多年的积累和沉淀,错误社会思潮的存在将是长期的,社会主义意识形态与错误社会思潮的斗争也必然是长期的,其间我们仍会遇到种种矛盾和困难。反对马克思主义的指导是错误社会思潮的重要理论特点,辨识和批判错误社会思潮应紧紧抓住这一重点,科学运用马克思主义理论这一"看家本领",透过纷繁芜杂的理论表象看清错误社会思潮的本质。

一、正确把握虚假意识的颠倒性

不论是何种错误社会思潮,它在理论上总是要以一定的"精神武器"为基础,比如哈耶克的自由主义理论就是多种社会思潮共同的"精神武器",这个武器成了许多人的精神信仰,他们以为运用这个武器就可以战胜社会主义和马克思主义。这些人的错误就在于他们根本不顾社会存在和社会历史的发展,即割裂社会意识与社会存在的有机统一。割裂思维和存在的联系,思维就成了超越存在并凌驾于存在的东西,这种颠倒了思维与存在相互关系的思维就是虚假意识。

恩格斯在1893年7月14日致梅林的信中,深刻揭示了虚假意识的发生学原理:"意识形态是由所谓的思想家通过意识、但是通过虚假的意识完成的过程。……因为这是思维过程,所以它的内容和形式都是他从纯粹的思维中——不是从他自己的思维中,就是从他的先辈的思维中引出的。他只和思想材料打交道,他毫不迟疑地认为这种材料是由思维产生的,而不去进一步研究这些材料的较远的、不从属于思维的根源。而且他认为这是不言而喻的,因为在他看来,一切行动既然都以思维为中介,最终似乎都以思维为基础。"①在各种错误社会思潮中,我们都可以看到恩格斯所揭示的这种理论现象即"虚假的意识完成的过程"。在这里,某种思想被独立化、抽象化和普世化。比如,"经济关系反映为法的原则,同样必然是一种头足倒置的反映。这种反映是在活动者没有意识到的情况下发生的;法学家以为他是凭着先验的原理来活动的,然而这只不过是经济的反映而已。这样一来,一切都头足倒置了"②。在西方宪政民主思潮中,一些人不研究西方宪政民主产生和发展的社会环境和实践基础,不研究西方宪政民主与资本主义生产方式及相应的政治制度的内在关系,一味强调西方宪政民主的普世性。近代以来,中国走上了与西方资本主义国家不同的社会发展道路,形成了代表人类发展方向的社会主义制度和社会主义文化,而所谓西方宪政民主理论和社会主义道路、制度与文化是根本不相容的。

在哲学社会科学领域,每一个学科的发展都有自己独特的

---

① 《马克思恩格斯选集》第4卷,人民出版社1995年版,第726页。
② 《马克思恩格斯选集》第4卷,人民出版社1995年版,第702页。

思想材料。"这些材料是从以前的各代人的思维中独立形成的,并且在这些世代相继的人们的头脑中经过了自己的独立的发展道路。当然,属于本领域或其他领域的外部事实对这种发展可能共同起决定性的作用,但是这种事实本身又被默认为只是思维过程的果实,于是我们便始终停留在纯粹思维的范围之中,而这种思维仿佛顺利地消化了甚至最顽强的事实。正是国家制度、法的体系、各个不同领域的意识形态观念的独立历史这种外观,首先迷惑了大多数人。"①各种错误社会思潮也是"始终停留在纯粹思维的范围之中",它们"完全不越出思维领域",本应是出发点的社会存在成了它们随时消化的对象,颠倒了思维和存在的关系,必然导致思维错乱,必然导致在理论与实践、历史与现实相互关系上的认知错乱。在当前中国的现实中一些人之所以会对错误社会思潮津津乐道,就是颠倒了认识与实践的关系。

二、正确把握历史创造的条件性

一切以时间地点条件为转移,这是马克思主义关于事物存在和发展的一个基本观点,马克思主义经典作家关于人类创造历史的理论严格贯彻了这一基本观点。恩格斯在1890年9月21—22日致布洛赫的信中,对历史创造的条件性作了科学阐述:"我们自己创造着我们的历史,但是第一,我们是在十分确定的前提和条件下创造的。其中经济的前提和条件归根到底是决定性的。但是政治等等的前提和条件,甚至那些萦回于人们头脑中的传统,也起着一定的作用,虽然不是决定性的作用。"②由

---

① 《马克思恩格斯选集》第4卷,人民出版社1995年版,第727页。
② 《马克思恩格斯选集》第4卷,人民出版社1995年版,第696页。

此可见，一定的生产方式、经济基础和上层建筑都是我们创造历史的前提和条件，起决定作用的是以一定的生产方式为核心的经济因素。那些信仰错误社会思潮的人，也想创造历史，但是他们是想在脱离前提和条件下创造历史，具体到当代中国，就是表现为脱离中国国情创造历史，主要体现在以下两个方面。

第一，错误社会思潮力图脱离社会主义生产方式和经济基础创造历史。社会主义生产方式和经济基础是当代中国一切发展的前提条件，否定这个前提条件就谈不上任何发展和进步。我国社会主义基本经济制度和政治制度建立在社会主义生产方式和经济基础之上，这也是我们创造当代中国历史的基础。自由主义思潮在经济上否定我国的社会主义基本经济制度，在政治上否定我国的基本政治制度，这是"全盘西化"的核心内涵。最典型的例子就是最近有学者把我国 40 多年的改革开放归结为实施了西方资本主义的"现代性"方案的结果，并认为我国当前的改革偏离了"根本解决'中国问题'的'改革开放'路线"。这种认识显然是完全错误的，也是不符合实际的。

第二，错误社会思潮力图脱离社会主义精神文化传统创造历史。社会主义精神文化传统是中国特色社会主义事业的精神动力和灵魂，否定社会主义精神文化传统，意味着否定整个社会主义事业。但是，各种错误社会思潮完全否定社会主义精神文化传统的实践意义，它们通过否定"中国特色"，否定在马克思主义中国化的历史进程中形成的社会主义精神文化传统。例如，有学者就说："正如没有中国特色的物理学、数学一样，也不可能有中国独有的政治学、社会学、经济学、史学。"从这里可以看出，错误社会思潮的基本思路就是通过否定正确的东西来主张错误的东西，核心是用自由主义否定马克思主义和社会主义，其理论方法的错误就是否定历史创造的条件性。

在当代中国，中国人民创造历史的条件是确定的、客观的，它包括一定的生产方式、经济基础和上层建筑，这些客观条件不能任意取消或改变。中国共产党正在带领全国各族人民为实现中华民族伟大复兴的中国梦而砥砺奋进，这一奋斗进程就是不断创造历史的过程。在这一历史进程中，我们任何时候都不能脱离社会主义生产方式、经济基础和社会主义精神文化，必须坚定道路自信、理论自信、制度自信和文化自信。习近平总书记在庆祝中国共产党成立95周年大会上的讲话中深刻指出了坚持这四个自信的重大意义：我们要坚信，中国特色社会主义道路是实现社会主义现代化的必由之路，是创造人民美好生活的必由之路；我们要坚信，中国特色社会主义理论体系是指导党和人民沿着中国特色社会主义道路实现中华民族伟大复兴的正确理论，是立于时代前沿、与时俱进的科学理论；我们要坚信，中国特色社会主义制度是当代中国发展进步的根本制度保障，是具有鲜明中国特色、明显制度优势、强大自我完善能力的先进制度；文化自信，是更基础、更广泛、更深厚的自信，我们要弘扬社会主义核心价值观，弘扬以爱国主义为核心的民族精神和以改革创新为核心的时代精神，不断增强全党全国各族人民的精神力量。在这里，自信也是条件，它是创造历史的必要条件，而丧失信心就意味着失败。

三、正确把握历史发展的方向性

历史是人民群众创造的。正如恩格斯所说，"历史是这样创造的：最终的结果总是从许多单个的意志的相互冲突中产生出来的,而其中每一个意志,又是由于许多特殊的生活条件,才成为它所成为的那样。这样就有无数互相交错的力量,有无数个力的平行四边形,由此就产生出一个合力,即历史结果,而这个结果又可以看作一个作为整体的、不自觉地和不自主地起着作用的力量的产物"[1]。据此可以看出:第一,历史发展的方向不以单个人的意志为转移,历史发展方向的形成是一个自然的历史过程。第二,每个人的意志不是任意的,它基于"许多特殊的生活条件"。但是,仅仅满足于这样的理解是远远不够的,这样的理解如果不同马克思主义群众史观结合起来,"历史合力论"也可能被人错误理解为以个人主义价值观为基础的唯意志论。而所有错误社会思潮共有的一大理论特点正是片面强调个体价值、否定马克思主义群众史观,鼓吹极端个人主义和唯意志论。

马克思主义唯物史观强调,历史发展的方向是由人民群众的创造性劳动决定的,人民群众的力量在推动历史发展的各种力量中最强大、最有决定性意义。比如,在政治上,没有人民群众的努力和斗争,就没有马克思主义政党的形成和社会主义新型国家的建立。因此,人民至上必然成为马克思主义政党和社会主义国家的核心价值,马克思主义政党和社会主义国家也必然成为人民群众不断发展自己、不断提高自己的政治基础和政治保障。从各种错误社会思潮在民主问题上的主张看,离开马克思主义唯物史观,否定人民群众对历史发展的决定作用,对民主问题的思考必然陷入形而上学和唯心主义,必然看不到实行人民民主的历史必然性和强大生命力。

作为马克思主义政党,中国共产党始终能够看到人民群众

---

[1] 《马克思恩格斯选集》第4卷,人民出版社1995年版,第697页。

是历史的真正主人,人民群众的力量决定历史发展的方向。正如习近平总书记在庆祝中国共产党成立95周年大会上的讲话中指出的那样,坚持不忘初心、继续前进,就要坚信党的根基在人民、党的力量在人民,坚持一切为了人民、一切依靠人民,充分发挥广大人民群众积极性、主动性、创造性,不断把为人民造福事业推向前进;人民立场是中国共产党的根本政治立场,是马克思主义政党区别于其他政党的显著标志;全党同志要把人民放在心中最高位置,坚持全心全意为人民服务的根本宗旨,实现好、维护好、发展好最广大人民根本利益,把人民拥护不拥护、赞成不赞成、高兴不高兴、答应不答应作为衡量一切工作得失的根本标准,使我们党始终拥有不竭的力量源泉。

同错误社会思潮进行斗争是马克思主义政党的一项重要工作,对这一工作的任何懈怠和失误都会给党和人民的事业带来不可挽回的损失甚至招致失败。党的十八届六中全会通过的《关于新形势下党内政治生活的若干准则》规定:全党必须坚决捍卫党的基本路线,对否定党的领导、否定我国社会主义制度、否定改革开放的言行,对歪曲、丑化、否定中国特色社会主义的言行,对歪曲、丑化、否定党的历史、中华人民共和国历史、人民军队历史的言行,对歪曲、丑化、否定党的领袖和英雄模范的言行,对一切违背、歪曲、否定党的基本路线的言行,必须旗帜鲜明反对和抵制;考察识别干部特别是高级干部必须首先看是否坚定不移贯彻党的基本路线;党员、干部特别是高级干部在大是大非面前不能态度暧昧,不能动摇基本政治立场,不能被错误言论所左右;当人民利益受到损害、党和国家形象受到破坏、党的执政地位受到威胁时,要挺身而出、亮明态度,主动坚决开展斗争;对在大是大非问题上没有立场、没有态度、无动于衷、置身事外,在错误言行面前不抵制、不斗争,明哲保身、当老好人等政治不合格的坚决不用,已在领导岗位的要坚决调整,情节严重的要严肃处理。这些规定要求我们必须从推进党和人民事业发展的高度,不断增强同错误社会思潮进行斗争的理论自觉、政治自觉和行动自觉。

第二章
科学把握错误社会思潮的落后性

反对和抵制错误社会思潮,防范错误思潮对中国特色社会主义事业发展的干扰和破坏,是改革开放以来党的意识形态工作的重要内容。习近平总书记指出,"在国内,一些错误思潮和观点不时出现,有人以'反思改革'为名否定改革开放,有的人借口现实中存在的问题攻击我们党的领导和我国社会主义制度,有的人极力歪曲、丑化、否定我们的党、我们的国家、我们的军队和我国革命、建设、改革的伟大实践,有的人大肆宣扬西方的价值观,有的人恶意编造、肆意传播政治谣言"①。由此可见,错误社会思潮的存在和传播不是一般的思想认识问题,而是严重的政治问题,如果任其泛滥,必然扰乱党心、民心,必然削弱民族凝聚力、向心力。因此,我们必须充分认识错误社会思潮的理论实质与实践危害,必须在根治错误社会思潮上下功夫。错误社会思潮往往有着时髦的外表,给人以代表时代潮流的感觉。但是就其内容而言,在装腔作势、空话连篇背后,尽是落后腐朽的思想意识。当然,这是鼓吹错误思潮的人所意识不到的,他们错将谬误当真理、误将落后当先进而浑然不自知。之所以说错误社

---

① 《习近平关于总体国家安全观论述摘编》,中央文献出版社 2018 年版,第 128 页。

会思潮是一种落后的社会意识,是因为它落后于社会存在、科学社会理论和群众觉悟的发展。

一、错误社会思潮落后于社会存在的发展

社会意识是对社会存在的反映,这种反映在性质上通常有两种:一种是正确的反映,一种是错误的反映。错误社会思潮就是对社会存在的错误反映,从生成机理看,这种错误反映产生的原因是多方面的,错误认识历史及其变化、错误认知国家差异、从抽象观念出发都会导致社会认知落后于社会存在。

第一,错误认识历史及其变化导致落后社会意识的产生。错误社会思潮在历史问题上总是存在种种错误观点,突出表现在对历史变化的认知上,错误的历史认知同错误的现实认知是相互作用、相互影响的,这是错误社会思潮的重要特点。毛泽东在评电影《武训传》时强调指出,"在许多作者看来,历史的发展不是以新事物代替旧事物,而是以种种努力去保持旧事物使它得免于死亡;不是以阶级斗争去推翻应当推翻的反动的封建统治者,而是像武训那样否定被压迫人民的阶级斗争,向反动的封建统治者投降。我们的作者们不去研究过去历史中压迫中国人民的敌人是些什么人,向这些敌人投降并为他们服务的人是否有值得称赞的地方。我们的作者们也不去研究自从一八四〇年鸦片战争以来的一百多年中,中国发生了一些什么向着旧的社会经济形态及其上层建筑(政治、文化等等)作斗争的新的社会经济形态,新的阶级力量,新的人物和新的思想,而去决定什么东西是应当称赞或歌颂的,什么东西是不应当称赞或歌颂的,什

么东西是应当反对的"①。毛泽东在这里所指出的问题是错误社会思潮普遍存在的问题,可以说切中了错误社会思潮的要害。那些错误社会思潮的鼓吹者们,对"自从一八四〇年鸦片战争以来的一百多年中,中国发生了一些什么向着旧的社会经济形态及其上层建筑(政治、文化,等等)作斗争的新的社会经济形态,新的阶级力量,新的人物和新的思想"完全不感兴趣,好像这些东西不存在似的。相反,他们对美化旧中国、旧社会却有着浓厚的兴趣,这就是向后看的社会意识,这种社会意识在面对历史与现实时必然表现为落后与反动。

第二,错误认知中西差异导致落后社会意识的产生。"全盘西化"是错误社会思潮的核心观点,它往往是错误认知中西差异的结果。不论是近现代史上的"全盘西化"思潮,还是改革开放以来的"全盘西化"思潮,它们共同的主张就是"中国必须资本主义化"。这种主张之所以是落后的社会意识,是因为资本主义制度的落后性和腐朽性在近代已有充分表现,是因为资产阶级共和国方案在现代中国已经失败,是因为社会主义道路已经成为中国人民的必然选择。因此,在社会主义伟大实践面前,那些主张"全盘西化"的人无论他们表现得如何"先锋"、"激进",实际上他们只能是落后的一帮,他们就是毛泽东曾经指出的《法门寺》里的贾桂,"我国过去是殖民地、半殖民地,不是帝国主义,历来受人欺负。工农业不发达,科学技术水平低,除了地大物博,人口众多,历史悠久,以及在文学上有部《红楼梦》等等以外,很多地方不如人家,骄傲不起来。但是,有些人做奴隶做久了,感觉事事不如人,在外国人面前伸不直腰,像《法门寺》里的贾桂一

---

① 《毛泽东文集》第6卷,人民出版社1999年版,第166页。

样,人家让他坐,他说站惯了,不想坐。在这方面要鼓点劲,要把民族自信心提高起来,把抗美援朝中提倡的'藐视美帝国主义'的精神发展起来"①。由此可见,落后可能压垮人的精神,落后也可能激发人的斗志。主张"全盘西化"的人就属于前者,他们在精神上被资本主义压垮了。他们对社会主义的先进性视而不见,认为社会主义国家一无是处,心甘情愿地为资本主义唱赞歌。

第三,罔顾事实,从抽象观念出发导致落后社会意识的产生。在民主、自由、人权等问题上,错误社会思潮的理论特点就是罔顾事实、从抽象观念出发。比如,社会主义民主是对资本主义民主的超越,中国特色社会主义民主实践充分证明了这一点。如果对这个事实视而不见,一味醉心于西式民主,偏执于所谓"西方民主制度",就会得出"资本主义民主优越于社会主义民主"的错误结论,这种错误思潮同样是在引导人们向后看。有人提出,中国的改革开放在实质上是"向英美所主导的大西洋文明时代的世界体系低头致意",是向"世界普世文明的致意与皈依",在政治上就是中国必须实行所谓"西式民主",这在实践上就是开历史倒车。习近平总书记深刻指出:"有的人把改革开放定义为往西方'普世价值'、西方政治体制的方向改,否则就是不改革开放。这是曲解我们的改革开放。不能笼统地说中国改革在某个方面滞后。在某些方面、某个时期,快一点、慢一点是有的,但总体上不存在中国改革哪些方面改了,哪些方面没有改。问题的实质是改什么、不改什么,有些不能改的,再过多长时间也是不改。我们不能邯郸学步。世界在发展,社会在进步,不实行改革开放死路一条,搞否定社会主义方向的'改革开放'也是

---

① 《建国以来毛泽东文稿》第6册,中央文献出版社1992年版,第104页。

死路一条。在方向问题上,我们头脑必须十分清醒。我们的方向就是不断推动社会主义制度自我完善和发展,而不是对社会主义制度改弦易张。"①

二、错误社会思潮落后于科学社会理论的发展

马克思主义的产生使人类科学认识社会历史成为可能,换句话说,只有马克思主义才能科学揭示人类社会的发展规律,离开马克思主义,就不可能有科学的社会理论。近代以来的许多社会理论和社会思潮往往是资产阶级意识形态的组成部分。在改革开放初期,我们将错误社会思潮称为资产阶级自由化思潮,揭示了其政治本质和资产阶级意识形态属性。这就给我们提出了一个重要的理论任务,就是用科学社会理论即马克思主义社会理论揭示错误社会思潮的落后性和反科学性。也就是说,对马克思主义社会理论及其实践而言,错误社会思潮始终局限于落后的资产阶级意识形态理论框架,它始终在科学之外,尽管它寄生于各种学科之中。这就需要我们依据马克思主义经典作家对资本主义社会和资产阶级意识形态的科学揭示,揭示错误社会思潮同资产阶级意识形态的内在联系,揭示其在理论上不过是旧意识形态的新花样而已。

在《德意志意识形态》中,马克思和恩格斯对资产阶级意识形态进行了批判性分析,指出了意识形态的形成怎样依赖于资产阶级革命的客观发展条件。资产阶级革命的矛盾在于,这种革命只是一种社会对抗的形式去代替另一种社会对抗的形式,

---

① 《习近平关于总体国家安全观论述摘编》,中央文献出版社2018年版,第19页。

但是，资产阶级革命又只能通过人民群众的革命行动，才能实现反封建的历史任务。这就需要将资产阶级革命中必须解决的历史任务加以理想化。这种理想化要达到这样的效果：既能掩盖资产阶级革命的狭隘内容，即这种革命只是一部分少数人的统治被另一部分少数人的统治所代替，又能提供"理想、艺术形式和幻想"作为人民群众完成这些历史任务的必要的思想动力。上升时期的资产阶级的社会政治意识形态和相应的口号，对于动员人民群众去摧毁封建统治和建立资产阶级社会起着重要的积极作用。但是，这些思想和口号在所具有的唯心主义的和虚幻的特性，必然失去其进步的、前进的作用。实践表明，当资产阶级和无产阶级之间出现了新的阶级对立的时候，资产阶级的社会政治意识形态就从社会进步的思想动力蜕变为对资产阶级特殊利益的虚伪辩护。这一过程说明：以颠倒的神秘的形式反映社会现实的虚幻的意识，只能在一定历史条件下起进步作用。但是，与历史上以往所有的社会革命相比，社会主义革命具有更崇高更伟大的历史任务。在这个历史进程中，就必然要建立一种崭新的意识形态，这种意识形态同所有以往取得统治权的剥削阶级意识形态传统完全不同，旧意识形态的虚幻性和颠倒性被完全克服。马克思将这种意识形态的特征描写为："19世纪的社会革命不能从过去，而只能从未来汲取自己的诗情。它在破除一切对过去的迷信以前，是不能开始实现自己的任务的。从前的革命需要回忆过去的世界历史事件，为的是向自己隐瞒自己的内容。19世纪的革命一定要让死人去埋葬他们的死人，为的是自己能弄清自己的内容。从前是辞藻胜于内容，现在是内容胜于辞藻。"[①] 由于无产阶级革命没有特殊的阶级利益，而

---

① 《马克思恩格斯选集》第1卷，人民出版社1995年版，第587页。

第二章 科学把握错误社会思潮的落后性

是要真正实现人类解放，因此它不需要幻想，不需要掩盖，不需要欺骗，它的意识形态的表达是对历史必然性的科学认识。

从上述分析可以看出，资产阶级意识形态的作用是掩盖资产阶级的特殊利益，它的欺骗性是显而易见的，只有无产阶级意识形态才能真正表达和实现普遍利益即人类利益，这个实现过程是一个漫长的历史过程。在这个历史过程中，无产阶级意识形态常常会遭到资产阶级意识形态的干扰和破坏，错误社会思潮的泛滥就是这种干扰和破坏的具体形式。这是我们称错误社会思潮为资产阶级自由化思潮的基本原因。"为什么我们把目前社会上存在的违反四项基本原则的社会思潮叫做资产阶级自由化思潮？大家知道，在资本主义制度下，那里的首要的自由，就是资本家进行雇佣剥削的自由，维护资产阶级私有制的自由。这是资产阶级自由的最本质的东西，资产阶级的其他各种自由包括言论、出版、集会、结社自由，竞选自由，两党或多党轮流执政的自由等等，归根到底都是由这种自由派生出来，并为它服务的。而当前我们社会上出现的这种思潮，它的特征正是极力宣扬、鼓吹和追求资产阶级的自由，想把资产阶级的议会制、两党制、竞选制，资产阶级的言论、出版、集会、结社自由，资产阶级的个人主义和一定范围内的无政府主义，资产阶级的金钱崇拜、唯利是图的思想和行为，资产阶级的生活方式、低级趣味，资产阶级的道德标准和艺术标准，对于资本主义制度和资本主义世界的崇拜，等等，'引进'到或渗入到我国的政治、经济、社会、文化生活中来，而从原则上否认、反对和破坏中国的社会主义事业，否认、反对和破坏中国共产党对于中国社会主义事业的领导。这种思潮的社会实质，就是自觉不自觉地要求在政治、经济、社会、文化领域内摆脱社会主义的轨道和实行资产阶级的所谓自由制度。所以，我们把它称之为资产阶级自由化思潮。弄清和掌握这种思潮的意义和特征，有助于我们在使用这个概念时防止滥用，注意划清一些重要的界限。"①党的十八大以来，我们对历史虚无主义、西方宪政民主、普世价值、新自由主义、公民社会、西方新闻观等七种错误社会思潮进行了深入批判，进一步明确了错误社会思潮的具体领域和学科属性。就实质而言，这七种错误社会思潮是资产阶级自由化思潮的具体化。我们同错误社会思潮的斗争，仍然是两种主义、两种制度的斗争，是新事物和旧事物的斗争。

三、错误社会思潮落后于群众觉悟的发展

群众意识往往存在各种个体差异，但是由于人民群众始终是社会发展和社会进步的主力军，群众觉悟的增长具有历史必然性。相反，那些脱离社会实践的所谓"精英"，即使他们饱读诗书，其社会认知水平常常处于很低的水平，这些人往往成为错误社会思潮的"宿主"和"弄潮儿"。正因为如此，不断提高群众觉悟水平对根治错误社会思潮意义重大，群众队伍中蕴涵的正能量是无限的。

毛泽东的《唯心历史观的破产》一文就揭示了一个现象：以美国的国务卿艾奇逊为代表的美国政客，尽管受过所谓良好的教育，但是他们对世界的认识水平却在中国人民解放军的一个普通战士的水平之下，"自从中国人学会了马克思列宁主义以后，中国人在精神上就由被动转入主动。从这时起，近代世界历

---

① 胡乔木：《当前思想战线的若干问题》，人民出版社1982年版，第2—3页。

史上那种看不起中国人,看不起中国文化的时代应当完结了。伟大的胜利的中国人民解放战争和人民大革命,已经复兴了并正在复兴着伟大的中国人民的文化。这种中国人民的文化,就其精神方面来说,已经超过了整个资本主义的世界。比方美国的国务卿艾奇逊之流,他们对于现代中国和现代世界的认识水平,就在中国人民解放军的一个普通战士的水平之下"①。我们的普通战士由于受到了革命实践的锻炼和教育,他们对世界的认识是现实的、科学的,这样的认识水平必然高于艾奇逊之流。毛泽东指出,"中国人之所以应当感谢艾奇逊,还因为艾奇逊胡诌了一大篇中国近代史,而艾奇逊的历史观点正是中国知识分子中有一部分人所同具的观点,就是说资产阶级的唯心的历史观"②。而经受伟大实践洗礼的中国人民解放军的普通战士头脑中不存在这样的历史观,他们对历史与现实的认识水平高于艾奇逊之流,也高于旧中国一些所谓的知识分子。

实践教育是最根本的教育,群众觉悟的基础和源泉最根本的要靠实践教育,群众意识与社会实践的联系是天然的、真实的联系,它们的联系中介就是实践本身。脱离了社会实践和实践教育,抽象理论就可能成为一些人获得真知的障碍。"问题正好在于,保守的传统用黏着力很强的偏见和错觉之网,把我们的有些现代人牢牢地缠住了,竟使他们同现实生活、社会主义社会的现实隔绝开来。"③比如对于社会主义和资本主义的认识,错误社会思潮既偏执于社会主义运动中的失误与曲折,又偏执于资

---

① 《毛泽东选集》第4卷,人民出版社1991年版,第1516页。
② 《毛泽东选集》第4卷,人民出版社1991年版,第1509页。
③ [苏]彼·尼·费多谢耶夫:《现时代的辩证法》,东方出版社1986年版,第490页。

产阶级意识形态宣扬的所谓普世价值。这种偏执的直接后果就是无法得出正确的价值判断,在社会主义和资本主义关系问题上不可能形成正确的观点。人民群众从社会主义和资本主义的现实运动本身能够直接感受到两者的矛盾关系,"目前对于社会主义社会来说,资本主义不仅是过去的残余,而且是必须与之坚决斗争到底的有生命力的敌人。而个人主义、反社会的习俗在社会主义社会中的表现,不仅是过去的遗毒,而且是敌视我们的,但是还有生命力的资产阶级世界的反映"[①]。在当代,资本主义现实运动本身、特别是某些资本主义大国的疯狂而拙劣的表演,就是一部生动的教材。人民群众从中认识到政治阴谋、经济讹诈、军事威胁、破坏活动,只是当代帝国主义大资产阶级从他们的祖先那里继承下来的传统而已。由于错误社会思潮的鼓吹者们偏执和局限于自己对社会主义和资本主义的固有认知,他们对现实往往采取回避态度,总是沉溺于抽象概念的自我循环,得出的结论自然是脱离实际的。比如,有些人经常说,"资本主义国家虽有毛病,但人家是讲文明、讲规则的"。这些人尽管常常被现实打脸,但是他们依然自拉自唱、自鸣得意、自以为高明,他们争相启蒙群众,他们毫无自知之明,最需要启蒙的恰恰是他们自己。

错误社会思潮是一种思潮病毒,它严重侵蚀、破坏社会有机体,它有一定的蛊惑性和欺骗性,致使是非颠倒、谬种流传。我们要针对错误社会思潮的严重危害和根本缺陷,不流于一般的反对和应对,必须着眼于根治错误社会思潮,在基础性战略性工作上下功夫。

---

① [苏]彼·尼·费多谢耶夫:《现时代的辩证法》,东方出版社1986年版,第245—246页。

第二章 科学把握错误社会思潮的落后性

第一,推进伟大事业,用事实战胜谬误。在第一届全国人民代表大会第一次会议上,毛泽东曾自豪地指出,"我们的事业是正义的。正义的事业是任何敌人也攻不破的"。新中国成立70多年来,虽然经历了许多艰难困苦,社会主义事业发展取得了辉煌成就。在这些成就面前,那些否定党的领导、否定社会主义道路、否定社会主义制度的种种错误思想都显得极其荒谬。伟大事业的发展是坚定"四个自信"的基础和前提,人民有自信就不会轻易被错误思潮影响和误导。苏共垮台、苏联解体的一个深刻教训就是社会主义发展一旦走入歧路,群众就必然失去对党和事业发展的信心,各种错误思潮必然甚嚣尘上,党就失去了领导力和凝聚力,社会主义就失去了吸引力和社会基础。所以说,"正义的事业是任何敌人也攻不破的"是有前提的,这个前提就是我们必须始终走在正确的道路上,必须始终为推进正义的事业而奋斗,这是社会主义发展史的一个基本经验。

第二,加强理论武装,用科学战胜谬误。错误社会思潮用各种"精致"的理论误导人,这就更加突出了加强理论武装的重要性。习近平总书记多次强调党的事业和各项工作都必须以马克思主义为指导,都必须坚持马克思主义立场、观点和方法,并特别强调用马克思主义中国化的理论成果武装全党、教育人民、指导工作。"中国特色社会主义理论体系是马克思主义中国化最新成果,是当代中国的马克思主义,是坚持和发展中国特色社会主义的行动指南。要坚持用这一科学理论体系武装全党、教育人民、指导工作。"[①]没有良好的理论基础,错误社会思潮在立场、观点和方法的谬误就不容易被辨识,更谈不上科学批判错误

[①] 《习近平关于社会主义文化建设论述摘编》,中央文献出版社2017年版,第61—62页。

社会思潮了。当前,在一些地方、一些领域,错误思潮之所以泛滥,往往就是因为理论武装工作没有做好,将"以马克思主义为指导"只是挂在嘴上,乐于做"语言上的巨人,行动上的矮子"。特别是在哲学社会科学领域,有些单位、有些干部对落实"以马克思主义为指导"不感兴趣,科学理论被矮化,错误思潮倒显得"理直气壮"。这种情况不改变,错误社会思潮就不会得到有效治理。

第三,开展伟大斗争,用行动战胜谬误。近年来,习近平总书记多次强调开展伟大斗争的紧迫性和重要性,同错误社会思潮的斗争是新时代伟大斗争的重要组成部分。开展伟大斗争,就是强调要行动起来,用实际行动战胜错误思潮,在治理错误思潮问题上,一切事不关己、无所用心的态度和行为都是十分错误的。习近平总书记特别强调,在治理错误社会思潮问题上必须主动作为。"坚持正面宣传为主,决不意味着放弃舆论斗争。敌对势力在那里极力宣扬所谓的'普世价值'。这些人是真的要说什么'普世价值'吗?根本不是,他们是挂羊头卖狗肉,目的就是要同我们争夺阵地、争夺人心、争夺群众,最终推翻中国共产党领导和社会主义制度。如果听任这些言论大行其道,指鹿为马,三人成虎,势必搞乱党心民心,危及党的领导和社会主义国家政权安全。在事关坚持还是否定四项基本原则的大是大非和政治原则问题上,我们必须增强主动性、掌握主动权、打好主动仗。"①

---

① 《习近平关于社会主义文化建设论述摘编》,中央文献出版社2017年版,第27页。

第三章
西方民主理论的现实本质

民主理论在西方经历了2500多年的历史演化,在不同历史时期,西方民主在内容和形式上均打上了特定的历史烙印。资产阶级革命完成之后,西方民主理论逐渐被抽象化,民主被抽象为超越不同历史阶段和不同民族国家的至上价值和治理形式。近年来,西方民主理论在我国有着比较大的影响,一些人信奉西方民主制度,将西方民主视为普世价值,用西方民主政治否定社会主义民主政治,形而上学的西方民主观甚嚣尘上。这对社会主义民主政治建设构成了严峻挑战,需要我们在科学批判的基础上,肃清西方民主理论的消极影响和严重危害,为中国特色社会主义民主政治建设培育良好的思想生态和社会基础。

一、西方民主理论的历史演化

一般认为,西方民主理论起源于古希腊,在希腊的民主政体中,雅典的民主政府是典范。公元前507年,雅典人采用了民选政府制度,这个制度持续了大约两个世纪。在《家庭、私有制和国家的起源》中,恩格斯为我们描述了雅典民主的最初发展:"议事会规定由400人组成,每一部落为100人;因此在这里,部落依然是基础。不过这是新的国家组织从旧制度中接受下来的唯一方面。至于其他方面,梭伦把公民按照他们的地产和收入分为四个阶级;500、300 及 150 袋谷物(1 袋约等于 41 公升),为前三个阶级的最低限度的收入额;地产少于此数或完全没有地产的人,则属于第四阶级。一切公职只有三个上等阶级的人才能担任;最高的公职只有第一阶级的人才能担任;第四阶级只有在人民大会上发言和投票的权利,但是,一切官吏都是在这里选出的,一切官吏都要在这里报告自己的工作;一切法律都是在这里制定的;而第四阶级在这里占多数。贵族的特权,部分地以财富特权的形式得到更新;但人民却保留有决定的权力。"从这里可以看出,古希腊民主制度是原始社会向奴隶社会发展的历史产物,它以阶级等级的划分为基础,不同等级的公民享有的民主权利有着明显的差别。将古希腊描绘成"民主的天堂",将古希腊民主神圣化,有违历史本来面目。有西方学者指出,"只要能够从零碎的证据中加以辨析,人们就会发现,雅典的政治一如其他城邦一样,都是严峻而艰苦的博弈游戏,其中许多重大问题常常要屈从于个人野心。虽然现代意义上的政党并不存在,但是以家族和朋党为基础的派系明显扮演了举足轻重的角色。实际上,假想的公共善的优位主张要屈从于家族和朋党的强硬主张"。也就是说,公共利益往往让位于特定的集团利益,古希腊民主的这个特点像遗传基因一般在近现代西方民主实践中得到"发扬光大"。

  古希腊之后,在相当长的历史时期,西方民主理论及其实践并无多少可圈可点之处,即使民主在形式上在一定程度上超越了古希腊民主。西方民主理论的革命性变革发生在启蒙运动和资产阶级革命时期,这一时期启蒙思想家创造了以"人民主权"

为核心概念的民主理论。在推翻封建专制统治的革命实践中,这一理论发挥了巨大的历史作用。随着资产阶级革命的完成,启蒙思想家提出的民主理论成为巩固资产阶级利益的工具,"人民主权"成为一个空洞无物的概念。诚如列宁所说,"资产阶级民主同中世纪制度比较起来,在历史上是一大进步,但它始终是而且在资本主义制度下不能不是狭隘的、残缺不全的、虚伪的、骗人的民主,对富人是天堂,对被剥削者、对穷人是陷阱和骗局"。

资本主义发展进入帝国主义阶段之后,西方民主理论的欺骗性特点得到进一步巩固和发展,具体表现为:第一,对内,民主变得可欲而不可得。"一般资本主义特别是帝国主义把民主变为幻想,同时,资本主义又造成群众中的民主意向,建立民主设施,使得否定民主的帝国主义和渴望民主的群众之间的对抗尖锐化。"第二,对外,民主成为干涉他国内政、进行和平演变的工具。帝国主义国家为实现超额垄断利润,不断推行对外扩张政策。在近代是通过对外侵略扩张,以推行西方民主文明为借口对其他民族实行殖民统治,这种侵略殖民本身就是对民主精神的背离;在现当代,在不放弃侵略战争这一手的前提下,帝国主义国家大力推行和平演变战略,它们大打民主牌,苏联和东欧成为这一战略的牺牲品。美国学者亨廷顿在描述美国推进和平演变战略时指出,"到 1983 年和 1984 年,美国政策进入了它的第四个阶段,政府开始积极推动共产主义国家和非共产主义独裁国家的民主变革,而其标志就是致力于成立国家民主基金会。最终,在推动国外的人权与民主上,卡特政府和里根政府都遵循了类似的'道德主义'立场"。为了推动所谓民主化,美国政府运用了政治、经济、外交和军事等各种手段。

当代西方主流民主理论积极配合西方政府的民主全球化战略，力图垄断民主话语权，向所谓"非民主国家"或"威权国家"推销西方民主教条。当代西方民主教条主要包括：

第一，西方民主具有无可比拟的"优势"。有学者认为，西方民主进程与其他可行的统治人民的方式相比至少在三个方面是优越的："首先，它可以促进自由的发展，而其他方式都不能促进个人和集体处决形式的民主，它鼓励并允许在道德自治水平上的自治，它促进更多其他和更特殊的自由，这些民主内在于民主进程，或者是其存在的必要前提，或是因为那些支持民主进程思想和实践的人们也常常赞同其他自由的存在。其次，民主进程促进人的发展，不仅仅发展实践处决能力、道德自治和为自己选择负责的能力。最后，它是人们得以保护和促进与别人共享的利益和好处的最确定的方式。"从马克思主义经典作家对资本主义的批判和资本主义的历史发展看，上述三个方面的优势只是学者的自我感觉而已，人的自由发展和利益共享在资本主义条件下是不可能实现的。

第二，只有从程序上才能确定民主的涵义。民主具有多义性，具体的民主制度形式是多样的。但是，当代西方主流民主理论仅从程序和形式上确定民主的内涵和意义。亨廷顿认为，"民主无论是根据起源还是目的来界定，都会带来模棱两可和不确切这些严重问题，因此在本研究中，将用程序性的定义。在其他政府体制中，人们因出身、运气、财富、暴力、拉拢、学识、任命或考试而成为领袖。民主的核心程序是，由民主政府所管治下的人民通过竞争性选举来选拔领袖"。根据这一理解，西方主流民主理论将世界上的国家分为所谓"民主国家"和"非民主国家"。

第三，通过"闹民主"就可以变革"非民主国家"。20世纪80

代中期以来,西方国家大力输出民主,通过多种手段搅乱所谓"非民主国家"的发展进程,推动这些国家发生颜色革命。西方主流民主理论家积极为所谓"非民主国家"的"民主人士"、改革派下指导棋。"民主是如何制造出来的呢?民主是用民主方法制造出来的,舍此别无他途。它们是通过谈判、妥协和协定造就出来的。它们是通过示威、运动和选举造就出来的,还是通过分歧的非暴力解决造就出来的。它们是政府和反对派中的政治领袖亲手缔造出来的,因为他们都勇于挑战现状,并且勇于使他们追随者的眼前利益服从于民主的长远需要。它们是政府和反对派中的政治领袖亲手缔造出来的,因为他们顶住了来自反对派中的激进分子和政府中的保守分子的暴力挑衅。它们是政府和反对派中的政治领袖亲手缔造出来的,因为他们足够智慧地认识到,在政治中,没有人能够垄断真理或美德。妥协、选举和非暴力,是第三波民主化的共相。在不同程度上,发生在这一波中的大多数主动转变、政权取代和交相改变,打上了这些烙印。"关于如何"闹民主",亨廷顿认为,"事实上,在所有国家,反对派的核心策略是举行反对政权的群众集会、游行或示威活动。这些示威对群众不满进行动员与集中,使得反对派能够检验他们所获支持的广度与组织效率,并常常能给他们带来国际影响力,并且使得政权在如何做出反应问题上出现内部分裂,而且,如果政权当局以暴力进行回应,那么,还能为反对派制造出烈士并为他们提供义愤填膺的新理由"。

第四,中国在民主制度上将会西方化。亨廷顿提出,毋庸置疑地,在未来几年内将会有更多的国家走向民主,一些国家也会发生民主化的转型。为此,民主国家应该在那些欠缺民主和人权的地方,继续倡导民主与人权,并支持威权国家的民主人士推动民主改革。西方学者还希望并预言中国共产党在民主化进程中会发生分裂。西方学者的这一预言是受了东欧剧变的鼓舞,他们普遍认为中国会重蹈苏联东欧的覆辙。

二、当代西方学者对西方民主理论及其实践的批判

针对一些人将西方民主理论教条化的现象,有些西方学者对西方民主理论及其实践进行了反思性研究,在一定程度上批判了西方民主教条。这一研究对于我们全面认识西方民主理论,具有一定的借鉴和启示意义。

1. 民主内涵是多义的、变动的。当代一些西方民主理论家将西方民主教条化,只从西方民主视角理解民主的内涵。对此,有学者指出,"人类断断续续地讨论民主大约有 2500 年了,应该有足够的时间提供一整套民主理念,一套让每个人或者几乎所有人都赞同的理论,然而不管好的还是坏的,都没有实现过"。"无论如何,都不能把民主视为一种具有毋庸置疑的价值和明确的实践意义的政治价值观。企图把它说成是二者之一(更不用说二者皆备了),肯定不是内心混乱就是政治上故弄玄虚。"有学者指出,"实际上在民主的漫长历史中它有着非常不同的意思和内涵,即使今天在不同社会和经济体制下对它的理解也存在很大的差异"。同时,"'民主'也是这样一个词语,无论它的准确意义是什么,对很多可贵的政治原则和理想来说,它总是显得很重要,而且仅仅因为这个原因,它也绝不可能获得唯一一致的意义。这对那些有条不紊的思考者来说会有所不便,但即便如此也无需遗憾。在政治上民主是最为持久的理念之一,而且在 20 世纪,它成了最核心的一个。失去这种核心位置是不可能的,但

这也不太可能会使民主的涵义成为静止的和固定不变的"。

2. 不能将现实的西方民主永恒化。有学者指出,"那些试图以目前的现实为依据来对民主下定义的人——把民主定义为一些社会所拥有而其他社会没有的一种政治体系或者政治文明——会发现他们自己落后于历史了。民主很可能会继续保持其不仅是作为一个具有争议性概念,而且是一个批判性概念:即一种标准或者理想,现实通过其得到验证并发现自身缺陷。民主的概念总是会得到进一步的延伸和发展。这并不是说一个完美的民主最终是能够达到的,完美的自由或完美的公正可能会更容易实现些。不如这样说,思想或理想始终是对自满的一种潜在的纠正,而不是一种推力"。因此,"认为民主的定义总会被确定下来,或者更加傲慢的认为民主已经或者将在21世纪的某时刻被精确地确立下来,这种观点不仅对于未来的种种可能性缺乏洞察力,而且对我们以往的知识也是视而不见。因此,对民主是什么的任何研究,揭示它的本质或意义的任何尝试,都要必须是基于历史的研究,至少是部分上的。对民主这一理念要作出当代解释就需要参考其在历史上的运用,唯此,才能避免不加怀疑地或探究地把民主现时理解当做永恒的准确概念"。

3. 西方议会制具有虚假性。代议制政府即西方议会制度是西方民主理论的核心要素,有西方学者揭示了这一制度的虚假性质,"代议制政府是在理想而不是现实层面上获得其存在理由的:它不是利益集团讨价还价的场所,而是自由思考的议员们理性商讨的论坛,以达到对他们的集体要求有一个更好的了解。激烈的议会辩论能促进民众智识的培养并最终产生对政策问题开明的共识。依斯密特的看法,不幸的是,这个美好的信念已变得完全过时了。……所有重要的决定都不是在议会,而是由强大的集团关门做出来的。由于不能通过理性的辩论来整合国家,选举产生的国民议会只不过成了互不妥协的社会多元主义的展示厅"。

4. 不能把民主制度只说成是搞"自由选举"。有没有"自由选举"是西方民主理论界定"民主国家"和"非民主国家"的首要标准,如何认识西方"自由选举"的实质和作用,有学者指出,"不能把民主制度只说成是搞'自由选举'。对民主制度的衡量,全看它有没有充分的能力提出社会需求,并使社会的需求变得合乎情理。……如果把民主政治界说为对社会的需求做出制度上的反应的能力,那我们就必须承认:我们目前是生活在前面所说的民主制度倒退的时期"。事实上,选民的权利极其有限,在一些重大问题上,他们没有决定权,"在实践中,我们知道,被称为民主的那些政治体制只为公民在政府中提供了非常有限的角色空间。他们被赋予在定期选举中投票的权利,偶尔有重大宪法问题需要决断时会以全民公决的方式征询他们的意见,也允许他们结成团体就与自己有关的问题游说议员,但这些就是公民权威的极限了。决定民主社会之未来的真正权力显然是掌握在少数人——政府部长、公职人员以及(某种程度上)国会议员或其他立法机构成员——的手中,我们自然会问为什么是这样。如果民主是政治决策的最好方式,为什么不把它变成现实,让人民自己对重大问题直接作出决定?"同时,有学者指出,"在西方我们从冷战继承了一种懒惰的假设,即如果一国政府不是共产主义性质或者不是受一个可辨认的独裁者统治,那么它必定是一个民主国家。但本书的一个目的,是一直主张一种比这些偶然的假设更严格和更高要求的民主概念。临时的或多或少自由的选举,自身是不足以通过民主性'测试'的"。

5. 投票率下降是西方民主制度造成的。从20世纪80年代以来,西方国家的选举投票率一直不高,有的国家呈不断下降趋势。为什么会出现这一现象?有学者指出,"选举参与率下降在美国最显著,但在不列颠也值得注意。在不列颠,自从1928年引进成年普选权以来,2001年大选中投票率首次低于60%。政治家倾向于把这现象归因于'投票者冷漠',为此他们自然难过。但这不妨可以说反映了这样一种广泛的信念,即'投票改变不了任何事情',以及政府的变化是不重要的,因为真实权力存在于政府控制之外。确实这个观念是正确的,不投票不是想象那样是明显的非理性,好像它是懒惰和不负责任的产物。因而,这将要花费更多的劝告来扭转这种趋势"。"投票改变不了任何事情"对西方民主理论来说是一个讽刺,因为投票只是一个形式而已。有学者指出,"诉求大众的支持或同意可能是无根据的甚至是内在不诚实的。但'伪善是罪恶付给美德的礼物',在21世纪民主代表了政治美德。对原则只予以口头承诺而并不想认真践履的那些人始终是冒着被更具有真诚尊崇感的人挫败的危险。因此民主或者大众权力的理念,不论在多大程度上和多么容易被滥用和敲诈,仍保持着巨大的潜力"。"自从成人选举权普及以来,除了联合政府时期,没有一个英国政府以纯粹多数票当选过。在像不列颠这样的选举体制下,或者在两个以上的党派分享选票的情况下,一个政府往往是由最大少数派选上台的,政府也只是代表了最大少数派。政府支持率可能不会超过40%,这使得参与选举的剩余60%的投票者和那些并没有投票的人受到了非他们所选择的政府的统治。这样看来,我们已经远离了民治政府的原初观念。""卢梭认为,把政治权威完全托付给选出来的代表是一种后果堪忧的现代做法:'英国人幻想他们是自由的,这是在欺骗自己;事实上,他们只有在选举议会成员期间是自由的:一旦新的议会当选,他们就重新戴上锁链、什么都不是了。所以从他们对自己那片刻自由的使用来看,他们活该失去自由。'就算我们认为卢梭夸大其词,也应该对此感到忧虑:当代民主政体下的大多数公民如此冷漠,甚至对自己选出的领导人的所作所为都不能保持有效的关注。"

6. 西方民主理论中的"多数决定少数"原则具有反民主性质。"多数决定少数"原则是西方"自由选举"的核心规则,它貌似民主,却内涵了反民主的内容。因为,这一原则客观上牺牲了少数人的利益,少数人的平等权利往往受到剥夺。有学者认为,"设若一个社会被划分为在其中有一个或多个的永久性的少数派,而他们知道在处理问题时大多数时候是决不会以他们希望的方式来进行的,那么上面提到的原则就不够了。永久性的少数派的渴望,要求甚至是原则都在集体决策制定的过程中被有系统地忽略或抹杀了,而他们的存在轻易使得多数主义者的民主成为不公平的和不能实行的。严格的数学上的每个人同其他人的投票的平等掩盖了的事实是,在这样的环境中少许人的投票全无分量和影响。这些被排斥的或是无力的少数派曾经倾向于成为宗教性的。而今天他们更可能成为民族主义的和种族主义的。在北爱尔兰少数派既是宗教性的又是民族主义的"。西方民主制度自身无法解决"多数"与"少数",只有社会主义民主制度即人民民主才能真正克服这一矛盾。

7. "民主的胜利"产生了自相矛盾的结果。东欧剧变被称为西方民主的胜利,20多年之后,越来越多的人开始反思这一"胜利"。有学者指出,"民主的胜利产生了自相矛盾的结果。柏林墙倒塌20年后,对现实存在的民主政体的不满日益增长,并且人们越来越感到民主大厦的内部存在问题。……不到十年，用经济增长、安全或者善治来证明民主的优越性，就开始产生适得其反的效果。全球经济危机和威权资本主义的出现叠加在一起，对人们长期持有的设想提出了挑战"。有西方学者指出，最近的两次民主化浪潮制造了人们的预期，并使得一种关于民主的话语成为习惯，这种民主话语恰恰处于真正存在的民主政体的当前危机的核心。

8. 垄断民主概念的使用是尤其不受欢迎的。亨廷顿认为，美国对全球民主化负有领导责任和历史使命，"而且更为狭隘地说，世界民主的前景对于美国人民具有特别的重要意义。美国是现在世界上最重要的民主国家，它作为一个民主国家的身份与它承担的对自由和民主价值的义务密不可分。其他国家也许可以根本改变它们的政府制度，并继续作为国家而存在下去。但是美国不可能做出这种选择。因此，美国人民对于发展一种适宜民主生存发展的全球环境，怀有特别的兴趣"。对于美国人的这种"民主抱负"，西方有的学者不以为然，"在这样的讨论中（并非全都是在学术界），通常争论的问题要么是某种政治制度或治理形式的优点，要么是建立或维持这样的政治制度或治理形式的因果性先决条件。当前，某一特定的政治制度或治理形式仍然试图垄断这个概念的运用——可以理解的是，不是去证实它自身运行中普遍起作用的规范性标准，而是有点恬不知耻地试图把这一概念完全与它自身混为一谈。当前，某个仍然具有非常强大力量的国家，很自信地以为自己是这个概念的代表，把这一概念与它自己的一套政治法律制度等同起来。……在历史上，任何社会都没能以这种方式合法地宣称自己对某一概念的使用权威。而垄断民主概念的使用是尤其不受欢迎的。……

宣称自己是民主国家就意味着不仅仅要在形式上承认全体公民一律平等,而且还要在实际上把权力不偏不倚地平均分散到各个阶层之中去,为了具有公共意义的目的而使每一个人实际上真正地与他人平等"。这也就是说,美国民主理论和民主实践是矛盾和冲突的,民主实践背离理论的现象在美国司空见惯。如果不能做到民主理论和实践的统一,美国标榜自己是"民主典范"就是夜郎自大而不自知。

9. 认为人类的民主政治发展终结于当代西方民主政治制度是傲慢与偏见。福山曾经信心满满地宣称,"如果人类社会经过数世纪发展都朝着自由民主这个唯一的社会政治组织形式演变或聚集,如果自由民主是唯一的最佳选择,并且如果生活在自由民主制度下的人民对他们的生活没有表示根本的不满,我们就可以说这场对话得出了一个最后的决定性结论,历史主义哲学家会不得不接受自由民主制度的优越性和终结性"。在这里,福山用了多个"如果"。也就是说,"历史终结"是有条件的,到目前为止,人类政治发展实践没有证明"自由民主是唯一的最佳选择",也没有证明"生活在自由民主制度下的人民对他们的生活没有表示根本的不满",何来"历史的终结"? 有学者指出,"那种认为自己已经取得完胜的幻想是无比危险的。1991年后,弗朗西斯·福山论述'历史的终结'的文章曾轰动一时,事实上,这完全是一种傲慢和轻率的反映。难道事实不是这样吗:虽然民主制度在世界其余地区推广开来,在老牌民主国家内部,民主政治的内涵和实践却遭到了削弱? 我们难道不是在向他人宣扬那些我们在本国都不再践行,或实施得一塌糊涂的价值观? 难道我们不是由于对我们的原则深信不疑而又对我们自身及未来疑虑重重所产生的纠结,而狂热地大打普遍主义的牌吗? 事实上,我

第三章 西方民主理论的现实本质

们越是缺乏自信,我们就越是要表现对自身价值观优越性的绝对信心"。民主问题上的普遍主义、普世主义或"终结论"就是要清除不同于西方民主的"异类",这种心态就是独占世界的心态。有学者指出,西方世界已经与"他者""共存"了两个多世纪,在此期间,他者被视为是"低等的","今天,面对人口学家向我们预言的这样一个世界:在2050年之前,美国和欧洲加起来也不过代表总人口的10%多一点,西方世界应该学习如何'与他者共同生活',将它们视为是平等的主体。'他者'拥有显然不同于我们的价值体系、政治基准和文化背景,我们往往会发现这些东西不见得合乎我们的品位,但是,它们的尊严必须得到我们的尊重"。

10. 民主原则内部有一个趋向社会主义的逻辑。在启蒙思想家那里,民主在很大程度上意味着"人民主权"、"人民民主"以及人民共同利益的实现。这在实践上就是要趋向社会主义。因此,有学者认为,"民主原则内部有一个趋向社会主义的逻辑。民选政府发现向大型私有公司的愿望弯腰是必需的,极大形塑公共意见的媒体能够被百万富翁们买来卖去,被他们看做只不过是一些私有财产(当然情况也确实如此),这个事实证实了一个积极和有效的民主要和垄断性资本主义共存是多么地困难。对人民负责、追求与促进共同善的民选政府和完全只对它们的股东们(尽管那样经常只是名义上如此)负责的私有和私人控制的企业巨头两者之间的权力冲突变得一天比一天尖锐,一年比一年尖锐"。"共产主义世界的'人民民主'的消失可能只不过加强了自满的情绪;但不管共产主义和马克思主义社会对民主理念予以嘲讽是如何古怪,可在他们理论中,甚至可能在他们的某些实践里存在那么一些因素,这些因素可能发展出关于何谓民主的一种替代性概念,这种概念将对西方的自负提出某种挑战。"

三、西方民主理论对我国的影响

在近代中国反对封建专制的历史运动中,西方民主理论特别是启蒙思想家的民主理论对当时的进步知识分子起到了一定的思想启蒙作用,他们也曾想将西方民主制度移植到中国来,以彻底改造封建王朝。但终因"水土不服",资产阶级民主改良或革命方案还是以失败告终。中国共产党领导中国人民完成了新民主主义革命和社会主义革命,社会主义民主政治成为人民当家作主的政治制度保障。改革开放以来,中国特色社会主义民主政治制度不断完善,广大人民群众的各项民主权利得到切实保障。但是,在西方竭力推行西方民主全球化的背景下,西方民主理论通过多种渠道在中国传播扩散。一些人成为西方民主理论的俘虏,他们信奉西方民主教条,认为只有实行西方民主制度,中国的各种问题才能得到根本解决,才能取得真正的发展和进步。对此,我们要对西方民主理论在我国的影响进行分类研究,在此基础上找出遏制西方民主理论扩散蔓延势头的有效办法。

1. 西方民主理论在高校的影响。我们党始终强调人文社会科学的教学和研究,要坚持马克思主义立场、观点和方法。但是,近年来这一根本要求不断被弱化,西方民主理论在多个学科有着广泛的影响,有的法学学者宣扬西方宪政民主思潮,政治学者宣扬西方民主政治制度、抹黑马克思主义专政理论,新闻传播学学者宣扬西方新闻自由理论,等等。这些学者热衷于译介西方民主思潮的书籍,名义上是做研究,实际上是传播西方理论。在这样的学术氛围的影响下,一些青年学生也信仰西方民主制度,对中国特色社会主义民主政治制度缺乏基本认同。有的教师对错误理论缺乏识别能力,高度赞赏"第三波民主"理论,"这本书语言流畅,看完后触动很大,从中获得了很多有益的启示和收获。总体而言,也就是顺应作者的逻辑思维,从对民主进程分析的角度讲,这本书洋洋洒洒从第三波的起因讲到发展趋势,具有完整性和统一性,任何深入其中的人都会被作者精辟的分析所折服"。有研究生对亨廷顿的民主理论也是佩服不已,"亨廷顿在《第三波》中带有预言性的总结道:'时间属于民主一边。'当他说出这句话的时候,他所预设的前提大概就是民主是一种值得期待的优良政体,至少是一种相比较而言最不坏的政体。也许,凭借着《第三波》这本书我们可以称亨廷顿为宣传民主的伟大旗手,正如他自己所说的,他并不避讳别人称他为民主的马基雅维利"。

2. 西方民主理论在党员干部中的影响。党员干部本应信仰社会主义民主,但是有些党员干部由于缺乏马克思主义理论这个看家本领,容易受到西方民主思想的影响。有人提出,当代中国所有问题都应归结为没有实行所谓"西方的民主制度"。比如,有学者断章取义地解读党的十二届六中全会通过的《中共中央关于社会主义精神文明建设指导方针的决议》,"《决议》没有停留在抽象的肯定对外开放国策也适用于精神文明的表述上,而是具体化为加强社会主义民主制度的建设。《决议》肯定了自由、民主、平等、博爱等现代政治文明的观念。《决议》在第五个问题中写道:'在人类历史上,在新兴资产阶级和劳动人民反对封建专制制度的斗争中,形成民主和自由、平等、博爱的观念,是人类精神的一次大解放。'这个观点在整个《决议》中最具世界眼光和现代意识,它一反我们党长期以来对这些西方现代文明理念拒斥和批判的态度,以超越传统意识形态的胸襟,正面肯定和赞扬了自由、民主、平等、博爱的普世价值。这在中华人民共和国建立以来是又一个全新的观念"。有的领导干部深受西方民主理论的影响,但又要掩盖这一影响,常常散布一些似是而非的民主理论,其实质还是将西方民主论视为民主的"正宗","意识形态和经济制度的革命性变化,促使中国政治发展重大变化。在过去的60年,中国政治基本上实现了从革命到改革,从斗争到和谐,从专政到民主,从人治到法治,从国家到社会的重大转变。……从中国现代化的经验来看,那种认为政权合法性的基础是经济发展的成功以及随之而来的人民生活水平的提高,民主治理对政权的合法性和人民的信任无关紧要,是完全不对的"。

3. 西方民主理论在网民中的影响。近年来,随着互联网的迅猛发展,网络成为传播各种社会思潮的主要阵地。一些"网络大V"利用其影响力,不断传播西方宪政民主思潮,不断贬低、抹黑我国的社会主义民主政治制度。这对广大网民有着比较大的影响,一些网民、特别是青少年网民成为这些"民主权威"的忠实粉丝,整个网络民主政治生态在很大程度受到严重破坏,这对我国社会主义民主政治教育和实践构成了严峻挑战。为应对这一挑战,我们一方面要加强网络民主理论教育,用正确的民主理论占领网络;另一方面,要加强网络理论管制,压缩西方宪政民主思潮在网络上的传播空间。

第四章
当代历史虚无主义的表现与危害

党的十八大以来,以习近平同志为核心的党中央坚定不移加强社会主义意识形态建设,坚定不移抵制和批判历史虚无主义等错误社会思潮,意识形态领域一度存在的被动局面得到有效扭转,马克思主义在意识形态领域的指导地位更加鲜明。但是,就历史虚无主义思潮而言,由于其形成和扩散的社会土壤没有根本改变,仍然呈现出活跃和泛滥的态势,必须引起我们的高度重视。

一、当前历史虚无主义思潮歪曲新民主主义革命史、歪曲改革开放发展史

多年来,历史虚无主义思潮歪曲党史、国史、军史,歪曲社会主义发展史,在社会上产生了恶劣影响。**当前,历史虚无主义思潮主要表现为歪曲新民主主义革命、改革开放发展史,其目的在于否定党的领导的历史根据和理论基础。**

歪曲新民主主义革命发展史。关于新民主主义革命的历史地位,毛泽东同志在党的七大上强调指出:从1840年和英国人打仗的鸦片战争起,到1945年,已经是105年了。这一百多年

中间，有很多很大的变化，最大的变化是由旧民主主义革命转到新民主主义革命。

新民主主义革命的主要任务就是**反帝反封建**，核心问题是**农民问题**，农民问题的核心是**土地问题**，土地问题的解决就不可能不解决**地主问题**。近年来，一些文艺作品，从抽象人性论出发，不去描写新民主主义革命的伟大成就，不去描写广大农民的解放事业，而将全部热情放在地主阶级身上，为地主阶级鸣冤叫屈。这种错误观点，为多年来历史研究中所谓"革命革错了"的观点提供"证据"。如果说新民主主义革命革错了，那么后来的社会主义革命和社会主义建设就没有了历史依据。

历史的真相是一个整体，片面抓住一些所谓的"史实"任意发挥，只会离历史真相越来越远，甚至走到真相的反面。习近平总书记指出，"历史给了文学家、艺术家无穷的滋养和无限的想象空间，但文学家、艺术家不能用无端的想象去描写历史，更不能使历史虚无化。文学家、艺术家不可能完全还原历史的真实，但有责任告诉人们真实的历史，告诉人们历史中最有价值的东西"。

歪曲改革开放发展史。经过 40 多年改革开放，中国共产党团结带领中国人民实现了从站起来、富起来到强起来的伟大飞跃。我们回顾和评价改革开放的历史发展，要牢牢立足于中国特色社会主义伟大实践，立足于中国立场和中国方案。但是，**有的人完全站在西方立场评价改革开放**，说什么"这些年改革开放是假改革假开放"，"改革开放不是前进了，而是倒退了"。有人甚至主张中国共产党要放弃领导地位，实行西式"立宪政体"。这种改革开放观是"全盘西化"的改革开放观，实行这样的改革开放，实现中国的发展和进步、实现中华民族伟大复兴就将沦为一句空话。

在改革开放之初,就存在两种改革开放观的对立:一种是坚持社会主义方向的改革开放观,一种是坚持资本主义方向的改革开放观。前一种是我们坚持了40多年的改革开放观,实践证明,这种改革开放观是正确的。后一种是有些人期许了40多年的改革开放观,这种错误的改革开放观实际上是对40多年改革开放伟大进程的歪曲和否定。1986年4月4日,邓小平同志在会见外宾时指出:对于我们党的十一届三中全会提出改革开放,当时国际舆论特别是西方世界的舆论,以为我们是搞资本主义,或者以为我们这样搞最终要走到资本主义。经过这几年改革的实践,他们慢慢懂得了,我们是坚持社会主义的。坚持社会主义,是中国一个很重要的问题。

邓小平同志的这些忠告在今天仍有很强的现实意义,改革开放的社会主义方向必须始终坚持。

二、历史虚无主义思潮泛滥的严重危害

历史是现实的前提和基础,历史虚无主义思潮的严重危害就在于经它歪曲之后,新民主主义革命史、社会主义革命史和社会主义建设史成了"病史"、"罪史"。在历史虚无主义思潮的影响下,**历史认知碎片化,历史共识空虚化**。

历史虚无主义思潮恶化我国哲学社会科学学术生态。要发挥好中国特色社会主义哲学社会科学在治国理政中的重要作用,一个重要的前提是广大哲学社会科学工作者要有科学的历史认知,自觉抵制和批判历史虚无主义思潮。从现实影响看,历史虚无主义思潮的严重泛滥在很大程度上恶化了我国哲学社会

科学学术生态。具体表现为：第一，一些人**在历史认知问题上主观主义化**，不能客观地认识历史事件、历史人物、历史进程；第二，**在本应形成共识的历史问题上，产生比较严重的学术认知分裂，产生比较恶劣的社会影响**；第三，一些人挑战已有的历史定论，对在党的决议中已经确定的历史结论提出疑问和批判。

历史虚无主义思潮污染我国高等教育人才培养环境。我国高等教育发展方向要同我国发展的现实目标和未来方向紧密联系在一起，要为人民服务，为中国共产党治国理政服务，为巩固和发展中国特色社会主义制度服务，为改革开放和社会主义现代化建设服务。实现好高等教育的这些重要作用的一个重要前提，是必须有一个良好的人才培养环境，而历史虚无主义思潮歪曲和否定党的历史、否定党的领导、否定马克思主义和社会主义发展史，使人才培养的思想政治环境受到污染，在很大程度上影响了我国高等教育人才培养的质量，立德树人的整体合力难以形成，社会主义教育方针在某些地方、某些环节被虚化弱化。

历史虚无主义思潮削弱民族凝聚力、向心力。在政治实践中，影响民族凝聚力、向心力的因素很多，有**精神层面**的因素，有**物质层面**的因素，有**制度层面**的因素。其中，制度层面的因素具有更大的基础性和稳定性，民族凝聚力、向心力往往源于制度层面的因素。中国特色社会主义基本政治制度，能够有效保证人民享有更加广泛、更加充实的权利和自由，保证人民广泛参加国家治理和社会治理。但是，历史虚无主义思潮歪曲和否定我国的基本政治制度，说什么"社会主义政治制度缺乏效率和公平"、"社会主义政治制度违背人类历史发展潮流"、"社会主义政治制度不合人类理性常识"等。这些错误观点的广泛传播严重影响政治认同、特别是制度认同，在很大程度上削弱了民族凝聚力、向心力。

从具体内容看,历史虚无主义思潮不论花样如何繁杂,它的基本特征是根本背离马克思主义的立场、观点和方法。也就是说,在哲学社会科学领域淡化、弱化、否定马克思主义的指导地位,是历史虚无主义思潮泛滥的根源性问题。这个问题不解决,历史虚无主义思潮就始终杜而不绝、批而不倒,始终是"按下葫芦起来瓢"。习近平总书记强调,"坚持以马克思主义为指导,是当代中国哲学社会科学区别于其他哲学社会科学的根本标志,必须旗帜鲜明加以坚持"。马克思主义为我们研究把握哲学社会科学各个学科各个领域提供了基本的世界观、方法论,只有真正弄懂、科学运用马克思主义世界观、方法论,才能更好识别各种唯心主义观点、更好抵御各种历史虚无主义谬论。

第五章
警惕新自由主义的话语陷阱

2012年12月初,习近平总书记在广东考察时强调:"我们的改革是有方向、有立场、有原则的"。这里的"有方向"就是强调推进改革的目的是要不断促进社会主义制度的自我完善和发展,任何时候都不能偏离这一根本方向。在我国已进入全面深化改革、谱写改革开放伟大事业历史新篇章的新阶段,我们有改革开放奠定的良好基础,但遇到的矛盾和问题更加复杂,各种思想观念和利益诉求相互激荡。近年来,新自由主义思潮在改革问题上新论迭出,竭力主张中国的政治、经济、社会、文化等各方面改革都应走全盘西化的道路。这种改革主张混淆视听、危害严重。因此,在推进全面深化改革开放的伟大实践中,我们必须始终坚持改革的正确方向,始终警惕新自由主义思潮的种种话语陷阱。

一、"普世价值"论

改革开放以来,我国之所以取得巨大成就,最根本的原因是中国共产党和中国人民始终立足中国国情,走上了中国特色社会主义道路,形成了中国特色社会主义理论,确立了中国特色社

第五章 警惕新自由主义的话语陷阱

会主义制度。离开这个根本点，中国就不可能有实质的发展和进步。但是，一些信奉新自由主义思想的人从来不这么认识问题，他们认为中国的改革取得的成就是因为学习了西方的所谓"普世价值"，现在之所以还存在许多问题是因为学习西方还不够彻底。在他们看来，西方的基本制度和价值观念具有普世意义，而中国的基本制度和价值理念只具有特殊意义。他们说："我们老在强调中国特色，但我们必须认识到，中国所有的进步都是合作导致的进步。""在全球化时代，如果我们不能够按照世界通行的游戏规则来行动，就不可能全面享受人类合作带来的好处，就相当于开车上路人家靠右行，你非要靠左行，马上就死定了。"在这里，所谓"按照世界通行的游戏规则来行动"，就是认为中国的改革只能走全盘西化的道路。

中国近代以来的历史发展表明，全盘西化的道路是一条死路，走有民族特色的道路才是正道，这条道路秉承的基本原则就是马克思主义基本原理与中国实际相结合。改革开放以来，中国能够在矛盾重重的经济全球化背景下取得改革的巨大成就，最重要的是我们坚持走中国特色社会主义道路，将坚持马克思主义基本原理同推进马克思主义中国化结合起来，解放思想、实事求是、与时俱进，以实践基础上的理论创新为改革开放提供理论指导；将坚持四项基本原则同坚持改革开放结合起来，牢牢抓住经济建设这个中心，始终保持改革开放的正确方向；将坚持社会主义基本制度同发展市场经济结合起来，发挥社会主义制度的优越性和市场配置资源的有效性，使全社会充满改革发展的创造活力。

那些信奉新自由主义的人，只看到所谓西方"普世价值"和"自由体制"神奇的"创造力"。他们的一个最主要的做法就是

"去马克思主义化"和"去社会主义化",将西方资本主义基本经济制度和政治制度永恒化和神圣化。毛泽东曾经指出:"所谓'全盘西化'的主张,乃是一种错误的观点。形式主义地吸收外国的东西,在中国过去是吃过大亏的。"当前,如果按照新自由主义"全盘西化"的主张推进改革,中国和中国人民将同样会吃大亏。新自由主义思潮宣扬以"普世价值"为核心的改革理论,其实质就是想改变改革的性质,实际上是干扰改革。这就是邓小平所说的"右的干扰","右的干扰,概括起来就是全盘西化,打着拥护开放、改革的旗帜,想把中国引导到搞资本主义。这种右的倾向不是真正拥护改革、开放政策,是要改变我们社会的性质"。

在经济全球化背景下,如果中国不能坚持独立自主的发展战略,制度、管理、技术等一切都仰仗其他国家的输入,我们将输掉一切。习近平总书记在毛泽东同志诞辰120周年纪念大会上强调指出:"坚持独立自主,就要坚持中国的事情必须由中国人民自己作主张、自己来处理。世界上没有放之四海而皆准的具体发展模式,也没有一成不变的发展道路。历史条件的多样性,决定了各国选择发展道路的多样性。人类历史上,没有一个民族、没有一个国家可以通过依赖外部力量、跟在他人后面亦步亦趋实现强大和振兴。那样做的结果,不是必然遭遇失败,就是必然成为他人的附庸。"

二、"私有产权"论

改革开放以来,我国建立起了以公有制为主体、多种所有制经济共同发展的基本经济制度,这是中国特色社会主义制度的重要支柱,也是中国特色社会主义市场经济体制的根基。同时,

第五章 警惕新自由主义的话语陷阱

我国已经建立起了产权保护的制度体系和法律体系。新自由主义思潮常常拿私有产权问题说事，主要针对的是我国的基本经济制度，他们对"以公有制为主体"尤其不以为然，认为这正是改革的主要障碍，强调："我们只有建立起基于私有产权的市场经济，中国才能真正变成一个合作型社会，我们才可能有良好的社会秩序，中国社会的道德水准才真正能够提升，我们才能真正有博爱之心。"在这些人看来，私有制或私有化是解决一切问题的灵丹妙药，中国一切问题的根源都在于没有实行完全私有化。

"私有产权"论的重点批判目标是国有企业，新自由主义思潮对国有企业大加挞伐，在他们口中，国有企业成了改革的拦路虎，甚至成了一切罪恶的根源。他们因此提出：中国经济体制改革的主要任务是国有企业民营化，之所以要使国有企业民营化，主要原因是"如果国有企业占主导的话，我们这个社会不可能有公平竞争"。"在一个经济体系中，如果国有经济的比重超过10%，就不能叫作市场经济，所以，中国现在还不能叫作完整的市场经济。"取消国有企业、完全私有化的市场经济同社会主义市场经济是两种完全不同的市场经济，这是新自由主义思潮对我们的重要提醒，我们应该牢牢记住这个区别。公有制为主体、多种所有制经济共同发展是我国社会主义初级阶段的基本经济制度。社会主义公有制的主体地位决不能动摇，否则我国现行的基本政治制度和经济制度将改变性质，发展社会主义就是一句空话。坚持公有制为主体的关键是不断发展和壮大国有企业，不断增强国有企业的控制力、影响力和活力。

以私有制为主体的资本主义市场经济比封建经济有很大的优越性，马克思主义经典作家曾经充分肯定过其巨大的历史作用。但将这种市场经济神圣化是十分有害的，资本主义市场经济的发展史已经证明,基于私有制的资本主义市场经济有其固有的内在矛盾,它导致了少数人对多数人的掠夺,导致了经济危机的周期性发生,甚至大大小小的战争也是这个内在矛盾导致的。正因为如此,才有社会主义思想的产生,才有社会主义经济理论的形成与实践。用"私有产权"论否定社会主义经济制度是对经济史的无知,也是对经济实践的无视。新自由主义思潮不断美化资本主义基本经济制度,其用心在于动摇中国人民对社会主义经济制度的自信。2014年2月17日,习近平总书记在省部级领导干部学习贯彻十八届三中全会精神、全面深化改革专题研讨班上的讲话中强调指出:对"三个自信"要刻骨铭心。这恰恰是我们的民族精神!没有坚定的制度自信就不可能有全面深化改革的勇气,同样,离开不断改革,制度自信也不可能彻底、不可能久远。我们全面深化改革,不是因为中国特色社会主义制度不好,而是要使它更好;我们说坚定制度自信,不是要故步自封,而是不断革除体制机制弊端,让我们的制度成熟而持久。我们不仅要防止落入"中等收入陷阱",也要防止落入"西化分化陷阱"。

三、"政改滞后"论

改革开放以来,我国既积极推进经济体制改革,又积极推进政治体制改革,发展社会主义民主政治,建设社会主义法治国家,保证人民当家作主,不断推动我国社会主义上层建筑与经济基础相适应,社会主义民主政治展现出更加旺盛的生命力;政治体制改革不断深化,人民代表大会制度、中国共产党领导的多党合作和政治协商制度、民族区域自治制度以及基层群众自治制

第五章 警惕新自由主义的话语陷阱

度日益完善,公民有序政治参与不断扩大,人权事业全面发展。

对于政治体制改革所取得的这些巨大成就和进步,宣扬新自由主义思潮的人视而不见,或者根本不认为这是进步。所以,他们总是不断提起"政改滞后论"。首先,他们认为,中国政治体制改革没有进展,过去的十年"从体制改革角度看,无论经济体制改革,还是政治体制改革,毫不夸张地说,可以说是基本停止,甚至是倒退的"。"经济改革仍然有许多事情要做,但如果没有政治体制改革,即使有英明而果断的政治领导,进一步经济改革的空间也非常有限。因此,下一步改革的重点应该是政治体制改革。"其次,他们对政治体制改革的期许是要中国实行完全西方化的民主政治制度,否则中国的改革就是停滞和倒退。当代中国的政治体制改革的基本前提是坚持党的领导和社会主义基本政治制度,新自由主义思潮则认为,这个基本前提是必须改变的。

近年来,在如何推进政治体制改革方面,新自由主义思潮将实行宪政视为改革的首要目标和先决条件,以此为核心,形成了一股宪政思潮。其核心主张主要有三个:一是实行多党制,二是实行军队国家化,三是去除所谓"党化教育"。这些主张曾经被他们公开宣示过,现在仍然是新自由主义的核心主张。有的人还将这些主张用学术话语加以包装,并宣称:"是什么东西使我关注宪政、宪法、民主?主要是基于对市场经济的理解。市场经济最重要的基础,第一是自由,第二是私有产权,第三是企业家精神。""如果中国不进行真正的政治体制改革,不实行宪政民主,靠单兵突进的经济改革无法走下去,不可能建立起真正市场经济。"概括起来,新自由主义改革论的核心主张就是:中国"真正的政治体制改革"就是实行所谓的"宪政民主";如果不实行

"宪政民主",就不可有"真正的市场经济"。这样的主张罔顾历史和现实,故意混淆视听,其误导作用不可小视。

显然,所谓"不实行宪政民主,靠单兵突进的经济改革无法走下去,不可能建立起真正市场经济",与我国发展社会主义市场经济的生动实践是不相符的。改革开放以来,党和政府围绕如何处理好政府和市场的关系这一经济体制改革的核心问题,尊重市场规律,注重更好发挥政府作用,毫不动摇巩固和发展公有制经济,推行公有制多种实现形式,深化国有企业改革,完善各类国有资产管理体制,不断增强国有经济活力、控制力、影响力。同时,毫不动摇鼓励、支持、引导非公有制经济发展,保证各种所有制经济依法平等使用生产要素、公平参与市场竞争、同等受到法律保护。不顾这些最基本的事实和进步,片面强调市场经济的宪政前提,是要从根本上改变社会主义市场经济的发展方向,这就是问题的实质。我们要牢记习近平总书记2012年12月31日在第十八届中央政治局第二次集体学习时的讲话中所强调的:"不能笼统地说中国改革在某个方面滞后。在某些方面、某个时期,快一点、慢一点是有的,但总体不存在中国改革哪些方面改了,哪些方面没有改。……我们的方向就是不断推进社会主义制度自我完善和发展,而不是对社会主义制度改弦易张。"

第六章
自由主义改革开放观的方法论检视

四十多年来,中国共产党领导人民不断推进改革开放,着力解放和发展生产力,着力推动我国社会主义制度自我完善和发展,着力推进党的建设伟大工程,成功开辟出中国特色社会主义道路,中国发展取得了历史性进步。对这样的历史性进步,有些人并不认同,时常抛出中国发展"糟得很"的惊人之语,其立论依据是自由主义理论,判断中国发展好坏的唯一标准是"全盘西化"是否成为现实,即中国是否走上了资本主义道路。这种自由主义改革开放观错判历史与现实,希冀改变我国改革开放的正确方向,实际上是对改革开放历史进程及其伟大成就的否定,其在哲学社会科学领域影响大、危害深,严重破坏学科生态,严重污染育人环境。自由主义改革开放观对历史与现实的错误认知源于其唯心主义方法论,即用主观意志扭曲客观实践,具体表现为歪曲历史进程、否定改革开放的基本内涵,妄言"历史倒退"、否定改革开放的伟大成就,盲崇"西式民主"、否定改革开放的政治基础。

一、歪曲历史进程,否定改革开放的基本内涵

我国实行的改革开放,起始于1978年,至今已经40多年了,其基本内涵是正确地改革同生产力迅速发展不相适应的生产关系和上层建筑,解放和发展生产力,推动社会主义制度的自我完善和发展,对外实行开放政策以吸取国外先进的科学技术和管理经验。在改革开放进程中,中国共产党始终紧紧抓住"社会主义制度自我完善和发展"这个改革开放的根本,极大地焕发了社会主义的生机与活力,开辟了马克思主义中国化的新境界,中国特色社会主义的优越性日益彰显。而自由主义改革开放观认为,改革开放就是推动中国加入西方主导的"现代世界体系",放弃马克思主义和社会主义,放弃党的领导。这就根本改变了我国改革开放的基本内涵,这样的"改革开放"无异于"颜色革命"。

为了否定我国改革开放的基本内涵,自由主义改革开放观的一大"创造"是通过扭曲历史,将不同的历史事件和历史进程都说成是"改革开放",并称这个过程就是"加入现代世界体系"的过程。经过这样的历史改造,"改革开放"被完全抽象化,"改革开放"与社会主义的内在联系就被割裂了。通过这样的改造,"改革开放"成了加入资本主义世界体系的历史过程。有人提出,"通常所谓'改革开放',表征一种文明更张与政治转型的历史运动,构成了现代中国的主流政治意志与历史意识,迎应的正为这一现代世界体系。中国之加入现代世界体系,起自'改革开放',就发生在此现代世界展开之际,而成为现代秩序建构进程的有机组成部分,也是这个尚未终结的历史进程的重要环节。

第六章 自由主义改革开放观的方法论检视

回眸一看,晚近一个半世纪里,中国已然有过三波'改革开放',它们延绵接续,回应着这个现代世界与世界体系进程。第一波大约起自1860年,终于1895年,整整35年。其以洋务运动为旗帜,昭示着一个'古今中西'的时代降临华夏,中国由此开始了自己的现代化历程。第二波启自1902年清末变法,至1937年'抗战'爆发止,又一个35年。在此时段,清末王朝、北洋政府和民国政制,三阶段,政体虽殊,理路则一,接续前行,而统贯为一大整体。举凡民族国家建构、市场经济、社会改良、立宪代议体制、现代程序主义法制,以及教育、新闻传播和思想市场建设,均有所尝试,均有所建树。1978年底至今,将近四十年,其中主要是截止中共十八届三中全会为止这一时段,实为第三波'改革开放',……以向中国近代历史的主流政治意志和世界普世文明的致意与皈依,汇入世界历史潮流,重新开始中国文明的复兴与中国制度主体的建构历程"[①]。

上述这个"三波改革开放论"为"改革开放"铺陈了一个宏大的历史背景,在这里,"改革开放"已有近160年的历史,前两波"改革开放"的标志性事件是洋务运动和戊戌维新运动,1978年以来的所谓"第三波改革开放"成了"向世界普世文明的致意与皈依",并称这种"致意与皈依"是"现代中国的主流政治意志与历史意识"。"三波改革开放论"貌似具有历史依据,然而,主观主义化的"历史碎片"不能成为任何理论的立论基础。

第一,将不同性质的历史事件和历史进程同质化,其实质是用主观意志扭曲客观实践。"三波改革开放论"只看到并不存在的"现代中国的主流政治意志与历史意识",并将这种虚构的"政

---

① 许章润:《世界体系中的"改革开放"》,《社会科学论坛》2018年第3期。

治意志与历史意识"夸大、冒充为永恒真理,以为只要不停晃动这面"永恒真理"大旗,就站到了评判历史的制高点。这种唯心主义历史目的论的方法就是用观念史代替客观的历史进程,历史成了观念的工具和玩偶。马克思对蒲鲁东的一种"怪论"的批判完全适用于"三波改革开放论","蒲鲁东先生无法探索出历史的实在进程,他就给我们提供了一套怪论,一套妄图充当辩证怪论的怪论。他觉得没有必要谈到17、18和19世纪,因为他的历史是在想象的云雾中发生并高高超越于时间和空间的。一句话,这是黑格尔式的废物,这不是历史,不是世俗的历史——人类的历史,而是神圣的历史——观念的历史。在他看来,人不过是观念或永恒理性为了自身的发展而使用的工具"[①]。

第二,"三波改革开放论"否认马克思主义中国化的历史进程及其伟大成就,根本否定改革开放的社会主义性质。"三波改革开放论"将改革开放抽象为"向世界普世文明的致意与皈依"的历史进程,通过"重写"近代以来的中国历史,否定马克思主义的真理性、人民性、实践性和时代性,将改革开放界定为向资本主义文明的"复归"。这样,"改革开放"就成了一个资本主义化的历史进程。但是,马克思主义中国化和社会主义在中国的发展是一个客观的历史实践过程,"三波改革开放论"企图用主观意志否定这个过程及其必然性,说明自由主义改革开放观"始终停留在纯粹思维的范围之中,而这种思维仿佛顺利地消化了甚至最顽强的事实"[②]。看来,唯心主义思维的消化能力似乎很强大,因为这种思维可以不顾事实,企图用想象消化一切客观历史进程。

---

① 《马克思恩格斯选集》,第4卷,人民出版社1995年版,第533页。
② 《马克思恩格斯选集》,第4卷,人民出版社1995年版,第727页。

第三,虽然"三波改革开放论"的主观主义、唯心主义的方法论特征是显而易见的,但是它的目的并不局限和满足于思维领域。"三波改革开放论"中的历史唯心主义服务于其改变历史的"善良意志",但是这种"善良意志"在中国不可能结出善果,历史和现实都不可能为这样的"善良意志"提供实践支撑。有人提出,"放眼百年中国转型历史,可以看出,相较于1911年和1949年的两次易帜,它并非属于'另起炉灶重开张'的开天辟地的创举,毋宁,如主事者所言,旨在'拨乱反正',通过告别革命的去政治化与奉行'发展是硬道理'的世俗化努力,接续清末以还开启、两度中断的与世界主流文明'接轨'的进程,继续中国的现代化事业,实现百年未竟的华夏复兴梦想,彻底解决'中国问题'"①。从这里可以看出,自由主义改革开放观的"善良意志"就是中国必须与所谓"世界主流文明"即资本主义文明接轨,一切历史进程都服务于这个"善良意志"。苏共垮台、苏联解体同自由主义"善良意志"的不断发酵密切相关,这样的历史教训太沉重、太深刻了。在自由主义政治视野中,苏共垮台、苏联解体"好得很",是中国的"好榜样",中国应当出现戈尔巴乔夫式的"改革家"。这样的"善良意志"当休矣,因为自掘坟墓式的改革只会使中国四分五裂,只会使中国特色社会主义伟大事业发展中断,只会使中华民族丧失实现伟大复兴的历史机遇。

二、妄言"历史倒退",否定改革开放的伟大成就

自由主义改革开放观基于偏执的主观意志和主观标准,即

---

① 许章润:《中国法治主义:背景分析》(下),《法学》2009年第5期。

以是否与所谓"世界主流文明"即资本主义文明接轨作为判断改革开放是前进还是倒退的唯一标准。有人根据这一标准得出了危言耸听的结论:"1978年重启的大转型,是中国近代史上的'第三次改革开放',连同此前两波'改革开放',一个半世纪里,它们风雨兼程,构成了秦汉大转型之后,两千年来中国历史上最为重大的变革。时至今日,本当是最后收束时段,期期于踢出临门一脚,却没想不进则退。不仅'改革空转',虚与委蛇的'假改革'流行,而且,打着改革旗号的'反改革',不期然间,均同时出现。实际上,不惟难见'进一步改革开放',而且,政道理念与治道策术方面多有倒退之迹。"这个结论之所以错误,是因为它无视社会实践本身,只凭主观意志和主观标准来评判历史,它脱离社会实践,也脱离广大人民群众的生活实际。

我国四十多年改革开放是前进了还是倒退了,判断的标准不是主观意志和主观标准,而是社会实践本身。四十多年改革开放极大解放和发展了生产力,我国生产力水平显著提高,人民生活水平显著改善,综合国力显著增强,社会主义文明程度显著提高,社会主义制度优势更加突出。这些历史性成就是客观的,也是我们评判改革开放的客观标准。自由主义改革开放观罔顾这些客观标准,用主观意愿代替客观实际,必然得出荒腔走板的结论。

自由主义改革开放观极力美化所谓"世界主流文明"即资本主义文明,其方法论错误是明显的。第一,自由主义改革开放观不能指出资本主义文明的历史性,特别是不能指出资本主义文明的发展趋势和历史局限性,而是将资本主义文明永恒化、终极化。第二,自由主义改革开放观不能将现代资本主义社会的各种病症与资本主义文明内在地联系起来,将资本主义文明抽象

第六章 自由主义改革开放观的方法论检视

化、神圣化。第三,自由主义改革开放观把资本主义经济、政治、道德等"因素""诗意般地混杂"在一起,对经济、政治、道德等"因素"相互关系的理解必然陷入混乱,对资本主义文明的认知就必然是破碎而凌乱的。所以说,自由主义改革开放观对资本主义文明的理解是错误的,将其美化为"当代世界主流文明"显然是荒谬的。我国的改革开放和中国特色社会主义成功实践表明,中国特色社会主义已经表现出优越于资本主义文明的制度优势和巨大的发展潜力。妄言我们"必须与资本主义文明接轨",这有悖于历史发展的前进方向。

邓小平曾经指出,对现代西方资产阶级文明和文化不能盲目地无计划无选择地引进,更不能不对资本主义的腐蚀性影响进行坚决的抵制和斗争,"现在有些同志对于西方各种哲学的、经济学的、社会政治的和文学艺术的思潮,不分析、不鉴别、不批判,而是一窝蜂地盲目推崇"[1]。邓小平指出的这一现象一直长期存在,错误社会思潮的产生、发展和泛滥与此直接相关。比如有人提出,"发展经济必须对外开放,重获世界主流的接纳,亦即获得占统治地位的西方发达国家的认可,因而,向洋人昭示法制,回应制度挑战,实在是做生意的基础,也是由经济而政制,由法制而政治的连环套路"[2]。现在,所谓"世界主流"即西方发达国家并不认可中国特色社会主义事业的蓬勃发展,它们将中国的发展视为对自己的威胁。对这一现象的理解,自由主义改革开放观的解释是我们没有向所谓"世界主流"主动示好,没有将自己主动转化为"世界主流"的文明样式。这就是自由主义者的天真幻想,似乎世界历史发展都以他们的意志为转移,都在他们

---

[1] 《邓小平文选》第3卷,人民出版社1993年版,第44页。
[2] 许章润:《中国的法治主义:背景分析》(上),《法学》2009年第4期。

的掌控之中。但是,幻想终究是幻想,它不可能成为我国改革开放的精神向导,改革开放依靠的是马克思主义科学真理、社会主义伟大实践和人民群众的历史创造伟力。

三、盲崇"西式民主",否定改革开放的政治基础

自由主义改革开放观提出,改革开放就是"向英美所主导的大西洋文明时代的世界体系低头致意",也就是向"世界普世文明的致意与皈依"。那么,完成这种"致意"和"皈依"的标志是什么呢?就是中国放弃社会主义政治制度,实行"西式民主",即所谓"宪政民主"。这是自由主义改革开放观的核心理念和最终目标,目的是否定和改变中国共产党领导的改革开放的政治基础,借此在中国完成"颜色革命"。习近平总书记指出:"有的人把改革开放定义为往西方'普世价值'、西方政治体制的方向改,否则就是不改革开放。这是曲解我们的改革开放。不能笼统地说中国改革在某个方面滞后。在某些方面、某个时期,快一点、慢一点是有的,但总体上不存在中国改革哪些方面改了,哪些方面没有改。问题的实质是改什么、不改什么,有些不能改的,再过多长时间也是不改。我们不能邯郸学步。世界在发展,社会在进步,不实行改革开放死路一条,搞否定社会主义方向的'改革开放'也是死路一条。在方向问题上,我们头脑必须十分清醒。我们的方向就是不断推动社会主义制度自我完善和发展,而不是对社会主义制度改弦易张。"①

在自由主义理论中,民主只有一种,只有资本主义民主才是

---

① 《习近平关于总体国家安全观论述摘编》,中央文献出版社2018年版,第19页。

第六章　自由主义改革开放观的方法论检视

民主,社会主义民主不叫民主,社会主义社会根本没有民主。有人根据这一民主理论提出,当代中国"现在所缺的,是民主和法治"[①];"当下中国,转型历史正在爬坡,需要的是助力'推一把';民主政治正在敲门,缺的是'临门一脚'。对于富于理想并且深谙政治本质的政治家来说,可谓千载难逢的历史机遇。时代呼唤着自己的政治与政治家,要求他们经由政治决断,将中国从训政引领向宪政,最终完成中国文明的政治秩序的现代性转型,彻底走出历史三峡,实现中华民族的政治成熟"[②]。在这里,自由主义民主论者完全无视社会主义民主政治在中国的成功实践,完全无视资本主义民主的根本缺陷,完全无视中国特色社会主义民主政治在当代世界的先进性。

自由主义民主论者只相信一点,就是中国必须移植"西式民主"即资本主义民主制度,因为这样的民主制度是万能的,是最先进的,是人类终极民主制度,自由主义民主制度必将在中国"落地"。"自从晚近中西交通以来,东西冲突频密,自由主义及其所表征的政体展现出无与伦比的正当性,因而,如何让它在中国生根,遂成一个躲不掉的大问题。换言之,自由主义及其一套政制设置对于中国文明来说是不是可欲的？如果是可欲的话,那么,如何落地生根成长,渐成中国文明中的有机组织部分？特别是其政治制度如何逐渐于中华大地肉身化,并且融会为中国人日常生活实践中之洒扫应对、言谈举止？凡此种种,早已构成一个百年问题,大家一直在追问,也一直尚未能够获得圆满解

---

① 许章润:《"家国天下":中国与世界的和平共处》,《文史哲》2018年第1期。
② 许章润:《中国步入训政初期》,《"中国宪政前景"论坛会议论文集》,2009年12月5日,第236页。

决。"①这里有两大误判。一是所谓"自由主义及其所表征的政体展现出无与伦比的正当性"。同封建主义相比,自由主义确有它的正当性,但在其发展过程中它的正当性逐步被它的矛盾性、欺骗性、腐朽性所窒息。自由主义如果永远都有"无与伦比的正当性",就不会有社会主义的产生和发展。尽管社会主义在实践进程中出现过种种曲折,但是,它的先进性和优越性是自由主义所没有的。二是所谓自由主义"在中国生根"是"躲不掉的"。社会主义在中国的成功实践已经证明,"自由主义及其所表征的政体"在中国根本没有存在的必要,中国特色社会主义道路只会越走越宽广。中国人民没有任何理由要走回头路,没有任何理由要选择已经被实践证明是落后的"自由主义及其所表征的政体"。

总体来看,自由主义改革开放观是一个用学术话语包装起来的空话体系,自由主义改革开放论者就是列宁曾经批判过的"主观哲学家",制造理论上的污泥浊水是他们的"天职","我们的主观哲学家一试图由空话转到具体事实,就立刻滚到泥坑里去了。他在这个不很干净的地方,大概感到很舒服:安然坐着,收拾打扮,弄得污泥浊水四溅"②。为防止自由主义改革开放观的"空话"泛滥成灾,用马克思主义科学真理和社会主义伟大实践涤荡"主观哲学家"们制造的污泥浊水完全是必要的。否则,我们的理论生态就会恶化。纵观人类历史,在特定社会条件下,谬误的迷雾也会遮蔽真理的光辉,捍卫真理从来都不是一件轻松的事情,这就是习近平总书记为什么特别强调"要旗帜鲜明坚持真理、立场坚定批驳谬误"的原因所在。

---

① 许章润:《自由主义如何在中国落地》,《学海》2014年第6期。
② 《列宁全集》第1卷,人民出版社1984年版,第125页。

第七章
自由主义的当代政治幻想

反映历史发展规律的社会理想能够起到引领社会发展、推动历史进步的巨大作用,中国特色社会主义共同理想和共产主义远大理想就是当代中国的社会理想,它是当代中国发展进步的指南针和助推器。但是,在当代中国也存在一种同中国特色社会主义共同理想和共产主义远大理想相对立的社会理想,即自由主义理想。这一社会理想不认同马克思主义、社会主义理论与实践,它只认同资本主义制度和文化,它视资本主义文明为"普世文明",与这种"普世文明"不相同的文明都是异类。然而,近代以来世界文明的进程和中国社会的发展表明,所谓的自由主义理想在中国行不通,走中国特色社会主义道路才是中国发展、进步的正途。丛书《给理想一点时间》就表达了一些人对自由主义理想的固执态度。其实,那些信奉自由主义理想的人,只不过是"讥谗社会的抱怨者、无病呻吟的悲观者",他们之所以会犯这样的毛病,是因为他们既误读历史又误读现实。

一、自由主义思潮的当下愿景——"给理想一点时间"

从 2012 年 1 月到 2016 年 4 月,丛书《给理想一点时间》先后出版六辑(第六辑为"精华本"),前四辑由新星出版社出版,后两辑由四川文艺出版社出版。据报道,丛书非常热销,影响广泛,有些基层党组织因书名有"理想"二字成批购买分发给党员群众学习。该丛书所有文章均选自香港凤凰网博客。丛书名取自其中一篇文章,该文章的题目就叫《给理想一点时间》,从这篇文章我们可以看出该丛书所倡导的理想究竟是一种什么样的理想。

《给理想一点时间》这篇文章开头为引出作者信奉的那种"理想",首先比较了国共两党实行土改的差异,"在总结国民党大陆失败的原因时,一个经常被提及的原因就是'国民党没有展开土改',因而失去了农民。相比之下,共产党这边土改搞得轰轰烈烈,打土豪,分田地,翻身当家做主人。农民分到了土地,于是参加革命保卫胜利果实。其实,严格说来,国民党在大陆期间也不是没有土改愿望。孙中山先生的'耕者有其田'理想众所周知,蒋介石政府也不是没有动作。从1930年颁布《土地法》到1946年《绥靖区土地处理办法》,从20年代末浙江二五减租运动,到蒋经国赣南土改实验,国民党并非没有意识到'平均地权'对于争取人心的作用。问题在于,与'暴风骤雨'的暴力土改相比,国民党政府不但土改力度小得多,而且理念上奉行的更接近和平土改。所谓暴风骤雨式土改,其实是自古以来农民起义的升级版,一个阶级推翻另一个阶级的统治,该杀杀,该分分。当然,既然是革命,就不单是起义,还有一整套革命话语和仪式来赋予其意义。于是'剥削'、'翻身'、'阶级斗争'这种陈胜吴广们没能想出来的词汇开始成为日常用语,于是有了'诉苦会'和'斗争会'这种'制度创新'"[①]。从这里可以看出,该文作者对国民

[①] 刘瑜:《给理想一点时间》,选自《给理想一点时间》第1辑,李志题主编,新星出版社2012年版,第99—100页。

第七章 自由主义的当代政治幻想

党的所谓"和平土改"是赞赏的,对共产党的土地革命是否定的,并认为土地革命只是"自古以来农民起义的升级版",前者是和平的,后者是暴力的。"阶级斗争"不是纯粹"想出来的词汇",而是阶级社会的客观现象,历来的阶级斗争和社会革命都不是谁凭空想出来的,而是"自然而然"发生的。这就是列宁所说的一切社会革命都是因为"被剥削被压迫群众认识到不能照旧生活下去而要求变革",同时"剥削者也不能照旧生活和统治下去"。

在比较了国共两党实行土改的差异之后,《给理想一点时间》一文的作者抒发了自己的理想:"自由主义在整个 20 世纪被左翼或右翼激进主义围追堵截甚至一度节节败退的命运,甚至今天仍难以在民众中扎根扩散,根源也许就在于这个'慢'字。当激进主义向民众许诺立竿见影的变革时,自由主义许诺的只是漫长生长期之后的瓜熟蒂落。要造就翻天覆地的急速变化,激进主义的前提必然是'万众一心'、'同仇敌忾',从而为一元化权威体制铺平了道路,而自由主义则意味着人人各自为政,只通过一只'看不见的手'形成合力。激进主义交给你一个救世主,而自由主义仅仅是将你交还给你自己。……相信时间,就意味着相信除了千千万万人日积月累的努力,历史没有进步的捷径。对于渴望一夜之间得到解放的人们,这可真令人扫兴。在总结苏东转型之艰难时,一个解释是:制度也许可以一夜之间改写,但是企业家精神、商业头脑、市场意识,只有通过漫长的学习才能形成。对于急于宣布转型本身是个错误的人,显然又忘记了'时间'这个因素。20 年后的今天,苏东诸多国家经济都逐渐步入了良性增长,再次证明时间的力量。"[①]在这里,作者大概说了

---

① 刘瑜:《给理想一点时间》,选自《给理想一点时间》第 1 辑,李志题主编,新星出版社 2012 年版,第 100—101 页。

这样几层意思,第一,20世纪以来中国没有走自由主义即资本主义道路而走社会主义道路是错误的;第二,中国没有发生东欧剧变那样的变革是错误的,错过了走自由主义道路的机会;第三,过去没有走自由主义即资本主义道路也不要紧,中国终究要走自由主义道路,因为时间在自由主义一边,只要耐心等待就可以了,给自由主义理想一点时间。这些观点错在哪里?首先,中国走上社会主义道路是近代以来世界历史和中国历史发展的必然结果,社会主义事业在中国的发展和繁荣充分证明了中国人民选择社会主义道路的正确性;这个历史过程也是自由主义不断失败的过程,这个失败的过程充分证明自由主义道路即资本主义道路在中国行不通。其次,中国没有发生东欧剧变那样的变革是中华民族和中国人民之大幸,东欧剧变的最直接后果是共产党作为执政党政权的垮台、国家分裂,中国如果发生了东欧剧变那样的变革,就谈不上任何发展和进步,中华民族的伟大复兴将永远不会实现。再次,近代以来中国历史的发展没有给自由主义拓展自己的机会,在中国特色社会主义伟大事业蓬勃发展的历史进程中,自由主义仍然没有做大自己的机会,原因就在于它在中国"水土不服"。

二、自由主义理想追求的自由是一种抽象的自由

自由是一个极富争议的概念,不同的理论对自由的理解往往差别很大。马克思主义自由观强调人的解放是人的自由的前提,具体而言就是强调被压迫阶级的解放是实现人的自由的前提,被压迫民族的解放是被压迫民族人民实现自由的前提。而自由主义自由观强调:"人的本性是自由的。谁也不会想被关进

第七章　自由主义的当代政治幻想

监狱,这就是人向往自由的证明。而且在一个自然状态下人本来也是自由的。只不过随着社会的发展,人的自由被剥夺。其原因很简单,某些人的自由比别人的自由更重要,一般人的自由要让位于他们这些特权者的自由。于是历史上追求自由的运动就开始了。自由的本义并不是'为所欲为',而是能够生活在一个没有人干涉你的自由的环境中。反过来讲,真正的自由主义是'每个人不干涉别人的自由'。于是每个人都能生活在没有人干涉你的自由的环境中,人人得到了最大的自由。这和孔子所说的'己所不欲,勿施于人'是差不多的,都是建立一个没有人妨碍你自由的环境。……因为别人的自由是他的权利,谁也无权剥夺它。有时候也要给敌人以自由。因为你干涉了他的自由而变成了敌人,如果给他自由本来应该是朋友。问题在现有的制度安排使有一部分人有权干涉别人的自由而不受制裁。这是问题的所在。如果一个人真正懂得了自由的真义,并以此行事,他一定是一个受周围人士欢迎的人,和他有接触的人都会喜欢他。他的一生也会更顺当,不会磕磕碰碰。如果他是一位当官的,用这样的处世哲学办理公务,百姓会受益很多;如果他是一位外交官,世界会变得更和平,更和谐,会少掉许多不必要的纠纷,甚至连战争都不会发生了。……不可否认,中国追求自由方面还有很长的路要走。例如,由于国有企业占有垄断地位,民营企业没有平等地位,也就没有参与竞争的自由。有许多行业禁止民营企业进入,如金融业,石油业,电力业,通讯业。这些行业利润非常高。而民营企业没有进入的自由。在中国,追求自由的力量越来越强大。我在过去三十年内做的只是极其微小的一部分。但是世界自由平等的大潮就是由涓滴细流形成的。全世界所有的大江大河无一不是由许许多多细流会合而成。全世界追求自由的大潮也是这样。在CATO促进自由奖的鼓励之下,在中国和全世界会有更多的人参与进来。人类世界追求自由平等,和平繁荣的理想会更早地来到。"①概括起来,这位作者的自由观大概有这样几点,第一,人的本性是自由的,"己所不欲,勿施于人";第二,不干涉他人自由是一个道德律令,"如果他是一位当官的,用这样的处世哲学办理公务,百姓会受益很多;如果他是一位外交官,世界会变得更和平,更和谐";第三,中国要实现自由需要像CATO这样的组织的参与和鼓励。

所谓"人的本性是自由的"是一个极其空洞的判断。如果人的本性是自由的,人类历史上就不应该存在阶级压迫和民族压迫,因为那些实施压迫的阶级和民族也是由人组成的。在阶级压迫和民族压迫这双重压迫下,中国人民的自由被强行剥夺,人的本性在哪里?在《可爱的中国》中,方志敏这样描写中国人的不自由:"最使我难堪的,是我在上海游法国公园的那一次。我去上海原是梦想着找个半工半读的事情做做,哪知上海是人浮于事,找事难于登天,跑了几处,都毫无头绪,正在纳闷着,有几个穷朋友,邀我去游法国公园散散闷。一走到公园门口就看到一块刺目的牌子,牌子上写着'华人与狗不准进园'几个字。这几个字射入我的眼中时,全身突然一阵烧热,脸上都烧红了。这是我感觉着从来没有受过的耻辱!在中国的上海地方让他们造公园来,反而禁止华人入园,反而将华人与狗并列。这样无理的侮辱华人,岂是所谓'文明国'的人们所应做出来的吗?华人在这世界上还有立足的余地吗?还能生存下去吗?"如果说"己所不欲,勿施于人"是人人都应遵守的道德律令,19世纪初,英国

---

① 茅于轼:《追求自由使人们得以摆脱贫困》,选自《给理想一点时间》第3辑,李志题主编,新星出版社2012年版,第2—6页。

第七章 自由主义的当代政治幻想

人为何要将鸦片输入中国、毒害中国人民？中国对英国的侵略稍有反抗，所谓文明国度的官员就暴跳如雷，"大不列颠应该对中国海岸线全面进攻，打进京城，将皇帝逐出皇宫，取得物质上的保证，以免将来再受侵犯……我们应该用九尾鞭抽打每一个敢于侮辱我国民族象征的蟒衣官吏……应该把他们（中国将军们）个个都当作海盗和凶手，吊在英国军舰的桅杆上。把这些浑身纽扣、满面杀气、穿着丑角服装的坏蛋，在桅杆上吊上十来个示众，让他们随风飘动，倒是令人开心和大有裨益的场面。无论如何总得采取恐怖手段，我们已经过分宽大了！……应该教训中国人尊重英国人，英国人高中国人一等，应该做他们的主人……"①将侵略战争发生的原因归于外交官没有遵守"己所不欲，勿施于人"这个道德律令，更是不着边际。美国CATO研究所是一家致力于推广西方"自由"普世价值的研究所（所谓"智库"），中国人民的自由全面发展不需要它的推动。因为，它实际想推动的是根本改变当代中国的基本制度。自由从来都是具体的、历史的，空喊什么"人的本性是自由的"，除了给中国社会增添一点噪音，什么也改变不了。有些人对历史与现实的理解，完全不是按马克思主义的方法，而是按"各种哲学家的主观方法提出的，这些哲学家或者是把长官的政策，或者是把'社会人士'的活动，或者是把'适合人的本性的'社会理想一类的胡说，当作这种应当不应当的标准"②。

---

① 转引自《马克思恩格斯选集》第1卷，人民出版社1995年版，第739页。
② 《列宁选集》第1卷，人民出版社1984年，第164页。

三、自由主义思潮对马克思主义中国化的错误认知

自由主义思潮认为,马克思主义中国化使中国偏离了世界主流文明发展的道路,中国要想重回世界主流文明发展的道路就必须放弃马克思主义中国化。比如,有学者认为,"正如没有中国特色的物理学、数学一样,也不可能有中国独有的政治学、社会学、经济学、史学……有些人宣布他们不喜欢的那些西方学理都包含帝国主义的祸心,应该驱逐出中国!在爱国辞藻后面,这些人冀图画地为牢,把中国学术与世界割裂为两块,仿佛中国研究是他们的禁脔。要是以为他们完全排斥西方文化那就大错特错了!他们力图拒之门外的是公认的现代主流文化,而叫卖的是另一种从西方旮旯里找来的极端思潮,拌上传统文化中的陈腐作料"[①]。这里涉及这样几个问题:第一,有没有中国特色的哲学社会科学?第二,马克思主义是"一种从西方旮旯里找来的极端思潮"吗?第三,西方文化是"公认的现代主流文化"吗?每个国家由于历史传统和社会发展的差异,每个国家的哲学社会科学或多或少都打上了自己民族的烙印,因此世界上不同国家的哲学社会科学各有其特色,因此"不可能有中国独有的政治学、社会学、经济学、史学"是一个违背哲学社会科学常识的判断。一些人之所以强调这一点是为了推销他的所谓"西方学理",如果这个"西方学理"是普世的,那么"西方"两个字都是多余的。说马克思主义是"一种从西方旮旯里找来的极端思潮"显

---

① 袁伟时:《承先启后的火炬》,选自《给理想一点时间》第2辑,李志题主编,新星出版社2012年版,第117—118页。该文亦刊登于《文史参考》2012年第8期,第20—24页。

第七章 自由主义的当代政治幻想

然是对马克思主义发展史的无知,恐怕连一些西方人都要嗤之以鼻,极端的不是马克思主义,而是那些无知的人。西方文化是世界多样文化的一种,谁有资格说西方文化就是"公认的现代主流文化"?习近平总书记在庆祝中国共产党成立95周年大会上的讲话深刻指出,"95年来,中国共产党之所以能够完成近代以来各种政治力量不可能完成的艰巨任务,就在于始终把马克思主义这一科学理论作为自己的行动指南,并坚持在实践中不断丰富和发展马克思主义。这使我们党得以摆脱以往一切政治力量追求自身特殊利益的局限,以唯物辩证的科学精神、无私无畏的博大胸怀领导和推动中国革命、建设、改革,不断坚持真理、修正错误。无论是处于顺境还是逆境,我们党从未动摇对马克思主义的信仰。马克思主义及其在中国的发展,为党和人民事业发展提供了既一脉相承又与时俱进的科学理论指导,为增进全党全国各族人民团结统一提供了坚实思想基础。马克思主义是我们立党立国的根本指导思想。背离或放弃马克思主义,我们党就会失去灵魂、迷失方向。在坚持马克思主义指导地位这一根本问题上,我们必须坚定不移,任何时候任何情况下都不能有丝毫动摇"。

有的人通过否定革命的方式否定马克思主义中国化的客观必然性,比如有人认为,"再往前说改良与重建,大清延续了君主封建统治二千多年,是通过君主立宪改良中国,还是通过革命重建中国?辛亥革命一百周年之时,人们谈得最多的是,改良与革命赛跑,最后,革命跑过了改良,从辛亥革命到共产革命,再到后面的'文化大革命',改良没有成为中国百年主题,而革命,却成为主题。革命带来了什么呢?革命本是不可持续的,但令人吊诡的是,中国百年革命,却持续进行,一种革命失败了,另一种被命名的新革命开始了。盘点一下百年革命,会有惊人的发现,革命培养了非此即彼的思维,或者说非黑即白、非此即彼的思维培养了革命……清末的君主立宪,大清政府也曾派员到日本、欧洲考察,甚至制定出一系列立宪法规,一方面想保住帝祚万世一系,大清江山不变色,另一方面又要顺应世界潮流,让社会精英与百姓有参政的空间。可惜,革命突然的冲刺,跑到了终点,大清立宪毁于一旦。大清没有得到'改良',而革命也没有重建起共和的体制,'无量头颅无量血,可怜购得假共和'。当时的中国社会没有得到普遍的宪政启蒙,自由与责任、权力与制约、民主与程序、信仰与契约精神等等,都没有播种到人们心中,特别是精英权贵阶层没有接受普遍的宪政启蒙,革命被说成正义,但民主宪政却没有被普及成常识。所以中下层管理者只能城头变幻大王旗,底层民众也只能根据赵家老爷穿什么样的衣服,来看政治天气变化"[①]。该文作者认为,马克思主义中国化给中国带来了革命,而"革命培养了非此即彼的思维,或者说非黑即白、非此即彼的思维培养了革命";同时,革命打碎了清朝的宪政梦,如果清朝在其后期实现宪政改革,就没有马克思主义中国化的机会了。马克思主义中国化确实给中国带来了革命,这个革命是一种新型的革命,它是唯物辩证法、特别是历史辩证法在中国不断普及的历史过程。至于"非此即彼"、"非黑即白"的思维,恰恰是马克思主义坚决反对的,那些主张"告别革命"、"宪政万能"的人往往表现出"非此即彼"、"非黑即白"的形而上学思维特点。中国取得的进步再大都不会触动和改变一些人固有的形而上学思

[①] 吴祚来:《重视社会建设中的改革与重建》,选自《给理想一点时间》第4辑,李志题主编,新星出版社2013年版,第159—161页。该文还刊登于《深圳特区报》2012年11月20日第B10版。

第七章 自由主义的当代政治幻想

维方式,在这些人看来,只要中国不实行西方的经济和政治制度,特别是不实行西方宪政制度,中国就是"异类"、就是落后的。这种形而上学思维得不到历史与现实的任何支持,只能依靠假设历史和歪曲现实来编造自己存在的理由。有的人将西方宪政制度视为人类最完美、最终的政治制度,许多人因无法理解这种理论的反辩证法性质而深信不疑。恩格斯指出,黑格尔哲学的真实意义和革命性质,正是在于它彻底否定了关于人的思维和行动的一切结果具有最终性质的看法,"历史同认识一样,永远不会在人类的一种完美的理想状态中最终结束;完美的社会、完美的'国家'是只有在幻想中才能存在的东西;相反,一切依次更替的历史状态都只是人类社会由低级到高级的无穷发展进程中的暂时阶段"①。可见,所谓"历史终结论"是反历史辩证法的。在当代中国,一些人无视西方宪政民主制度的内在缺陷,将西式民主奉若神明,竭力主张照搬西式民主,这是对历史和现实的双重漠视,在方法论上犯了形而上学的错误。习近平总书记在中国共产党成立 95 周年纪念大会上强调指出,"全党同志必须牢记,我们要建设的是中国特色社会主义,而不是其他什么主义。历史没有终结,也不可能被终结。中国特色社会主义是不是好,要看事实,要看中国人民的判断,而不是看那些戴着有色眼镜的人的主观臆断。中国共产党人和中国人民完全有信心为人类对更好社会制度的探索提供中国方案"。尽管世界社会主义运动仍处于低谷,但是中国特色社会主义伟大实践必将为世界社会主义发展闯出一条新路,中国特色社会主义的生动实践已经证明、并将继续证明"历史终结论"的荒谬性。

---

① 《马克思恩格斯选集》第 4 卷,人民出版社 2012 年版,第 216—217 页。

第八章
自由主义国家观的实质与危害

20世纪80年代末,邓小平针对复杂而严峻的意识形态形势曾经深刻指出,"十年最大的失误是教育,这里我主要是讲思想政治教育,不单纯是对学校、青年学生,是泛指对人民的教育。对于艰苦创业,对于中国是个什么样的国家,将要变成一个什么样的国家,这种教育都很少,这是我们很大的失误"[①]。在这里,邓小平提出了如何进行正确国家观教育的问题。改革开放以来,我国理论学术领域一直存在两种国家观的对立,即马克思主义国家观与自由主义国家观的对立。自由主义国家观是错误社会思潮的核心内容之一,它错误回答"中国是个什么样的国家,将要变成一个什么样的国家"这一重大问题,根本否定马克思主义国家观,根本否定社会主义国家理论及其实践发展,意图改变我国的社会主义国家制度。当代自由主义国家观的错误主要体现在三个方面,即将国家本质空幻化、将社会主义国家虚无化、将资本主义国家永恒化。

---

① 《邓小平文选》第3卷,人民出版社1993年版,第306页。

第八章　自由主义国家观的实质与危害

一、以错觉虚构历史：将国家本质空幻化的思想脉络及其当代影响

关于国家问题的重要性，1919年7月11日，列宁在其著名演讲《论国家》中曾经深刻指出："我们观察一下俄国的或无论哪个更文明国家的任何一个政党，都可以看到，目前几乎所有的政治争论、分歧和意见，都是围绕着国家这一概念的。在资本主义国家里，在民主共和国特别是像瑞士或美国那样一些最自由最民主的共和国里，国家究竟是人民意志的表现、全民决定的总汇、民族意志的表现等等，还是使本国资本家能够维持其对工人阶级和农民的统治的机器？这就是目前世界各国政治争论所围绕着的基本问题。人们是怎样议论布尔什维主义的呢？资产阶级的报刊谩骂布尔什维克。没有一家报纸不在重复着目前流行的对布尔什维克的责难，说布尔什维克破坏民权制度。如果我国的孟什维克和社会革命党人由于心地纯朴（也许不是由于纯朴，也许这种纯朴，如俗语所说的，比盗窃还坏），认为责难布尔什维克破坏自由和民权制度是他们的发明和创造，那他们就大错特错了。现在，在最富有的国家内，花数千万金钱推销数千万份来散布资产阶级谎言和帝国主义政策的最富有的报纸，没有一个不在重复这种反对布尔什维主义的基本论据和责难，说美国、英国和瑞士是以民权制度为基础的先进国家，布尔什维克的共和国却是强盗国家，没有自由，布尔什维克破坏民权思想，甚至解散了立宪会议。这种对布尔什维克的吓人的责难，在全世界重复着。这种责难促使我们不得不解决什么是国家的问题。要了解这种责难，要弄清这种责难并完全自觉地来看待这种责

难,要有坚定的见解而不是人云亦云,那就必须彻底弄清楚什么是国家。我们看到,有各种各样的资本主义国家,有在战前创立的替这些国家辩护的各种学说。要正确处理问题,就必须批判地对待这一切学说和观点。"①在这里,列宁提出了极其重要的三个问题:第一,资产阶级民主即资本主义民主是真民主还是假民主?第二,资本主义国家的政治家和媒体是如何歪曲、抹黑社会主义民主制度的?第三,如何有效批判自由主义民主理论?回答不好这三个问题,就回答不好邓小平提出的"中国是个什么样的国家,将要变成一个什么样的国家"这一重大理论和实践问题。列宁的这个演讲距今已经100多年了,但是我们从当代西方资本主义国家的政治家和媒体对社会主义中国不断进行污蔑、诽谤和攻击的拙劣表演可以看出,列宁的分析在当代仍有很强的针对性,即"目前几乎所有的政治争论、分歧和意见,都是围绕着国家这一概念的",我们要像列宁要求的那样,在国家问题上"要有坚定的见解而不是人云亦云"。这个坚定的见解就是马克思主义科学的国家观,脱离马克思主义国家观,必然陷入"人云亦云"、"雾里看花"的被动局面。

自由主义国家观是一种"缺乏想象力的虚构"。 自由主义国家观,最主要的理论基础是社会契约论。社会契约论实际上是一种唯心主义政治学理论,因为在人类历史上,在人类客观的历史进程中,没有这样的社会契约,社会契约论实质上是思想家头脑中构建的。这一理论提出,为什么要有国家?因为社会生活要得以维持,民众就需要让渡一部分权力给少数人来管理社会、治理国家。这种权力让渡理论是近代的西方政治学"天然合理"

---

① 《列宁选集》第4卷,人民出版社1995年版,第36—37页。

第八章　自由主义国家观的实质与危害

的理论基础,是"不容质疑"的政治前提。这一理论认为资本主义的政治制度就是在这个基础上建立的,自由主义政治学对这样的国家观深信不疑。但是这种国家起源说是唯心主义的,不是社会发展的真实进程,不是历史发展的客观进程,所以我们不能将这种虚构的理论直接拿来当作牢不可破的理论基础,因为这个基础是虚构的。马克思主义国家起源说基于国家的真实产生和实际发展,是从这个真实过程来考察国家是如何起源、发展的。也就是说,马克思主义国家观不是依据某种理念、概念、精神来考察国家的起源和本质,这是马克思主义国家观与自由主义国家观的根本分歧所在。恩格斯的《家庭、私有制和国家的起源》、列宁的《国家与革命》都是基于真实的历史发展进程。马克思主义国家观强调,国家的起源是同阶级的起源紧密联系在一起的。马克思深刻揭示了社会契约论的唯心主义性质和阶级属性:"在社会中进行生产的个人,——因而,这些个人的一定社会性质的生产,当然是出发点,被斯密和李嘉图当作出发点的单个的孤立的猎人和渔夫,属于18世纪的缺乏想象力的虚构。这是鲁滨逊一类的故事,这类故事决不像文化史家想象的那样,仅仅表示对过度文明的反动和要回到被误解了的自然生活中去。同样,卢梭的通过契约来建立天生独立的主体之间的关系和联系的'社会契约',也不是以这种自然主义为基础的。这是假象,只是大大小小的鲁滨逊一类故事所造成的美学上的假象。其实,这是对于16世纪以来就作了准备、而在18世纪大踏步走向成熟的'市民社会'的预感。在这个自由竞争的社会里,单个的人表现为摆脱了自然联系等等,而在过去的历史时代,自然联系等等使他成为一定的狭隘人群的附属物。这种18世纪的个人,一方面是封建社会形式解体的产物,另一方面是16世纪以来新兴生产力的产物,而在 18 世纪的预言家看来(斯密和李嘉图还完全以这些预言家为依据),这种个人是曾在过去存在过的理想;在他们看来,这种个人不是历史的结果,而是历史的起点。因为按照他们关于人性的观念,这种合乎自然的个人并不是从历史中产生的,而是由自然造成的。这样的错觉是到现在为止的每个新时代所具有的。……我们越往前追溯历史,个人,从而也是进行生产的个人,就越表现为不独立,从属于一个较大的整体;最初还是十分自然地在家庭和扩大成为氏族的家庭中;后来是在由氏族间的冲突和融合而产生的各种形式的公社中。只有到 18 世纪,在'市民社会'中,社会联系的各种形式,对个人说来,才表现为只是达到他私人目的的手段,才表现为外在的必然性。但是,产生这种孤立个人的观点的时代,正是具有迄今为止最发达的社会关系(从这种观点看来是一般关系)的时代。"①

自由主义国家观"完全不越出思维领域"。理论源于实践,又推动实践发展,理论一旦脱离实践就成了无源之水、无本之木。马克思主义经典作家研究国家问题从来都不从概念与原则出发,而是从社会实践发展的实际过程出发,国家不是概念、理念的化身。与此相反,自由主义国家理论将国家理解为某种理念的现实化,理念和思维决定了国家的实际发展进程。自由主义国家理论将一些理念作为判断国家优劣的标准,并用这一标准衡量世界上所有的国家。于是,资本主义国家就成了最好的国家类型,这种国家观是典型的资产阶级意识形态。恩格斯指出:"意识形态是由所谓的思想家通过意识、但是通过虚假的意识完成的过程。推动他的真正动力始终是他所不知道的,否则这就不是意识形态的过程了。因此,他想象出虚假的或表面的

---

① 《马克思恩格斯选集》第 2 卷,人民出版社 1995 年版,第 1—2 页。

第八章 自由主义国家观的实质与危害

动力。因为这是思维过程,所以它的内容和形式都是他从纯粹的思维中——不是从他自己的思维中,就是从他的先辈的思维中引出的。他只和思想材料打交道,他毫不迟疑地认为这种材料是由思维产生的,而不去进一步研究这些材料的较远的、不从属于思维的根源。而且他认为这是不言而喻的,因为在他看来,一切行动既然都以思维为中介,最终似乎都以思维为基础。历史思想家(历史在这里应当是政治、法律、哲学、神学,总之,一切属于社会而不是单纯属于自然界的领域的简单概括)——历史思想家在每一科学领域中都有一定的材料,这些材料是从以前的各代人的思维中独立形成的,并且在这些世代相继的人们的头脑中经过了自己的独立的发展道路。当然,属于本领域或其他领域的外部事实对这种发展可能共同起决定性的作用,但是这种事实本身又被默认为只是思维过程的果实,于是我们便始终停留在纯粹思维的范围之中,而这种思维仿佛顺利地消化了甚至最顽强的事实。正是国家制度、法的体系、各个不同领域的意识形态观念的独立历史这种外观,首先迷惑了大多数人。如果说,路德和加尔文'克服了'官方的天主教,黑格尔'克服了'费希特和康德,卢梭以其共和主义的《社会契约论》间接地'克服了'立宪主义者孟德斯鸠,那么,这仍然是神学、哲学、政治学内部的一个过程,它表现为这些思维领域历史中的一个阶段,完全不越出思维领域。而自从出现了关于资本主义生产永恒不变和绝对完善的资产阶级幻想以后,甚至重农主义者和亚当·斯密克服重商主义者,也被看作纯粹的思想胜利;不是被看作改变了的经济事实在思想上的反映,而是被看作对始终普遍存在的实际条件最终达到的真正理解。"[①]可以看出,自由主义理论是脱

---

① 《马克思恩格斯选集》第 4 卷,人民出版社 1995 年版,第 726—727 页。

离实际的思维活动的产物,它只满足于自由主义理念的自我发展和"自我满足",并将这种理念的自我发展和"自我满足"绝对化、标准化。

"把国家说成是阶级调和的机关"是对马克思主义国家观的歪曲。马克思主义经典作家强调,在阶级矛盾客观上无法调和的地方、时候和条件下,便产生国家,国家是阶级矛盾不可调和的产物和表现,国家的存在证明:在阶级对抗的国家中,阶级矛盾是不可调和的。但是,自由主义国家观认为,国家的主要功能就是调和阶级矛盾,调和阶级矛盾体现了国家的公共性,公共性才是国家的本质。"资产阶级的思想家,特别是小资产阶级的思想家——他们迫于无可辩驳的历史事实不得不承认,只有存在阶级矛盾和阶级斗争的地方才有国家——这样来'稍稍纠正'马克思,把国家说成是阶级调和的机关。在马克思看来,如果阶级调和是可能的话,国家既不会产生,也不会保持下去。而照市侩和庸人般的教授和政论家们说来(往往还善意地引用马克思的话作根据!),国家正是调和阶级的。在马克思看来,国家是阶级统治的机关,是一个阶级压迫另一个阶级的机关,是建立一种'秩序'来抑制阶级冲突,使这种压迫合法化、固定化。在小资产阶级政治家看来,秩序正是阶级调和,而不是一个阶级对另一个阶级的压迫;抑制冲突就是调和,而不是剥夺被压迫阶级用来推翻压迫者的一定的斗争手段和斗争方式。"①

自由主义国家观的混乱是由于"它比其他问题更加牵涉统治阶级的利益"。列宁指出:"未必还能找到别的问题,会像国家问题那样,被资产阶级的科学家、哲学家、法学家、政治经济学家

---

① 《列宁选集》第3卷,人民出版社1995年版,第114页。

第八章 自由主义国家观的实质与危害

和政论家有意无意地弄得这样混乱不堪。直到现在,往往还有人把这个问题同宗教问题混为一谈,不仅宗教学说的代表人物(他们这样做是十分自然的),而且自以为没有宗教偏见的人,也往往把专门的国家问题同宗教问题混为一谈,并且企图建立某种具有一套哲学见解和论据的往往异常复杂的学说,说国家是一种神奇的东西,是一种超自然的东西,是一种人类赖以生存的力量,是赋予或可能赋予人们某种并非来自人本身而来自外界的东西的力量,说国家是上天赋予的力量。必须指出,这个学说同剥削阶级——地主资本家的利益有极密切的联系,处处为他们的利益服务,深深浸透了资产阶级代表先生们的一切习惯、一切观点和全部科学……这个问题所以被人弄得这样混乱,这样复杂,是因为它比其他任何问题更加牵涉到统治阶级的利益(在这一点上它仅次于经济学中的基本问题)。国家学说被用来为社会特权辩护,为剥削的存在辩护,为资本主义的存在辩护,因此,在这个问题上指望人们公正无私,以为那些自称具有科学性的人会给你们拿出纯粹科学的见解,那是极端错误的。当你们熟悉了和充分钻研了国家问题的时候,你们在国家问题、国家学说、国家理论上,会随时看到各个不同阶级之间的斗争,看到这个斗争在各种国家观点的争论中、在对国家的作用和意义的估计上都有反映或表现。"[①]要科学地分析国家本质问题,应对国家的产生和发展作一个科学的历史考察。在社会科学问题上有一种最可靠的方法,它是真正养成正确分析问题的本领而不致淹没在一大堆细节或大量争执意见之中所必需的,那就是不要忘记基本的历史联系,考察每个问题都要看某种现象在历史上

---

① 《列宁选集》第4卷,人民出版社1995年版,第25—26页。

怎样产生、在发展中经过了哪些主要阶段,并根据它的这种发展去考察这一事物现在是怎样的。

二、以独断误判现实:将社会主义国家虚无化的基本主张及其现实危害

自由主义思潮特别是当代的中国自由主义思潮,对于中国国家现状的认识,是形而上学的。因为自由主义信奉者观察当代中国,总的来说极其片面、极其机械,即将西方的那一套政治模式直接拿来套中国,不符合西方的那就不对,符合的就是好的。不能将民主问题抽象化和单一化,好像世界上只有一种民主,即资本主义民主。要打破自由主义思潮所建构的关于民主的独断论,科学阐述社会主义民主在理论上的科学性和实践上的有效性。

当代自由主义思潮提出的第一个关于中国发展的独断论是"资本主义民主制度是唯一科学的民主制度,社会主义民主制度没有任何优越性"。自由主义思潮的信奉者认为,中国一定要纳入世界政治发展的大潮流、大趋势。他们认为,世界上绝大部分国家都实行西方资本主义民主,绝大部分国家实行的就是趋势、就是潮流,不论中国在世界上的发展如何好,在民主制度上和西方不同,中国就是落后的、黑暗的。这种偏执渗透进了一些人的血液中、骨子里。我们凝聚国家共识,主要就是坚定"四个自信"。而自由主义思潮,偏偏就是要打掉这"四个自信"。我们同自由主义思潮的斗争,从目前来说,我们有实践优势、理论优势,但是如何运用好理论优势、实践优势,来同自由主义作战,还有很多努力的空间。实际上我们整个的舆论环境、学术生态,被破

第八章 自由主义国家观的实质与危害

坏得很严重。当代自由主义在中国不断变化策略变化手段，有的甚至借马克思主义反马克思主义。我们必须从中国的实际出发，回答好"中国要建成什么样的国家"这一重大理论和实践问题。

首先，中国要建成的国家，是历史发展的延续，不能割裂历史，当代中国是近代以来历史发展的必然结果。近代以来，我国的国家形式，经过了几次变化，从半封建半殖民地社会的国家，到新民主主义国家，再经过社会主义革命，成为社会主义国家。中国是社会主义国家，是历史发展的必然结果，是世界社会主义运动的必然结果。十月革命之后的历史，通常讲这是开辟了人类社会的新纪元，这个新纪元就在于以消灭阶级、消灭剥削为目标的新型社会的建立。国家形式就要适应这种新型社会的建立和发展，这个国家形式的特征就是人民当家作主。当然，人民当家作主要以一定的政治形式来实现，这种实现形式在当代中国就是社会主义协商民主。在制度上，就是实行人民代表大会制度和中国共产党领导下的政治协商制度。社会主义国家政府机构和政治机关的产生、发展和完善的方式，是区别于资本主义民主形式的。这样一种新型的国家类型，可以更好地实现和保障人民根本利益。中国的民主形式，如果和西方民主有共同点的话，就都是代议制，或者代表制。为什么？因为国家事务不可能由每个人坐下来一起讨论决定，所以近代以后的国家政治都是代议制。而我们的社会主义民主，克服了资本主义民主的虚假性。这里所说的虚假性在于，形式上一人一票，好像每个人都能决定国家大事，但实际上每个人投下的那一票，看起来是神圣的，但能否实现每个人的意愿呢？很多实现不了。这种民主实现形式，和抓阄也没什么区别。其次，我们将要建成的国家,是在政治经济文化上对资本主义国家的全面超越。坚定"四个自信",就是继续沿着社会主义道路前进,发展好社会主义制度,完善好社会主义理论,建设好社会主义文化。所以我们要建成的国家是社会主义现代化国家,绝不是资本主义化的"现代国家"。

当代自由主义思潮提出的第二个关于中国发展的独断论是"中国从近代以来就有一种国家理性、一种国家意志,具体表现为不断追求资本主义国家制度"。有没有国家理性?如果有,什么是国家理性?第一,国家理性这个概念,我们可以承认它有,因为国家是由人组成的,国家是由不同的社会阶层组成的,有人的地方就有人的意志,有人群的地方就有社会理性。因为不同的社会阶层有不同的意识,有共同的追求,这些东西都会体现为一定的国家理性。所以我们在一定程度上可以承认有这样一个概念,叫做国家理性。国家理性的实质是什么?实质是占据统治或主导地位的阶级和阶层的意志。国家理性是占据统治地位的一定阶级和阶层的意志。所以国家理性是有它的阶级和阶层属性的,不存在超越所有人,所有阶级阶层的国家理性。我们认为那种超越所有阶级阶层的国家理性是抽象的国家理性。第二,什么是中国的国家理性?中华人民共和国成立以来的国家理性,就是社会主义理论,社会主义理论就是新中国的国家理性。而自由主义思潮认为,中国从近代以来有一种国家理性、一种国家意志,具体表现为"不断追求实行资本主义国家制度"。有人提出,"自洋务运动以来,中国人就一直在追求这种理性的实现。中间不论经过多少曲折、多少事件,都不改变这样的追求和趋势"。这种对历史和现实的理解,问题在哪里?问题就在于它是用个人意志代替历史意志。或者说,把个人意志强加给历史和实践。一些个人将自己对历史的理解,说成是历史本身的追求。个体对历史的理解是个人的意志,而不是历史的意志,不是阶级的意志。但是现在很多自由主义学者把这两者混淆在一起,将纯属个人的意志说成是国家意志。这种在思想方法上,就是唯意志论,将个人意志至上化。这种唯意志论和宿命论殊途同归。因为它认为,资本主义是中国的宿命,中间发生了什么不要紧,中国最终会资本主义化。这样,唯意志论和宿命论,二者合二为一了。因此,在国家理性问题上,存在社会主义和资本主义的分歧、马克思主义和自由主义的分歧。

当代自由主义思潮提出的第三个关于中国发展的独断论是"'普世价值'是国家软实力,具体就是宪政民主。中国没有实行宪政民主,因此,中国根本没有国家软实力"。当代中国到底有没有国家软实力?当然有,但它不是所谓的"普世价值"、宪政民主。我们的国家软实力,就是社会主义道路、理论、制度和文化。我们的国家认同、文化认同,就是要以这样一种四位一体的组合体为主导、为依据,离开社会主义道路、理论、制度和文化,讲国家软实力,那是空洞抽象的,毫无意义。所以,在这个问题上,主要突出表现为民主观的分歧即宪政民主和人民民主的分歧。有人认为,"中国的政体是劣质的,劣质的政体怎么能够承担国家理性呢?几百年世界历史的发展,积淀的就是自由主义国家理性,大部分国家体现的也都是自由主义国家理性,凡是和这个国家理性不一样的,都是非理性的"。这种自由主义观点既虚无了世界历史,又虚无了中国历史。这样的历史虚无主义思潮尽管很荒谬,但却有很大的市场,危害极大,不能任由其扩散蔓延。

三、以偏见臆测未来：将资本主义国家永恒化的思想特点及其政治本质

从思想特点看，自由主义国家观是由一系列偏见构成的，突出表现为竭力美化资本主义国家，竭力丑化社会主义国家，用"现代国家"和"前现代国家"、"优势国家"和"劣势国家"、"天然国家"和"人为国家"区分资本主义国家和社会主义国家。这样区分资本主义国家和社会主义国家的目的昭然若揭：资本主义国家是最好的、最后的国家类型，社会主义国家、特别是社会主义中国最终要走资本主义道路即资本主义化。这种根深蒂固的意识形态偏见由来已久、影响广泛，充斥于哲学社会科学领域，"历史终结论"是这种意识形态偏见的最典型代表。

自由主义国家观用"现代国家"和"前现代国家"区分资本主义国家和社会主义国家。自由主义国家观认为，只有资本主义国家才是现代国家，其他非资本主义国家属于前现代国家。自由主义理论中的现代国家是"民主国家"，而非资本主义国家是"专制国家"，封建主义国家和社会主义国家都是"专制国家"，这种政治偏见是资本主义社会政治实践和现当代政治学畸形发展的产物，是一种机械的国家理论，具有明显的形而上学特征：只看到资本主义国家的存在与发展，看不到资本主义国家的历史性和可超越性，即社会主义战胜资本主义的必然性。马克思在批判哥达纲领时深刻指出："'现代社会'就是存在于一切文明国度中的资本主义社会，它或多或少地摆脱了中世纪的杂质，或多或少地由于每个国度的特殊的历史发展而改变了形态，或多或少地发展了。'现代国家'却各不相同。它在普鲁士德意志帝国

第八章 自由主义国家观的实质与危害

同在瑞士不一样,在英国同在美国不一样。所以,'现代国家'是一种虚构。但是,不同的文明国度中的不同的国家,不管它们的形式如何纷繁,却有一个共同点:它们都建筑在资本主义多少已经发展了的现代资产阶级社会的基础上。所以,它们具有某些极重要的共同特征。在这个意义上可以谈'现代国家制度',而未来就不同了,到那时'现代国家制度'现在的根基即资产阶级社会已经消亡了。于是就产生了一个问题:在共产主义社会里国家制度会发生怎样的变化呢?换句话说,那时有哪些同现代国家职能相类似的社会职能保留下来呢?这个问题只能科学地回答;否则,即使你把'人民'和'国家'这两个名词联接一千次,也丝毫不会对这个问题的解决有所帮助。在资本主义社会和共产主义社会之间,有一个从前者变为后者的革命转变时期。同这个时期相适应的也有一个政治上的过渡时期,这个时期的国家只能是无产阶级的革命专政。但是,这个纲领既没谈到无产阶级的革命专政,也没谈到未来共产主义社会的国家制度。纲领的政治要求除了陈旧的、人所共知的民主主义的废话,如普选权、直接立法权、人民权利、人民军队等等之外,没有任何其他内容。这纯粹是资产阶级的人民党、和平和自由同盟的回声。"[①]在当代中国存在形形色色的"现代国家论"或"现代国家转型论",这一理论鼓吹宪政民主为现代国家的政治核心,当代中国的现代转型就是要推动中国在政治上实行所谓的宪政民主,否则中国就不可能实现现代化、就不可能成为现代国家,"宪政,虽然不是中国建构现代国家的落定形态,但是中国现代建国的努力目标。台湾地区政制的近期发展,就证明了中国建构宪政国

[①] 《马克思恩格斯全集》第19卷,人民出版社1963年版,第30—31页。

家形式,不是空中楼阁。大陆地区的政治发展,也趋向于立宪民主政体,堪称进一步的证明"①。

自由主义国家观用"优势国家"和"劣势国家"区分资本主义国家和社会主义国家。自由主义国家观认为,资本主义国家自形成以来就具有全方位的优势,其他类型的国家都无法与资本主义国家相比。自由主义理论的鼓吹者将资本主义国家定义为"优势国家",其他类型的国家、特别是社会主义国家被定义为"劣势国家","劣势国家"的前途只有一个,即资本主义化。有人提出,"在一个文化竞争的时代,如果不看清人类文明的走向,如果劣势文化不努力向优势文化学习,那么历史不会因为你的文明仍然具有多种优良素质而手下留情,让你侥幸逃脱被淘汰的命运。一个民族的文化最深层次的秘密可以从这个民族的哲学思想中寻求答案。在这里,我想从哲学上阐明,西方文化近一百多年来成了全球强势文化,其根源何在?有哪些值得我们学习的地方?这就必须在对比中深入到西方文化的深层结构,即西方哲学所体现出来的思维模式。……思维模式不改变,任你其他方面的改革如何天翻地覆,最终会九九归原,换汤不换药。而思维模式的变革又主要着重于两方面,一个是建立理性精神,一个是发扬自由精神。五四提出的'科学和民主'底下其实是理性和自由,没有理性,科学就丧失了科学精神,变成了另一种迷信;没有自由,民主就变成了'为民作主',即另一种专制。"②这就是典型的西方文化至上论,认为"大西洋文化"或"地中海文化"即

---

① 任剑涛:《从帝制中国、政党国家到宪制中国:中国现代国家建构的三次转型》,摘自许章润主编的《重思国家》,中央编译出版社2015年版,第138页。
② 邓晓芒:《西方文化凭什么成为当今的强势文化》,https:// http://www.chinavalue.net/General/Blog/2015-4-17/1168531.aspx。

第八章 自由主义国家观的实质与危害

资本主义文化具有无与伦比的优越性,其他文化与资本主义文化这种优势文化相比都是劣势文化。在自由主义理论中,西方资本主义政治、经济、文化都具有不可超越的优越性,"须知现代'西方'早就不是一个单纯的'地方',它提供了各国无法逃避的现代国家规范结构,其普适性已经为500余年的世界史所证明。在这点上国人没过心理关,反驳西方人时只顾将其归为地方性知识,殊不知把自己的普世也输掉了"①。

自由主义国家观用"人为的国家制度"和"天然的国家制度"(或"自然的国家制度")区分非资本主义制度和资本主义制度。自由主义国家观认为,资本主义国家是自然形成的,具有天然的历史合理性;而社会主义国家是人为而非自然的结果,因而社会主义国家不具历史必然性和合理性,是没有前途的。这种观点及其论证方法在自由主义理论传统中司空见惯,"经济学家们的论证方式是非常奇怪的。他们认为只有两种制度:一种是人为的,一种是天然的。封建制度是人为的,资产阶级制度是天然的。在这方面,经济学家很像那些把宗教也分为两类的神学家。一切异教都是人们臆造的,而他们自己的宗教则是神的启示。经济学家所以说现存的关系(资产阶级生产关系)是天然的,是想以此说明,这些关系正是使生产财富和发展生产力得以按照自然规律进行的那些关系。因此,这些关系是不受时间影响的自然规律。这是应当永远支配社会的永恒规律。于是,以前是有历史的,现在再也没有历史了。以前所以有历史,是由于有过封建制度,由于在这些封建制度中有一种和经济学家称为自然的、因而是永恒的资产阶级社会生产关系完全不同的生产关

---

① 任剑涛:《国家复兴的政治学话语》,《中国投资》2017年第1期。

系"①。在自由主义国家观看来,既然资本主义生产关系及其制度形态"没有历史",它就不会灭亡,而非资本主义生产关系及其制度形态,不论是封建主义国家,还是社会主义国家,都是非自然的,因而必然都要败给资本主义国家。这样,马克思主义揭示的人类社会发展规律就被完全消解了。"列宁在评述帝国主义时代资产阶级意识形态的典型特点时特别指出:资产阶级社会学和史学力图避免分析根本的历史规律性,而以支离破碎的研究、不管各个现象之间的内部联系为能事。这一特点明显地表现在从前的资产阶级历史学家的活动中;他们的狭窄的科学专业化倾向往往是和轻视理论的现象结合在一起的。19世纪后半期,许多著名历史学家正确地反对过德国古典唯心主义代表们的思辨历史哲学的主观臆构和实证主义社会学所特有的反历史的公式,可是他们又不能接受马克思关于历史过程的科学理论,所以他们断言:一方面是历史,一方面是哲学和社会学,在这两者之间根本没有共同之点。"②

自由主义国家观在当代中国的泛滥是一种极其反常的现象,马克思主义中国化已经走过了100多年的历史,中国社会主义的实践发展已经70多年了,与这一辉煌历史形成鲜明对比的是自由主义思潮的严重泛滥。应当将这一反常现象视为一种耻辱,消灭这种耻辱是加强社会主义意识形态建设重要任务之一。

---

① 《马克思恩格斯选集》第1卷,人民出版社1995年版,第151页。
② [苏]康恩等:《穷途末路的资产阶级历史哲学》,张书生、乔工等译,三联书店出版社1962年版,第1页。

第九章
清除"普世价值"思潮对社会科学研究的影响

在全面建成小康社会、基本实现社会主义现代化、实现中华民族伟大复兴的历史进程中,哲学社会科学起着引领方向、凝聚力量、推动发展的重要作用。哲学社会科学能否健康发展,事关党和国家的命运,事关社会主义事业的成败。但是,近年来,"普世价值"思潮在哲学社会科学领域不断渗透、发酵,在一定程度上妨碍了哲学社会科学的健康发展。这一错误思潮最显著的特点是以西方自由主义理论为标准评价我国近代以来的历史发展和社会实践,特别是用西方核心价值评价中国特色社会主义实践,用所谓"普世价值"反对"中国特色"。这种错误的理论和思想方法受到了广大哲学社会科学工作者的广泛批评,"普世价值"思潮的政治本质和错误方法受到了深入揭露。但是,"普世价值"思潮对哲学社会科学研究的影响,难以在短期内消除,需要我们高度重视。

一、直面问题:"普世价值"论在一些学科领域仍有市场

"普世价值"思潮对哲学社会科学的影响不限于一个或几个

学科,政治学、经济学、法学、历史学、新闻传播学、社会学、文学等学科受"普世价值"思潮的影响较大。具体而言,"普世价值"思潮对哲学社会科学的影响主要集中在以下几点。

第一,在政治上,用西式民主反对社会主义民主。"普世价值"思潮认为西式民主具有普世性,或者说它是一种"普世价值",认为不同国家民主发展的目标只有一个,那就是西式民主,所谓"殊途同归"。而西式民主的标准是什么?多党轮流执政、一人一票的"自由选举"等就是标准,"普世价值"思潮用这一标准将全世界的国家分为民主国家和非民主国家。我们知道,作为西方现行制度的民主,在其自身的实践中暴露出许多矛盾,已受到西方学者中的有识之士的质疑和反思,"西式民主"的制度神话正在破灭,有学者指出,"不能把民主制度只说成是搞'自由选举'。对民主制度的衡量,全看它有没有充分的能力提出社会需求,并使社会的需求变得合乎情理……如果把民主政治界说为对社会的需求做出制度上的反应的能力,那我们就必须承认:我们目前是生活在前面所说的民主制度倒退的时期"。但是,有些人仍然信奉"西式民主"的制度神话,醉心于所谓"制度移植",认为只要移植了西方民主制度,一切矛盾和问题就解决了。在西方国家的全球民主化战略中,民主价值观输出和民主制度移植是一个整体。价值观输出是先导,制度移植是具体实践和结果。

第二,在经济上,用自由主义市场经济反对社会主义市场经济。"普世价值"论者认为,市场经济具有普世性,市场经济形成于西方,西方国家的市场经济制度是市场经济的典范和标准。而西方市场经济制度有特定的核心要素,最重要的是宪政制度和私有产权制度,中国要发展好市场经济必须实行西方宪政制度和完全私有化。"普世价值"论者用这一尺度衡量我国社会主

第九章 清除"普世价值"思潮对社会科学研究的影响

义市场经济,认为社会主义市场经济是不合格的市场,因为我国没有实行西方宪政制度和完全私有化。社会主义市场经济体制是我国社会主义经济制度的重要组成部分,它服务于中国特色社会主义伟大事业,不能将发展市场经济同发展中国特色社会主义事业对立起来,社会主义市场经济是一个完整的概念,这里的"社会主义"不是一个可有可无的定语。

第三,在文化上,用西方文化反对社会主义文化。"普世价值"论者认为,西方文化具有普世性,文化也要全盘西化。有人提出推动文化体制改革就是要使文化去政治化,"如果当下的中国谋求文化繁荣,不能不汲取历史上的经验教训,彻改阻碍文化发展的制度安排,为文化勃兴创造自由、宽松的社会环境。首先,这要求给文化松绑,让文化不再为政治服务,让文化不再是宣传的工具,让文化脱离意识形态的桎梏,让文化获得独立的价值和地位"。这样的文化观所主张的文化只能是一种"想象的文化",就是在西方资本主义国家也不存在。关于当代文化问题的讨论中存在许多抽象文化观,其特点就是将西方文化价值观视为"普世价值",既然是"普世价值",中国的文化发展和改革就应该以此为指导。为了传播这种抽象文化观,有人断章取义地解读党的十二届六中全会通过的《中共中央关于社会主义精神文明建设指导方针的决议》(以下简称《决议》):"《决议》肯定了自由、民主、平等、博爱等现代政治文明的观念。《决议》在第五个问题中写道:'在人类历史上,在新兴资产阶级和劳动人民反对封建专制制度的斗争中,形成民主和自由、平等、博爱的观念,是人类精神的一次大解放。'这个观点在整个《决议》中最具世界眼光和现代意识,它一反我们党长期以来对这些西方现代文明理念拒斥和批判的态度,以超越传统意识形态的胸襟,正面肯定和赞扬了自由、民主、平等、博爱的普世价值。这在中华人民共和国建立以来是又一个全新的观念。"

与此相似的"普世价值"论还有不少,有的人提出,中国的改革必须以"普世价值"为指导才能取得实效,"我们在经济上取得了巨大的成就,但在政治、文化、社会诸领域,却仍然坚持着计划经济时代的意识形态,严重地阻碍了改革的全面而深入的发展。为什么会这样?最根本的原因是没有找对改革开放的指导思想,没有找准改革开放的前进方向。在某种意义上说,就是没有在指导思想上确立普世价值的观念"。具体分析《决议》,根本得不出上述错误结论,因为《决议》进一步指出,"马克思主义批判地继承资产阶级的这些观念,又同它们有原则的区别。从根本上说,资产阶级民主是为维护资本主义制度服务的。社会主义在消灭阶级压迫和剥削的基础上,为充分实现人民当家做主,把民主推向新的历史高度开辟了道路"。在这里,《决议》明确指出了资产阶级自由、民主、平等、博爱的阶级本质和历史局限性,何来"普世价值"一说?可见,这种所谓"解读"根本就是断章取义、恶意歪曲。

二、消极影响:严重削弱和破坏
哲学社会科学的育人功能

社会主义事业需要一代代人接续奋斗。不断培养社会主义事业的合格建设者和可靠接班人是社会主义事业的重要内容,也是哲学社会科学的基本功能之一。青年学生自觉接续奋斗的最重要前提是他们要有扎实的政治理论基础和正确的政治理想,要自觉抵制"普世价值"的侵蚀渗透。

第九章 清除"普世价值"思潮对社会科学研究的影响

但是,由于受到"普世价值"思潮潜移默化的影响,有的高校领导干部模糊社会主义办学方向,片面强调专业化和国际化,对"普世价值"思潮在哲学社会科学领域的传播扩散听之任之。一些高校在培养计划和课程设置中,弱化马克思主义类课程,比如中文专业的"马列文论"、政治学专业的"马克思主义政治学"、历史学专业的"马克思主义史学理论"等传统基础专业课程被忽视,致使这些课程后继无人。有的教师公开传播"普世价值"思潮、对西方民主理论推崇备至,"这本书(指亨廷顿的《第三波》)语言流畅,看完后触动很大,从中获得了很多有益的启示和收获。总体而言,也就是顺应作者的逻辑思维,从对民主进程分析的角度讲,这本书洋洋洒洒从第三波的起因讲到发展趋势,具有完整性和统一性,任何深入其中的人都会被作者精辟的分析所折服"。在这样的学术环境下,有的学生对亨廷顿的民主理论也是佩服不已,"亨廷顿在《第三波》中带有预言性地总结道:'时间属于民主一边。'当他说出这句话的时候,他所预设的前提大概就是民主是一种值得期待的优良政体,至少是一种相比较而言最不坏的政体。也许,凭借着《第三波》这本书我们可以称亨廷顿为宣传民主的伟大旗手,正如他自己所说的,他并不避讳别人称他为民主的马基雅维利"。

这样的言论、传播、影响,在高校并不是个别现象,如不加以足够重视,并采取坚决的措施,哲学社会科学的育人功能将被严重削弱和破坏。这样说,并非危言耸听。

三、解决之道:不断巩固马克思主义在哲学社会科学领域的指导地位

马克思主义是中国学术的旗帜和灵魂。坚持马克思主义在

哲学社会科学领域的指导地位，是发展哲学社会科学的首要前提。

"普世价值"思潮反对用马克思主义指导和推动哲学社会科学的研究与发展，在"普世价值"思潮的影响下，有些人将马克思主义指导视为对哲学社会科学研究的束缚，"远离马克思主义"被一些人视为学术研究的"正途"。事实上，正是因为放弃马克思主义指导，一些人才会走上邪路。在哲学社会科学领域，之所以会出现唯心主义和形而上学的回潮，根本原因就是一些人主动放弃了马克思主义的立场、观点和方法。所以，要切实抵制"普世价值"思潮，就必须不断巩固马克思主义在哲学社会科学领域的指导地位，要将"马克思主义指导"制度化，将其同学科建设制度和人才培养制度紧密结合起来，把马克思主义立场观点方法贯穿哲学社会科学研究的各个领域，融入哲学社会科学研究的全过程，使哲学社会科学研究始终沿着正确方向发展。要科学研究和制定哲学社会科学评价制度，坚决摒弃简单量化标准，制定马克思主义指导哲学社会科学的评价制度，使马克思主义对哲学社会科学工作的指导真正落细落实。

第十章
"两个结合"视域中的文化复古主义思潮

在各种社会思潮中,文化复古主义思潮是最复杂的,因为这一思潮是一个矛盾的综合体:有的人赞成它,有的人反对它;它既有中西之争,又有古今之辨。文化复古主义思潮的复杂性给一些人发挥"片面性"提供了资源和空间,这种理论思维的片面性正是文化复古主义的主要缺陷,突出表现为脱离历史和现实,割裂古代文化与现当代文化、文化理念与文化实践的有机统一。今天,我们认识中国传统文化不能脱离马克思主义中国化的百年进程、特别是中国马克思主义文化发展史,不能脱离中国特色社会主义文化实践需要。也就是说要从"两个结合"上把握文化复古主义思潮的理论实质与现实危害。

一、"两个结合"是正确把握文化复古主义思潮的根本原则

党的十九届六中全会通过的"决议"强调,"党之所以能够领导人民在一次次求索、一次次挫折、一次次开拓中完成中国其他各种政治力量不可能完成的艰巨任务,根本在于坚持解放思想、实事求是、与时俱进、求真务实,坚持把马克思主义基本原理同

中国具体实际相结合、同中华优秀传统文化相结合,坚持实践是检验真理的唯一标准,坚持一切从实际出发,及时回答时代之问、人民之问,不断推进马克思主义中国化时代化。习近平同志指出,当代中国的伟大社会变革,不是简单延续我国历史文化的母版,不是简单套用马克思主义经典作家设想的模板,不是其他国家社会主义实践的再版,也不是国外现代化发展的翻版"①。在这里,"决议"科学总结了中国共产党带领人民不断取得进步发展的重要经验之一,即坚持理论创新。而坚持理论创新的重要方法论原则是"两个结合",即"坚持把马克思主义基本原理同中国具体实际相结合、同中华优秀传统文化相结合"。强调"坚持把马克思主义基本原理同中国具体实际相结合",就是强调把握百年中国的历史与实践,要紧扣马克思主义中国化的百年进程,任何抛弃马克思主义中国化百年进程去理解中国历史与中国文化,不可能得出科学结论。强调马克思主义基本原理"同中华优秀传统文化相结合",就是强调马克思主义传入中国,使中华优秀传统文化获得了新的发展机遇,使中华优秀传统文化在新的历史条件下重新焕发生机与活力;同时,中华优秀传统文化也是马克思主义中国化的重要条件之一。"两个结合"的灵魂是马克思主义科学真理,任何脱离马克思主义科学真理的倾向都是错误和有害的。

文化复古主义思潮也强调对"中华优秀传统文化"的坚持,但它往往抽象理解"中华优秀传统文化",不能具体地将中华优秀传统文化与社会主义先进文化建设实践结合起来,不能用马克思主义的立场、观点、方法认识中华优秀传统文化。党的十八

---

① 《中共中央关于党百年奋斗重大成就和历史经验的决议》,人民出版社2021年版,第66—67页。

第十章 "两个结合"视域中的文化复古主义思潮

大以来,习近平总书记从"两个结合"上,科学阐述了弘扬中华优秀传统文化的价值与方法。具体包括以下四个方面:

第一,从理论与实践的相互关系看中国传统文化的核心内容。习近平总书记指出:"世界上一些有识之士认为,包括儒家思想在内的中国优秀传统文化中蕴藏着解决当代人类面临的难题的重要启示,比如,关于道法自然、天人合一的思想,关于天下为公、大同世界的思想,关于自强不息、厚德载物的思想,关于以民为本、安民富民乐民的思想,关于为政以德、政者正也的思想,关于苟日新日日新又日新、革故鼎新、与时俱进的思想,关于脚踏实地、实事求是的思想,关于经世致用、知行合一、躬行实践的思想,关于集思广益、博施众利、群策群力的思想,关于仁者爱人、以德立人的思想,关于以诚待人、讲信修睦的思想,关于清廉从政、勤勉奉公的思想,关于俭约自守、力戒奢华的思想,关于中和、泰和、求同存异、和而不同、和谐相处的思想,关于安不忘危、存不忘亡、治不忘乱、居安思危的思想,等等。中国优秀传统文化的丰富哲学思想、人文精神、教化思想、道德理念等,可以为人们认识和改造世界提供有益启迪,可以为治国理政提供有益启示,也可以为道德建设提供有益启发。对传统文化中适合于调理社会关系和鼓励人们向上向善的内容,我们要结合时代条件加以继承和发扬,赋予其新的涵义。"[①]在这里,习近平总书记强调对传统文化中的积极内容,"我们要结合时代条件加以继承和发扬,赋予其新的涵义"。所谓"时代条件",就是一定社会历史条件,具体到当代中国就是中国特色社会主义道路、理论、制度和文化的理论形态和实践形态。如果脱离中国特色社会主义事

---

① 习近平:《在纪念孔子诞辰2565周年国际学术研讨会暨国际儒学联合会第五届会员大会开幕会上的讲话》,人民出版社2014年版,第6—7页。

业发展而强调"保守中国传统文化",那么"保守中国传统文化"就只能是空洞的口号和虚幻的追求。

第二,从文化的丰富性看中国传统文化的包容性。习近平总书记强调中华优秀传统文化的丰富性及其历史发展是中国传统文化的重要特点之一,要从总体性上把握中国传统文化的内容与作用,不能将某一思想流派无限放大,不能用一种流派否定其他流派。也就是说,中国传统文化体系内部的各种思想流派要平等对话,要弘扬中国传统文化的包容性传统,不能搞唯我独尊、党同伐异,思想流派相互之间的排斥、否定、打压,不利于中国传统文化自身的发展,不利于当代中国文化的发展。习近平总书记指出:"研究孔子、研究儒学,是认识中国人的民族特性、认识当今中国人精神世界历史来由的一个重要途径。春秋战国时期,儒家和法家、道家、墨家、农家、兵家等各个思想流派相互切磋、相互激荡,形成了百家争鸣的文化大观,丰富了当时中国人的精神世界。虽然后来儒家思想在中国思想文化领域长期取得了主导地位,但中国思想文化依然是多向多元发展的。这些思想文化体现着中华民族世世代代在生产生活中形成和传承的世界观、人生观、价值观、审美观等,其中最核心的内容已经成为中华民族最基本的文化基因。这些最基本的文化基因,是中华民族和中国人民在修齐治平、尊时守位、知常达变、开物成务、建功立业过程中逐渐形成的有别于其他民族的独特标识。"①

第三,从马克思主义中国化的实践需要看中国传统文化的当代价值。习近平总书记提出:"中国共产党人是马克思主义者,坚持马克思主义的科学学说,坚持和发展中国特色社会主

---

① 习近平:《在纪念孔子诞辰2565周年国际学术研讨会暨国际儒学联合会第五届会员大会开幕会上的讲话》,人民出版社2014年版,第12页。

义,但中国共产党人不是历史虚无主义者,也不是文化虚无主义者。我们从来认为,马克思主义基本原理必须同中国具体实际紧密结合起来,应该科学对待民族传统文化,科学对待世界各国文化,用人类创造的一切优秀思想文化成果武装自己。在带领中国人民进行革命、建设、改革的长期历史实践中,中国共产党人始终是中国优秀传统文化的忠实继承者和弘扬者,从孔夫子到孙中山,我们都注意汲取其中积极的养分。"[①]马克思主义中国化是一个综合的历史实践过程,这个过程包括文化实践的历史演进。马克思主义文化和社会主义文化在中国的传播和发展,必然会遇到中国传统文化这个既定的历史文化条件,这样的"文化遭遇"是冲突与融合的文化实践过程,中国的马克思主义者没有将中国传统文化都视为落后文化而全面否定,"始终是中国优秀传统文化的忠实继承者和弘扬者"。因此,不能将马克思主义文化与中国传统文化对立起来。

第四,从文化构成的复杂性看继承中国传统文化的正确方法。在如何继承中国传统文化问题上,习近平总书记强调了三个重要方面:第一,要"取其精华、去其糟粕",那些明显不利于社会主义精神文明发展进步需要的东西,那些与马克思主义与社会主义格格不入的东西,"不能一股脑儿都拿到今天来照套照用"。第二,要坚持古为今用、以古鉴今,某些传统文化好不好,关键看它们是否有利于社会主义精神文明发展的实际需要,是否有益于广大人民群众精神生活的需要。第三,"不能搞厚古薄今、以古非今",即不能用中国传统文化否定马克思主义文化和社会主义文化,这种否定也是文化虚无主义和历史虚无主义。

[①] 习近平:《在纪念孔子诞辰2565周年国际学术研讨会暨国际儒学联合会第五届会员大会开幕会上的讲话》,人民出版社2014年版,第13页。

习近平总书记强调,"传统文化在其形成和发展过程中,不可避免会受到当时人们的认识水平、时代条件、社会制度的局限性的制约和影响,因而也不可避免会存在陈旧过时或已成为糟粕性的东西。这就要求人们在学习、研究、应用传统文化时坚持古为今用、推陈出新,结合新的实践和时代要求进行正确取舍,而不能一股脑儿都拿到今天来照套照用。要坚持古为今用、以古鉴今,坚持有鉴别的对待、有扬弃的继承,而不能搞厚古薄今、以古非今,努力实现传统文化的创造性转化、创新性发展,使之与现实文化相融相通,共同服务以文化人的时代任务"①。

二、警惕文化复古主义思潮的虚无主义倾向

文化复古主义思潮长期存在的主要问题是脱离时代发展,囿于一些传统文化理念,希望在文化上全面恢复以儒家为主的中国传统文化,用中国传统文化否定社会主义文化。这就是文化复古主义思潮的虚无主义倾向,这种倾向既不利于弘扬中华优秀传统文化,也不利于发展社会主义先进文化。文化复古主义思潮中的虚无主义倾向主要表现在以下几个方面。

一是忽视具体的社会历史状况,片面强调"传统文化"的实践意义。有的人认为,社会现实的发展是变化无常的,只有"读经"才是最重要的,只有"读经"才能应对社会变化。在风云激荡的革命年代,梁启超在晚年持保守主义立场,提出了一些带有复古主义性质的文化主张,有的人对梁启超的文化复古主义态度大加赞赏,说梁启超到晚年才走上正道。但是,晚年梁启超无视

---

① 习近平:《在纪念孔子诞辰2565周年国际学术研讨会暨国际儒学联合会第五届会员大会开幕会上的讲话》,人民出版社2014年版,第11页。

第十章 "两个结合"视域中的文化复古主义思潮

当时社会矛盾的激化和不可阻挡的革命洪流,在1927年他强调学校非读经不可的主张,"学校读经问题,实十年来教育界一宿题也。因争持未决,而至今各校亦遂无经课。吾自昔固疑读经之难,故颇袒不读之说,谓将经语编入教科书已足;吾至今亦仍觉其难也,然从各方面研究,渐觉不读之不可"。梁启超提出了学校必须读经的核心理由是:"经训为国性所寄,全国思想之源泉,自兹出焉。废而不读,则吾侪与吾侪祖宗之精神,将失其连属,或酿国性分裂消失之病。"①事实上,梁启超所说的"国性"不是一成不变的,同抽象人性论一样,抽象国性论也是错误的。中国古代社会和中国近现代社会的"国性"有着质的区别,到了20世纪20年代还非要到古代"经训"中寻找"国性",就难免要脱离时代。今天,有些人偏爱于梁启超晚年的保守,实质也是欲"搞厚古薄今、以古非今"。

二是用儒学革命观否定现代革命观。 有人提出,"人类总是从旧世界中生长出来的,不论是我们的观念和思想,乃至我们习焉而不察的文化和语言,都构成了我们的旧世界,怎么可能彻底自我否定呢?感觉这有点像拨着自己的头发离开地球一样,实在不可能。……可见,20世纪的中国革命实践,根本上就是要彻底摧毁传统社会,这不仅切断了传统通向未来的可能性,而且,现代中国也成了无源之水、无本之木,只好到西方去找源头,找根本。左派讲'以俄为师',正是这种激进主义革命观的后果,从而以革命的名义把传统的一切当成'四旧',彻底地扫进了历史的垃圾堆。我们教科书否定了孔、孟代表的道统,而以陈胜、吴广、黄巢、李自成、洪秀全代表的反叛传统作为叙述的主线,造

---

① 梁启超:《梁启超自述(1873—1929)》,文明国编,人民日报出版社2011年版,第307页。

成了价值观的完全颠倒。可见,按照儒家的革命观,革命不是对过去的彻底否定,过去与未来之间没有一条跨不过去的鸿沟。因此,旧制度完全可以焕发出新的生命,儒家喜欢讲'周虽旧邦,其命维新',其中就有这个意思。如果像极'左'派那样,全盘否定传统,妄想在白纸上绘出美丽图案,现在已证明是徒劳了。泥腿子本无文化,怎么可能创造出文化来呢?"①用所谓儒学革命观否定现代革命观及其实践,是当代历史虚无主义的组成部分之一,这种历史虚无主义区别于基于自由主义理念的历史虚无主义,但两者殊途同归,它们都是要全盘否定中国共产党领导的新民主主义革命和社会主义革命的历史合理性和实践正当性,割裂革命、建设、改革的历史统一性。所谓儒学革命观提出,"仅仅通过暴力夺取政权是不够的,还必须是道统的继承人,才真正具有政治合法性"。在所谓儒学革命观看来,中国共产党至今都没有获得"道统"和"正统",只有"回到孔、孟道统",才能成为"正统"。在这里,中国共产党和中国人民伟大而光荣的百年奋斗历程,就被这种所谓的儒学"道统"轻而易举地否定掉了。但是,真正的历史是否定不掉的,中国共产党和中国人民用自己的奋斗和牺牲积淀了自己的"道统",这个"道统"就是马克思主义之道、社会主义之道,它们才是历史之正道、大道,任何否定马克思主义之道、社会主义之道的人,结果必然被历史无情地淘汰。

三是否定新文化运动和"五四"运动。新文化运动和"五四"运动是近现代中国社会发展必然产生的进步社会运动,这种进步社会运动推动了马克思主义在中国的传播,推动了进步社会阶层的政治觉醒。但是,一些文化复古主义人士认为,新文化运

---

① 郭晓东等:《通三统:现代思想中的革命与建国问题》,《天府新论》2016年第6期。

动和"五四"运动最大的"罪过"就是反传统,断了中国文化的命脉,因此,必须否定新文化运动和"五四"运动。有人提出,"国民党政权的合法性,可以追溯到辛亥革命那里,而辛亥革命本身却不一定是激进的。但我党则不同,在现代只能追溯到'五四'或新文化运动那里。我们要否定'文革',必须要到'五四'或新文化运动那里找激进主义的根源,也就是要彻底否定'五四'或新文化运动。"[①]还有人提出,"从陈独秀开始,就把儒家看作中国落后的根源,甚至原罪。这个思想影响深远。到了1949年之后,中国社会主流依然以'五四'全盘反传统继承人自居,于是打倒孔家店,破'四旧',废止一切旧的东西,成为20世纪中叶几十年的主题。改革开放之后有所调整,但是仍然很不够,儒家思想还没能在整个社会生活中自由地发挥功能。儒学虽然成为一部分知识人的信仰、工作,但是相对于更广泛的人群而言,儒学其实还是一个工具,用则举起,不用则闲置。儒学应该重回中国社会的各个层面,成为中国人生活中无须意识的自觉"[②]。这一观点,既脱离新文化运动和"五四"运动的社会背景和历史动因,又脱离社会主义先进文化在当代中国的发展,醉心于儒学传统的复归和儒家思想的主导,以此否定近代以来的进步社会运动、革命实践和社会主义的发展,也是典型的历史虚无主义。

四是否定社会主义现代化道路的历史必然性。中国共产党领导人民进行的革命、建设和改革进程是一个完整的统一体,不能任意割裂三者的有机联系,这个有机联系的关键就是中国共

---

① 郭晓东等:《通三统:现代思想中的革命与建国问题》,《天府新论》2016年第6期。
② 郭晓东等:《通三统:现代思想中的革命与建国问题》,《天府新论》2016年第6期。

产党的领导。但是,有些人从文化复古主义立场出发,否定共产党领导的社会主义现代化道路,任意肢解历史,在这些人的肢解之下,历史成了任人搓揉的面团,历史可以任意解说、任意塑型。有人竟然提出,"中国要搞现代化,可以不走共产党的道路。早在两千年前,也就是秦朝的时候,中国就进入现代社会了。中国在清末面临的问题,不是要不要现代化的问题,而是接受另一种现代化模式的问题。可以说,清以前的中国与现代西方有一些共同的特点,譬如军国主义体制。还有,日本是由封建社会走入现代社会,与中国面临的问题不同,其成功的经验也不是中国能学的。可能有人会反驳我:既然中国比西方更早走上了现代化道路。为什么后来败得这么惨呢?我认为,关键在于,西方还多了一个工业化,这才是导致西方战胜中国的根本原因。所以,我们只要补上工业革命的课,就够了,实在没必要效法苏联,走那么极端的现代化道路。老实说,我比较欣赏孙中山设计的'军政—训政—宪政'的道路,不极端,知道妥协"。这个观点混淆了传统社会和现代社会、社会主义现代化与资本主义现代化的本质区别,认为现代化道路同革命无关,现代化就是资本主义工业化,现代化道路不应有"极端"。资本主义现代化的残酷历史证明,所谓"不极端"、"知道妥协"的资本主义现代化道路是不存在的,直到现在,资本主义现代化的残酷性和野蛮性每天都在上演。革命不是任何想象的东西,想革命就有革命,不想革命就没有革命。人类历史上的矛盾、斗争与革命的产生都有其历史必然性,中国共产党领导的新民主主义革命和社会主义革命也是这样,这个革命进程是中国走上社会主义现代化道路的必经阶段。因此,否定了革命进程的中国现代化道路是不存在的,它只能存在于一些人的主观想象之中。

三、克服文化复古主义思潮错误倾向的方法论原则

文化复古主义思潮确实存在包括历史虚无主义和文化虚无主义在内的错误倾向,克服文化复古主义思潮的错误倾向,有助于正确处理中华优秀传统文化与社会主义文化的关系,有助于推进中国特色社会主义文化事业发展,也有助于中国传统文化自身的健康发展。

第一,坚定文化自信,坚持古为今用。有人提出,"在'文化自信'的语境下,人们似乎更喜欢提'中国智慧'、'中国方案'之类的说法。但事实上,我们更缺的是像密尔之于路德的工作,即以一种更合理化、更普遍化的方式来提升中国文化传统中的思想与实践,在这个意义上,某种'去中国化'恰恰是中国话语体系生命力的所在。因为若中国人能以一种更为普泛、更着眼于全人类的视角提出自己的方案与模式,可能在世界上会有更强的普适性与吸引力"①。这种思想主张的实质是否定中华优秀传统文化和社会主义先进文化的价值,实质是换一种说法宣扬西方所谓"普世价值"。从具体内容看,当代中国的文化自信主要是对中华优秀传统文化和社会主义先进文化的自信。习近平总书记曾经强调指出,"'求木之长者,必固其根本;欲流之远者,必浚其泉源。'中华优秀传统文化是中华民族的精神命脉,是涵养社会主义核心价值观的重要源泉,也是我们在世界文化激荡中站稳脚跟的坚实根基。增强文化自觉和文化自信,是坚定道路自信、理论自信、制度自信的题中应有之义。如果'以洋为尊'、

---

① 孙向晨:《天下、文明与个体》,《文化纵横》2021年第12期。

"'以洋为美'、'唯洋是从',把作品在国外获奖作为最高追求,跟在别人后面亦步亦趋、东施效颦,热衷于'去思想化'、'去价值化'、'去历史化'、'去中国化'、'去主流化'那一套,绝对是没有前途的!"①因此,我们反对文化复古主义思潮的错误倾向,不是要否定所有的中国传统文化,而是要反对和否定中国传统文化的糟粕,做到去其糟粕、取其精华,确实做到古为今用。

第二,坚持用马克思主义指导中国传统文化研究。中国传统文化研究是当代中国哲学社会科学研究的重要组成部分,坚持以马克思主义为指导是近代以来我国哲学社会科学发展的历史必然性。实践证明,不坚持马克思主义指导,哲学社会科学发展就会失去灵魂、失去作用。因此,作为我国哲学社会科学研究的组成部分,中国传统文化研究当然不能离开马克思主义指导,任何脱离、否定马克思主义指导的中国传统文化研究必然失去灵魂、失去作用。有人说,"想在儒家里给左派安顿一个位置,但是,左派真未必乐意呢!因为左派讲的是'马体中用',就是想在马克思主义主导的现代中国中给儒家安排一个位置。在我看来,国教的建立,应该从代表中华文明的儒教那里寻找可能性"②。这一主张提出了一个严肃的理论问题和政治问题,即在当代中国,究竟是马克思主义指导儒学,还是儒学指导马克思主义?有人提出,"中国今后政治与社会的发展建设必须以中国正统的儒家思想为本位为主导,才谈得上吸收中国固有思想与其他外来思想。在中国政治与社会的发展建设中,只有儒家思想具有正统性的主导价值,即'王官学价值',其他思想则只具有工

---

① 习近平:《在文艺工作座谈会上的讲话》,人民出版社2015年版,第25页。
② 唐文明等:《张三世:中国道路中的改良或改革问题》,《天府新论》2016年第6期。

具性的辅助价值,即'百家言价值'"①。儒家思想当然有其重要的理论价值和实践意义,但是,所谓"中国今后政治与社会的发展建设必须以中国正统的儒家思想为本位为主导"的文化主张,散发的是浓浓的复古主义味道。

第三,中国传统文化的发展要融入中国特色社会主义文化实践。有人主张,中国传统文化的发展是一个自满自足的发展过程,它同马克思主义和社会主义无关,它不需要融入中国特色社会主义文化实践。这一主张强调中国传统文化与社会主义文化是完全不兼容的,也就否定了"两个结合"的历史合理性和实践有效性,其本质是企图用中国传统文化否定社会主义文化。在当代中国,中国特色社会主义文化是"两个结合"的历史成果和现实形态,它内在包含了中华优秀传统文化在理论和实践的当代发展。因此,只有完整准确地理解"两个结合"的科学内涵,才能真正把握中华优秀传统文化与社会主义先进文化的内在统一性,才能有效克服文化复古主义思潮,才能真正发挥好中华优秀传统文化在中国特色社会主义文化实践中的独特作用。

---

① 蒋庆:《再论政治儒学》,华东师范大学出版社2011年版,第104页。

第十一章

"意识形态终结论"的虚妄性

在丹尼尔·贝尔(Daniel Bell)的著作中,《意识形态的终结》一书引起的争论最为热烈。直到今天,围绕"意识形态的终结"这一主题展开的理论研究依然是中西学术界的热点之一。《意识形态的终结》之所以引起广泛的讨论,其主要的原因是它触动了现代政治最为敏感的神经——社会主义和资本主义哪一个是现实可行的方案?虽然这个问题本身具有形而上学性。《意识形态的终结》一问世就受到了众多的关注,西方左翼知识分子认为现实并没有为"意识形态的终结"提供多少依据,它只是对资本主义作了意识形态辩护,其本身就具有强烈的意识形态色彩。而右翼则认为,"意识形态的终结"有其现实根据,社会主义国家,特别是苏联的"阴暗面"的暴露可以说明社会主义方案的不现实性。在《意识形态的终结》一书中,贝尔提出了社会主义和资本主义"趋同论",其核心观点认为现实社会主义的资本主义化是一个历史的必然趋势,正是在这个意义上说,意识形态终结了。这不是一个纯粹的学术断语,而是一个具有多重内涵的政治判断,任何一个关注现实政治的人都不可能对此熟视无睹。

第十一章 "意识形态终结论"的虚妄性

一、"意识形态终结论"的理论氛围

《意识形态的终结》是冷战的产物,"冷战"是贝尔提出"意识形态的终结"的现实背景和理论动力。第二次世界大战以后,"西方一代代青年学生在具有十分充足的基金赞助的社会科学家们的教导下,相信意识形态已经被清除,已经完全被严格客观、可靠严肃的社会科学体系所取代。这些鼓吹者们自身就具有一种罕见的意识形态的'错误意识',这种'错误意识'武断地把它的对手看成'意识形态家',以至于通过定义便可以断言自己对意识形态的完全免疫性"[①]。在 20 世纪 50 年代,西方知识分子大多参与了"冷战"时期的意识形态斗争。随着"冷战"的展开,在西方知识分子中,有人提出了"意识形态是否将终结"的问题,越来越多的人参与了这一讨论,贝尔就是其中之一。在这一讨论中,最为集中的是关于苏联社会主义是否有前景的讨论,如果苏联社会主义大有希望,那就无所谓"意识形态的终结"问题;如果苏联社会主义没有前途,那就意味着"意识形态的终结"。在这一争论中,萨特、布洛赫和卢卡奇等认为苏联社会主义有一定的缺陷,但它是大有前途和希望的。而加缪、阿隆、贝尔等认为苏联社会主义没有希望,"意识形态的终结"不可避免。在这场讨论中,有的人还经历了世界观的大逆转,比如曾经在1913—1917 年担任过《群众》杂志编辑、1918—1922 年担任《解放者》杂志编辑的马克斯·伊斯门(Max Eastman),曾是一名共产党员,但是他于 1922 年在苏联住了一年多后,旋即变成了共

[①] István Mészáros, *Philosophy, Ideology and Social Science*, Wheatsheaf Books Ltd, Brighton, 1986, pp.1 - 2.

产主义、马克思主义的强烈批评者,出版了多部反马克思主义著作,如《俄国社会主义的末日》(The End of Socialism in Russia)、《马克思主义是科学吗》(Marxism: Is It a Science)。1955年他出版了《论社会主义的失败》(Reflections on the Failure of Socialism),在该书中,伊斯门近乎疯狂地攻击马克思主义、共产主义理论及其实践,他认为,"不再死抱住社会主义这个字眼不放,不再光是想用形容词把它拖回原来的方向,而是在可能的情况下去探究那些把它送上这种奇怪和可怕的道路的人们的基本错误,这也许更好一些吧?"①

在20世纪50年代关于"意识形态是否将终结"的争论中,右翼占主导在位,形成了"意识形态终结"的理论气候。贝尔的《意识形态的终结》是对"意识形态是否将终结"讨论的一个总结,对于这一总结的政治后果,贝尔在1988年为《意识形态的终结》再版写的"跋"中是这样认为的,"《意识形态的终结》在今天再一次引起了某些反响,因为我们正处于新一轮打消对共产主义世界抱有幻想的时期。20世纪30年代末,有过莫斯科审判和纳粹与苏联之间的互不侵犯条约;1956年,有过赫鲁晓夫的叛变和匈牙利的起义;1968年,有过布拉格之春事件,有过勃列日涅夫政府对杜布切克为提出'带有人类面孔的社会主义'所作的努力的粉碎。在目前情况下存在着一个显著的差异。以前的幻灭是道德上的、思想上的和政治上的,而现在这种被迫承认的失败首先是经济的"②。从这里可以看出,"意识形态终结论"直接的批判对象就是社会主义的现实运动,是当时"冷战"思维的

---

① [美]伊斯门:《论社会主义的失败》,商务印书馆1965年版,第81页。
② [美]丹尼尔·贝尔:《意识形态的终结》,张国清译,江苏人民出版社2001年版,第506—507页。

第十一章 "意识形态终结论"的虚妄性

重要组成部分。

20世纪50年代,在西方、特别是美国学者中掀起了对苏联社会主义研究的热潮。"实际上,人们为俄国革命及其后来40年的苏维埃统治而写的东西,比起他们为人类历史上任何一个断代史而写的东西都要多得多!据说,有关法国大革命的目录索引已经占据了一整排法国国家图书馆索引的资料柜,而研究苏联问题的完整索引——它还有待于人们去编辑,而且有可能永远也编不完,因为它是按几何级数递增的……"① 贝尔认为,这些宏大的理论研究的目的在于获取有关苏联行为的可靠知识。实际上,在这些研究中,绝大多数理论都是对苏联作"病理学"分析,指出社会主义的不可能性。贝尔认为,俄罗斯美妙而动听的召唤具有一种让人步入歧途的魔力,走出沼泽不是一件轻而易举的事情。在《意识形态的终结》中,贝尔概括了研究苏联的10种理论,这些研究都有政府或民间的各种基金组织的资助。在研究苏联社会主义的五花八门的理论中,其运用的方法主要可以分为两大类,一类是精神分析方法,另一类是社会学方法。

在20世纪50年代,弗洛伊德的精神分析学在西方十分流行,它几乎运用于所有对个体与社会现象的研究中。在许多学者看来,苏联社会主义现实是一个病态的现象,精神分析方法有助于找出"病源"以及"去病"的途径。玛格丽特·米德、杰弗里·戈尔、约翰·里克曼和亨利·V.狄克斯、纳森·莱斯特等人尝试把精神分析方法运用于对苏联的研究。尤其是戈尔,"他得到了一个不太好的名声,因为怀疑论者将其学说斥之为'尿布

---

① [美]丹尼尔·贝尔:《意识形态的终结》,张国清译,江苏人民出版社2001年版,第356页。

学'。戈尔认为对俄罗斯这个新生婴儿用襁褓紧紧包裹起来的过分溺爱行为导致了满意剥夺循环。这就预先把'大俄罗斯'的民族特征设定为一个在低三下四的屈从和暴力激发之间、在冷漠和散布于各地的受虐性焦虑之间,以及在'口'欲和禁欲之间的此消彼长的循环。这也说明了为什么俄罗斯成年人会服从于独断专横的权威"①。亨利·V.狄克斯认为,俄罗斯人最显著的人格特征是其好恶相向性,一方面,他们有一种兼容并包的品格,一种仓促行事且"一蹴而就"的倾向,一种及时且充分地获得满足的需要,一种对躁狂万能者的偏执依恋,一种取消所有束缚和限制的无政府主义要求;另一方面,他们又多愁善感地封闭而多疑、焦虑、无奈地顺从、道德上受虐和对强大而专横的权威的勉强理想化,那个权威被看作是能抵挡俄罗斯人性格偏执的唯一手段。因此,权威,如果它是一个权威的话,必须是坚不可摧的、拥有生杀大权的、独断专横的和变幻莫测的;如果权威是软弱无力的,就没有人愿意去服它。

  在贝尔看来,纳森·莱斯特的研究是相当激动人心的。他的研究受到了美国空军的援助,其主要研究路径是运用精神分析方法研究布尔什维克的性格结构,这一研究充分暴露了精神分析方法的牵强附会的特性。莱斯特认为,"布尔什维克精英的行为与19世纪知识分子的行为正好相反。后者是喜怒无常的、神经质的、追求精神享受的、沉思的和内省的;'布尔什维克'则是冥顽不化的、多疑的、坚强不屈的和永远富有攻击性的。列宁的最初形象已经打上了这种性格的烙印,而且从精神分析上说,

---

① [美]丹尼尔·贝尔:《意识形态的终结》,张国清译,江苏人民出版社2001年版,第359页。

第十一章 "意识形态终结论"的虚妄性

这种性格源于对死亡的恐惧和对潜在同性恋冲动的'反叛'"。①莱斯特的胡说还不止于此,他认为布尔什维克对神圣事物保持着沉默,布尔什维克反对宣泄情感的罪恶,而颂扬节制的美德。"他们反对抑郁的消极性格、内向、神经质的敏感和躁动不安的古老俄罗斯倾向,反对对形而上学真理的持续追求,反对不断地去追问一些无法回答的问题。与所有这一切相反,只存在着历史决定论、目的的确定性、对行动的承诺、敢于冒犯个人的勇气和行动上的'当机立断'。不愿过一种没有任何追求的生活,不愿过一种充满着无法控制的冲动的满足的生活,那种满足引起了焦虑和罪过,从而导致众所周知的俄罗斯人对死亡的好奇。"②通过这种臆想式的阐述,整个苏联社会主义运动的所有现象似乎都得到了合理的解释。而事实上,这种理论在方法上开始就受到了强烈的怀疑,连贝尔也认为,"纵使精神分析方法在人格研究上的有效性得到了认可,我们仍然必须追问它是否可以被合法地扩展到政治分析领域上去"③。在方法论上,精神分析理论试图将对个体的心理研究推广到社会历史研究领域,这样精神分析方法成了可以到处套用的教条,"但是,这就无异于接受这样一个公设:个人的心理可以成为作出解释的万能的形式,可以成为人类生存的一切事实的现实基础。而由此又产生一系列二级公设:社会的心理化、心理的生物化、人的自然化。这样,我们就面对一个无法解决的问题,而且这个问题具有陈腐

---

① [美]丹尼尔·贝尔:《意识形态的终结》,张国清译,江苏人民出版社2001年版,第361页。
② [美]丹尼尔·贝尔:《意识形态的终结》,张国清译,江苏人民出版社2001年版,第372—373页。
③ [美]丹尼尔·贝尔:《意识形态的终结》,张国清译,江苏人民出版社2001年版,第379页。

不堪的性质:即企图用'人类本性'论的一套非历史的术语来解释历史"①。其理论和政治上的目的是利用精神分析的神秘性质妖魔化共产主义、社会主义的运动和历史,从而成为"意识形态终结论"的重要组成部分。

贝尔认为,由哈佛大学的三位社会学家雷蒙德·A.鲍埃尔、亚历克斯·英克尔斯和克莱德·克拉克洪完成的研究《苏维埃制度是怎样运作的》是当代社会学提供的最优秀作品。他们受美国空军委托,花了5年时间来研究这个项目。这一研究的方法和结论并不重要,重要的是美国军方对苏联研究的重视。当然,对于美国军方和政府来说,为了对付社会主义,花再大的功夫都是值得的。"这个项目以同布尔什维克背叛者的系统交谈为根据。素材来自329份扩充的生活史谈话录,包括详细的性格测试;435份补充谈话录,将近10000份有关各种特殊问题的问卷;2700份普通问卷,以及100次谈话和心理测试,这些资料还与一组相应的美国人作参照。结果,总共收集到了33000页资料。这些资料,加上在准备此书过程中所利用的50多个未出版的专题研究报告和这些作者打算编撰成书的35篇已经发表的论文,显示了他们搜集的资料的丰富性。"②之所以说这种社会学方法及其结论并不重要,因为,它是"以同布尔什维克背叛者的系统交谈为根据",这个所谓的"根据"显然是不可靠的,最多得出一些以偏概全的甚至是早已设定好的结论。我们且看看运用社会学方法得出的具体结论是什么。哈佛小组致力于探

---

① [法]C.克莱芒、P.布律诺、L.塞弗:《马克思主义对心理分析学说的批评》,金初高译,商务印书馆1987年版,第181页。
② [美]丹尼尔·贝尔:《意识形态的终结》,张国清译,江苏人民出版社2001年版,第385页。

第十一章 "意识形态终结论"的虚妄性

讨苏联社会具有典型意义的"核心模式",这种"核心模式"起着调整被统治者的功能。"核心模式"的具体内容包括:"与明确的意识形态达成一致的需求;对允许有独立的权力源泉的抗拒;对所有计划和管理的集中;将资源过分集中在某些目标上;对恐怖和强制性劳动的使用;把'突击行动'作为达到目标的方法;对不能如期完成计划的推托的容忍(例如,信口雌黄,对非正式协议的广播),等等"①。哈佛小组认为,这种"核心模式"有明显缺点,主要表现在:重工业的经济增长与消费工业的经济增长不成比例;持续不断的肃反运动和不安全事件。这些结论的得出并不依赖于哈佛小组的宏大而烦琐的社会学研究,因为这些结论是业已存在的事实。他们真正想要揭开的谜底是其进一步的推论:上述制度上的缺点是由马克思主义、社会主义理论造成的,马克思主义、社会主义理论本身内在地蕴涵了自身无法克服的矛盾。在所谓客观的社会学研究中,哈佛小组的意识形态立场决定了其方法和观点,这种社会学研究模式在《意识形态的终结》中同样存在。

贝尔为了说明马克思主义理论在苏联实践中的困难和矛盾,对新经济政策作了这样的说明并引证了列宁的原话,"对于列宁来说,新经济政策是一个非同寻常的步骤。因为他不得不承认,在'旧书'中找不到为党的这个激进步骤作准备的任何东西。这个步骤是向资本主义作出的部分让步。在他去世前写的一篇文章中——这篇文章证明了曾经统治过列宁思想的一些条条框框——他忧心忡忡地声称:'关于这个问题,马克思连一个字都没有提到过;关于这个问题,他没有留下一句话便离开了我

---

① [美]丹尼尔·贝尔:《意识形态的终结》,张国清译,江苏人民出版社2001年版,第386—387页。

们。这就是我们必须尽自己的最大努力去克服这个困难的原因'"①。在这里至少存在三个问题。第一,列宁在阐述新经济政策时,并没有"忧心忡忡";相反,他始终充分相信,新经济政策并没有背离马克思主义。第二,贝尔引证的列宁的这段话并非源于"去世前写的一篇文章",而是1922年3月27日列宁在俄共(布)第十一次代表大会上代表中央委员会所作的政治报告,对于列宁来说1922年3月还不能说是"去世前"。第三,贝尔引证的列宁的"原话"出自二手文献,《意识形态的终结》(中文版)第549页的第156条注释的内容是这样的:"列宁:《列宁选集》,第14卷,第338页,引自西奥多·德拉佩尔:《美国共产主义的根基》(纽约,1957年)第249页。"这个出自二手文献的"原话"在一定程度上是断章取义,已经偏离了列宁的本义。列宁的原话是这样的:"在国家资本主义问题上,我们的报刊和我们的党都犯了一个错误,就是染上了知识分子习气,堕入了自由主义,自作聪明地来理解国家资本主义,并且去翻看旧本本。可是那些书里写的完全是另一回事,写的是资本主义制度下的国家资本主义,而没有一本书写到过共产主义制度下的国家资本主义。连马克思也没有想到要就这个问题写下片言只语,他没有留下任何明确的可供引用的文字和无可反驳的指示就去世了。因此现在我们必须自己来找出路。如果像我在准备这个报告时所试图做的那样,在脑子里综观一下我国报刊上关于国家资本主义的论述,就会确信,这些文章完全看偏了,没有谈到点子上。"②在这里,列宁阐述了对待国家资本主义应采取的正确态度,从整

---

① [美]丹尼尔·贝尔:《意识形态的终结》,张国清译,江苏人民出版社2001年版,第441—442页。
② 《列宁选集》第4卷,人民出版社1995年版,第670页。

第十一章 "意识形态终结论"的虚妄性

个讲话看,列宁并不担心社会主义的发展前景,更不会担心国家资本主义会吞没社会主义。对于贝尔的上述"科学"研究,一位西方学者不无讽刺地说:"这些就是所谓的非意识形态的、客观的、现实的、专业化的社会科学的真实水平。由于这种'科学'可以用魔法从阴影里召唤出它的意识形态的敌人,并使自己满意,它还可以十分容易地抛弃相当复杂的问题。而意识形态则是这种'科学'的对立面,它仅仅代表过去。由于我们现在生活在一个快乐的'后资本主义'的、纯粹'工业化'的社会里。因此,意识形态问题完全不再存在了。所有的冲突和复杂性会毫无困难地被简单的可靠的'社会工程'所取代,我们从此便可以无忧无虑地生活下去了。"[①]

自 20 世纪 50 年代以来,世界历史的发展并没有为"意识形态终结论"提供足够的依据,相反,形形色色的意识形态理论在今天依然十分活跃,"意识形态的终结"只是一些"社会科学家"的一厢情愿而已。如前所述,"意识形态终结论"是"冷战"思维的重要组成部分,基于当时的国际政治形势,它将意识形态与极权主义等同起来,并急于同意识形态说再见。那些聪明的"社会科学家"以为只要说声再见,便可以摆脱意识形态的纠缠。他们有意识无意识地忽视了意识形态的复杂性,更具体地说,他们对以资本统治为核心的现代社会的本质缺乏足够的认识。当然,在许多"社会科学家"看来,这个"本质"根本就不存在,"他们的兴趣只在于坚持其一贯的立场,即认为意识形态是对社会科学的束缚"[②]。

---

① István Mészáros, *Philosophy*, *Ideology and Social Science*, Wheatsheaf Books Ltd, Brighton, 1986, pp.4 – 5.
② István Mészáros, *Philosophy*, *Ideology and Social Science*, Wheatsheaf Books Ltd, Brighton, 1986, p.5.

二、社会结构的变革与"意识形态的终结"

《意识形态的终结》主体部分并没有集中论述"意识形态的终结"这一主题,其结语以"意识形态在西方的终结"为题,对"意识形态的终结"作了较为集中的论述。在1988年写的"跋"中,作者又作了辩护性阐发,进一步强调了"意识形态的终结"这一主题。《意识形态的终结》的主体由"美国:理论的模糊性"、"美国:生活的复杂性"、"乌托邦的衰落"这相互关联的三个论题构成。就具体内容来说,贝尔论述了美国社会结构与意识形态在战后的新变化及其二者之间的密切关联性。贝尔的核心观点认为,独特的社会结构决定了马克思主义社会发展理论、特别是阶级斗争理论不适用于美国,社会主义在美国虽有发展,但它是以失败而告终。所以,在美国比较早地形成了"意识形态终结"的社会条件。

在《意识形态的终结》中,贝尔考察了美国统治阶级的变化,这一变化同财产制度和家庭制度之间原有关系的瓦解密切相关,贝尔将之概括为家庭资本主义的瓦解。家庭资本主义在欧洲大陆是持续存在的,它对外来资本进入其企业往往持有谨慎、保守和恐惧的心态,有的研究者认为,这是欧洲大陆经济增长率低下的主要原因之一。"从一开始,美国的情况就有所不同。一个重要的原因是,在美国,几乎所有土地都具有被无条件继承的不动产权,而这一点在欧洲是被禁止的。相比较而言,家庭创始人没有能力把自己对保留财产的愿望强加于下一代人身上。另一个原因是,在美国,由于一些复杂的原因,一直存在着这样一个传统或一个神话:儿子不是继承了父业,而是自己创出了一片

第十一章 "意识形态终结论"的虚妄性

新天地。这两个因素,即一个历史的因素和一个社会心理的因素,是阻碍着美国家族资本主义体系全面发展的重要因素。"①贝尔认为,导致家庭资本主义瓦解的主要原因是20世纪金融资本主义的出现,是投资银行家在实质上摧毁了家庭资本主义的社会根基。"通过设置专职经理,银行家实现了财产和家族的彻底分离,那些专职经理在企业没有股份,因此不能把其权力自动地传给子女,并对外在的监督负责。"②而这些新的管理者缺乏一个受传统支持的阶级地位,"这个事实引发了他们对于意识形态的需要,以证明他们的权力和威望。没有一种资本主义秩序能够像美国资本主义秩序那样具有如此强制性的对意识形态的渴望,在其他秩序里,这种渴望要小得多。从哲学上讲,私人财产总是与一个自然权利体系相联系,因此财产本身提供了一个道德证明。但是私人的生产性财产,尤其在美国,大部分是一个假定,很少听说将它作为一种企业主管的权力的道德资源来追求。当我们在企业里使所有权关系向管理层的管理关系发生经典转变时,我们于是在象征性层面上使得'私人财产'向作为权力之证明的'企业'转变。在某种意识形态之下,这种象征本身有时变成了一股强制性力量,而'绩效'本身成为推动美国企业巨头前进的驱动力"③。贝尔认为,上述变化导致了权力获取模式的变化,其具体表现在两个方面:一是财产继承权已经不再是决定一切的因素;二是技能和政治地位而不是财产成了权力得

---

① [美]丹尼尔·贝尔:《意识形态的终结》,张国清译,江苏人民出版社2001年版,第29页。
② [美]丹尼尔·贝尔:《意识形态的终结》,张国清译,江苏人民出版社2001年版,第30页。
③ [美]丹尼尔·贝尔:《意识形态的终结》,张国清译,江苏人民出版社2001年版,第32页。

以确立的依据。马克思主义的阶级分析方法在这个变化面前似乎已经失去了其理论的解释功能,贝尔甚至认为,在美国没有传统意义上的统治阶级。

尽管贝尔竭力证明财产关系在权力获得模式中的退场,而事实上,财产关系始终是一个决定性因素,现代企业中的管理精英只是一个中间阶级,它具有两重性,即它既受压迫又压迫别人。在《意识形态的终结》中,贝尔也分析了企业家阶级—财阀阶级的主导作用,这个以资本为依托的阶级实际上就是统治阶级,"到20世纪初为止,成长起来的企业家阶级已经取得了经济上的巨大胜利。随之而来的是试图通过发展一种普遍的政治意识形态来瓦解集团利益的结构;……另一个比较成功的努力表现在把资本主义等同于民主方面。早期的商业阶层惧怕民主,把民主看作'贱民大众'(伯克的用语)用来为激进的专制统治开辟道路的政治工具,而胜利了的工业资本主义的意识形态则几乎完全以一些令人愉快的经济学术语来定义民主:民主是缔结契约的自由。即使主导的企业家阶级无力实施对社会的直接政治控制,它也将建立起意识形态的霸权"①。贝尔认为,这种意识形态霸权随着经济与政治关系的颠倒而趋于消亡,这是因为,"通过政府而得到执行的政治正日益成为确认社会决定和经济决定的工具。在这里,个人不是作为市场中的独立活动者,而是被迫通过一些特殊集体来实现他的愿望。因为在一种受到管理的经济中,是'政治'而不是货币决定着主要的生产,政府的干预不仅会激化压力集团的认同过程,而且会迫使每一个集团都要去采用能同'国民利益'概念相符合的意识形态,以便能够证明

---

① [美]丹尼尔·贝尔:《意识形态的终结》,张国清译,江苏人民出版社2001年版,第61页。

第十一章 "意识形态终结论"的虚妄性

其主张之正确"①。

列宁说:"政治是经济的集中表现。"②如果将政治与经济割裂开来,政治与经济的本质都不可能得到正确的认识。贝尔过分夸大了政治在现代社会中的作用,甚至将政治说成是决定性的因素,这就正好颠倒了政治与经济的关系。现实的经济实践表明,绝大多数的企业集团并非采用能同"国民利益"概念相符合的意识形态而证明其主张的正确性,实现利益之最大化仍然是众多企业集团首要的发展动力,政治的发展往往受这一动力的驱动。无论政治涂上了多少迷人的意识形态色彩,离开了经济利益这个支撑点,它便黯然失色。所以说,贝尔所说的"是'政治'而不是货币决定着主要的生产"是一个明显的误判。直到今天,这种误判还经常统治人的头脑,不是从经济上,而是从文化、宗教上理解现代工业文明的本质。马克思为我们说明了现代工业自身的狭隘性,这个狭隘性常常以其野蛮的形式出现,不克服工业文明自身的狭隘性,实现人的解放就只能是一句空话。"在地狱的油锅里沸腾的资本的自发势力,从大大小小的战争中寻求着出路。经济的不平衡的、恶性的发展,甚至就是在普遍上升的阶段,也保持着极端紧张的状态;由这种发展所造成的经济兴奋,无形地操纵着千百万人命运的垄断集团的沉重压迫,对现代城市混乱的痛苦不堪的恐惧——这一切反映在每一个人的生活中,并使社会感染了足以引起各种流行的精神疾病的道德冷热症。由于无法左右自己的命运,一个人即使在饱暖无虞之中亦不得安宁,犯罪、吸毒和酗酒的增长成了人的通风口、人的个人

---

① [美]丹尼尔·贝尔:《意识形态的终结》,张国清译,江苏人民出版社2001年版,第64页。
② 《列宁选集》第4卷,人民出版社1995年版,第407页。

自立的替身。从卖弄肉欲到抽象艺术的闪耀着广告光彩的各种离奇古怪现象,这整整一个新的巴比伦,穷极无聊的时髦生活,为大众制造的醉生梦死的幻影——全都来自一个根源,它的名字叫做:化为泡影的期待"①。美国人常常为自己拥有强大的政治而自豪,而这个强大的政治正是源于强大的经济。一般情况下,这两者的关系并不难认识。但是,在一些重大问题上,复杂性便会出现。比如,"9·11"事件以后,美国曾出现过一个非常微弱的反思性的疑惑:"美国为什么如此遭人怨?"原因正是其"强大的经济",但是绝大多数美国人并不这么认为,而宗教、文化的因素被认为是"9·11"事件发生的原因。于是乔治·W.布什提出了"伊斯兰法西斯主义"这一意识形态概念,他不知道近代以来的资本法西斯主义才是许多重大灾难的罪魁祸首。恩格斯在1886年9月17日的提醒对美国人仍有意义,他在致帕·马尔提涅蒂的信中说:"美国是一个独特的国家,它是沿着纯粹资产阶级的道路发展起来的,没有任何封建的旧东西,但在发展过程中却从英国不加选择地接受了大量封建时代遗留下来的意识形态残余,诸如英国的习惯法、宗教、宗派主义;在这个国家里,对实际活动和资本集中的需要导致了对任何理论的普遍轻视,这种轻视理论的态度,只是现在才在最有教养的知识阶层中有所克服,——在这样一个国家里,人们只有通过自己接连犯错误,才能认识清楚本身的社会利益。"②

贝尔对美国工人阶级状况以及影响工人阶级的意识形态理论作了社会学的考察,有些分析对认识当代西方资本主义社会

---

① [俄]里夫希茨著:《马克思论艺术和社会理想》,吴元迈等译,人民出版社1983年版,第486—487页。
② 《马克思恩格斯全集》第36卷,人民出版社1975年版,第524页。

第十一章 "意识形态终结论"的虚妄性

的工人阶级、特别是工人阶级的阶级意识状况有较大的启示价值。贝尔认为,美国工人阶级的意识形态理论主要是工联主义,它有两个方面的功能:在政治上,它可以引导以工人为主体的社会运动;在经济上,它是一种经济力量,可将这概括为市场联合主义。"社会运动是由知识分子想象而形成的一个意识形态观念,它把劳动者看成是挑战既定制度的历史趋势的一部分。另一方面,市场联合主义是一个经济概念,一个功能和作用的界定,它受制于由工会所处的特殊工业环境。"① 工会运动的特点是对社会变革的希望变得有限了,它总是把注意力集中在眼前的事务。所以工会运动对未来的社会主义思想、激进的意识形态根本不感兴趣。这种工联主义理论及其实践对工人直接的影响是,从1940至1955年,工人们失去了对意识形态的兴趣,其具体原因主要是,大工业工会对工联主义的认可,并且从1947年起,工会开始攻击共产主义者并最后消除了他们的影响。作为工人阶级的代言人,工会领袖逐渐丧失了斗志并失宠于公众,"以目前的状况而言,劳工运动比25年前发生得更少,现在的头面人物都是以前劳工运动的发起者。然而,他们已不再年轻——美国劳工联合会和产业促进会执委会的领导人都已有60多岁——他们失去了干劲,组织中的工作人员年纪也大了,再也没有年轻时在工厂里散发传单的那种激情。……劳工运动的基本激进传统已经消失殆尽,……今天工会的头头们都没有干劲去开展政治活动或者期望成为政治领袖。在中层领导中,他们大部在州或市里而不是在国家级舞台上表现自己,许多较年轻的领导人用尽办法来提高自己的地位和权力,这有可能使

---

① [美]丹尼尔·贝尔:《意识形态的终结》,张国清译,江苏人民出版社2001年版,第231页。

这些人在民主党中更加活跃起来,为了使自己得到承认而步入政治舞台"①。美国工联主义的发展正好印证了恩格斯和列宁的判断,恩格斯认为:"旧工联保存着它们产生的那一时代的传统;它们把雇佣劳动制度看作永恒的、一成不变的制度,它们至多只能使它变得稍微温和一些,以利于它们的会员。"②列宁认为,工人阶级的工联主义政治在实质上就是工人阶级的资产阶级政治。

与上述工会状况相对应的是工人阶级的疲惫,其具体表现为对工作的逃避,因为在工作中没有满足也没有希望。贝尔认为,逃避工作最佳方式是对"休闲"的强烈渴望,"游玩、娱乐、消遣是当今我们文化的主题,也是'强行推销'的主题。运动服、旅游、野宴、手提电视机,这一切都成了时代的标志。在人的被动性中,已经埋下了堕落的种子"③。贝尔认为,对当代工人来说,解决生理饥饿问题已经不是生活的动力,生活的动力在于解决新的饥饿问题。这个新的饥饿就是消费与享受,"诱人的报酬和对物品的渴望已经代替了棍棒;生活水准已经变成了一个内在的自动驱力。受自从发明枪炮以来最杰出的两个发明——广告和分期付款——的激励和煽动,销售活动已经变成了当代美国最引人注目的活动。销售反对节俭,重视挥霍;反对禁欲,提倡浪费。在历史上再也找不到比美国消费者更宠爱其妻子的人

---

① [美]丹尼尔·贝尔:《意识形态的终结》,张国清译,江苏人民出版社2001年版,第242—243页。
② 《马克思恩格斯选集》第4卷,人民出版社1995年版,第431页。
③ [美]丹尼尔·贝尔:《意识形态的终结》,张国清译,江苏人民出版社2001年版,第284页。

第十一章 "意识形态终结论"的虚妄性

了,这种毕恭毕敬的心理促使美国人不停地购买"①。贝尔认为,美国工人已经被驯服了,驯服他们的不是机器而是"消费社会"。这在意识形态上的影响是工人阶级的阶级意识的丧失,工人的价值取向主要是对即时满足的渴望越来越强烈,他们对工作虽有不满,但这并不会导致工人运动,而是产生了逃避现实的幻想——"对于拥有一家机械厂、一个养鸡场、一个煤气站的幻想,对于'拥有一家自己的小企业'的幻想。这当然是一个不着边际的美梦!"②基于这样的工人阶级状况,贝尔认为,在当代西方资本主义社会,特别是在美国,社会主义运动是一个不能被人接受的智慧,它既生活在这个世界上,又不属于这个世界。概括成一句话就是:信条犹在,而运动已经失败。这个判断主要存在两个问题,第一,从世界范围看,社会主义运动还在发展,断言它已经失败,与事实不符;第二,在西方,社会主义运动并非是一个不能被人接受的理论,战后的历史表明,社会主义思想深刻地影响了西方社会,否则也不可能有贝尔所谓的"趋同论"的产生。

所谓工人已经被"消费社会"驯服的论调正好说明了资本主义工业文明的野蛮性和矛盾性,其表现就是人的重新"奴隶化",人的解放问题又以新的方式呈现在我们面前。在现代社会,似乎无所谓人的解放,也无所谓人的自由;只有"工作"和"专业",人成了"工作"和"专业"的奴隶,人只会老老实实地接受自己的命运。马克思及其前辈在资本主义发展早期发现了现代工作文明的固有矛盾性,表现之一就是物对人的绝对统治,人成为一种

---

① [美]丹尼尔·贝尔:《意识形态的终结》,张国清译,江苏人民出版社2001年版,第279页。
② [美]丹尼尔·贝尔:《意识形态的终结》,张国清译,江苏人民出版社2001年版,第281页。

纯粹的"键控生物",这样的人总是以盘算别人为生,这样的人"对任何一种意识形态都怕得要死,他认为这是由某个控制键钮的力量制造出来的又一个幻想。他害怕'上当'。他本来是言听计从、任人摆布的,现在则转向了同样极端的怀疑主义。他觉得唯一与人相称的出路是钻到自己的专业里去,钻到他愿意兢兢业业、一丝不苟地担任的自己那个特殊职务中去。至于他做的是什么,是为战争的磨盘效力,还是为粗制滥造的药丸作广告,那是无所谓的。你不能同他谈他的活动内容,因为这种谈话本身在他看来就是意识形态,就是宣传,也就是愚弄人的诱饵。重要的只有技巧、形式,这是个人自由的唯一避难所"①。在战后,西方社会结构、特别是阶级构成确实发生的很大的变化,社会主义运动也确实遇到了许多困难和障碍。但是资本主义社会的基本结构并未发生根本性的变化,资本主义发展并未消除其野蛮性和矛盾性,社会主义并没有丧失其社会基础。这是一个总体性判断,实际情况相当复杂,而复杂可以掩人耳目。这是贝尔等西方社会学家在其研究中存在的方法论问题,他们容易局限于特定历史时期的、局部的、个别的经验事实,并且只是根据这些事实对人类历史匆忙下结论。所以,列宁的提醒对于今天的社会科学研究依然意义重大:"在社会科学问题上有一种最可靠的方法,它是真正养成正确分析这个问题的本领而不致淹没在一大堆细节或大量争执意见之中所必需的,对于用科学眼光分析这个问题来说是最重要的,那就是不要忘记基本的历史联系,考察每个问题都要看某种现象在历史上怎样产生、在发展中经过了哪些主要阶段,并根据它的这种发展去考察这一事物现在是

---

① [俄]里夫希茨:《马克思论艺术和社会理想》,吴元迈等译,人民出版社1983年版,第490页。

第十一章 "意识形态终结论"的虚妄性

怎样的。"①

三、历史形而上学:"意识形态终结论"的方法论特点

丹尼尔·贝尔自己承认《意识形态的终结》主要是由于其书名而出名,"有些著作是与其说是因其内容,还不如说是因其书名才出名的。本书就是其中之一"②。因此,有的人认为,贝尔将自己的书取名《意识形态的终结》,用今天的话说,就是有炒作之嫌疑。就形式而言,这样说也不无道理。但是,"意识形态的终结"这一主题的提出及其争论,绝不是一个简单的、为了吸引眼球的炒作行为,它涉及对当代社会发展的理论选择和实践方向的基本判断问题。在《意识形态的终结》中,"意识形态的终结"这一结论的得出,除了由于前面提到的战后西方、特别是美国形成的意识形态终结的"理论气候"和社会结构的变化等原因,还基于贝尔的两个错误判断,首先就是他对马克思主义意识形态理论的错误判断。

在贝尔看来,马克思主义意识形态的基本含义只有一点,认为意识形态就是虚假的观念,"追随于费尔巴哈之后——马克思从费尔巴哈出发得出了绝大多数关于宗教和异化的分析——他把宗教作为一种虚假的意识来思考:上帝是人的心灵的创造物,他们只是表现为独立地存在着,并且决定着人的命运;宗教因此是一种意识形态。但是马克思还作出了进一步的论述。他说,意识形态不仅是虚假的观念,而且还掩盖了特殊的利益。各种

---

① 《列宁选集》第4卷,人民出版社1995年版,第26页。
② [美]丹尼尔·贝尔:《意识形态的终结》,张国清译,江苏人民出版社2001年版,第409页。

意识形态声称是真理,但是却反映了特殊团体的各种需要"①。在马克思那里,意识形态确有虚假性这一层含义,马克思面对的是"德意志意识形态"和资产阶级生产方式的欺骗性、虚假性,所以,在马克思的意识形态理论中,常常在虚假性这个层面上使用意识形态这个概念。事实上,揭示"德意志意识形态"和资产阶级意识形态的虚假性是马克思重要的理论任务之一。但是,不能就由此结论,认为意识形态仅仅是为统治阶级利益集团服务的虚假的观点体系。这一界定的错误主要有两点:第一,它是对马克思、恩格斯意识形态概念的片面理解;第二,它否定了马克思主义意识形态理论进一步发展的可能性,在马克思、恩格斯的意识形态理论和以后的马克思主义意识形态理论之间人为设置了一道障碍。在贝尔看来,由于"虚假条件"的丧失,意识形态必然走向终结。

在马克思主义经典作家看来,意识形态是一个总括性概念,它的产生、存在和发展由两个因素决定,一个是认识论根源,另一个是社会实践基础。只有认识论根源和社会实践基础都不存在了,意识形态才会走向终结。马克思、恩格斯强调"不是意识决定生活,而是生活决定意识"。他们强调,"我们的出发点是从事实际活动的人,而且从他们的现实生活过程中我们还可以揭示出这一生活过程在意识形态上的反射和回声的发展。他们认为,甚至人们头脑中模糊的东西也是他们的可以通过经验来确定的、与物质前提相联系的物质生活过程的必然升华物。因此,道德、宗教、形而上学和其他意识形态,以及与它们相适应的意识形式便失去独立性的外观。它们没有历史,没有发展;那些发

---

① [美]丹尼尔·贝尔:《意识形态的终结》,张国清译,江苏人民出版社2001年版,第454页。

第十一章 "意识形态终结论"的虚妄性

展着自己的物质生产和物质交往的人们,在改变自己的这个现实的同时也改变着自己的思维和思维的产物。不是意识决定生活,而是生活决定意识"①。马克思、恩格斯从社会分工的角度分析了各种意识形态产生的社会认识根源,这一分析使意识形态的历史发生及其神秘性质得到了科学的说明。他们认为,"分工只是从物质劳动和精神劳动分离的时候起才开始成为真实的分工。从这时候起意识才能真实地这样想象:它是同对现存实践的意识不同的某种其他的东西;它不想象某种真实的东西而能够真实地想象某种东西。从这时候起,意识才能摆脱世界而去构造'纯粹的'理论、神学、哲学、道德等等。但是,如果这种理论、神学、哲学、道德等等和现存的关系发生矛盾,那末,这仅仅是因为现存的社会关系和现存的生产力发生了矛盾"②。由此可以看出,意识形态的产生归根到底的原因是现存的社会关系和现存的生产力发生了矛盾。只要现存的社会关系和现存的生产力之间以及社会关系和生产力要素之间存在矛盾,"意识形态的终结"就是不可能的。

马克思强调,意识形态作为抽象或观念,就是那些统治个人的物质关系的理论表现,这个物质关系主要指的是阶级关系。马克思认为,统治阶级的思想在每一时代都是占统治地位的思想。这就是说,一个阶级是社会上占统治地位的物质力量,同时也是社会上占统治地位的精神力量。支配着物质生产资料的阶级,同时也支配着精神生产的资料,因此,那些没有精神生产资料的人的思想,一般地是受统治阶级支配的,占统治地位的思想不过是占统治地位的物质关系在观念上的表现,不过是表现为

---

① 《马克思恩格斯全集》第3卷,人民出版社1960年版,第30页。
② 《马克思恩格斯全集》第3卷,人民出版社1960年版,第35页。

思想的占统治地位的物质关系；因而，这就是那些使某一阶级成为统治阶级的各种关系的表现，因而这也就是这个阶级的统治的思想。贝尔认为，马克思关于物质关系、阶级利益决定意识形态的理论有一定的现实依据，但这一理论存在重大缺陷，他认为这是一种观念决定论假说。"决定论假说：在一系列观念和'阶级'目的之间存在着一对一的对应。不过，这种情况是很少发生的。经验论通常同自由的探索联系在一起。不过，休谟，这位最'激进的'经验论者，是一个托利党人；艾德蒙·柏克，这个为了设计一个新社会而对唯理论作出了最为激烈抨击的人，是一个保守党人；霍布斯，最为深刻的唯物主义者之一，是保皇党人；T.H.格林，英国唯心主义复辟的领导人之一，是自由主义者。"①贝尔对马克思意识形态理论的这一批评存在着明显的错误，意识形态在个体身上的表现有着很大的差异性，但是，意识形态是一个总括性概念，它反映的是不同社会集团的利益主张，用个体特例并不能推翻这一观点。即便在那些"反常"的人身上，我们仍然可以找到其观念背后的阶级利益基础。

贝尔认为，意识形态的阶级利益决定论在当代还遇到的新的挑战，阶级已经失去了传统的意义，"对马克思来说（尽管在他的著作中从来没有对阶级下过一个严格的定义），在社会中的主要社会划分来自财产的分配。不过，在一个政治和技术相融合的世界里，财产已经日益丧失了作为主导权力的力量，有时甚至丧失了作为主导财富的力量。在几乎所有的现代社会里，作为谋求职业的主导因素，技能变成了比遗产更加重要的因素，并且

---

① ［美］丹尼尔·贝尔：《意识形态的终结》，张国清译，江苏人民出版社2001年版，第456页。

第十一章 "意识形态终结论"的虚妄性

政治权力优先于经济权力。那么阶级还有什么意义呢？"① 贝尔的这一主张混淆了以阶级关系为基础的不平等同非阶级形式的社会分层的原则区别，忽视了阶级关系与不平等现象的内在联系。在西方发达资本主义国家，绝大部分的社会财富仍是由资产阶级控制，这些资产阶级还通过其财富影响本国政治和国际政治的发展。由此可以看出，以"阶级的死亡"理论为基础的"意识形态终结论"同样缺乏社会实践依据。

关于"意识形态的终结"这一主题，贝尔的第二个错误判断是他对苏联社会主义与整个社会主义运动之间关系的错误判断。不论是贝尔的《意识形态的终结》，还是福山的《历史的终结》，它们批判的主要对象是社会主义理论及其实践，具体的批判靶子是苏联社会主义理论与实践。"终结论"认为，苏联社会主义的理论和制度上的缺陷就是社会主义的缺陷，苏联社会主义的终结就是社会主义的终结，替代资本主义的可行的选择已经不复存在，"自由民主"国家的基本原则已经没有改进的前景，人类思想发展已经到达其终点。这一理论主张的错误在于，它对苏联社会主义实践与整个社会主义运动没有作原则的区分。苏联社会主义是社会主义的一个特定的历史形式，就其对人类文明的发展和世界历史进程的影响来说，其理论和实践上的意义不容否定。但是，苏联社会主义在理论和制度上的缺陷有其特殊性，它的缺陷并不是科学社会主义的内在缺陷，许多缺陷是人为、偶然的因素造成的，"只有当苏联被视为一个真正的社会

---

① ［美］丹尼尔·贝尔：《意识形态的终结》，张国清译，江苏人民出版社2001年版，第456—457页。

主义国家时,其崩溃才会令人信服地代表着历史的终结"①。这里的关键就是,什么才是"一个真正的社会主义国家"? 苏联是不是"一个真正的社会主义国家"? 在当代,要给"真正的社会主义国家"下一个定义,无疑是十分困难的,因为,这个定义的边界是很难确定的。但是,我认为,列宁之后,苏联社会主义的实践进程越来越偏离正确的轨道,特别是当戈尔巴乔夫的"改革"理论成为"皇帝的新装"时,其崩溃越来越变得不可避免。但是,苏联崩溃了,社会主义还在,用苏联社会主义的缺陷证明社会主义意识形态的终结,无疑是混淆了特殊与一般的关系。

综上所述,"意识形态终结论"是一种典型的历史形而上学,它认为社会主义、共产主义的理论和实践是由一连串错误构成的,既不存在历史规律,也不存在一个值得追求的美好社会;社会主义实践并没有给人们带来幸福,相反,在社会主义运动中,人为的灾难不断,追求一个人人平等的社会的努力注定是要失败的。这种理论的根据就是"眼前的事实",但是,仅仅满足于经验事实的社会理论注定是肤浅的。"意识形态终结论"根据一些"眼前的事实"就对人类历史和未来匆忙下结论,便很难避免方法论上的形而上学。如果,丢弃掉马克思主义的历史辩证法,形形色色的"终结论"还会出现,它们仍然会以大量的"眼前的事实"为依据,向人们展示其理论的正确性。但是,历史辩证法会从另外一个方向证明"意识形态的终结"只是一个虚妄的理论主张。

---

① [英]安德鲁·甘布尔:《政治和命运》,胡晓进、罗珊珍等译,江苏人民出版社2003年版,第35页。

附　录

习近平关于新时代意识形态工作的若干重要论述

一、坚持以马克思主义为指导，牢牢掌握意识形态工作领导权、管理权、话语权①

我们在集中精力进行经济建设的同时，一刻也不能放松和削弱意识形态工作。在这方面，我们有过深刻教训。一个政权的瓦解往往是从思想领域开始的，政治动荡、政权更迭可能在一夜之间发生，但思想演化是个长期过程。思想防线被攻破了，其他防线就很难守住。我们必须把意识形态工作的领导权、管理权、话语权牢牢掌握在手中，任何时候都不能旁落，否则就要犯无可挽回的历史性错误。

——《在全国宣传思想工作会议上的讲话》（2013年8月19日）

我们要深刻认识经济基础对上层建筑的决定作用，深刻认识上层建筑对经济基础的反作用，既要有硬实力，也要有软实力，既要切实做好中心工作、为意识形态工作提供坚实物质基础，又要切实做好意识形态工作、为中心工作提供有力保障；既不能因为中心工作而忽视意识形态工作，也不能使意识形态工作游离于中心工作。

——《在全国宣传思想工作会议上的讲话》（2013年8月19日）

---

① 选自中共中央文献研究室编《习近平关于社会主义文化建设论述摘编》，中央文献出版社2017年版，第21—56页。

意识形态工作一定要把围绕中心、服务大局作为基本职责,胸怀大局、把握大势、着眼大事,找准工作切入点和着力点,做到因势而谋、应势而动、顺势而为。

——《在全国宣传思想工作会议上的讲话》(2013年8月19日)

现在,宣传思想工作的环境、对象、范围、方式发生了很大变化,但宣传思想工作的根本任务没有变,也不能变。宣传思想工作就是要巩固马克思主义在意识形态领域的指导地位,巩固全党全国人民团结奋斗的共同思想基础。

——《在全国宣传思想工作会议上的讲话》(2013年8月19日)

党校、干部学院、社会科学院、高校、理论学习中心组等都要把马克思主义作为必修课,成为马克思主义学习、研究、宣传的重要阵地。特别是党校要定好位。干部到党校学习,是组织上要你来学,必须把坚定理想信念、提高思想政治水平放在首位,老老实实、原原本本学习马克思列宁主义、毛泽东思想特别是邓小平理论、"三个代表"重要思想、科学发展观。

——《在全国宣传思想工作会议上的讲话》(2013年8月19日)

理想信念教育不仅要在党员干部中开展,而且要面向全社会开展。要深入开展中国特色社会主义宣传教育,把全国各族人民团结和凝聚在中国特色社会主义伟大旗帜之下。

——《在全国宣传思想工作会议上的讲话》(2013年8月19日)

党性和人民性从来都是一致的、统一的。我们党是全心全意为人民服务、代表中国最广大人民根本利益、来自人民为了人民的马克思主义政党。从本质上说，坚持党性就是坚持人民性，坚持人民性就是坚持党性，党性寓于人民性之中，没有脱离人民性的党性，也没有脱离党性的人民性。党性和人民性都是整体性的政治概念，党性是从全党而言的，人民性也是从全体人民而言的，不能简单从某一级党组织、某一部分党员、某一个党员来理解党性，也不能简单从某一个阶层、某部分群众、某一个具体人来理解人民性。只有站在全党的立场上、站在全体人民的立场上，才能真正把握好党性和人民性。把党性和人民性割裂开来、对立起来、搞碎片化，在理论上是错误的，在实践上也是有害的。

——《在全国宣传思想工作会议上的讲话》（2013年8月19日）

做好宣传思想工作，必须讲党性。坚持党性，核心就是坚持正确政治方向，站稳政治立场，坚定宣传党的理论和路线方针政策，坚定宣传中央重大工作部署，坚定宣传中央关于形势的重大分析判断，坚决同党中央保持高度一致，坚决维护中央权威。这是大原则，决不能动摇。

——《在全国宣传思想工作会议上的讲话》（2013年8月19日）

现在，在一些单位和一些人那里，党的意识淡漠了，党性原则讲得少了。有的对党的政治纪律、宣传纪律置若罔闻，根本不当一回事；有的还专门挑那些党已经明确规定的政治原则来说事，口无遮拦，毫无顾忌，受到敌对势力追捧，不以为耻、反以为荣。党的宣传思想阵地不为党服务，党的宣传思想工作者不愿意甚至不敢坚持党性原则，岂非咄咄怪事？如果在坚持党性这个根本问题上没有明确观点和立场，那就是政治上不合格，就没有做党的宣传思想工作最起码的资格。

——《在全国宣传思想工作会议上的讲话》（2013年8月19日）

所有宣传思想部门和单位,所有宣传思想战线上的党员、干部,都要旗帜鲜明坚持党性原则。党性原则不仅要讲,而且要大张旗鼓讲、理直气壮讲、坚持不懈讲。不要躲躲闪闪、含糊其辞。

——《在全国宣传思想工作会议上的讲话》(2013年8月19日)

要坚持党管媒体原则不动摇,坚持政治家办报、办刊、办台、办新闻网站,加强马克思主义新闻观教育。宣传思想工作者要增强党的意识,尽职尽责为党和人民事业服务。坚持什么、反对什么,说什么话、做什么事,都要符合党的要求,过得硬、靠得住,真正做到"千磨万击还坚劲,任尔东西南北风"。

——《在全国宣传思想工作会议上的讲话》(2013年8月19日)

做好宣传思想工作,必须讲人民性。坚持人民性,就是要把实现好、维护好、发展好最广大人民根本利益作为出发点和落脚点,坚持以民为本、以人为本。做好宣传思想工作,必须解决好"为了谁、依靠谁、我是谁"这个根本问题。要树立以人民为中心的工作导向,把服务群众同教育引导群众结合起来,把满足需求同提高素养结合起来,多宣传报道人民群众的伟大奋斗和火热生活,多宣传报道人民群众中涌现出来的先进典型和感人事迹,丰富人民精神世界,增强人民精神力量,满足人民精神需求。要坚决克服有些宣传报道脱离生活、不接地气、同群众贴得不够紧的问题,坚决克服一味迎合市场带来的低俗化现象。

——《在全国宣传思想工作会议上的讲话》(2013年8月19日)

归结起来，坚持党性和人民性相统一，就是要坚持讲政治，把握正确导向，把体现党的主张和反映人民心声统一起来。只有坚持党性、站在党的立场上，才能更好、更全面反映人民愿望。无论是理论研究、宣传报道，还是文艺创作、思想教育，都要把坚持正确导向摆在首位，始终绷紧导向这根弦，讲导向不含糊、抓导向不放松。

——《在全国宣传思想工作会议上的讲话》（2013年8月19日）

坚持团结稳定鼓劲、正面宣传为主，是宣传思想工作必须遵循的重要方针。我们正在进行具有许多新的历史特点的伟大斗争，面临的挑战和困难前所未有，必须坚持巩固壮大主流思想舆论，弘扬主旋律，传播正能量，激发全社会团结奋进的强大力量。

——《在全国宣传思想工作会议上的讲话》（2013年8月19日）

坚持正面宣传为主，决不意味着放弃舆论斗争。敌对势力在那里极力宣扬所谓的"普世价值"。这些人是真的要说什么"普世价值"吗？根本不是，他们是挂羊头卖狗肉，目的就是要同我们争夺阵地、争夺人心、争夺群众，最终推翻中国共产党领导和中国社会主义制度。如果听任这些言论大行其道，指鹿为马，三人成虎，势必搞乱党心民心，危及党的领导和社会主义国家政权安全。在事关坚持还是否定四项基本原则的大是大非和政治原则问题上，我们必须增强主动性、掌握主动权、打好主动仗。

——《在全国宣传思想工作会议上的讲话》（2013年8月19日）

要敢抓敢管，敢于亮剑，着眼于团结和争取大多数，有理有利有节开展舆论斗争，帮助干部群众划清是非界限、澄清模糊认识。对那些恶意攻击党的领导、攻击社会主义制度、歪曲党史国史、造谣生事的言论，一切报刊图书、讲台论坛、会议会场、电影电视、广播电台、舞台剧场等都不能为之提供空间，一切数字报刊、移动电视、手机媒体、手机短信、微信、博客、播客、微博客、论坛等新兴媒体都不能为之提供方便。

——《在全国宣传思想工作会议上的讲话》(2013年8月19日)

对一般性争论和模糊认识，不能靠行政、法律手段解决，而是要靠马克思主义真理的力量，靠深入细致的思想政治工作，用真理揭露谎言，让科学战胜谬误。

——《在全国宣传思想工作会议上的讲话》(2013年8月19日)

互联网已经成为舆论斗争的主战场。有同志讲，互联网是我们面临的"最大变量"，搞不好会成为我们的"心头之患"。西方反华势力一直妄图利用互联网"扳倒中国"，多年前有西方政要就声称"有了互联网，对付中国就有了办法"，"社会主义国家投入西方怀抱，将从互联网开始"。从美国的"棱镜"、"X—关键得分"等监控计划看，他们的互联网活动能量和规模远远超出了世人想象。在互联网这个战场上，我们能否顶得住、打得赢，直接关系我国意识形态安全和政权安全。

——《在全国宣传思想工作会议上的讲话》(2013年8月19日)

根据形势发展需要，我看要把网上舆论工作作为宣传思想工作的重中之重来抓。宣传思想工作是做人的工作的，人在哪儿重点就应该在哪儿。我国网民有近六亿人，手机网民有四亿六千多万人，其中微博用户达到三亿多人。很多人特别是年轻人基本不看主流媒体，大部分信息都从网上获取。必须正视这个事实，加大力量投入，尽快掌握这个舆论战场上的主动权，不能被边缘化了。

——《在全国宣传思想工作会议上的讲话》（2013年8月19日）

要解决好"本领恐慌"问题，真正成为运用现代传媒新手段新方法的行家里手。要深入开展网上舆论斗争，严密防范和抑制网上攻击渗透行为，组织力量对错误思想观点进行批驳。要依法加强网络社会管理，加强网络新技术新应用的管理，确保互联网可管可控，使我们的网络空间清朗起来。做这项工作不容易，但再难也要做。天下无难事，只怕有心人。不要怕别人说什么。网上负面言论少一些，对我国社会发展、社会稳定、人民安居乐业只有好处没有坏处。

——《在全国宣传思想工作会议上的讲话》（2013年8月19日）

我们的同志一定要增强阵地意识。宣传思想阵地，我们不去占领，人家就会去占领。我看，思想舆论领域大致有三个地带。第一个是红色地带，主要是主流媒体和网上正面力量构成的，这是我们的主阵地，一定要守住，决不能丢了。第二个是黑色地带，主要是网上和社会上一些负面言论构成的，还包括各种敌对势力制造的舆论，这不是主流，但其影响不可低估。第三个是灰色地带，处于红色地带和黑色地带之间。对不同地带，要采取不同策略。对红色地带，要巩固和拓展，不断扩大其社会影响。对黑色地带，要勇于进入，钻进铁扇公主肚子里斗，逐步推动其改变颜色。对灰色地带，要大规模开展工作，加快使其转化为红色地带,防止其向黑色地带蜕变。这些工作,要抓紧做起来,坚持下去,必然会取得成效。

——《在全国宣传思想工作会议上的讲话》(2013年8月19日)

宣传思想工作创新,重点要抓好理念创新、手段创新、基层工作创新。理念创新,就是要保持思想的敏锐性和开放度,打破传统思维定势,努力以思想认识新飞跃打开工作新局面。手段创新,就是要积极探索有利于破解工作难题的新举措新办法,特别是要适应社会信息化持续推进的新情况,加快传统媒体和新兴媒体融合发展,充分运用新技术新应用创新媒体传播方式,占领信息传播制高点。基层工作创新,就是要把创新的重心放在基层一线,扎实做好抓基层、打基础的工作。

——《在全国宣传思想工作会议上的讲话》(2013年8月19日)

我一直在思考一个问题,这就是:我们中国共产党人能不能打仗,新中国的成立已经说明了;我们中国共产党人能不能搞建设搞发展,改革开放的推进也已经说明了;但是,我们中国共产党人能不能在日益复杂的国际国内环境下坚持住党的领导、坚持和发展中国特色社会主义,这个还需要我们一代一代共产党人继续作出回答。

做好意识形态工作,做好宣传思想工作,要放到这个大背景下来认识。全党同志特别是党的各级领导干部必须按照中央要求扎扎实实做好意识形态工作。

——《在全国宣传思想工作会议上的讲话》(2013年8月19日)

做好意识形态工作,宣传思想部门承担着十分重要的使命,必须守土有责、守土负责、守土尽责。宣传思想部门工作要强起来，首先是领导干部要强起来，班子要强起来。担任宣传思想部门领导工作的，除政治上可靠之外，总是需要在理论上、笔头上、口才上或其他专长上有"几把刷子"。一个道理能深入浅出阐释清楚，走到哪里能很快同群众打成一片，讲的话群众喜欢听，写的文章群众喜欢看，这样才主动，才能得心应手。各级宣传思想部门领导同志要加强学习、加强实践，真正成为让人信服的行家里手。

——《在全国宣传思想工作会议上的讲话》（2013年8月19日）

做好宣传思想工作仅靠宣传思想部门是不够的，必须全党动手。现在，是不是存在对意识形态工作不想抓、不会抓、不敢抓的问题呢？我看是存在的。各级党委和领导干部要把宣传思想工作切实抓起来。看一个领导干部是否成熟、能否担当重任，一个重要方面就是看他重不重视、善不善于抓宣传思想工作。各级党委要负起政治责任和领导责任，加强对宣传思想领域重大问题的分析研判和重大战略性任务的统筹指导，不断提高领导宣传思想工作能力和水平。党委主要负责同志要带头抓意识形态工作，带头阅看本地区本部门主要媒体的内容，带头把住本地区本部门媒体的导向，带头批评错误观点和错误倾向。要选好配强领导班子，关心爱护宣传思想干部，对不适合、不适应的坚决作出调整，确保宣传思想工作领导权牢牢掌握在忠于党和人民的人手里。要注重同思想界、理论界、知识界等方面建立良好沟通关系，及时向他们通报中央对一些重大问题的判断和工作大政方针，及时听取他们的意见，做到上情下达、下情上传。各级党委可以通过各种形式建立这种工作机制，并长期坚持下去。

——《在全国宣传思想工作会议上的讲话》（2013年8月19日）

经济建设是党的中心工作,意识形态工作是党的一项极端重要的工作。面对改革发展稳定复杂局面和社会思想意识多元多样、媒体格局深刻变化,在集中精力进行经济建设的同时,一刻也不能放松和削弱意识形态工作,必须把意识形态工作的领导权、管理权、话语权牢牢掌握在手中,任何时候都不能旁落,否则就要犯无可挽回的历史性错误。要按照高举旗帜、围绕大局、服务人民、改革创新的总要求,做好宣传思想工作,加强社会主义文化建设,壮大主流思想舆论,重点推动统一思想、凝聚力量。

——《在党的十八届三中全会第一次全体会议上的讲话》(2013年11月9日)

现在,国内国外、网上网下都有一些言论,贬低中华文化,否定中华民族的历史贡献,否定近代以来中国人民的奋斗史,歪曲中国共产党的历史、中华人民共和国的历史,歪曲改革开放的历史。这些就是负能量,增加正能量就要对着负能量去有的放矢,正面交锋。对中国人民和中华民族的优秀文化和光荣历史,要加大正面宣传力度,而且要经常讲、反复讲。要通过学校教育、理论研究、历史研究、影视作品、文学作品等多种方式,加强爱国主义、集体主义、社会主义教育。比如,像戚继光抗倭、冯子材抗法、鸦片战争、甲午海战、抗日战争、抗美援朝战争这些历史,都要深入挖掘其中的爱国主义精神,创作更好更多的精品力作,以长中国人志气,引导我国人民树立和坚持正确的历史观、民族观、国家观、文化观,增强做中国人的骨气和底气。

——《在十八届中央政治局第十二次集体学习时的讲话》(2013年12月30日)

做好网上舆论工作是一项长期任务,要创新改进网上宣传,运用网络传播规律,弘扬主旋律,激发正能量,大力培育和践行社会主义核心价值观,把握好网上舆论引导的时、度、效,使网络空间清朗起来。

——在中央网络安全和信息化领导小组第一次会议上的讲话(2014年2月27日),《人民日报》2014年2月28日

党的十八大以来,意识形态工作积极主动,阵地意识明显提升,主旋律更响亮,正能量更强劲。同时应当看到,意识形态工作面临的内外环境更趋复杂,境外敌对势力加大渗透和西化力度,境内一些组织和个人不断变换手法,制造思想混乱,与我争夺人心。一些单位和党政干部政治敏感性、责任感不强,在重大意识形态问题上含含糊糊、遮遮掩掩,助长了错误思潮的扩散。意识形态关乎旗帜、关乎道路、关乎国家政治安全。各级党委和宣传思想部门、组织部门、教育部门要加强领导和管理,党报党刊党网、党政干部院校、大专院校要强化政治意识、责任意识,在重大问题上与党中央保持高度一致,绝不允许与中央唱反调,绝不允许吃共产党的饭、砸共产党的锅。要高度重视苗头性、倾向性问题,打好主动仗,防患于未然。要弘扬主旋律,加强正面引导,用中国特色社会主义理论体系引导舆论,用社会主义核心价值观凝聚人心。

——《意识形态关乎旗帜关乎道路关乎国家政治安全》(2014年10月5日)

网络意识形态安全风险问题值得高度重视。网络已是当前意识形态斗争的最前沿。掌控网络意识形态主导权,就是守护

国家的主权和政权。各级党委和党员干部要把维护网络意识形态安全作为守土尽责的重要使命，充分发挥制度体制优势，坚持管用防并举，方方面面齐动手，坚决打赢网络意识形态斗争，切实维护以政权安全、制度安全为核心的国家政治安全。

——《坚决打赢网络意识形态斗争》(2015年5月20日)

网络空间同现实社会一样，既要提倡自由，也要保持秩序。自由是秩序的目的，秩序是自由的保障。我们既要尊重网民交流思想、表达意愿的权利，也要依法构建良好网络秩序，这有利于保障广大网民合法权益。

——《在第二届世界互联网大会开幕式上的讲话》(2015年12月16日)，《人民日报》2015年12月17日

当前，各种敌对势力一直企图在我国制造"颜色革命"，妄图颠覆中国共产党领导和我国社会主义制度。这是我国政权安全面临的现实危险。他们选中的一个突破口就是意识形态领域，企图把人们思想搞乱，然后浑水摸鱼、乱中取胜。新形势下，意识形态领域斗争复杂尖锐。历史和现实都警示我们，思想舆论阵地一旦被突破，其他防线就很难守得住。在意识形态领域斗争上，我们没有任何妥协、退让的余地，必须取得全胜。

——《坚持军报姓党坚持强军为本坚持创新为要，为实现中国梦强军梦提供有力思想舆论支持》(2015年12月25日)

舆论历来是影响社会发展的重要力量。党的新闻舆论工作是党的一项重要工作。做好党的新闻舆论工作，事关旗帜和道路，事关贯彻落实党的理论和路线方针政策，事关顺利推进党和

国家各项事业,事关全党全国各族人民凝聚力和向心力,事关党和国家前途命运。

——《在党的新闻舆论工作座谈会上的讲话》(2016年2月19日)

古今中外,任何政党要夺取和掌握政权,任何政权要实现长治久安,都必须抓好舆论工作。马克思主义政党历来把新闻舆论工作作为进行革命斗争的有力武器。

——《在党的新闻舆论工作座谈会上的讲话》(2016年2月19日)

历史和现实都告诉我们,舆论的力量绝不能小觑。舆论导向正确是党和人民之福,舆论导向错误是党和人民之祸。好的舆论可以成为发展的"推进器"、民意的"晴雨表"、社会的"黏合剂"、道德的"风向标",不好的舆论可以成为民众的"迷魂汤"、社会的"分离器"、杀人的"软刀子"、动乱的"催化剂"。

——《在党的新闻舆论工作座谈会上的讲话》(2016年2月19日)

做好党的新闻舆论工作,营造良好舆论环境,是治国理政、定国安邦的大事。新形势下,我们党要带领人民有效推进"五位一体"总体布局和"四个全面"战略布局,带领人民实现"两个一百年"奋斗目标、实现中华民族伟大复兴的中国梦,必须引导好人民思想,而要引导好人民思想就要引导好社会舆论。

——《在党的新闻舆论工作座谈会上的讲话》(2016年2月19日)

这些年，党的新闻舆论工作总的做得是好的，取得的成绩必须充分肯定，同时还存在不少短板和问题。面对媒体格局、舆论生态的深刻变化，新闻舆论工作适应步伐还不够快，一些主流媒体受众规模缩小、影响力下降。面对新媒体带来的深刻变化，新闻舆论工作理念、方式、手段还没有跟上，管好用好新媒体能力还不够强。面对受众阅读习惯和信息需求的深刻变化，一些媒体还是按老办法、老调调、老习惯写报道、讲故事，表达方式单一、传播对象过窄、回应能力不足，存在受众不爱看、不爱听的问题，时效性、针对性、可读性有待增强。面对"西强我弱"的国际舆论格局，我国新闻媒体国际传播能力还不够强，声音总体偏小偏弱。面对火热的社会生活，一些同志深入实际不够，习惯于跑机关、泡会议、抄材料，或借助网络摘抄拼凑，有的甚至为一己私利搞虚假新闻、有偿新闻，严重损害新闻媒体公信力。这些问题，必须采取有力措施加以解决。

——《在党的新闻舆论工作座谈会上的讲话》（2016年2月19日）

在新的时代条件下，党的新闻舆论工作的职责和使命是，高举旗帜、引领导向，围绕中心、服务大局，团结人民、鼓舞士气，成风化人、凝心聚力，澄清谬误、明辨是非，联接中外、沟通世界。要承担起这个职责和使命，坚持正确政治方向是第一位的。

——《在党的新闻舆论工作座谈会上的讲话》（2016年2月19日）

牢牢坚持党性原则。党性原则是党的新闻舆论工作的根本原则。党管宣传、党管意识形态、党管媒体是坚持党的领导的重要方面。党性原则不仅要讲,而且要理直气壮讲,不能躲躲闪闪、扭扭捏捏。二〇〇六年,我在浙江工作时,对浙江省做好新闻舆论工作提出了十二个字的要求,即"为党为民、激浊扬清、贵耳重目",其中就把为党为民放在第一位来强调。

——《在党的新闻舆论工作座谈会上的讲话》(2016 年 2 月 19 日)

坚持党性原则,最根本的是坚持党对新闻舆论工作的领导。党和政府主办的媒体是党和政府的宣传阵地,必须姓党,必须抓在党的手里,必须成为党和人民的喉舌,"党报党刊一定要无条件地宣传党的主张"。无论时代如何发展、媒体格局如何变化,党管媒体的原则和制度不能变。

——《在党的新闻舆论工作座谈会上的讲话》(2016 年 2 月 19 日)

坚持党性原则,必须自觉在思想上政治上行动上同党中央保持高度一致。报刊、通讯社、电台、电视台、新闻网站的所有工作都必须体现党的意志、反映党的主张,必须维护党中央权威、维护党的团结,做到爱党、护党、为党。要增强看齐意识,自觉向党中央看齐,自觉向党的理论和路线方针政策看齐,自觉向党中央决策部署看齐。要增强战略定力、站稳政治立场,在"乱花渐欲迷人眼"的诱惑干扰面前,保持"乱云飞渡仍从容"的政治定力,决不能发表同党中央不一致的声音,决不能为错误思想言论提供传播渠道。

——《在党的新闻舆论工作座谈会上的讲话》(2016 年 2 月 19 日)

有人说，当下中国存在"两个舆论场"，一个是以党报党刊党台、通讯社为主体的传统媒体舆论场，一个是以互联网为基础的新媒体舆论场。有人说，现在是"资本为王"的"资本媒体"、"商业媒体"时代，是"人人都有麦克风"的自媒体时代，再提坚持党管媒体没有意义。有人说，坚持党管媒体，主要是对党和政府主办的重点新闻媒体而言的，对其他媒体并不适用。这些看法是错误的。

——《在党的新闻舆论工作座谈会上的讲话》（2016年2月19日）

我多次讲，过不了互联网这一关，就过不了长期执政这一关。党管媒体，不能说只管党直接掌握的媒体。党管媒体是把各级各类媒体都置于党的领导之下，这个领导不是"隔靴搔痒式"领导，方式可以有区别，但不能让党管媒体的原则被架空。

——《在党的新闻舆论工作座谈会上的讲话》（2016年2月19日）

管好用好互联网，是新形势下掌控新闻舆论阵地的关键，重点要解决好谁来管、怎么管的问题。有些人企图让互联网成为当代中国最大的变量。要把党管媒体的原则贯彻到新媒体领域，所有从事新闻信息服务、具有媒体属性和舆论动员功能的传播平台都要纳入管理范围，所有新闻信息服务和相关业务从业人员都要实行准入管理。有关部门要认真研究，拿出管用的办法。

——《在党的新闻舆论工作座谈会上的讲话》（2016年2月19日）

牢牢坚持马克思主义新闻观。新闻观是新闻舆论工作的灵魂。山无脊梁要塌方,人无脊梁会垮掉。党的新闻舆论工作必须挺起精神脊梁。古人说:"先立乎其大者,则其小者弗能夺也。"对党的新闻舆论工作来说,这个"大",就是马克思主义新闻观。要深入开展马克思主义新闻观教育,把马克思主义新闻观作为党的新闻舆论工作的"定盘星",引导广大新闻舆论工作者做党的政策主张的传播者、时代风云的记录者、社会进步的推动者、公平正义的守望者。

——《在党的新闻舆论工作座谈会上的讲话》(2016年2月19日)

牢牢坚持正确舆论导向。舆论导向正确,就能凝聚人心、汇聚力量,推动事业发展;舆论导向错误,就会动摇人心、瓦解斗志,危害党和人民事业。这一点,全党同志特别是新闻舆论战线的同志要时刻牢记。要坚持以正确舆论引导人,做到所有工作都有利于坚持中国共产党领导和我国社会主义制度,有利于推动改革发展,有利于增进全国各族人民团结,有利于维护社会和谐稳定。讲导向,这是最重要、最根本的导向。

——《在党的新闻舆论工作座谈会上的讲话》(2016年2月19日)

牢牢坚持正面宣传为主。团结稳定鼓劲、正面宣传为主,是党的新闻舆论工作必须遵循的基本方针。没有团结稳定,什么事情也做不成。我们之所以要强调团结稳定鼓劲、正面宣传为主,是因为:一方面,我国社会积极正面的事物是主流,消极负面的东西是支流,要正确认识主流和支流、成绩和问题、全局和局部的关系,集中反映社会健康向上的本质,客观展示发展进步的全貌,使之同我国改革发展蓬勃向上态势相协调;另一方面,我们正在进行具有许多新的历史特点的伟大斗争,面临的挑战和困难前所未有,必须激发全党全社会团结奋进、攻坚克难的强大力量,调动各方面积极性、主动性、创造性。这样,党的新闻舆论工作才能起到应有作用。

——《在党的新闻舆论工作座谈会上的讲话》(2016年2月19日)

我说过,宣传思想战线的同志要当战士、不当绅士,不做"骑墙派"和"看风派",不能搞爱惜羽毛那一套。宣传思想战线的同志要履行好自己的神圣职责和光荣使命,以战斗的姿态、战士的担当,积极投身宣传思想领域斗争一线。

——《在党的新闻舆论工作座谈会上的讲话》(2016年2月19日)

随着新媒体快速发展,国际国内、线上线下、虚拟现实、体制外体制内等界限愈益模糊,构成了越来越复杂的大舆论场,更具有自发性、突发性、公开性、多元性、冲突性、匿名性、无界性、难控性等特点。任何事物都有两面性,新媒体发展也为做好党的新闻舆论工作提供了机遇。要主动借助新媒体传播优势,完善运用体制机制,打通并用好同群众信息交流的新渠道。

——《在党的新闻舆论工作座谈会上的讲话》(2016年2月19日)

阵地是意识形态工作的基本依托。人在哪里,新闻舆论阵地就应该在哪里。对新媒体,我们不能停留在管控上,必须参与进去、深入进去、运用起来。近几年,新闻媒体在融合发展方面做了大量工作,取得令人可喜的成绩。但是,从总体上看,发展还很不平衡,有的是"＋互联网",而不是"互联网＋",只是将传统媒体和新媒体作简单嫁接,"左手一只鸡,右手一只鸭",没有实现融合。融合发展关键在融为一体、合而为一。要尽快从相"加"阶段迈向相"融"阶段,从"你是你、我是我"变成"你中有我、我中有你",进而变成"你就是我、我就是你",着力打造一批新型主流媒体。需要强调的是,内容永远是根本,融合发展必须坚持内容为王,以内容优势赢得发展优势。

——《在党的新闻舆论工作座谈会上的讲话》(2016年2月19日)

把握好时度效。党的新闻舆论工作是一门科学,必须按照规律办事。时度效是检验新闻舆论工作水平的标尺。不管是主题宣传、典型宣传、成就宣传,还是突发事件报道、热点引导、舆论监督,都要从时度效着力、体现时度效要求。

——《在党的新闻舆论工作座谈会上的讲话》(2016年2月19日)

做好党的新闻舆论工作,关键在人。新闻舆论工作队伍的政治素养、理论水平、政策水平、业务能力,直接关系党的新闻舆论工作效果。要适应新形势新任务的要求,加快培养造就一支政治坚定、业务精湛、作风优良、党和人民放心的新闻舆论工作队伍。

——《在党的新闻舆论工作座谈会上的讲话》(2016年2月19日)

增强政治家办报意识。毛泽东同志说:"搞新闻工作,要政治家办报。"办报办刊办台办网都需要坚持这个原则。政治家办报,首先要有大局意识。"不谋全局者,不足谋一域。"要自觉在大局下思考、在大局下行动,在围绕中心、服务大局中找到坐标、找准定位,做到服从服务于党和国家大局不错位、党和人民需要时不缺位。

——《在党的新闻舆论工作座谈会上的讲话》(2016年2月19日)

党的新闻舆论工作是政治性、政策性很强的工作,从来不是单纯的业务工作,讲政治是第一位的。没有清醒的政治头脑,就无法做好党的新闻舆论工作。新闻舆论单位领导班子和当家人要有很强的政治敏锐性和政治鉴别力,不仅要做业务专家,而且要有政治家的头脑,有政治眼光和政治智慧,善于从政治上看问题,善于把政治导向、政治要求体现到工作中去。要把好采访关、组稿关、审核关、发稿关,严格规范新闻采编工作流程。

——《在党的新闻舆论工作座谈会上的讲话》(2016年2月19日)

检验是不是做到了政治家办报,主要看五个方面。一是看是不是确立了马克思主义新闻观,认同党性和人民性的高度一致性,认清西方所谓"新闻自由"的虚伪性和欺骗性。二是看是不是有坚定的政治意识、大局意识、核心意识、看齐意识,自觉在思想上政治上行动上同党中央保持高度一致。三是看是不是忠实宣传党的理论和路线方针政策,让党的主张成为时代最强音,促进筑牢全党全社会团结奋斗的共同思想基础。四是看是不是把纪律挺在前面,严格遵守党的政治纪律、宣传纪律和长期形成的规矩。五是看是不是具有政治定力,在大是大非面前旗帜鲜明,在重大原则问题上敢于发声、敢于斗争。

——《在党的新闻舆论工作座谈会上的讲话》(2016年2月19日)

新闻舆论工作掌握着传播资源,牢记和履行社会责任有着特殊意义。记得有人讲过,记者笔下有财产万千,有毁誉忠奸,有是非曲直,有人命关天。在人民群众心目中,新闻舆论工作者代表党和政府,这种信任弥足珍贵。党的新闻舆论战线的同志不是自由职业者,不是自由撰稿人,而是党的事业的一分子,要不断解决好"为了谁、依靠谁、我是谁"这个根本问题,不允许在公开宣传中发表同党中央决定相违背的言论,不允许发表违反宪法法律的新闻和言论。

——《在党的新闻舆论工作座谈会上的讲话》(2016年2月19日)

党的新闻舆论工作是党的工作的重要组成部分。各级党委要自觉承担起政治责任和领导责任,主动谋划本地区本部门新闻舆论工作。毛泽东、邓小平、江泽民、胡锦涛同志都强调党委领导同志要亲自抓新闻舆论工作。"拿笔杆是实行领导的主要方法。""不懂得用笔杆子,这个领导本身就是很有缺陷的。"党委主要负责同志要定期听取新闻舆论工作汇报,对重要工作靠前指挥,对重要稿件亲自把关,在重要关头加强对媒体的指导调控。对政治性、原则性、导向性问题,必须旗帜鲜明、敢抓敢管,对出现偏差和错误的要严肃批评、严肃处理,对发出正义声音而受到围攻的媒体和新闻舆论工作者要坚决力挺。

——《在党的新闻舆论工作座谈会上的讲话》(2016年2月19日)

网络空间是亿万民众共同的精神家园。网络空间天朗气清、生态良好,符合人民利益。网络空间乌烟瘴气、生态恶化,不符合人民利益。谁都不愿生活在一个充斥着虚假、诈骗、攻击、谩骂、恐怖、色情、暴力的空间。互联网不是法外之地。利用网络鼓吹推翻国家政权,煽动宗教极端主义,宣扬民族分裂思想,教唆暴力恐怖活动,等等,这样的行为要坚决制止和打击,决不能任其大行其道。利用网络进行欺诈活动,散布色情材料,进行人身攻击,兜售非法物品,等等,这样的言行也要坚决管控,决不能任其大行其道。没有哪个国家会允许这样的行为泛滥开来。我们要本着对社会负责、对人民负责的态度,依法加强网络空间治理,加强网络内容建设,做强网上正面宣传,培育积极健康、向上向善的网络文化,用社会主义核心价值观和人类优秀文明成果滋养人心、滋养社会,做到正能量充沛、主旋律高昂,为广大网民特别是青少年营造一个风清气正的网络空间。

——《在网络安全和信息化工作座谈会上的讲话》(2016年4月19日),人民出版社单行本,第8—9页

网络安全和信息化是相辅相成的。安全是发展的前提,发展是安全的保障,安全和发展要同步推进。我们一定要认识到,古往今来,很多技术都是"双刃剑",一方面可以造福社会、造福人民,另一方面也可以被一些人用来损害社会公共利益和民众

利益。从世界范围看，网络安全威胁和风险日益突出，并日益向政治、经济、文化、社会、生态、国防等领域传导渗透。

——《在网络安全和信息化工作座谈会上的讲话》（2016年4月19日），人民出版社单行本，第15页

在我国，七亿多人上互联网，肯定需要管理，而且这个管理是很复杂、很繁重的。企业要承担企业的责任，党和政府要承担党和政府的责任，哪一边都不能放弃自己的责任。网上信息管理，网站应负主体责任，政府行政管理部门要加强监管。主管部门、企业要建立密切协作协调的关系，避免过去经常出现的"一放就乱、一管就死"现象，走出一条齐抓共管、良性互动的新路。

——《在网络安全和信息化工作座谈会上的讲话》（2016年4月19日），人民出版社单行本，第20页

宣传思想文化工作必须牢牢把握巩固马克思主义在意识形态领域指导地位、巩固全党全国人民团结奋斗共同思想基础的根本任务，推进理念创新、内容创新、手段创新，不断把握工作规律、增强整体功能，为全面建成小康社会提供思想保证、精神力量、道德滋养、文化条件。

——《在党的十八届六中全会第一次全体会议上关于中央政治局工作的报告》（2016年10月24日）

当前，意识形态领域形势总体上是好的。党的十八大以来，党中央召开系列重要会议，就意识形态领域的许多方向性、根本性、全局性问题作出部署，巩固和发展了主流意识形态，主旋律更响亮，正能量更强劲，扭转了意识形态领域一度出现的被动局

面。同时,意识形态领域也很不平静。在国内,一些错误思潮和观点不时出现,有的人以"反思改革"为名否定改革开放,有的人借口现实中存在的问题攻击我们党的领导和我国社会主义制度,有的人极力歪曲、丑化、否定我们的党、我们的国家、我们的军队和我国革命、建设、改革的伟大实践,有的人大肆宣扬西方的价值观,有的人恶意编造、肆意传播政治谣言。国际上,西方敌对势力一直把我国发展壮大视为对西方价值观和制度模式的威胁,一刻也没有停止对我国进行意识形态渗透,千方百计利用一些热点难点问题进行炒作,煽动基层群众对党委和政府的不满,挑动党群干群对立情绪,企图把人心搞乱。

  面对这些复杂情况,各级党委要把做好意识形态工作摆在重要位置,加强组织领导,及时掌握意识形态形势和动态,对各种政治性、原则性、导向性问题要敢抓敢管,对各种错误思想必须敢于亮剑,帮助人们明辨是非,牢牢掌握意识形态工作主动权。特别是要防止各种敌对势力借机干扰和破坏,避免一些具体问题演变成政治问题、局部问题演变成全局性事件,避免出现大的意识形态事件和舆论漩涡。

——《在党的十八届六中全会第二次全体会议上的讲话》(2016年10月27日)

  要加强正面宣传,强化正面引导,壮大主流声音,唱响主旋律。要深入宣传党的十八届三中、四中、五中、六中全会精神,宣传党的十八大以来党中央提出的一系列治国理政新理念新思想新战略,宣传我们在统筹推进"五位一体"总体布局和协调推进"四个全面"战略布局上取得的重大成就,宣传广大干部群众为实现"两个一百年"奋斗目标、实现中华民族伟大复兴的中国梦而扎实工作的实际行动,加强对干部群众关心的热点难点问题的解疑释惑,把广大干部群众的精神振奋起来。

——《在党的十八届六中全会第二次全体会议上的讲话》(2016年10月27日)

要认真落实意识形态工作责任制,纳入巡视工作安排,加强对意识形态阵地的管理,落实谁主管谁主办和属地管理,防止给错误思想观点传播提供渠道。要高度重视网上舆论斗争,加强网上正面宣传,消除生成网上舆论风暴的各种隐患。要更加积极主动开展对外宣传,把我国的发展道路、发展理念、发展方式宣传好,把我国发展为世界发展所作的贡献宣传好,批驳各种针对我国的无端质疑和不实攻击,为国内营造良好舆论环境提供有力支持。

——《在党的十八届六中全会第二次全体会议上的讲话》(2016年10月27日)

如何加强和改善党对高校的领导,如何巩固马克思主义在高校意识形态领域的指导地位,如何履行好立德树人的职责,如何更好把高校师生凝聚在党的周围,如何发挥高校对全社会思想文化建设的促进作用,都需要做好高校思想政治工作。实践证明,高校抓住了、抓好了思想政治工作,就能沿着正确方向前进;放松了、丢弃了思想政治工作,就会迷失方向。

——《在全国高校思想政治工作会议上的讲话》(2016年12月7日)

高校是意识形态工作的前沿阵地。高校、院(系)等党组织书记、行政负责人要担负起政治责任和领导责任,认真落实意识形态工作责任制,敢抓敢管、敢于亮剑,做到守土有责、守土负责、守土尽责。如果有人以所谓"学术自由"为名诋毁马克思主义、否定马克思主义指导地位,那就应该旗帜鲜明予以抵制。

——《在全国高校思想政治工作会议上的讲话》(2016年12月7日)

党委要抓好政治领导和思想领导。政治领导,就是要保证高校正确办学方向,保证党的领导在高校工作中全面发挥作用;思想领导,就是要掌握高校思想政治工作主导权,巩固马克思主义在高校意识形态的主导地位,用科学理论培养人,用正确思想引导人,保证高校始终成为培养社会主义事业建设者和接班人的坚强阵地。

——《在全国高校思想政治工作会议上的讲话》(2016年12月7日)

二、辩证唯物主义是中国共产党人的世界观和方法论①

辩证唯物主义是中国共产党人的世界观和方法论。毛泽东同志曾经说过，马克思主义有几门学问，但基础的东西是马克思主义哲学。他在革命战争年代写下的《反对本本主义》、《实践论》、《矛盾论》等著作，在社会主义建设时期写下的《论十大关系》、《关于正确处理人民内部矛盾的问题》等著作，灵活运用了辩证唯物主义世界观和方法论，形成了具有鲜明中国特色的马克思主义哲学思想，为我们党掌握和运用辩证唯物主义树立了光辉典范。

邓小平同志非常善于运用辩证唯物主义解决实际问题。他强调，必须抓住社会主义初级阶段的主要矛盾，坚持以经济建设为中心；必须用实践来检验我们的工作，坚持"三个有利于"标准；必须坚持"两手抓、两手都要硬"、"摸着石头过河"，处理好计划和市场、先富和共富等关系。江泽民同志指出："如果头脑里没有辩证唯物主义、历史唯物主义的世界观，就不可能以正确的立场和科学的态度来认识纷繁复杂的客观事物，把握事物发展的规律"。胡锦涛同志也说过，"辩证唯物主义和历史唯物主义的世界观和方法论，是马克思主义最根本的理论特征"，要学习

---

① 选自习近平《论党的宣传思想工作》，中央文献出版社2020年版，第124—131页。

掌握马克思主义哲学,努力提高探索解决新时期基本问题的本领。

今天,我们党要团结带领人民实现"两个一百年"奋斗目标、实现中华民族伟大复兴的中国梦,必须不断接受马克思主义哲学智慧的滋养,更加自觉地坚持和运用辩证唯物主义世界观和方法论,更好在实际工作中把握现象和本质、形式和内容、原因和结果、偶然和必然、可能和现实、内因和外因、共性和个性的关系,增强辩证思维、战略思维能力,把各项工作做得更好。

当前,结合我国实际和时代条件,学习和运用辩证唯物主义世界观和方法论,要注重解决好以下几个问题。

第一,学习掌握世界统一于物质、物质决定意识的原理,坚持从客观实际出发制定政策、推动工作。世界物质统一性原理是辩证唯物主义最基本、最核心的观点,是马克思主义哲学的基石。恩格斯指出:"世界的真正的统一性在于它的物质性,而这种物质性不是由魔术师的三两句话所证明的,而是由哲学和自然科学的长期的和持续的发展所证明的。"遵循这一观点,最重要的就是坚持一切从客观实际出发,而不是从主观愿望出发。

当代中国最大的客观实际是什么?就是我国仍处于并将长期处于社会主义初级阶段。这是我们认识当下、规划未来、制定政策、推进事业的客观基点,不能脱离这个基点,否则就会犯错误,甚至犯颠覆性的错误。对这个问题,很多同志在认识上是知道的,但在遇到具体问题时,有些同志会出现"乱花渐欲迷人眼"的情况,经常会冒出各种主观主义的东西,有时甚至头脑发热、异想天开。有的人喜欢拍脑袋决策、拍胸脯表态,盲目铺摊子、上项目,或者提出一些不切实际的高指标,结果只能是劳民伤财、得不偿失。为什么会出现这样的问题?甚至反复出现这样的问题？从思想根源来看，就是没有做到一切从实际出发。

当然，客观实际不是一成不变的，而是不断发展变化的。"变化者，乃天地之自然。"坚持一切从实际出发，既要看到社会主义初级阶段基本国情没有变，也要看到我国经济社会发展每个阶段呈现出来的新特点。我国社会生产力、综合国力、人民生活水平实现了历史性跨越，我国基本国情的内涵不断发生变化，我们面临的国际国内风险、面临的难题也发生了重要变化。过去长期困扰我们的一些矛盾不存在了，但新的矛盾不断产生，其中很多是我们没有遇到、没有处理过的。如果守着我们对过去中国实际的认识不动，守株待兔，刻舟求剑，我们就难以前进。我们要准确把握国际国内环境变化，辩证分析我国经济发展阶段性特征，准确把握我国不同发展阶段的新变化新特点，使主观世界更好符合客观实际，按照实际决定工作方针，这是我们必须牢牢记住的工作方法。

还要指出，辩证唯物主义虽然强调世界的统一性在于它的物质性，但并不否认意识对物质的反作用，而是认为这种反作用有时是十分巨大的。我们党强调理想信念是共产党人精神上的"钙"，强调"革命理想高于天"，就是精神变物质、物质变精神的辩证法。广大党员、干部理想信念坚定、干事创业精气神足，人民群众精神振奋、发愤图强，就可以创造出很多人间奇迹。如果党员、干部理想动摇、宗旨淡化，人民群众精神萎靡、贪图安逸，那往往可以干成的事情也干不成。所以，我们必须毫不放松理想信念教育、思想道德建设、意识形态工作，大力培育和弘扬社会主义核心价值观，用富有时代气息的中国精神凝聚中国力量。

第二，学习掌握事物矛盾运动的基本原理，不断强化问题意识，积极面对和化解前进中遇到的矛盾。中国人早就知道矛的概念,所谓"一阴一阳之谓道"。矛盾是普遍存在的,矛盾是事物联系的实质内容和事物发展的根本动力,人的认识活动和实践活动,从根本上说就是不断认识矛盾、不断解决矛盾的过程。

问题是事物矛盾的表现形式,我们强调增强问题意识、坚持问题导向,就是承认矛盾的普遍性、客观性,就是要善于把认识和化解矛盾作为打开工作局面的突破口。当前,我国已经进入发展关键期、改革攻坚期、矛盾凸显期,我们面临的矛盾更加复杂,既有过去长期积累而成的矛盾,也有在解决旧矛盾过程中新产生的矛盾,大量的还是随着形势环境变化新出现的矛盾。这些矛盾许多是这个发展阶段必然出现的,是躲不开也绕不过去的。

我们党领导人民干革命、搞建设、抓改革,从来都是为了解决中国的现实问题。如果对矛盾熟视无睹,甚至回避、掩饰矛盾,在矛盾面前畏缩不前,坐看矛盾恶性转化,那就会积重难返,最后势必造成无法弥补的损失。"千丈之堤,以蝼蚁之穴溃;百尺之室,以突隙之烟焚。"矛盾积累到一定程度就会发生质的突变。对待矛盾的正确态度,应该是直面矛盾,并运用矛盾相辅相成的特性,在解决矛盾的过程中推动事物发展。

党的十八大之后,我们强调不能简单以国内生产总值增长率论英雄,提出加快转变经济发展方式、调整经济结构,提出化解产能过剩,提出全面深化改革、全面依法治国,提出加强生态文明建设,等等,都是针对一些牵动面广、耦合性强的深层次矛盾去的。如果我们不迎难而上、因势利导,逢山开路、遇水架桥,这些矛盾不断积累,就有可能进一步向不利方面转化,最后成为干扰因素甚至破坏性力量。

积极面对矛盾、解决矛盾,还要注意把握好主要矛盾和次要矛盾、矛盾的主要方面和次要方面的关系。"秉纲而目自张,执本而末自从。"面对复杂形势和繁重任务,首先要有全局观,对各种矛盾做到心中有数,同时又要优先解决主要矛盾和矛盾的主要方面,以此带动其他矛盾的解决。党的十八大以来,我们提出要协调推进全面建成小康社会、全面深化改革、全面依法治国、全面从严治党。在推进这"四个全面"过程中,我们既要注重总体谋划,又要注重牵住"牛鼻子"。比如,我们既对全面建成小康社会作出全面部署,又强调"小康不小康,关键看老乡";既对全面深化改革作出顶层设计,又强调突出抓好重要领域和关键环节的改革;既对全面推进依法治国作出系统部署,又强调以中国特色社会主义法治体系为总目标和总抓手;既对全面从严治党提出系列要求,又把党风廉政建设作为突破口,着力解决人民群众反映强烈的"四风"问题,着力解决不敢腐、不能腐、不想腐的问题。在任何工作中,我们既要讲两点论,又要讲重点论,没有主次,不加区别,眉毛胡子一把抓,是做不好工作的。

第三,学习掌握唯物辩证法的根本方法,不断增强辩证思维能力,提高驾驭复杂局面、处理复杂问题的本领。"事必有法,然后可成。"我们的事业越是向纵深发展,就越要不断增强辩证思维能力。当前,我国社会各种利益关系十分复杂,这就要求我们善于处理局部和全局、当前和长远、重点和非重点的关系,在权衡利弊中趋利避害、作出最为有利的战略抉择。我们全面深化改革,不能东一榔头西一棒子,而是要突出改革的系统性、整体性、协同性。同时,在推进改革中,我们要充分考虑不同地区、不同行业、不同群体的利益诉求,准确把握各方利益的交汇点和结合点,使改革成果更多更公平惠及全体人民。

学习和运用唯物辩证法,就要反对形而上学的思想方法。

我们的先人早就认识到了这个问题,很多典故都是批评和讽刺形而上学的,如盲人摸象、郑人买履、坐井观天、掩耳盗铃、揠苗助长、削足适履、画蛇添足,等等。世界上只有形而上学最省力,因为它可以瞎说一气,不需要依据客观实际,也不受客观实际检查。而坚持唯物辩证法,则要求用大气力、下真功夫。我们一方面要加强调查研究,准确把握客观实际,真正掌握规律;另一方面要坚持发展地而不是静止地、全面地而不是片面地、系统地而不是零散地、普遍联系地而不是单一孤立地观察事物,妥善处理各种重大关系。任何主观主义、形式主义、机械主义、教条主义、经验主义的观点都是形而上学的思想方法,在实际工作中不可能有好的效果。

第四,学习掌握认识和实践辩证关系的原理,坚持实践第一的观点,不断推进实践基础上的理论创新。 实践观点是马克思主义哲学的核心观点。实践决定认识,是认识的源泉和动力,也是认识的目的和归宿。认识对实践具有反作用,正确的认识推动正确的实践,错误的认识导致错误的实践。我国古人关于知行合一的论述,强调的也是认识和实践的关系。如荀子的"不闻不若闻之,闻之不若见之,见之不若知之,知之不若行之";西汉刘向的"耳闻之不如目见之,目见之不如足践之,足践之不如手辨之";宋代陆游的"纸上得来终觉浅,绝知此事要躬行";明代王夫之的"知行相资以为用",等等。我们推进各项工作,根本的还是要靠实践出真知。

我们党一贯重视理论工作,强调理论必须同实践相统一。理论一旦脱离了实践,就会成为僵化的教条,失去活力和生命力。实践如果没有正确理论的指导,也容易"盲人骑瞎马,夜半临深池"。理论对规律的揭示越深刻,对社会发展和变革的引领作用就越显著。我们坚持和发展中国特色社会主义,必须高度重视理论的作用,增强理论自信和战略定力,对经过反复实践和比较得出的正确理论,不能心猿意马、犹豫不决,要坚定不移坚持。

实践没有止境,理论创新也没有止境。要使党和人民事业不停顿,首先理论上不能停顿。我们要根据时代变化和实践发展,不断深化认识,不断总结经验,不断进行理论创新,坚持理论指导和实践探索辩证统一,实现理论创新和实践创新良性互动,在这种统一和互动中发展二十一世纪中国的马克思主义。

三、坚持历史唯物主义,不断开辟当代中国马克思主义发展新境界[①]

马克思主义哲学包括辩证唯物主义和历史唯物主义,是马克思主义立场、观点、方法的集中体现,是马克思主义学说的思想基础。马克思说:"任何真正的哲学都是自己时代的精神上的精华"。马克思主义哲学尽管诞生在一个半世纪之前,但由于它深刻揭示了客观世界特别是人类社会发展一般规律,被历史和实践证明是科学的理论,在当今时代依然有着强大生命力,依然是指导我们共产党人前进的强大思想武器。

我们党自成立起就高度重视在思想上建党,其中十分重要的一条就是坚持用马克思主义哲学教育和武装全党。学哲学、用哲学,是我们党的一个好传统。一九三七年夏,毛泽东同志在延安应抗日军政大学之邀,亲自讲授马克思主义哲学,并为此撰写了《辩证法唯物论(讲授提纲)》。在撰写这个提纲的过程中,诞生了《实践论》和《矛盾论》等体现马克思主义中国化理论成果的重要哲学著作。

中央党校从一九三三年创办至今,马克思主义哲学一直是干部培训的基本课程。我在兼任中央党校校长期间,多次强调党校要把马克思主义哲学作为主要课程。二〇〇九年五月十三

---

① 选自习近平《论党的宣传思想工作》,中央文献出版社2020年版,第30—40页。

日,在中央党校二〇〇九年春季学期第二批进修班暨专题研讨班开学典礼上,我引用了陈云同志的一段话,他说:"学习理论,最要紧的,是把思想方法搞对头。因此,首先要学哲学,学习正确观察问题的思想方法。如果对辩证唯物主义一窍不通,就总是要犯错误。"我还建议大家读一些马克思主义哲学基本著作,掌握科学世界观和方法论,不断增强工作的原则性、系统性、预见性、创造性。

历史唯物主义作为马克思主义哲学的重要组成部分,是关于人类社会发展一般规律的科学。在革命、建设、改革各个历史时期,我们党运用历史唯物主义,系统、具体、历史地分析中国社会运动及其发展规律,在认识世界和改造世界过程中不断把握规律、积极运用规律,推动党和人民事业取得了一个又一个胜利。毛泽东同志提出的以农村包围城市、武装夺取政权的道路,我们党带领人民进行艰辛的社会主义建设探索,新的历史时期我们党科学分析我国社会主要矛盾、果断决定把党和国家工作中心转移到经济建设上来、实行改革开放,都是正确运用历史唯物主义的结果。我们党在实践中不断回答"什么是社会主义、怎样建设社会主义"、"建设什么样的党、怎样建设党"、"实现什么样的发展、怎样发展"这些重大历史性课题,也都是正确运用历史唯物主义的结果。历史和现实都表明,只有坚持历史唯物主义,我们才能不断把对中国特色社会主义规律的认识提高到新的水平,不断开辟当代中国马克思主义发展新境界。

现在,我们依然要推动全党学习马克思主义哲学,依然要推动全党掌握历史唯物主义基本原理和方法论。学习的目的,就是更好认识国情,更好认识党和国家事业发展大势,更好认识历史发展规律,更加能动地推进各项工作。一九四二年,毛泽东同志在中央党校开学典礼上发表了重要演说,题目是《整顿党的作风》。他指出,要号召我们的同志学会应用马克思列宁主义的立场、观点、方法,认真研究中国的历史,研究中国的经济、政治、军事和文化,对每一问题要根据详细的材料加以具体的分析,然后引出理论性的结论来。他还强调:我们"不应当把马克思主义的理论当成死的教条。对于马克思主义的理论,要能够精通它、应用它,精通的目的全在于应用。如果你能应用马克思列宁主义的观点,说明一个两个实际问题,那就要受到称赞,就算有了几分成绩。被你说明的东西越多,越普遍,越深刻,你的成绩就越大。"我们学习历史唯物主义,也要坚持这样的正确态度。

社会存在决定社会意识。我们党现阶段提出和实施的理论和路线方针政策,之所以正确,就是因为它们都是以我国现时代的社会存在为基础的。党的十八届三中全会对我国全面深化改革作出了总体部署,是从我国现在的社会存在出发的,即从我国现在的社会物质条件的总和出发的,也就是从我国基本国情和发展要求出发的。

下面,我想结合今天的学习,围绕深刻认识全面深化改革规律、更好落实各项改革举措谈点认识。

第一,学习和掌握社会基本矛盾分析法,深入理解全面深化改革的重要性和紧迫性。一八八三年,恩格斯在马克思墓前说:"正像达尔文发现有机界的发展规律一样,马克思发现了人类历史的发展规律,即历来为繁芜丛杂的意识形态所掩盖着的一个简单事实:人们首先必须吃、喝、住、穿,然后才能从事政治、科学、艺术、宗教等等;所以,直接的物质的生活资料的生产,从而一个民族或一个时代的一定的经济发展阶段,便构成基础,人们的国家设施、法的观点、艺术以至宗教观念,就是从这个基础上发展起来的,因而,也必须由这个基础来解释,而不是像过去那样做得相反。"这段话,十分精辟地阐明了历史唯物主义的基本内涵。中国古人说的"民以食为天"、"仓廪实则知礼节,衣食足则知荣辱"等,也包含着这样的朴素唯物思想。

历史唯物主义认为,生产力和生产关系、经济基础和上层建筑相互作用、相互制约,支配着整个社会发展进程。生产关系一定要适合生产力状况,上层建筑一定要适合经济基础状况,它们的共同作用构成整个社会的矛盾运动。只有把生产力和生产关系的矛盾运动同经济基础和上层建筑的矛盾运动结合起来观察,把社会基本矛盾作为一个整体来观察,才能全面把握整个社会的基本面貌和发展方向。

坚持和发展中国特色社会主义,必须不断适应社会生产力发展调整生产关系,不断适应经济基础发展完善上层建筑。改革开放三十五年来,我国经济社会发展取得了重大成就,根本原因就是我们通过不断调整生产关系激发了社会生产力发展活力,通过不断完善上层建筑适应了经济基础发展要求。我们进行经济体制改革,进行政治体制、文化体制、社会体制、生态文明体制和党的建设制度改革,都是出于这个目的。

我们提出进行全面深化改革,就是要适应我国社会基本矛盾运动的变化来推进社会发展。社会基本矛盾总是不断发展的,所以调整生产关系、完善上层建筑需要相应地不断进行下去。我讲过,实践发展永无止境,解放思想永无止境,改革开放也永无止境,改革开放只有进行时、没有完成时。这是历史唯物主义态度。

第二,学习和掌握物质生产是社会生活的基础的观点,准确把握全面深化改革的重大关系。历史唯物主义认为,物质生产力是全部社会生活的物质前提,同生产力发展一定阶段相适应的生产关系的总和构成社会经济基础。生产力是推动社会进步的最活跃、最革命的要素,生产力发展是衡量社会发展的带有根本性的标准。这为我们分析社会发展提供了可靠依据。

我们要明确,社会主义的根本任务是解放和发展社会生产力,这一点任何时候都不能动摇。邓小平同志回答了"什么是社会主义、怎样建设社会主义"这个根本问题,主要是回答了社会主义的根本任务是什么。"社会主义的任务很多,但根本一条就是发展生产力"。"多少年来我们吃了一个大亏,社会主义改造基本完成了,还是'以阶级斗争为纲',忽视发展生产力。'文化大革命'更走到了极端。十一届三中全会以来,全党把工作重点转移到社会主义现代化建设上来,在坚持四项基本原则的基础上,集中力量发展社会生产力。这是最根本的拨乱反正。"

在全面深化改革中,我们要坚持发展仍是解决我国所有问题的关键这个重大战略判断,使市场在资源配置中起决定性作用和更好发挥政府作用,推动我国社会生产力不断向前发展。我们讲不要简单以国内生产总值增长率论英雄,要看全面工作水平,就是说要按照生产力发展规律去发展,而不要违背规律蛮干。我们要正确运用生产力标准,推动实现物的不断丰富和人的全面发展的统一。

虽然物质生产是社会生活的基础,但上层建筑也可以反作用于经济基础,生产力和生产关系、经济基础和上层建筑之间有着十分复杂的关系,有着作用和反作用的现实过程,并不是单线式的简单决定和被决定逻辑。

世界上的事物总是有着这样那样的联系,不能孤立地静止地看待事物发展,否则往往会出现盲人摸象、以偏概全的问题。

正所谓"有无相生,难易相成,长短相形,高下相倾,音声相和,前后相随"。在观察社会发展时,一定要注意这种决定和被决定、作用和反作用的有机联系。对生产力标准必须全面准确理解,不能绝对化,不能撇开生产关系、上层建筑来理解生产力标准。改革开放以来,我们党提出的一系列"两手抓",包括一手抓物质文明建设、一手抓精神文明建设,一手抓经济建设、一手抓法治建设,一手抓发展、一手抓稳定,一手抓改革开放、一手抓惩治腐败等,都是符合历史唯物主义要求的。

我们在考虑这次三中全会议题时,就提出要制定一个全面深化改革的方案,而不是只讲经济体制改革,或者只讲经济体制和社会体制改革。这样考虑,是因为要解决我们面临的突出矛盾和问题,仅仅依靠单个领域、单个层次的改革难以奏效,必须加强顶层设计、整体谋划,增强各项改革的关联性、系统性、协同性。只有既解决好生产关系中不适应的问题,又解决好上层建筑中不适应的问题,这样才能产生综合效应。

同时,我们也突出强调了要以经济建设为中心、发挥经济体制改革牵引作用。这就是说,要把握住我国现阶段社会基本矛盾的主要方面,重点是发展。只有紧紧围绕发展这个第一要务来部署各方面改革,以解放和发展社会生产力为改革提供强大牵引,才能更好推动生产关系与生产力、上层建筑与经济基础相适应。我国改革开放以来的实践充分证明,紧紧扭住解放和发展社会生产力,就能为其他各方面改革提供强大推动,影响其他各个方面改革相应推进。

这里,我还要说到一个问题。马克思、恩格斯运用社会基本矛盾推动社会发展的规律,对未来社会发展作出了科学预见。《共产党宣言》提出:"资产阶级的灭亡和无产阶级的胜利是同样不可避免的。"这就是"两个必然",是就人类历史总的发展趋势而言的,是历史规律的必然指向。这里还要说到马克思提出的"两个决不会",马克思说:"无论哪一个社会形态,在它所能容纳的全部生产力发挥出来以前,是决不会灭亡的;而新的更高的生产关系,在它的物质存在条件在旧社会的胎胞里成熟以前,是决不会出现的。"马克思的这一重要论点,可以帮助我们理解为什么资本主义至今没有完全消亡,为什么社会主义还会出现苏联解体、东欧剧变那样的曲折,为什么马克思主义预见的共产主义还需要经过很长的历史发展才能实现。学懂了这一认识和研究社会历史发展的科学世界观和方法论,我们就能坚定理想的主心骨、筑牢信念的压舱石,保持强大的战略定力。我们要坚定中国特色社会主义道路自信、理论自信、制度自信,不断提高我国社会生产力发展水平和人民生活水平,使我国社会主义制度优越性不断显现和丰富起来,使中国特色社会主义道路越走越宽广。

第三,学习和掌握人民群众是历史创造者的观点,紧紧依靠人民推进改革。 如何认识人民群众在历史上的作用,是社会历史观的重大问题。同历史唯心主义英雄史观相对立,历史唯物主义群众史观第一次彻底解决了这个重大问题,提出人民是历史的创造者。遵循历史唯物主义这一观点,我们党提出了群众路线,并把它作为党的生命线和根本工作路线。

在革命、建设、改革各个历史时期,我们党都坚持紧紧依靠人民。改革开放三十五年来的历程表明,许多改革都是由基层群众自发推动、自下而上形成的,广大人民群众是推动改革的重要力量。今天,我们全面深化改革,依然要充分发挥人民主体作用。为了人民而改革,改革才有意义;依靠人民而改革,改革才有动力。

党的十八届三中全会在总结改革开放历史经验时强调，要坚持以人为本，尊重人民主体地位，发挥群众首创精神，紧紧依靠人民推动改革，促进人的全面发展；在全面深化改革的指导思想中鲜明提出，要以促进社会公平正义、增进人民福祉为出发点和落脚点。在全面深化改革进程中，我们要坚持马克思主义群众观点，坚持党的群众路线，"以百姓心为心"，把实现好、维护好、发展好最广大人民根本利益作为推进改革的出发点和落脚点，让发展成果更多更公平惠及全体人民。唯有如此，改革才能大有作为。

唐太宗李世民和大臣们在贞观年间总结隋炀帝亡国的教训时说，治理国家"必须先存百姓，若损百姓以奉其身，犹割股以啖腹，腹饱而身毙"。古代封建统治者尚能认识到存养百姓的重要性，我们党的各级领导干部更应自觉坚持全心全意为人民服务的根本宗旨，保持同人民群众的血肉联系，始终与人民同呼吸、共命运、心连心，团结带领人民续写改革新篇章，确保改革取得成功。

在全面深化改革中，我们要处理好尊重客观规律和发挥主观能动性的关系。一方面，要坚持一切从实际出发，按照客观规律办事，一张蓝图抓到底，抓好打基础利长远的工作，不能拍脑袋、瞎指挥、乱决策，杜绝短期行为、拔苗助长。另一方面，要鼓励地方、基层、群众大胆探索、先行先试，及时总结经验，勇于推进理论和实践创新，不断深化对改革规律的认识。我们提出加强顶层设计和摸着石头过河相结合、整体推进和重点突破相促进，这是全面深化改革必须遵循的重要原则，也是历史唯物主义的要求。

最后，我想强调的是，我们党在中国这样一个有着十三亿人口的大国执政，面对着十分复杂的国内外环境，肩负着繁重的执政使命，如果缺乏理论思维的有力支撑，是难以战胜各种风险和困难的，也是难以不断前进的。恩格斯说过："一个民族要想站在科学的最高峰，就一刻也不能没有理论思维。"全党都要加强对马克思主义哲学的学习和运用，提高运用马克思主义立场、观点、方法分析和解决问题的能力。学习不是背教条、背语录，而是要用以解决实际问题。党的各级领导干部特别是高级干部，要原原本本学习和研读经典著作，努力把马克思主义哲学作为自己的看家本领，坚定理想信念，坚持正确政治方向，提高战略思维能力、综合决策能力、驾驭全局能力，团结带领人民不断书写改革开放历史新篇章。

四、坚持马克思主义在我国哲学社会科学领域的指导地位[①]

坚持以马克思主义为指导,是当代中国哲学社会科学区别于其他哲学社会科学的根本标志,必须旗帜鲜明加以坚持。

马克思主义尽管诞生在一个半多世纪之前,但历史和现实都证明它是科学的理论,迄今依然有着强大生命力。马克思主义深刻揭示了自然界、人类社会、人类思维发展的普遍规律,为人类社会发展进步指明了方向;马克思主义坚持实现人民解放、维护人民利益的立场,以实现人的自由而全面的发展和全人类解放为己任,反映了人类对理想社会的美好憧憬;马克思主义揭示了事物的本质、内在联系及发展规律,是"伟大的认识工具",是人们观察世界、分析问题的有力思想武器;马克思主义具有鲜明的实践品格,不仅致力于科学"解释世界",而且致力于积极"改变世界"。在人类思想史上,还没有一种理论像马克思主义那样对人类文明进步产生了如此广泛而巨大的影响。

马克思主义进入中国,既引发了中华文明深刻变革,也走过了一个逐步中国化的过程。在革命、建设、改革各个历史时期,我们党坚持马克思主义基本原理同中国具体实际相结合,运用马克思主义立场、观点、方法研究解决各种重大理论和实践问

[①] 选自习近平《在哲学社会科学工作座谈会上的讲话》,人民出版社2016年版,第8—15页。

题,不断推进马克思主义中国化,产生了毛泽东思想、邓小平理论、"三个代表"重要思想、科学发展观等重大成果,指导党和人民取得了新民主主义革命、社会主义革命和社会主义建设、改革开放的伟大成就。我国哲学社会科学坚持以马克思主义为指导,是近代以来我国发展历程赋予的规定性和必然性。在我国,不坚持以马克思主义为指导,哲学社会科学就会失去灵魂、迷失方向,最终也不能发挥应有作用。正所谓"夫道不欲杂,杂则多,多则扰,扰则忧,忧而不救"。

马克思主义中国化取得了重大成果,但还远未结束。我国哲学社会科学的一项重要任务就是继续推进马克思主义中国化、时代化、大众化,继续发展21世纪马克思主义、当代中国马克思主义。

在对待坚持以马克思主义为指导问题上,绝大部分同志认识是清醒的、态度是坚定的。同时,也有一些同志对马克思主义理解不深、理解不透,在运用马克思主义立场、观点、方法上功力不足、高水平成果不多,在建设以马克思主义为指导的学科体系、学术体系、话语体系上功力不足、高水平成果不多。社会上也存在一些模糊甚至错误的认识。有的认为马克思主义已经过时,中国现在搞的不是马克思主义;有的说马克思主义只是一种意识形态说教,没有学术上的学理性和系统性。实际工作中,在有的领域中马克思主义被边缘化、空泛化、标签化,在一些学科中"失语"、教材中"失踪"、论坛上"失声"。这种状况必须引起我们高度重视。

即使在当今西方社会,马克思主义仍然具有重要影响力。在本世纪来临的时候,马克思被西方思想界评为"千年第一思想家"。美国学者海尔布隆纳在他的著作《马克思主义:赞成与反对》中表示，要探索人类社会发展前景，必须向马克思求教，人类社会至今仍然生活在马克思所阐明的发展规律之中。实践也证明，无论时代如何变迁、科学如何进步，马克思主义依然显示出科学思想的伟力，依然占据着真理和道义的制高点。邓小平同志深刻指出："我坚信，世界上赞成马克思主义的人会多起来的，因为马克思主义是科学。"

我国广大哲学社会科学工作者要自觉坚持以马克思主义为指导，自觉把中国特色社会主义理论体系贯穿研究和教学全过程，转化为清醒的理论自觉、坚定的政治信念、科学的思维方法。

坚持以马克思主义为指导，首先要解决真懂真信的问题。哲学社会科学发展状况与其研究者坚持什么样的世界观、方法论紧密相关。人们必须有了正确的世界观、方法论，才能更好观察和解释自然界、人类社会、人类思维各种现象，揭示蕴含在其中的规律。马克思主义关于世界的物质性及其发展规律、人类社会及其发展规律、认识的本质及其发展规律等原理，为我们研究把握哲学社会科学各个学科各个领域提供了基本的世界观、方法论。只有真正弄懂了马克思主义，才能在揭示共产党执政规律、社会主义建设规律、人类社会发展规律上不断有所发现、有所创造，才能更好识别各种唯心主义观点、更好抵御各种历史虚无主义谬论。

马克思主义经典作家眼界广阔、知识丰富，马克思主义理论体系和知识体系博大精深，涉及自然界、人类社会、人类思维各个领域，涉及历史、经济、政治、文化、社会、生态、科技、军事、党建等各个方面，不下大气力、不下苦功夫是难以掌握真谛、融会贯通的。"为学之道，必本于思。""不深思则不能造于道，不深思而得者，其得易失。"我看过一些西方研究马克思主义的书，其结论未必正确,但在研究和考据马克思主义文本上,功课做得还是可以的。相比之下,我们一些研究在这方面的努力就远远不够了。恩格斯曾经说过:"即使只是在一个单独的历史事例上发展唯物主义的观点,也是一项要求多年冷静钻研的科学工作,因为很明显,在这里只说空话是无济于事的,只有靠大量的、批判地审查过的、充分地掌握了的历史资料,才能解决这样的任务。"对马克思主义的学习和研究,不能采取浅尝辄止、蜻蜓点水的态度。有的人马克思主义经典著作没读几本,一知半解就哇啦哇啦发表意见,这是一种不负责任的态度,也有悖于科学精神。

坚持以马克思主义为指导,核心要解决好为什么人的问题。为什么人的问题是哲学社会科学研究的根本性、原则性问题。我国哲学社会科学为谁著书、为谁立说,是为少数人服务还是为绝大多数人服务,是必须搞清楚的问题。世界上没有纯而又纯的哲学社会科学。世界上伟大的哲学社会科学成果都是在回答和解决人与社会面临的重大问题中创造出来的。研究者生活在现实社会中,研究什么,主张什么,都会打下社会烙印。我们的党是全心全意为人民服务的党,我们的国家是人民当家作主的国家,党和国家一切工作的出发点和落脚点是实现好、维护好、发展好最广大人民根本利益。我国哲学社会科学要有所作为,就必须坚持以人民为中心的研究导向。脱离了人民,哲学社会科学就不会有吸引力、感染力、影响力、生命力。我国广大哲学社会科学工作者要坚持人民是历史创造者的观点,树立为人民做学问的理想,尊重人民主体地位,聚焦人民实践创造,自觉把个人学术追求同国家和民族发展紧紧联系在一起,努力多出经得起实践、人民、历史检验的研究成果。

坚持以马克思主义为指导,最终要落实到怎么用上来。"凡贵通者,贵其能用之也。"马克思主义具有与时俱进的理论品质。新形势下,坚持马克思主义,最重要的是坚持马克思主义基本原理和贯穿其中的立场、观点、方法。这是马克思主义的精髓和活的灵魂。马克思主义是随着时代、实践、科学发展而不断发展的开放的理论体系,它并没有结束真理,而是开辟了通向真理的道路。恩格斯早就说过:"马克思的整个世界观不是教义,而是方法。它提供的不是现成的教条,而是进一步研究的出发点和供这种研究使用的方法。"把坚持马克思主义和发展马克思主义统一起来,结合新的实践不断作出新的理论创造,这是马克思主义永葆生机活力的奥妙所在。

对待马克思主义,不能采取教条主义的态度,也不能采取实用主义的态度。如果不顾历史条件和现实情况变化,拘泥于马克思主义经典作家在特定历史条件下、针对具体情况作出的某些个别论断和具体行动纲领,我们就会因为思想脱离实际而不能顺利前进,甚至发生失误。什么都用马克思主义经典作家的语录来说话,马克思主义经典作家没有说过的就不能说,这不是马克思主义的态度。同时,根据需要找一大堆语录,什么事都说成是马克思、恩格斯当年说过了,生硬"裁剪"活生生的实践发展和创新,这也不是马克思主义的态度。

坚持问题导向是马克思主义的鲜明特点。问题是创新的起点,也是创新的动力源。只有聆听时代的声音,回应时代的呼唤,认真研究解决重大而紧迫的问题,才能真正把握住历史脉络、找到发展规律,推动理论创新。坚持以马克思主义为指导,必须落到研究我国发展和我们党执政面临的重大理论和实践问题上来,落到提出解决问题的正确思路和有效办法上来。要坚持用联系的发展的眼光看问题,增强战略性、系统性思维,分清本质和现象、主流和支流，既看存在问题又看其发展趋势，既看局部又看全局，提出的观点、作出的结论要客观准确、经得起检验，在全面客观分析的基础上，努力揭示我国社会发展、人类社会发展的大逻辑大趋势。

有人说，马克思主义政治经济学过时了，《资本论》过时了。这个说法是武断的。远的不说，就从国际金融危机看，许多西方国家经济持续低迷、两极分化加剧、社会矛盾加深，说明资本主义固有的生产社会化和生产资料私人占有之间的矛盾依然存在，但表现形式、存在特点有所不同。国际金融危机发生后，不少西方学者也在重新研究马克思主义政治经济学、研究《资本论》，借以反思资本主义的弊端。法国学者托马斯·皮凯蒂撰写的《21世纪资本论》就在国际学术界引发了广泛讨论。该书用翔实的数据证明，美国等西方国家的不平等程度已经达到或超过了历史最高水平，认为不加制约的资本主义加剧了财富不平等现象，而且将继续恶化下去。作者的分析主要是从分配领域进行的，没有过多涉及更根本的所有制问题，但使用的方法、得出的结论值得深思。

五、中国精神是社会主义文艺的灵魂[①]

这段时间,我集中强调了培育和践行社会主义核心价值观问题。今年2月,中央政治局专门就培育和弘扬社会主义核心价值观进行集体学习,我作了讲话,对全社会提了要求。五四青年节,我到北京大学去,对大学师生讲了这个问题。5月底,我在上海考察工作时,对领导干部弘扬和践行社会主义核心价值观提了要求。六一儿童节前夕,我在北京海淀区民族小学同师生们座谈时讲了这个问题。6月上旬,我在两院院士大会上对院士们也提了这方面要求。9月教师节前一天,我到北京师范大学同师生座谈,再次强调了这个问题。今天,我也要对文艺界提出这方面要求,因为文艺在培育和弘扬社会主义核心价值观方面具有独特作用。

每个时代都有每个时代的精神。我曾经讲过,实现中国梦必须走中国道路、弘扬中国精神、凝聚中国力量。核心价值观是一个民族赖以维系的精神纽带,是一个国家共同的思想道德基础。如果没有共同的核心价值观,一个民族、一个国家就会魂无定所、行无依归。为什么中华民族能够在几千年的历史长河中生生不息、薪火相传、顽强发展呢?很重要的一个原因就是中华民族有一脉相承的精神追求、精神特质、精神脉络。

---

① 选自习近平《在文艺工作座谈会上的讲话》,人民出版社2015年版,第21—27页。

改革开放以来,我国经济发展很快,人民生活水平提高也很快。同时,我国社会正处在思想大活跃、观念大碰撞、文化大交融的时代,出现了不少问题。其中比较突出的一个问题就是一些人价值观缺失,观念没有善恶,行为没有底线,什么违反党纪国法的事情都敢干,什么缺德的勾当都敢做,没有国家观念、集体观念、家庭观念,不讲对错,不问是非,不知美丑,不辨香臭,浑浑噩噩,穷奢极欲。现在社会上出现的种种问题病根都在这里。这方面的问题如果得不到有效解决,改革开放和社会主义现代化建设就难以顺利推进。

我们始终强调,两个文明都搞好才是中国特色社会主义。邓小平同志早就告诫我们:风气如果坏下去,经济搞成功又有什么意义?会在另一方面变质!因此,我们要在全社会大力弘扬和践行社会主义核心价值观,使之像空气一样无处不在、无时不有,成为全体人民的共同价值追求,成为我们生而为中国人的独特精神支柱,成为百姓日用而不觉的行为准则。要号召全社会行动起来,通过教育引导、舆论宣传、文化熏陶、实践养成、制度保障等,使社会主义核心价值观内化为人们的精神追求、外化为人们的自觉行动。

文艺是铸造灵魂的工程,文艺工作者是灵魂的工程师。好的文艺作品就应该像蓝天上的阳光、春季里的清风一样,能够启迪思想、温润心灵、陶冶人生,能够扫除颓废萎靡之风。"凡作传世之文者,必先有可以传世之心。"广大文艺工作者要高扬社会主义核心价值观的旗帜,充分认识肩上的责任,把社会主义核心价值观生动活泼、活灵活现地体现在文艺创作之中,用栩栩如生的作品形象告诉人们什么是应该肯定和赞扬的,什么是必须反对和否定的,做到春风化雨、润物无声。同时,文艺界知名人士很多,社会影响力不小,大家不仅要在文艺创作上追求卓越,而且要在思想道德修养上追求卓越,更应身体力行践行社会主义核心价值观,努力做到言为士则、行为世范。

在社会主义核心价值观中,最深层、最根本、最永恒的是爱国主义。爱国主义是常写常新的主题。拥有家国情怀的作品,最能感召中华儿女团结奋斗。范仲淹的"先天下之忧而忧,后天下之乐而乐",陆游的"王师北定中原日,家祭无忘告乃翁"、"位卑未敢忘忧国"、"夜阑卧听风吹雨,铁马冰河入梦来",文天祥的"人生自古谁无死,留取丹心照汗青",林则徐的"苟利国家生死以,岂因祸福避趋之",岳飞的《满江红》,方志敏的《可爱的中国》,等等,都以全部热情为祖国放歌抒怀。我们当代文艺更要把爱国主义作为文艺创作的主旋律,引导人民树立和坚持正确的历史观、民族观、国家观、文化观,增强做中国人的骨气和底气。

追求真善美是文艺的永恒价值。艺术的最高境界就是让人动心,让人们的灵魂经受洗礼,让人们发现自然的美、生活的美、心灵的美。一首短短的《游子吟》之所以流传千年,就在于它生动讴歌了伟大的母爱。苏东坡称赞韩愈"文起八代之衰,而道济天下之溺",讲的是从司马迁之后到韩愈,算起来文章衰弱了八代。韩愈的文章起来了,凭什么呢?就是"道",就是文以载道。我们要通过文艺作品传递真善美,传递向上向善的价值观,引导人们增强道德判断力和道德荣誉感,向往和追求讲道德、尊道德、守道德的生活。只要中华民族一代接着一代追求真善美的道德境界,我们的民族就永远健康向上、永远充满希望。

文艺创作不仅要有当代生活的底蕴,而且要有文化传统的血脉。"求木之长者,必固其根本;欲流之远者,必浚其泉源。"中华优秀传统文化是中华民族的精神命脉,是涵养社会主义核心价值观的重要源泉,也是我们在世界文化激荡中站稳脚跟的坚实根基。增强文化自觉和文化自信,是坚定道路自信、理论自信、制度自信的题中应有之义。如果"以洋为尊"、"以洋为美"、"唯洋是从",把作品在国外获奖作为最高追求,跟在别人后面亦步亦趋、东施效颦,热衷于"去思想化"、"去价值化"、"去历史化"、"去中国化"、"去主流化"那一套,绝对是没有前途的!事实上,外国人也跑到我们这里寻找素材、寻找灵感,好莱坞拍摄的《功夫熊猫》《花木兰》等影片不就是取材于我们的文化资源吗?

中华民族在长期实践中培育和形成了独特的思想理念和道德规范,有崇仁爱、重民本、守诚信、讲辩证、尚和合、求大同等思想,有自强不息、敬业乐群、扶正扬善、扶危济困、见义勇为、孝老爱亲等传统美德。中华优秀传统文化中很多思想理念和道德规范,不论过去还是现在,都有其永不褪色的价值。我们要结合新的时代条件传承和弘扬中华优秀传统文化,传承和弘扬中华美学精神。中华美学讲求托物言志、寓理于情,讲求言简意赅、凝练节制,讲求形神兼备、意境深远,强调知、情、意、行相统一。我们要坚守中华文化立场、传承中华文化基因,展现中华审美风范。

传承中华文化,绝不是简单复古,也不是盲目排外,而是古为今用、洋为中用,辩证取舍、推陈出新,摒弃消极因素,继承积极思想,"以古人之规矩,开自己之生面",实现中华文化的创造性转化和创新性发展。

当然,我们强调弘扬社会主义核心价值观,继承和发扬中华民族优秀传统文化,坚持和弘扬中国精神,并不排斥学习借鉴世界优秀文化成果。我们社会主义文艺要繁荣发展起来,必须认真学习借鉴世界各国人民创造的优秀文艺。只有坚持洋为中用、开拓创新，做到中西合璧、融会贯通，我国文艺才能更好发展繁荣起来。其实，现代以来，我国文艺和世界文艺的交流互鉴就一直在进行着。白话文、芭蕾舞、管弦乐、油画、电影、话剧、现代小说、现代诗歌等都是借鉴国外又进行民族创造的成果。鲁迅等进步作家当年就大量翻译介绍国外进步文学作品。新中国成立后，我们学习借鉴苏联文艺，如普列汉诺夫的艺术理论、斯坦尼斯拉夫斯基表演体系，苏联的芭蕾舞、电影等，苏联著名舞蹈家乌兰诺娃以及一些苏联著名演员、导演当年都来过中国访问。这种学习借鉴对建国初期我国社会主义文艺发展起到了促进作用。改革开放之后，我国文艺对世界文艺的学习借鉴就更广泛了。现在，情况也一样，很多艺术形式是国外兴起的，如说唱表演、街舞等，但只要人民群众喜欢，我们就要用，并赋予其健康向上的内容。

当今世界是开放的世界，艺术也要在国际市场上竞争，没有竞争就没有生命力。比如电影领域，经过市场竞争，国外影片并没有把我们的国产影片打垮，反而刺激了国产影片提高质量和水平，在市场竞争中发展起来了，具有了更强的竞争力。

六、坚持党的新闻舆论工作的正确政治方向[①]

在新的时代条件下,党的新闻舆论工作的职责和使命是,高举旗帜、引领导向,围绕中心、服务大局,团结人民、鼓舞士气,成风化人、凝心聚力,澄清谬误、明辨是非,联接中外、沟通世界。要承担起这个职责和使命,坚持正确政治方向是第一位的。要做到以下几点。

第一,牢牢坚持党性原则。党性原则是党的新闻舆论工作的根本原则。党管宣传、党管意识形态、党管媒体是坚持党的领导的重要方面。党性原则不仅要讲,而且要理直气壮讲,不能躲躲闪闪、扭扭捏捏。二〇〇六年,我在浙江工作时,对浙江省做好新闻舆论工作提出了十二个字的要求,即"为党为民、激浊扬清、贵耳重目",其中就把为党为民放在第一位来强调。

坚持党性原则,最根本的是坚持党对新闻舆论工作的领导。党和政府主办的媒体是党和政府的宣传阵地,必须姓党,必须抓在党的手里,必须成为党和人民的喉舌,"党报党刊一定要无条件地宣传党的主张"。无论时代如何发展、媒体格局如何变化,党管媒体的原则和制度不能变。

坚持党性原则,必须自觉在思想上政治上行动上同党中央保持高度一致。报刊、通讯社、电台、电视台、新闻网站的所有工

[①] 选自习近平《论党的宣传思想工作》,中央文献出版社 2020 年版,第181—189页。

作都必须体现党的意志、反映党的主张,必须维护党中央权威、维护党的团结,做到爱党、护党、为党。要增强看齐意识,自觉向党中央看齐,自觉向党的理论和路线方针政策看齐,自觉向党中央决策部署看齐。要增强战略定力、站稳政治立场,在"乱花渐欲迷人眼"的诱惑干扰面前,保持"乱云飞渡仍从容"的政治定力,决不能发表同党中央不一致的声音,决不能为错误思想言论提供传播渠道。

坚持党性原则,必须加深对党性和人民性关系的认识。这个问题,我在全国宣传思想工作会议上重点讲了。在中国共产党领导的社会主义中国,党性和人民性是一致的、统一的。我们党以全心全意为人民服务为根本宗旨,没有自己的特殊利益,体现党的意志就是体现人民的意志,宣传党的主张就是宣传人民的主张,坚持党性就是坚持人民性。党性寓于人民性之中,没有脱离人民性的党性,也没有脱离党性的人民性。那些"你是替党讲话,还是替老百姓讲话"、"你是站在党的一边,还是站在群众一边"的论调,把党性和人民性对立起来,在思想上是糊涂的,在理论上是错误的,在实践上是有害的。

坚持党性,新闻舆论工作才能有明确的立场和指向;坚持人民性,新闻舆论工作才能获得活力源泉和动力根基。只有坚持党性原则,坚持以人民为中心的工作导向,才能确保新闻媒体始终为人民服务,而不是为少数人服务。新闻媒体要把对党负责和对人民负责统一起来、把服务群众同教育引导群众结合起来、把满足需求同提高素养结合起来,更好把党的理论和路线方针政策变成人民群众的自觉行动,及时把人民群众创造的经验和面临的实际情况反映出来,丰富人民精神世界,增强人民精神力量。

坚持党管媒体原则,还有一些重要问题要深入研究,还有很多工作要做。

我多次讲,过不了互联网这一关,就过不了长期执政这一关。党管媒体,不能说只管党直接掌握的媒体。党管媒体是把各级各类媒体都置于党的领导之下,这个领导不是"隔靴搔痒式"领导,方式可以有区别,但不能让党管媒体的原则被架空。

管好用好互联网,是新形势下掌控新闻舆论阵地的关键,重点要解决好谁来管、怎么管的问题。有些人企图让互联网成为当代中国最大的变量。要把党管媒体的原则贯彻到新媒体领域,所有从事新闻信息服务、具有媒体属性和舆论动员功能的传播平台都要纳入管理范围,所有新闻信息服务和相关业务从业人员都要实行准入管理。有关部门要认真研究,拿出管用的办法。

第二,牢牢坚持马克思主义新闻观。新闻观是新闻舆论工作的灵魂。山无脊梁要塌方,人无脊梁会垮掉。党的新闻舆论工作必须挺起精神脊梁。古人说:"先立乎其大者,则其小者不能夺也。"对党的新闻舆论工作来说,这个"大",就是马克思主义新闻观。要深入开展马克思主义新闻观教育,把马克思主义新闻观作为党的新闻舆论工作的"定盘星",引导广大新闻舆论工作者做党的政策主张的传播者、时代风云的记录者、社会进步的推动者、公平正义的守望者。

一些人宣扬西方新闻观,标榜西方媒体是"社会公器"、"第四权力"、"无冕之王",鼓吹抽象的绝对的"新闻自由"。少数人打着"新闻自由"的旗号,专挑重大政治原则说事,公然攻击中国共产党的领导体制和我国社会主义制度。有的不顾起码的是非曲直,以骂主流为乐、反主流成瘾,怪话连篇,谎话连篇。表面上,西方媒体也有很多负面报道,但仔细看看,这些负面报道主要有三类,一类是对其他国家的负面报道,再一类是对丑闻、色情、血腥、暴力、名人、隐私等黄赌毒、星性腥等报道,第三类是一些小题大做、"小骂大帮忙"的报道,而涉及资本主义制度根本的严肃话题报道和讨论微乎其微。如果世界其他地方特别是同西方意识形态不同的地方发生街头抗议事件,甚至发生暴力恐怖活动,西方媒体就会将其描绘为争取"民主"、"自由"、"人权"、"反抗暴政"的行动,不惜版面、时间进行渲染。对社会主义中国,西方媒体总是戴着有色眼镜,抹黑、丑化、妖魔化中国可谓无所不用其极。

所以说,任何新闻舆论都有鲜明的意识形态属性,没有什么抽象的绝对的自由。我们要认清西方所谓"新闻自由"的本质,自觉抵制西方新闻观等错误观点的影响。

第三,牢牢坚持正确舆论导向。舆论导向正确,就能凝聚人心、汇聚力量,推动事业发展;舆论导向错误,就会动摇人心、瓦解斗志,危害党和人民事业。这一点,全党同志特别是新闻舆论战线的同志要时刻牢记。要坚持以正确舆论引导人,做到所有工作都有利于坚持中国共产党领导和我国社会主义制度,有利于推动改革发展,有利于增进全国各族人民团结,有利于维护社会和谐稳定。讲导向,这是最重要、最根本的导向。

有人说,新闻报道只是一种信息发布和信息传播,有什么就报道什么,无所谓导向问题。这种看法是不对的。"文者,贯道之器也。"任何新闻报道,都有导向,报什么、不报什么、怎么报都包含着立场、观点、态度。新闻报道既要报道国内外新闻事件,更要传达正确的立场、观点、态度,引导人们分清对错、好坏、善恶、美丑,激发人们向上向善的精神力量。

要把坚持正确舆论导向贯穿新闻采集、撰写、编排、发布各个环节，落实到采写人员、编辑人员、审看人员、签发人员身上，层层把关、人人负责。各级党报党刊、电台电视台要讲导向，都市类报刊、新媒体也要讲导向；新闻报道要讲导向，副刊、专题节目、广告宣传也要讲导向；时政新闻要讲导向，娱乐类、社会类新闻也要讲导向；国内新闻报道要讲导向，国际新闻报道也要讲导向。有人认为，娱乐类、社会类新闻等不必过于强调导向，尺度可以宽一些。这种认识是不对的，至少是不全面的。如果这类新闻中充斥着纸醉金迷、花天酒地、勾心斗角、炫耀财富、移情别恋、杀人越货等方面的内容，充斥着有关大款、老板、名人、明星等人物的八卦新闻，就不能对人民群众起到正面引导作用。要让主旋律和正能量主导报刊版面、广播电台、电视荧屏，主导网络空间、移动平台等传播载体，不能搞两个标准、形成"两个舆论场"。

第四，牢牢坚持正面宣传为主。团结稳定鼓劲、正面宣传为主，是党的新闻舆论工作必须遵循的基本方针。没有团结稳定，什么事情也做不成。我们之所以要强调团结稳定鼓劲、正面宣传为主，是因为：一方面，我国社会积极正面的事物是主流，消极负面的东西是支流，要正确认识主流和支流、成绩和问题、全局和局部的关系，集中反映社会健康向上的本质，客观展示发展进步的全貌，使之同我国改革发展蓬勃向上态势相协调；另一方面，我们正在进行具有许多新的历史特点的伟大斗争，面临的挑战和困难前所未有，必须激发全党全社会团结奋进、攻坚克难的强大力量，调动各方面积极性、主动性、创造性。这样，党的新闻舆论工作才能起到应有作用。

做好正面宣传，要注重提高质量和水平，增强吸引力和感染力。有人说，正面宣传很简单，材料是现成的，剪刀加浆糊就能完成。也有人说，正面宣传不好做，做出来也没多少人爱看。事实并不是这样，我们做的许多弘扬正能量的节目在社会上影响很大，收视率也很高。正面宣传要用心用情做，让群众爱听爱看，不能搞假大空式的宣传，不能停留在不断重复喊空洞政治口号的套话上，不能用一个模式服务不同类型的受众，那样的宣传只会适得其反。

坚持团结稳定鼓劲、正面宣传为主，涉及怎样看待真实性这个重大问题。"忠信谨慎，此德义之基也。虚无谲诡，此乱道之根也。"真实性是新闻的生命，事实是新闻的本源，虚假是新闻的天敌。新闻的真实性容不得一丁点马虎，否则最真实的部分也会让人觉得不真实。要根据事实来描述事实，不能根据愿望来描述事实，同时要坚持马克思主义立场、观点、方法，搞清楚是个别真实还是总体真实，不仅要准确报道个别事实，而且要从宏观上把握和反映事件或事物的全貌。

我们这么大一个国家，十三亿多人口，每天发生着大量事件，也存在着大量问题。新闻媒体是社会舆论的发射器，也是社会舆论的放大器。如果只看到黑暗、负面，看不到光明、正面，虽然报道的事情是真实发生的，但这是一种不完全的真实。一叶障目、不见泰山，攻其一点、不及其余，尽管这一叶、这一点确实存在，但从总体上看却背离了真实性。同时，除了一因一果，更要注意一因多果、一果多因、多因多果、互为因果、因果转换等复杂情况，避免主观片面、以偏概全。有些事情特别是一些没有什么意义的事情，不报道不会产生什么社会影响，而一旦经过媒体传播和放大就会造成相当大的社会影响。连篇累牍、不厌其烦地报道各类负面消息，社会就会缺乏精气神，甚至人心就会散掉。

我这样说,不是说只能讲正面,不能讲负面,关键是要从总体上把握好平衡。舆论监督和正面宣传是统一的,而不是对立的。新闻媒体要直面我们工作中存在的问题,直面社会丑恶现象和阴暗面,激浊扬清,针砭时弊。对人民群众关心的问题、意见大反映多的问题,要积极关注报道,及时解疑释惑,引导心理预期,推动改进工作。从目前批评报道的实际状况看,既有新闻单位不大善于批评的问题,也有被批评者包括一些领导机关、领导干部不习惯不适应批评的问题。有些地方和部门遇到敏感复杂事件,习惯于采取"捂盖子"的做法,有的还通过宣传部门"灭火"。这种观念和做法在信息社会无异于掩耳盗铃。对舆论监督要有承受力,不能怕自己的"形象"、"利益"受到损害而限制媒体采访报道。同时,媒体发表批评性报道,事实要真实准确,分析要客观,不要把自己放在"裁判官"的位置上。涉及重大政策问题的批评,可以通过内部渠道向上反映,不宜公开在媒体上反映。

坚持团结稳定鼓劲、正面宣传为主,也不是说就当好好先生、当东郭先生、当开明绅士。对社会上存在的思想认识问题,要加强正面引导,通过摆事实、讲道理,明辨理论是非、澄清模糊认识。对重大政治原则和大是大非问题,要敢于交锋、敢于亮剑。对恶意攻击、造谣生事,要坚决回击、以正视听。前一段时间,网上有一股诋毁、恶搞、丑化英雄人物的歪风,我们一些主流媒体及时发声,用史实说话,为英雄正名,发挥了弘扬正气作用。

我说过,宣传思想战线的同志要当战士、不当绅士,不做"骑墙派"和"看风派",不能搞爱惜羽毛那一套。宣传思想战线的同志要履行好自己的神圣职责和光荣使命,以战斗的姿态、战士的担当,积极投身宣传思想领域斗争一线。这也就是毛泽东同志所说的:"我们必须坚持真理,而真理必须旗帜鲜明。我们共产党人从来认为隐瞒自己的观点是可耻的。我们党所办的报纸,我们党所进行的一切宣传工作,都应当是生动的,鲜明的,尖锐的,毫不吞吞吐吐。这是我们革命无产阶级应有的战斗风格。我们要教育人民认识真理,要动员人民起来为解放自己而斗争,就需要这种战斗的风格。"

七、加强党的理论教育和党性教育[①]

党校姓党,决定了党校工作的重心必须是抓党的理论教育和党性教育。领导干部到党校学习,主要任务是学习党的理论、接受党性教育。领导干部干好工作,需要掌握各方面知识和技能,也应该有丰富多彩的爱好和兴趣,我也就此对领导干部提出过要求。但是,解决这些问题不是党校的主要任务,有很多途径可以解决。如果党校把党的理论教育和党性教育这个主业主课放松了、甚至荒废了,搞了很多其他方面知识、技能、兴趣的东西,那就会喧宾夺主,甚至会在政治方向上发生偏差。

党的十七大后我担任中央党校校长时,就不断讲这个问题,党的十八大以来我仍然强调这一点。经过一段时间努力,各级党校抓理论教育和党性教育的责任心明显增强,目前存在的问题是理论教育和党性教育的针对性和实效性不够,离入脑入心、刻骨铭心还有不少差距。这里面有受教育方不勤学、不真学、不深学等方面原因,也有施教方的教育观念、教育方法、教育手段、管理水平等方面原因,还有现实环境的复杂性、党性教育与社会现实的差异性、理论教育和党性教育成效考核运用难、办学体制机制不完善等方面原因,需要综合加以解决。

我们党历来高度重视理论建设和理论教育,运用马克思主

[①] 选自习近平《在全国党校工作会议上的讲话》,人民出版社2016年版,第13—19页。

义基本原理指导中国的事情是我们的看家本领。我说过,我们党在中国这样一个有着13亿多人口的大国执政,面对十分复杂的国内外环境,肩负繁重的执政使命,如果缺乏理论思维,是难以战胜各种风险和困难的,也是难以不断前进的。我还说过,中国是一个大国,决不能在根本性问题上出现颠覆性错误,一旦出现就无法挽回、无法弥补。要防止出现颠覆性错误,就要深入认识共产党执政规律、社会主义建设规律、人类社会发展规律,而要认识规律,就要牢牢掌握和运用辩证唯物主义和历史唯物主义,牢牢掌握和运用中国特色社会主义理论体系。

党校是我们党对领导干部进行马克思主义理论教育的主阵地,必须引导和促使学员努力学习和掌握辩证唯物主义和历史唯物主义基本原理和方法论,特别是要把马克思主义中国化最新成果作为理论教育中心内容,提高战略思维能力、辩证思维能力、综合决策能力、驾驭全局能力。

中国特色社会主义理论体系归根到底是以马克思主义基本理论为指导的,是把这些基本理论同中国具体实际相结合的结果。马克思主义就是我们共产党人的"真经","真经"没念好,总想着"西天取经",就要贻误大事!不了解、不熟悉马克思主义基本原理,就不可能真正了解和掌握中国特色社会主义理论体系。有的人以为中国特色社会主义理论体系一看就懂,没什么好学的。这种态度是不正确的。要加强对当代中国马克思主义的学习研究,引导学员学而信、学而用、学而行,坚定道路自信、理论自信、制度自信,更好用科学理论武装头脑、指导实践、推动工作。

我多次说过,党的各级领导干部特别是高级干部,要原原本本学习和研读经典著作,努力把马克思主义立场、观点、方法学到手，作为自己的看家本领。2013年12月和2015年1月，中央政治局分别学习历史唯物主义和辩证唯物主义基本原理和方法论，最近又学习了马克思主义政治经济学基本原理和方法论，目的就是推动中央政治局同志对马克思主义有更全面的了解，也促进全党重视学习和掌握马克思主义。党校要加强学员对马克思主义经典著作的学习研究，开出基本书目，引导学员读原著、学原文、悟原理，特别是要理解其中包含的马克思主义立场、观点、方法，不要浅尝辄止。

加强党的理论教育，要坚持实事求是，坚持理论联系实际的马克思主义学风，坚持问题导向，注重回答普遍关注的问题，注重解答学员思想上的疙瘩，反对主观主义、教条主义、形式主义，防止空对空、两张皮。比如，如何看待马克思主义的真理性，如何看待社会主义本质特征，如何看待中国特色社会主义理论体系的科学性，如何看待加强和改善中国共产党的领导，如何看待自由、民主、平等的科学内涵和实践，如何看待西方所谓"普世价值"，就需要重点加以回答。再比如，如何准确把握"四个全面"战略布局，如何深刻领会新的发展理念，如何科学认识经济发展新常态，如何看待使市场在资源配置中起决定性作用和更好发挥政府作用，如何看待坚持我国社会主义制度优越性和全面深化改革，如何看待坚持党的领导、人民当家作主、依法治国有机统一，如何看待党风廉政建设和反腐败斗争，也需要重点加以回答。凡是广大干部群众普遍关注的深层次问题，都要从历史和现实、理论和实践的结合上作出令人信服的回答。

北宋政治家司马光说："才者，德之资也；德者，才之帅也。"对领导干部而言，党性就是最大的德。现在干部出问题，主要是出在"德"上、出在党性薄弱上。群众评价说："有德有才是正品，有德无才是次品,无德无才是废品,无德有才是毒品。"很多领导干部犯错误,最后在忏悔书中都说对党章和党规党纪不了解、不熟悉,出了事重新学习后幡然醒悟,惊出一身汗。如果把党章和党规党纪学好了、掌握了,又自觉遵守了,防患于未然,就可以防止一些干部今天是"好干部"、明天是"阶下囚"的现象。"种树者必培其根,种德者必养其心。"党性教育是共产党人修身养性的必修课,也是共产党人的"心学"。

各级党校要把党性教育作为教学的主要内容,深入开展理想信念教育、党的宗旨教育,深入开展党史国史教育、革命传统教育,深入开展道德品行教育、法治思维教育、反腐倡廉教育,把党章和党规党纪学习教育作为党性教育的重要内容。前不久,中央纪委对各级党校授课内容作了一个调查,发现党校开设的党章和党规党纪课程只占总课程的2.5%。这个比例太低了!党校党性教育单元要加大力度、增加分量,安排足够时间,形成党性教育课程体系,有效改进党性教育方式方法,提高党性教育实效。

党性教育首先要学好党章。党章是党的总章程,是全党必须遵循的根本行为规范,认真学习党章、熟悉掌握党章是党员应尽的义务。党的十八大之后,我专门发表一篇文章,讲学习贯彻党章的重要性。要引导各级干部自觉学习党章、遵守党章、贯彻党章、维护党章,真正使党章内化于心、外化于行。党规党纪是对党章的延伸和具体化,学好了党规党纪,就能弄清楚自己该做什么、不该做什么,能做什么、不能做什么。要引导学员认真学习党内政治生活若干准则、中国共产党廉洁自律准则、中国共产党纪律处分条例等党内法规,强化学员党的意识、纪律意识、规矩意识,着力引导学员带头践行社会主义核心价值观,自觉用党章和党规党纪约束自己的言行。

党性教育要注重发挥先进典型作用,多讲讲革命烈士和英雄人物的崇高风范,多讲讲焦裕禄、杨善洲、谷文昌等各条战线优秀干部的模范事迹,多请一些先进模范人物来现身说法,党员、干部可以请,普通群众中的先进模范也可以请。我说过,要把革命烈士那些感人至深的文章、诗文、家书编辑成册,用于干部教育,让各级干部常常看、常常思、常常反求己身,党校可以先做起来。同时,要加强警示教育,把一些反面典型跌入违纪违法泥坑的教训给大家说说透,让大家引为镜鉴、自觉自律。

这方面的课程,不能讲讲听听就完了,而是要有检查学习成效的手段。小和尚念经——有口无心不行!党校要有一套检查的办法,各级党委和组织部门也要拿出考核检验的办法,努力使党校党性教育不仅能够震撼一瞬间、激动一阵子,而且能够铭记一辈子、影响一辈子。

八、培养德智体美劳全面发展的社会主义建设者和接班人①

培养什么人,是教育的首要问题。古人云:"国有贤良之士众,则国家之治厚;贤良之士寡,则国家之治薄。"从历史和现实的角度看,任何国家、任何社会,其维护政治统治、维系社会稳定的基本途径无一不是通过教育。我国是中国共产党领导的社会主义国家,这就决定了我们的教育必须把培养社会主义建设者和接班人作为根本任务,培养一代又一代拥护中国共产党领导和我国社会主义制度、立志为中国特色社会主义奋斗终身的有用人才。我们的教育绝不能培养社会主义破坏者和掘墓人,绝不能培养出一些"长着中国脸,不是中国心,没有中国情,缺少中国味"的人!那将是教育的失败。教育的失败是一种根本性失败。我们决不能犯这种历史性错误!这是推进教育现代化、建设教育强国必须把握的大是大非问题,没有什么可隐晦、可商榷、可含糊的。

浇花浇根,育人育心。我们讲不忘初心、牢记使命,推进教育现代化不能忘记初心,要健全全员育人、全过程育人、全方位育人的体制机制,不断培养一代又一代社会主义建设者和接班人。这是教育工作的根本任务,也是教育现代化的方向目标。

---

① 这是习近平同志在全国教育大会上讲话的一部分,见《十九大以来重要文献选编》(上),中央文献出版社2019年版,第647—654页。

培养社会主义建设者和接班人，不可能一帆风顺，而是需要付出艰苦努力才能完成的任务。长期以来，各种敌对势力从来没有停止对我国实施西化、分化战略，从来没有停止对中国共产党领导和我国社会主义制度进行颠覆破坏活动，始终企图在我国策划"颜色革命"，他们下功夫最大的一个领域就是争夺我们的青少年。毛泽东同志早就说过："帝国主义说，对我们的第一代、第二代没有希望，第三代、第四代怎么样，有希望。帝国主义的话讲得灵不灵？我不希望它灵，但也可能灵。"现在算起来，在校高校学生大概就处在第三代、第四代这个范围，以后还有第五代、第六代以及十几代、几十代人的问题。争夺青少年的斗争是长期的、严峻的，我们不能输，也输不起。我们一定要警醒！

我们要培养的社会主义建设者和接班人应该具备什么样的基本素质和精神状态，应该如何培养，我看关键是要做好以下几方面工作。

一是要在坚定理想信念上下功夫。社会主义建设者和接班人，定语就是"社会主义"，这是我们对培养什么人的本质规定。我们培养的人，必须树立共产主义远大理想和中国特色社会主义共同理想。没有这一条，培养社会主义建设者和接班人就不成立了。现在的青少年长期生活在和平环境之下，没有体验过民族生死存亡的苦难，没有经历过血与火的考验，没有参加过艰难困苦的奋斗，人生阅历很有限。如果不加以正确引导和长期教育，难以树立正确理想信念，甚至可能走偏。要在学生中加强中国历史特别是中国近现代史、中国革命史、中国共产党史、中华人民共和国史、中国改革开放史等的教育，坚持不懈培育和弘扬社会主义核心价值观。只有社会主义才能救中国，只有坚持和发展中国特色社会主义才能实现中华民族伟大复兴。要给学生讲清楚这一被实践证明了的历史逻辑和现实逻辑,增强学生的中国特色社会主义道路自信、理论自信、制度自信、文化自信,不被任何干扰所惑,立志肩负起民族复兴的时代重任。

二是要在厚植爱国主义情怀上下功夫。爱国主义教育是世界各国教育的必修课。爱国主义是中华民族的民族心、民族魂,培养社会主义建设者和接班人,首先要培养学生的爱国情怀。一九三五年,在中华民族危急存亡之际,著名教育家张伯苓在南开大学开学典礼上问了三个问题:你是中国人吗?你爱中国吗?你愿意中国好吗?振奋了师生爱国斗志。我看,这三个问题是历史之问,更是时代之问、未来之问,我们要一代一代问下去、答下去!

弘扬爱国主义精神要从少年儿童抓起,要把爱国主义贯穿教育和精神文明建设全过程。要教育引导学生把自身的理想同祖国的前途、把自己的命运同民族的命运紧密联系在一起,引导学生树立和坚持正确的历史观、民族观、国家观、文化观,增强爱国意识和爱国情感,增强民族自豪感和自信心,让爱国主义精神在学生心中牢牢扎根,时刻不忘自己是中国人。我多次强调,只有坚持爱国和爱党爱社会主义相统一,爱国主义才是鲜活的、真实的,这是当代中国爱国主义精神最重要的体现。要教育引导学生热爱和拥护中国共产党,立志听党话、跟党走,立志扎根人民、奉献国家。

三是要在加强品德修养上下功夫。人无德不立,育人的根本在于立德。立德为先,修身为本,这是人才成长的基本逻辑。立德修身,既要立意高远,又要立足平实。爱因斯坦说:"用专业知识教育人是不够的","要使学生对价值有所理解并且产生热烈的感情,那是最基本的。他必须获得对美和道德上的善有鲜明的辨别力"。所以，德育既是学生入学的第一课，也是学生离校前的最后一课，必须贯穿学生学习始终，贯穿学校工作各方面各环节，使学校真正成为化育为人的天地，而不仅仅是教授技能、发放文凭的场所。

加强品德教育，既有个人品德，也有社会公德、热爱祖国和人民的大德。要坚持教育引导学生培育和践行社会主义核心价值观，做到品德润身、公德善心、大德铸魂。要加强对学生的法治教育，使学生养成遵纪守法的良好习惯。曾有人问一位诺贝尔奖获得者："您在哪所学校学到了最重要的东西？"他回答："在幼儿园，我学到了不是自己的东西不要拿、做错事要道歉"，"从根本上说，这是一生学到的最重要的东西"。要教育引导学生从做好小事、管好小节开始起步，踏踏实实修好品德，学会感恩、学会助人，学会谦让、学会宽容，学会自省、学会自律，成为有大爱大德大情怀的人。

学校具有集中式、系统化、持续性进行中华优秀传统文化教育的独特优势，要把中华优秀传统文化教育作为固本铸魂的基础工程，贯穿人才培养全过程。要深入挖掘和阐发中华优秀传统文化中讲仁爱、重民本、守诚信、崇正义、尚和合、求大同的时代价值，转化为学生价值观教育的丰富营养，积淀学生文化底蕴，提升学生文化素养。要在提炼、转化、融合上下功夫，让收藏在馆所里的文物、陈列在大地上的遗产、书写在古籍里的文字成为教书育人的丰厚资源，让学生在底蕴深厚的课程教材中、在参观名胜古迹的亲身体验中，了解中华文化变迁，触摸中华文化脉络，感受中华文化魅力，汲取中华文化精髓，让中华优秀传统文化基因一代代传承下去。

四是要在增长知识见识上下功夫。学习知识是学生的本职。《论语》中讲:"博学而笃志,切问而近思,仁在其中矣。"非学无以广才,要教育引导学生珍惜学习时光,心无旁骛求知问学,既要重视知识的宽度,也要重视学习的深度,在学习中增长见识,丰富学识,通晓天下道理,掌握事物发展规律,做到敏于求知、勤于学习、敢于创新、勇于实践,沿着求真理、悟道理、明事理的方向前进。

新时代社会主义建设者和接班人,不仅要有中国情怀,而且要有世界眼光和国际视野。我国古代读书人历来有胸怀天下、匡时济世的志向,也有天下为公、世界大同的理想。要教育引导学生关注世界形势及其发展变化,成为具有中国情怀、全球视野的人才,不仅能肩负起建设祖国的使命,而且能承担起为世界、为人类作贡献的责任。

五是要在培养奋斗精神上下功夫。志存高远是学习进步的动力。"志不立,天下无可成之事","古之立大事者,不惟有超世之才,亦必有坚忍不拔之志"。我讲过,实现中华民族伟大复兴,绝不是轻轻松松、敲锣打鼓就能实现的,要付出更为艰巨、更为艰苦的努力。现在的青少年绝大多数在不愁吃穿的环境中长大,培养他们的责任感、坚强意志、吃苦耐劳精神需要比过去付出更多努力。今年五月,我在北京大学对大学生提出了"要励志,立鸿鹄志,做奋斗者"的希望。要让青少年明白,无论任何时候奋斗精神都不能丢,正所谓"志不求易,事不避难"。要对学生开展时代使命和责任意识教育,教育引导学生懂得,如果想创造出彩人生,就必须树立高远志向,历练敢于担当、不懈奋斗的精神,具有勇于奋斗的精神状态、乐观向上的人生态度,以行求知,以知促行,真正做到知行合一,做到刚健有为、自强不息。

六是要在增强综合素质上下功夫。社会主义建设者和接班人必须全面发展。我国周朝的官学就要求学生掌握礼、乐、射、御、书、数"六艺",可谓文理兼备。要教育引导学生培养综合能力,帮助学生学会自我管理、学会同他人合作、学会过集体生活,激发好奇心、想象力,培养创新思维。要把创新教育贯穿教育活动全过程,倡导"处处是创造之地,天天是创造之时,人人是创造之人"的教育氛围,鼓励学生善于奇思妙想并努力实践,以创造之教育培养创造之人才,以创造之人才造就创新之国家。

现在,全社会都关心青少年身体素质,青少年体质健康水平仍是学生素质的短板,"小胖墩"、"小眼镜"越来越多。前不久,我就我国学生近视呈高发、低龄化趋势问题作了批示。这个问题严重影响孩子们的身心健康,学校和全社会要行动起来,共同呵护好孩子们的眼睛,让他们拥有一个光明的未来。在体育锻炼上学校也面临很多现实问题,不敢放手开展活动,长此下去怎么行?毛泽东同志说,青少年要文明其精神,野蛮其体魄。要树立健康第一的教育理念,开齐开足体育课,帮助学生在体育锻炼中享受乐趣、增强体质、健全人格、锤炼意志。

美是纯洁道德、丰富精神的重要源泉。没有美的滋养的人生必然是单调的、干涸的人生。今年八月三十日,我给中央美院八位老教授回信时专门强调了这个问题。孔子认为教育是"兴于诗"、"成于乐",其中就包含着对美育的重视。朱光潜先生有句名言:"要求人心净化,先要求人生美化。"如果青少年的精神世界没有童话、歌谣和大自然的云彩、花朵、鸟叫虫鸣,如果青少年的心灵世界没有动人的音符和丰富的颜色如果青少年没有艺术爱好和艺术修养,不可能全面发展。要全面加强和改进学校美育,配齐配好美育教师,坚持以美育人、以文化人,提高学生审美和人文素养。

劳动可以树德、可以增智、可以强体、可以育美。这次，党中央经过慎重研究，决定把劳动教育纳入社会主义建设者和接班人的要求之中，提出"德智体美劳"的总体要求。现在，一些青少年中出现了不珍惜劳动成果、不想劳动、不会劳动的现象。要在学生中弘扬劳动精神，教育引导学生崇尚劳动、尊重劳动，懂得劳动最光荣、劳动最崇高、劳动最伟大、劳动最美丽的道理，长大后能够辛勤劳动、诚实劳动、创造性劳动。要采取适应当前环境和条件的有效措施，加强劳动教育，组织好形式多样的劳动实践，让学生在实践中养成劳动习惯，学会劳动、学会勤俭。这是强国富民的大事，教育部门同其他部门要一起研究、拿出措施，切实抓起来。

学生培养得怎么样，要看拿什么样的尺子去衡量，以什么样的眼光去发现。教育不是制造"失败者"的，以分数贴标签的做法必须彻底改！每个学生都是独一无二的个体，禀赋、才能、爱好和特长不尽相同，不能只关注学习好的学生，使很多学生被忽视、被遗忘，体会不到学习的成就和成长的快乐，越来越没有信心。要尊重学生、理解学生、信任学生、激励学生，公平公正对待学生，相信每一个学生都是可塑之才，善于发现每一个学生的闪光点和特长。特别是要关心关爱留守儿童、城乡困境儿童、残疾儿童和学习成长相对落后的学生。清代诗人袁枚有一首诗写得很感人："白日不到处，青春恰自来。苔花如米小，也学牡丹开。"教育的目光不能总是盯着花园里耀眼的牡丹花，而要更多投向墙角处不起眼的苔花。

要努力构建德智体美劳全面培养的教育体系，形成更高水平的人才培养体系。要把立德树人融入思想道德教育、文化知识教育、社会实践教育各环节，贯穿基础教育、职业教育、高等教育各领域,学科体系、教学体系、教材体系、管理体系要围绕这个目标来设计,教师要围绕这个目标来教,学生要围绕这个目标来学。凡是不利于实现这个目标的做法都要坚决改过来。

这里,我要再强调一下,就是要注重教材建设。教材是传播知识的主要载体,体现着一个国家、一个民族的价值观念体系,是老师教学、学生学习的重要工具。教材要坚持马克思主义指导地位,体现马克思主义中国化要求,体现中国和中华民族风格,体现党和国家对教育的基本要求,体现国家和民族基本价值观,体现人类文化知识积累和创新成果。要大力加强少数民族文字教材建设。教材建设要加强政治把关。政治上把握不对、不到位的教材,要一票否决。简单贴政治标签,不顾教材体系完整、逻辑完备,断章取义塞入政治内容,搞得不伦不类的教材,也要不得。党的十八大以来,我在不同场合就教材建设提过一些要求,有关方面也作出了工作部署,要抓好落实。

九、马克思主义始终是我们党和国家的指导思想[①]

恩格斯说过:"一个民族要想站在科学的最高峰,就一刻也不能没有理论思维。"中华民族要实现伟大复兴,也同样一刻不能没有理论思维。马克思主义始终是我们党和国家的指导思想,是我们认识世界、把握规律、追求真理、改造世界的强大思想武器。

马克思主义思想理论博大精深、常学常新。新时代,中国共产党人仍然要学习马克思,学习和实践马克思主义,不断从中汲取科学智慧和理论力量,在统筹推进"五位一体"总体布局、协调推进"四个全面"战略布局中,更有定力、更有自信、更有智慧地坚持和发展新时代中国特色社会主义,确保中华民族伟大复兴的巨轮始终沿着正确航向破浪前行。

——学习马克思,就要学习和实践马克思主义关于人类社会发展规律的思想。马克思科学揭示了人类社会最终走向共产主义的必然趋势。马克思、恩格斯坚信,未来社会"将是这样一个联合体,在那里,每个人的自由发展是一切人的自由发展的条件","无产者在这个革命中失去的只是锁链。他们获得的将是整个世界。"马克思坚信历史潮流奔腾向前,只要人民成为自己

---

① 选自习近平《在纪念马克思诞辰200周年大会上的讲话》,人民出版社2018年版,第15—27页。

的主人、社会的主人、人类社会发展的主人,共产主义理想就一定能够在不断改变现存状况的现实运动中一步一步实现。马克思主义奠定了共产党人坚定理想信念的理论基础。我们要全面掌握辩证唯物主义和历史唯物主义的世界观和方法论,深刻认识实现共产主义是由一个一个阶段性目标逐步达成的历史过程,把共产主义远大理想同中国特色社会主义共同理想统一起来、同我们正在做的事情统一起来,坚定中国特色社会主义道路自信、理论自信、制度自信、文化自信,坚守共产党人的理想信念,像马克思那样,为共产主义奋斗终身。

——学习马克思,就要学习和实践马克思主义关于坚守人民立场的思想。人民性是马克思主义最鲜明的品格。马克思说,"历史活动是群众的活动"。让人民获得解放是马克思毕生的追求。我们要始终把人民立场作为根本立场,把为人民谋幸福作为根本使命,坚持全心全意为人民服务的根本宗旨,贯彻群众路线,尊重人民主体地位和首创精神,始终保持同人民群众的血肉联系,凝聚起众志成城的磅礴力量,团结带领人民共同创造历史伟业。这是尊重历史规律的必然选择,是共产党人不忘初心、牢记使命的自觉担当。

——学习马克思,就要学习和实践马克思主义关于生产力和生产关系的思想。马克思主义认为,物质生产力是全部社会生活的物质前提,同生产力发展一定阶段相适应的生产关系的总和构成社会经济基础。生产力是推动社会进步最活跃、最革命的要素。"人们所达到的生产力的总和决定着社会状况。"生产力和生产关系、经济基础和上层建筑相互作用、相互制约,支配着整个社会发展进程。解放和发展社会生产力是社会主义的本质要求,是中国共产党人接力探索、着力解决的重大问题。新中国成立以来特别是改革开放以来，在不到70年的时间内，我们党带领人民坚定不移解放和发展社会生产力，走完了西方几百年的发展历程，推动我国快速成为世界第二大经济体。我们要勇于全面深化改革，自觉通过调整生产关系激发社会生产力发展活力，自觉通过完善上层建筑适应经济基础发展要求，让中国特色社会主义更加符合规律地向前发展。

——学习马克思，就要学习和实践马克思主义关于人民民主的思想。马克思、恩格斯指出，"无产阶级的运动是绝大多数人的，为绝大多数人谋利益的独立的运动"，"工人阶级一旦取得统治权，就不能继续运用旧的国家机器来进行管理"，必须"以新的真正民主的国家政权来代替"。国家机关必须由社会主人变为社会公仆，接受人民监督。我们要坚定不移走中国特色社会主义政治发展道路，在坚持党的领导、人民当家作主、依法治国有机统一中推进社会主义民主政治建设，不断加强人民当家作主的制度保障，加快推进国家治理体系和治理能力现代化，充分调动人民的积极性、主动性、创造性，更加切实、更有成效地实施人民民主。

——学习马克思，就要学习和实践马克思主义关于文化建设的思想。马克思认为，在不同的经济和社会环境中，人们生产不同的思想和文化，思想文化建设虽然决定于经济基础，但又对经济基础发生反作用。先进的思想文化一旦被群众掌握，就会转化为强大的物质力量；反之，落后的、错误的观念如果不破除，就会成为社会发展进步的桎梏。理论自觉、文化自信，是一个民族进步的力量；价值先进、思想解放，是一个社会活力的来源。国家之魂，文以化之，文以铸之。我们要立足中国，面向现代化、面向世界、面向未来，巩固马克思主义在意识形态领域的指导地位,发展社会主义先进文化,加强社会主义精神文明建设,把社会主义核心价值观融入社会发展各方面,推动中华优秀传统文化创造性转化、创新性发展,不断提高人民思想觉悟、道德水平、文明素养,不断铸就中华文化新辉煌。

——学习马克思,就要学习和实践马克思主义关于社会建设的思想。马克思、恩格斯设想,在未来社会中,"生产将以所有的人富裕为目的","所有人共同享受大家创造出来的福利"。恩格斯结合马克思在《共产党宣言》《哥达纲领批判》《资本论》等著作中提出的一系列主张,阐明在社会主义条件下,社会应该"给所有的人提供健康而有益的工作,给所有的人提供充裕的物质生活和闲暇时间,给所有的人提供真正的充分的自由"。人民对美好生活的向往就是我们的奋斗目标。我们要坚持以人民为中心的发展思想,抓住人民最关心最直接最现实的利益问题,不断保障和改善民生,促进社会公平正义,在更高水平上实现幼有所育、学有所教、劳有所得、病有所医、老有所养、住有所居、弱有所扶,让发展成果更多更公平惠及全体人民,不断促进人的全面发展,朝着实现全体人民共同富裕不断迈进。

——学习马克思,就要学习和实践马克思主义关于人与自然关系的思想。马克思认为,"人靠自然界生活",自然不仅给人类提供了生活资料来源,如肥沃的土地、鱼产丰富的江河湖海等,而且给人类提供了生产资料来源。自然物构成人类生存的自然条件,人类在同自然的互动中生产、生活、发展,人类善待自然,自然也会馈赠人类,但"如果说人靠科学和创造性天才征服了自然力,那么自然力也对人进行报复"。自然是生命之母,人与自然是生命共同体,人类必须敬畏自然、尊重自然、顺应自然、保护自然。我们要坚持人与自然和谐共生,牢固树立和切实践行绿水青山就是金山银山的理念,动员全社会力量推进生态文明建设,共建美丽中国,让人民群众在绿水青山中共享自然之美、生命之美、生活之美,走出一条生产发展、生活富裕、生态良好的文明发展道路。

——学习马克思,就要学习和实践马克思主义关于世界历史的思想。马克思、恩格斯说:"各民族的原始封闭状态由于日益完善的生产方式、交往以及因交往而自然形成的不同民族之间的分工消灭得越是彻底,历史也就越是成为世界历史。"马克思、恩格斯当年的这个预言,现在已经成为现实,历史和现实日益证明这个预言的科学价值。今天,人类交往的世界性比过去任何时候都更深入、更广泛,各国相互联系和彼此依存比过去任何时候都更频繁、更紧密。一体化的世界就在那儿,谁拒绝这个世界,这个世界也会拒绝他。万物并育而不相害,道并行而不相悖。我们要站在世界历史的高度审视当今世界发展趋势和面临的重大问题,坚持和平发展道路,坚持独立自主的和平外交政策,坚持互利共赢的开放战略,不断拓展同世界各国的合作,积极参与全球治理,在更多领域、更高层面上实现合作共赢、共同发展,不依附别人、更不掠夺别人,同各国人民一道努力构建人类命运共同体,把世界建设得更加美好。

——学习马克思,就要学习和实践马克思主义关于马克思主义政党建设的思想。马克思认为,"在无产阶级和资产阶级的斗争所经历的各个发展阶段上,共产党人始终代表整个运动的利益","他们没有任何同整个无产阶级的利益不同的利益",而是要"为绝大多数人谋利益",为建设共产主义社会而奋斗。共产党要"在全世界面前树立起可供人们用来衡量党的运动水平的里程碑"。始终同人民在一起,为人民利益而奋斗,是马克思主义政党同其他政党的根本区别。我们要统揽伟大斗争、伟大工程、伟大事业、伟大梦想,增强政治意识、大局意识、核心意识、看齐意识,持之以恒推进全面从严治党,坚持把党的政治建设摆在首位,坚持和加强党的全面领导,坚决维护党中央权威和集中统一领导,做到坚持真理、修正错误,永远保持共产党人政治本色,把党建设成为始终走在时代前列、人民衷心拥护、勇于自我革命、经得起各种风浪考验、朝气蓬勃的马克思主义执政党!

中国共产党是用马克思主义武装起来的政党,马克思主义是中国共产党人理想信念的灵魂。1938年,毛泽东同志指出:"如果我们党有一百个至二百个系统地而不是零碎地、实际地而不是空洞地学会了马克思列宁主义的同志,就会大大地提高我们党的战斗力量。"

回顾党的奋斗历程可以发现,中国共产党之所以能够历经艰难困苦而不断发展壮大,很重要的一个原因就是我们党始终重视思想建党、理论强党,使全党始终保持统一的思想、坚定的意志、协调的行动、强大的战斗力。

当前,改革发展稳定任务之重、矛盾风险挑战之多、治国理政考验之大都是前所未有的。我们要赢得优势、赢得主动、赢得未来,必须不断提高运用马克思主义分析和解决实际问题的能力,不断提高运用科学理论指导我们应对重大挑战、抵御重大风险、克服重大阻力、化解重大矛盾、解决重大问题的能力,以更宽广的视野、更长远的眼光来思考把握未来发展面临的一系列重大问题,不断坚定马克思主义信仰和共产主义理想。

从《共产党宣言》发表到今天,170年过去了,人类社会发生了翻天覆地的变化,但马克思主义所阐述的一般原理整个来说仍然是完全正确的。我们要坚持和运用辩证唯物主义和历史唯物主义的世界观和方法论,坚持和运用马克思主义立场、观点、方法,坚持和运用马克思主义关于世界的物质性及其发展规律,关于人类社会发展的自然性、历史性及其相关规律,关于人的解放和自由全面发展的规律,关于认识的本质及其发展规律等原理,坚持和运用马克思主义的实践观、群众观、阶级观、发展观、矛盾观,真正把马克思主义这个看家本领学精悟透用好。

全党同志特别是各级领导干部要更加自觉、更加刻苦地学习马克思列宁主义,学习毛泽东思想、邓小平理论、"三个代表"重要思想、科学发展观,学习新时代中国特色社会主义思想。要深入学、持久学、刻苦学、带着问题学、联系实际学,更好把科学思想理论转化为认识世界、改造世界的强大物质力量。共产党人要把读马克思主义经典、悟马克思主义原理当作一种生活习惯、当作一种精神追求,用经典涵养正气、淬炼思想、升华境界、指导实践。

对待科学的理论必须有科学的态度。恩格斯深刻指出:"马克思的整个世界观不是教义,而是方法。它提供的不是现成的教条,而是进一步研究的出发点和供这种研究使用的方法。"恩格斯还指出,我们的理论"是一种历史的产物,它在不同的时代具有完全不同的形式,同时具有完全不同的内容"。科学社会主义基本原则不能丢,丢了就不是社会主义。同时,科学社会主义也绝不是一成不变的教条。我说过,当代中国的伟大社会变革,不是简单延续我国历史文化的母版,不是简单套用马克思主义经典作家设想的模板,不是其他国家社会主义实践的再版,也不是国外现代化发展的翻版。社会主义并没有定于一尊、一成不变的套路,只有把科学社会主义基本原则同本国具体实际、历史文化传统、时代要求紧密结合起来,在实践中不断探索总结,才能把蓝图变为美好现实。

　　理论的生命力在于不断创新,推动马克思主义不断发展是中国共产党人的神圣职责。我们要坚持用马克思主义观察时代、解读时代、引领时代,用鲜活丰富的当代中国实践来推动马克思主义发展,用宽广视野吸收人类创造的一切优秀文明成果,坚持在改革中守正出新、不断超越自己,在开放中博采众长、不断完善自己,不断深化对共产党执政规律、社会主义建设规律、人类社会发展规律的认识,不断开辟当代中国马克思主义、21世纪马克思主义新境界!

后 记

1922年3月18日,列宁在为斯捷潘诺夫的《俄罗斯联邦电气化与世界经济的过渡阶段》一书撰写的"序言"中,提出了如何有效开展国民教育的问题,"对于真正的(而不是官僚的无所事事的)国民教育工作来说,目前最感缺乏的,正是本书这样的'学校参考书'(一切学校都必需的参考书)。无产阶级掌握政权几乎有五年了,但旧的资产阶级学者还在无产阶级的国立学校和大学里用旧的资产阶级破烂教育(确切些说,腐蚀)青年,这是一种耻辱。要是我们所有的马克思主义著作家不把自己的精力浪费在令人生厌的报纸杂志的政治喧嚣上,而坐下来就所有的社会问题写作参考书或教科书,那我们就不会蒙受这样的耻辱了"。在当代中国,在我们的社会主义大学,有些人长期用自由主义"破烂"腐蚀青年学生,而马克思主义科学理论在某些领域却被严重弱化、边缘化,这难道不是列宁所说的"耻辱"吗?如何消除这种"耻辱",是一切马克思主义研究者和教育者必须面对与承担的责任。本书的写作想努力成为这种面对与承担的一部分,但是很难成为列宁所期待的那种"学校参考书"。这就是所谓"虽不能至,心向往之。非曰能之,愿学焉"。

本书的写作得到了中国社会科学院马克思主义研究院侯惠勤教授的悉心指导,得到了江苏省委宣传部、江苏社科联领导的关心和帮助,南京大学出版社的领导和本书责任编辑施敏老师为本书的顺利出版付出了辛勤劳动,谨致谢忱!

姜迎春

2023 年 12 月 20 日

图书在版编目(CIP)数据

新时代意识形态理论与实践 / 姜迎春著. ―南京：南京大学出版社，2024.2(2024.10 重印)
ISBN 978-7-305-26960-8

Ⅰ.①新… Ⅱ.①姜… Ⅲ.①中国特色社会主义－社会意识形态－建设－研究－中国 Ⅳ.①D616②B036

中国国家版本馆 CIP 数据核字(2023)第 077318 号

出版发行	南京大学出版社
社　　址	南京市汉口路 22 号　邮　编 210093
	XINSHIDAI YISHI XINGTAI LILUN YU SHIJIAN
书　　名	**新时代意识形态理论与实践**
著　者	姜迎春
责任编辑	施　敏
照　　排	南京紫藤制版印务中心
印　　刷	南京新世纪联盟印务有限公司
开　　本	880 mm×1230 mm　1/32　印张 15.5　字数 348 千
版　　次	2024 年 2 月第 1 版　2024 年 10 月第 2 次印刷
ISBN	978-7-305-26960-8
定　　价	70.00 元
网　　址	http://www.njupco.com
官方微博	http://weibo.com/njupco
官方微信	njupress
销售咨询	(025)83594756

* 版权所有，侵权必究
* 凡购买南大版图书，如有印装质量问题，请与所购图书销售部门联系调换